W0094621

Barcelona, das sind nicht nur die schicken Fassaden und die eleganten Gaudi-Bauten am Passeig de Gracia. Das Gedächtnis der Stadt umfasst Aufstände und Streiks sowie eine starke republikanische Gegenwehr gegen den Franquismus. Die Bewohner gingen immer wieder mit Entschlossenheit und Selbstbewusstsein gegen ihre Unterdrücker vor und nahmen jede Gelegenheit beim Schopf, ihre Entrechtung in ein Fest umzuwandeln.
Ob sie sich gegen Kinderarbeit oder Zwangsrekrutierung wehrten, gegen unmenschliche Arbeitsbedingungen oder den Abriss ihrer Wohnquartiere – Kampfbereitschaft und Solidarität sind Teil der Geschichte Barcelonas. Wer die Hauptstadt Kataloniens hinter den Kulissen kennenlernen will, wer die sozialen Probleme verstehen will, die heute durch Migranten und Illegale, durch Spekulation und Ausgrenzung in der Metropole entstehen, wird in dieser außergewöhnlichen Stadtgeschichte fündig.

Herausgeber: M. Aisa, P. Madrid, D. Marín, A. Rebello, C. Sanz, Q. Sirera und M. Vallès leben und arbeiten in Barcelona. Für das Buch haben sie die kollektive Herausgabe übernommen.

Manuel Delgado: Professor der Anthropologie an der Universität Barcelona, geb. 1956 in Barcelona, hat zahlreiche Bücher zu Stadtsoziologie und Migration veröffentlicht. Er arbeitet auch als Journalist für Presse und Radio.

Manel Aisa Paco Madrid
Dolors Marín Abel Rebollo
Carles Sanz Quim Sirera
Miquel Vallès (Herausgeberkollektiv)

REBELLISCHES BARCELONA

Mit einem Vorwort
von Manuel Delgado

Aus dem Spanischen
übersetzt
von Horst Rosenberger

Edition Nautilus

Die spanische Erstausgabe
des vorliegenden Buches
erschien im November 2003
unter dem Titel »La Barcelona
rebelde. Guía de una ciudad
silenciada« bei Ediciones
OCTAEDRO, S.L., Barcelona.
Eine 2., überarbeitete Fassung
erschien im März 2004.
Für die deutsche Ausgabe
wurde das Vorwort hinzu-
gefügt, einige Texte wurden
vom Übersetzer bearbeitet
und die Textsammlung
gegenüber der Original-
ausgabe gekürzt.

Edition Nautilus
Verlag Lutz Schulenburg
Alte Holstenstraße 22
D-21031 Hamburg
www.edition-nautilus.de

Umschlaggestaltung:
Maja Bechert, Hamburg
www.majabechert.de

Deutsche Erstausgabe
August 2007
Printed in Germany
by Fuldaer Verlagsanstalt

1. Auflage

ISBN 978-3-89401-554-1

Inhaltsverzeichnis

Vorwort

FEUERROSE

von Manuel Delgado

Man spricht heute vom „Modell Barcelona“. Und Barcelona ist tatsächlich ein Modell. Aber ein Modell wofür? So sehr auch von allen Seiten wiederholt wird, Barcelona sei ein Modell der Architektur und städtebaulichen Transformation, ist die Stadt in Wirklichkeit das Modell eines halluzinatorischen Stadtprojekts, ein Spielzeug in Händen von Stadtplanern, die glauben, dass ihre verqueren Absichten und der Ordnungswille der Institutionen, denen sie dienen, ausreichen würden, um die Konflikte, die sozialen Unterschiede und die verschiedenen Formen des Unbehagens zu überwinden und von der Bildfläche verschwinden zu lassen.

Modell einer lesbaren, transparenten, domestizierbaren und gehorsamen Stadt ohne dunkle Flecken. Modell der Simplifizierung der Identitäten auf der Suche nach einer genormten und falschen Kollektivpersönlichkeit, die sowohl zur Schaffung eines inneren Zusammenhalts der Stadtbewohner als auch zur Kreierung eines für jede Handelsware typischen Markenimages dienen soll.

Modell eines technokratischen Interventionismus und eines zentralisierenden Despotismus, das sehr wenig zur Förderung der Bürgerbeteiligung beigetragen hat, vielmehr den seit Anfang der 1980er Jahre zu verzeichnenden Rückgang der Kampfbereitschaft der Nachbarschaftsvereinigungen ausgenutzt hat und den immer unbequemer werdenden sozialen Bewegungen feindlich und aggressiv gegenübersteht.

Der zentrale Punkt ist jedoch, dass die Stadtplanung der letzten Jahrzehnte von dem Willen bestimmt war, die Stadt zu modellieren, nicht nur um sie zu einem Modell zu formen, sondern um ihr einen Modellcharakter zu verleihen, wie eine vollständig domestizierte und zum Verkauf ausgeschriebene Stadt auszusehen hat. Das ist die Erfolgsstadt Barcelona, die Fashionstadt Barcelona, das Barcelona, das „in“ ist, wie die Faszination beweist, die Barcelona unter den Touristen aus aller Welt auslöst, die sie besuchen.

Im Schatten von Barcelona-Spektakel, Barcelona als Modell, wie heute die spätkapitalistische Stadt gemanagt wird und wie Tourismusförderung und die Lobeshymnen der internationalen Architekturzeitschriften nur durch die Ausblendung seiner Schattenseite möglich ist, gibt es: massive Zwangsräumungen, Zerstörung ganzer Stadtteile, die als „obsolet“ gelten, Zunahme des Elends und des Ausschlusses, Razzien gegen Immigranten ohne Papiere, Repression gegen die Unregierbaren …

All dies ermöglicht, dass Barcelona sein kann, was es heute ist: der Prototyp einer Fabrik-Stadt, einer Metropole, die in ein enormes Fließband zur Produktion von Träumen und Schein verwandelt worden ist. Eine Metropole, die aus ihrer Selbstverleugnung ihr Hauptgeschäft macht und ihre Bewohner in ein Heer von Arbeiter-Gefangenen, Produzenten und Hehlern ihres eigenen Nichts verwandelt hat. Um die Erfüllung der Hauptaufgabe – pausenlos Stadt zu produzieren und feilzubieten – zu garantieren, verliert der nach dem Panoptikumsprinzip funktionierende Machtapparat nichts aus den Augen, was auf den Straßen und Plätzen des großen Werks vor sich geht, und wacht darüber, dass jegliche Spontaneität verhindert wird, jede Aufsässigkeit im Keim erstickt wird, kein Ungehorsam ohne Strafe bleibt, und verwandelt auf diese Weise die Stadt in ein Gefängnis, in dem nur Ordnungsgläubige zufrieden leben können.

Aber dieses Projekt einer auf Macht und Geld basierenden Firma-Stadt hat es nicht leicht. Diese Stadt vergisst nämlich, dass die Bewohner, die sie auf die Rolle von Statisten und Zuschauern eines riesigen Werbespots reduziert, Erben und Träger einer Kampftradition sind, die nicht per Erlass ausgerottet und auch nicht in ein Museumsstück oder in eine weitere Touristenattraktion verwandelt werden kann. Dieses widerspenstige Barcelona hat überlebt und weigert sich, lebendig begraben zu werden. Denn diejenigen, die auf das städtische Marketing setzen, um zu beseitigen, was weder Repression noch Diktaturen beseitigen konnten, täuschen sich bei ihrer Auslegung, was Barcelona in Wirklichkeit ist, wie sie sich in ihrer grundlegenden Definition der Stadt als solcher täuschen.

Für Politiker und Stadtplaner ist eine Stadt nämlich ein System von Gebäuden, Anlagen, Infrastrukturen und Institutionen, das von einer vielköpfigen Bevölkerung bewohnt wird, die sich in der Regel nicht untereinander kennt. Das Bild, das uns ein Stadtplan oder eine Luftaufnahme von einer Metropole vermittelt, zeigt ein Fachwerk aus Volumen und Kanälen, eine Ordnung von Punkten und Gängen, in denen das von Alltagsbeschäftigungen und -sorgen bestimmte gewöhnliche Leben der Stadtbewohner auf durchaus regelmäßige Weise verläuft.

Diese vermeintlich vorhersehbare Tätigkeit der Bevölkerung einer Stadt erlebt allerdings ab und zu Krämpfe und Erschütterungen, deren Schauplatz diese scheinbar so ruhigen und streng überwachten Straßen und Plätze sind. Diese periodischen Verrenkungen, die jede Stadt erfährt, widerlegen diejenigen, die für sich in Anspruch nehmen, die Stadt zu verwalten, und die behaupten, dieses städtische Leben zu beherrschen und tatsächlich zu kennen. Die Offenkundigkeit – der Städte als Systeme, die zyklisch nicht kontrollierbare Erschütterungen erleben – lädt uns dazu ein, die Stadt als etwas zu begreifen, das alles andere ist als ein ausgeglichenes und vorhersehbares Wesen, denn sie kann jederzeit von großen sozialen Energiestößen erschüttert werden, die sich entweder im Nichts entfalten – aus reiner Entfaltungslust, wie dies bei einem Fest geschieht – oder auch in der Geschichte, wie dies bei Aufständen, Revolten und Revolutionen der Fall ist.

Die Hauptstadt Kataloniens hat in den letzten Jahren nicht nur eine Spitzenstellung unter den Reisezielen des Massentourismus eingenommen, sondern gehört auch zu den Lieblingsorten der intellektuellen Kreise, insbesondere derer, die sich für städtebauliche und architektonische Experimente interessieren. Vom Freizeit- und Kulturangebot angelockt, besuchten im Jahr 2005 fast viereinhalb Millionen Menschen Barcelona – 9 % mehr als im Vorjahr. Die starke Zunahme der Besucherzahlen ist eine direkte Folge der Promotionspolitik, mit der die Stadt als ein Konsumartikel feilgeboten wird, indem die Aspekte hervorgehoben werden, die ihr Vermarktungspotenzial erhöhen.

Die Festivalisierung des städtischen Raums trägt zu diesem Klima des falschen gemeinschaftlichen Glücks bei, das vorgeblich den Reisenden erwartet. Die Werbekampagnen unterstreichen die Tugenden einer Hauptstadt, die prestigeträchtige Werte zu bieten hat, die immer mit der Erinnerung an historische und künstlerische Einzigartigkeiten verknüpft sind und auf ein bestimmtes Vorstellungsgerüst zugeschnitten sind, wie eine „wohlhabende und gebildete" Stadt auszusehen habe.

Diese Erinnerung besteht jedoch – wie jede offizielle Erinnerung – aus Gedächtnislücken und der Vorspiegelung falscher Tatsachen. Bestimmte historische Orte und Daten werden verherrlicht, wobei jedoch all das verschwiegen wird, was auf ihre beunruhigendsten Dimensionen und damit auf ihre kreativsten Dimensionen verweist: Dimensionen, in denen das Beste und Würdigste der Vergangenheit der Stadt als kollektives Wesen aufbewahrt sind.

Das vorliegende Buch liefert genau die Zeugnisse dieser anderen jüngeren Geschichte Barcelonas, die Höhepunkte einer zum Teil unmittelbaren Vergangenheit, deren Hauptakteure keine Gelehrten, Architekten oder Künstler waren, sondern bekannte Rebellen oder anonyme Menschenmengen, die sich zur Herausforderung der Macht versammelt haben.

Dieses Buch ist also ein „Reiseführer", der sich stark von den handelsüblichen Führern unterscheidet. Er ist so etwas wie ein Index der Zeitpunkte – und ihrer Orte –, an denen die Bewohner Barcelonas gezeigt haben, dass eine Stadt auch aus Ungehorsam und Widerstand gemacht ist, dass die Würde einer Stadt nicht von ihren Museen, ihren architektonischen Juwelen oder ihrem Lokalkolorit herrührt, sondern von der Fähigkeit, die ihre Bewohner beim Kampf gegen die Ungerechtigkeit und Willkür der Mächtigen unter Beweis gestellt haben. Schritt für Schritt, durch die Markierung von Orten auf einem Stadtplan, der sich grundlegend von den Stadtplänen für Touristen unterscheidet, erinnert uns das Buch an die Stellen, an denen sich die individuellen oder kollektiven Protagonisten des abtrünnigen Barcelonas der letzten hundertfünfzig Jahre aufgehalten haben bzw. aufhalten.

Diese Würde lebt auf gewisse Weise ungebrochen fort. Das hat Barcelona in den letzten Jahren gezeigt, als seine Bewohner unter Missachtung der Anweisungen, am großen Spektakel mitzuwirken, in das die Stadt verwandelt werden soll, bewiesen haben, dass die Pläne, sie in eine ansprechende, manövrierbare Schaufensterauslage zu verwandeln, gescheitert sind. Tatsächlich haben die letzten Jahre deutlich gemacht, wie weit die Stadt von diesem kontrollierten öffentlichen Raum entfernt ist, von dem die politischen und städtebaulichen Verantwortlichen träumen. In der jüngsten Zeit – diesseits der chronologischen Grenzen, die im *Rebellischen Barcelona* gezogen werden – ist die volkstümliche Tradition Barcelonas, die städtischen Räume der Stadt zum Protest und Ungehorsam zu nutzen, zu neuem Leben erwacht. In der Folge liste ich kurz einige der jüngsten Ereignisse auf, die zeigen, dass der rebellische Geist Barcelonas lebendig ist. Ereignisse, die beweisen, dass das offizielle Barcelona nicht nur seine Vergangenheit verleugnet, sondern auch seine Gegenwart.

Im Mai 2000 ziehen Tausende von Menschen durch die Straßen, um gegen eine Militärparade zu protestieren, die das spanische Verteidigungsministerium in der Innenstadt veranstalten will. Die Demonstranten sehen die Zurschaustellung der Truppen als eine Art nicht tolerierbare Usurpation und Verseuchung des öffentlichen Raums an. Schließlich muss die Parade am Stadtrand und praktisch hinter geschlossenen Türen stattfinden.

Im Juni 2001 führt die Ankündigung eines Treffens der Weltbank in der Stadt zu öffentlichen Protestkundgebungen. Die Aussicht auf Unruhen bewirkt, dass die Organisatoren des internationalen Wirtschaftstreffens die Veranstaltung abblasen – zu Unruhen kommt es trotzdem.

Im März 2002 ist das Gipfeltreffen der europäischen Regierungspräsidenten und Regierungen Gegenstand einer breiten Ablehnung von Seiten der Bevölkerung. Es kommt zu zahlreichen Protestdemonstrationen. Auf der größten, an der mehrere Hunderttausend Menschen teilnehmen, versuchen die Politiker, aus dem Unmut der Bevölkerung Kapital zu schlagen und sich an die Spitze der Demonstration zu stellen. Letztendlich müssen sie allein und abgeschlagen am Ende der Demonstration defilieren, da sich die Massen dem Block der sozialen Bewegungen und deren Motto „Gegen das Europa des Kapitals“ angeschlossen haben. Barcelona verweigert auf diese Weise den europäischen Machthabern seine Gastfreundschaft und zwingt sie dazu, vor den Toren der Stadt zu lagern. Ein von der Polizei besetztes Barcelona weist darauf hin, dass die Stadt nicht bereit ist, die Anwesenheit gewisser unerwünschter Elemente in seinen Straßen zu akzeptieren.

Im Februar und März 2003 halten riesige Mobilisierungen gegen die Invasion im Irak fast permanent die Straßen der Stadt besetzt. Laut Pressemeldungen nehmen an mehreren dieser Demonstrationen bis zu einer Million Menschen und mehr teil. Der Widerhall in den internationalen Medien veranlasst George W. Bush zu der Aussage, Barcelona sei die Hauptstadt der weltweiten Proteste gegen den Krieg. Jeden Abend um 22 Uhr – das erste Mal infolge eines Aufrufs des Anti-Kriegs-Bündnisses, danach auf spontane Weise – begeben sich zahllose Bewohner der Stadt an die Fenster und auf die Balkone ihrer Wohnungen, um ihrem Protest durch Topfschlagen Gehör zu verschaffen. Barcelona braust und donnert in der Nacht.

In den Abendstunden des 13. März 2004 ziehen die Menschenmengen erneut spontan mit Topfdeckeln und Trillerpfeifen durch die Straßen. Sie drücken damit ihre Empörung über die Lügen der spanischen Regierungspartei Partido Popular aus, die die am 11. März von islamistischen Fundamentalisten auf Vorortzüge in Madrid verübten Anschläge der ETA in die Schuhe geschoben hat, um die Parlamentswahlen vom 14. März gewinnen zu können.

Im Oktober 2006 führen die massiven Mobilisierungen für das Recht auf würdigen Wohnraum zur Absage eines anderen „Gipfeltreffens“, in diesem Fall des Gipfeltreffens der europäischen Wohnungsbauminister. Ein wutentbranntes Barcelona versetzt die Mächtigen erneut in Furcht.

Alle in diesem Abschnitt aufgezählten Mobilisierungen wurden von Plattformen organisiert und getragen, die nichts mit den politischen Institutionen zu tun haben bzw. ihnen feindlich gegenüberstehen.

In diesem Barcelona ist ein alter Geist der Rebellion und des Misstrauens gegenüber den Herrschenden lebendig geblieben, ein Geist, über dessen Ausdrucksformen das vorliegende Buch eine Bestandsaufnahme liefert. Die Verantwortlichen des Konzepts und Managements der Stadt als „Modell“ begreifen nichts von dieser Stadt, die eine Zeitlang unter dem Namen Feuerrose* bekannt war, und sie können auch nichts von ihr begreifen. Denn sie haben aus Barcelona einen Exponenten der kapitalistischen Aneignung gemacht: massive Wohnraumspekulation, Tertiarisierung, Zerstörung des

* *rosa de foc*, Name für Barcelona wegen der zahlreichen anarchistischen Bombenanschläge gegen Ende des 19. und Anfang des 20. Jahrhunderts

städtebaulichen und architektonischen Stammguts, Unterwerfung unter die Anforderungen des Markts, verächtliche Behandlung der schwerwiegendsten Probleme der Einwohner, Verwandlung der Innenstadt in einen Themenpark für Touristen, Gentrifizierung – das heißt Verdrängung der angestammten Bevölkerung der Innenstadtviertel durch kaufkräftigere Bevölkerungsschichten –, enge Zusammenarbeit zwischen Behörden und Privatwirtschaft, Triumph der rein spektakulären Architektur, verallgemeinerte Banalisierung, Überwachung aller Aspekte des Lebens, Ausschluss – und sogar Vertreibung – der schwächsten Bevölkerungsgruppen und eiserne Kontrolle über die Unregierbaren.

Aber angesichts – oder hinter dem Rücken – dieses Unterwerfungswillens kann Barcelona nicht vergessen, dass seine Geschichte in den letzten einhundertfünfzig Jahren eine lange Episode dieses alten Kampfs auf Leben und Tod zwischen der konzipierten Stadt und der gelebten Stadt, zwischen Polis und Urbs, zwischen dem Erstarrten und dem Wandelbaren, zwischen Politik und Leben gewesen ist. Angesichts des Willens der Institutionen, den städtischen Raum Barcelonas in eine kontrollierte und überwachte Bühne zu verwandeln, die den Interessen ihrer vermeintlichen Eigentümer entspricht, haben die großen und kleinen Menschenmengen, die die Straßen in gewissen intensiven Augenblicken der Geschichte – und, wie erwähnt, in jüngster Zeit und vielleicht auch gerade jetzt – besetzt haben, immer wieder neu daran erinnert, wozu die Straßen letztendlich gut sind.

Barcelona ist, wie jede andere Stadt auch, immer „etwas anderes“. Diese Andersartigkeit hat etwas Monströses an sich, insofern, dass sie in Wirklichkeit weder Form noch Sinn hat. Sie scheint reine Morphologie zu sein, tatsächlich ist sie jedoch ein Lebewesen, das mit einer verborgenen Intelligenz, mit einer empfindlichen Haut und einer Muskulatur ausgestattet ist, die sie bewegt. Zuweilen mag man den Eindruck gewinnen, dass dieses wilde und zärtliche Biest gebändigt und in ein unterwürfiges, freundliches Schoßtier verwandelt werden kann, aber bei der geringsten Gelegenheit kommt es zu einer plötzlichen Verwilderung, die zeigt, dass sein Wesen letztendlich doch nicht zu bändigen ist.

Die Stadt scheint ein Etwas zu sein, sie ist jedoch eine Kraft. Und diese Vitalität, die weder besänftigt, verstanden noch gebändigt werden kann, wird manchmal plötzlich wieder zu dem, was sie schon immer gewesen ist. Und Barcelona, wie jede andere Stadt, wird wieder jung und gewinnt für einige Stunden oder Tage ihre alte Substanz zurück, die aus Konflikt und Wahrheit gemacht ist. Und dann sind erneut die Unzufriedenen und Erniedrigten zu sehen, wie sie die Straßen zurückerobern, die ihnen schon immer gehört haben, und erneut sind ihre frechen Stimmen zu hören. Die Machthaber und ihre Stadtplaner betrachten von ihren Balkonen aus ungläubig und entsetzt ihr Scheitern gegenüber einer reinen kollektiven Energie, die jederzeit alles auf den Kopf stellen kann. Unten eine Kraft ohne Macht. Oben eine kraftlose Macht.

Hinweise für die Leser

Dies ist kein herkömmlicher Führer für eine touristische Stadtbesichtigung. Das Ziel dieses Führers ist es, die einzigartige Geschichte der Stadt durch die Orte, Monumente, Menschen und Gruppen zu vermitteln, die die Ordnung angegriffen haben, die von einer sozialen Minderheit über den Großteil der Bevölkerung errichtet worden ist. Dieses Paradox der Machtverteilung wird anhand der Geschichte der Stadtteile Barcelonas beleuchtet.

Der Führer ist nach Stadtvierteln geordnet; jedes Kapitel wird mit einem Auszug aus dem Stadtplan und einigen Hinweisen auf die Besonderheiten des jeweiligen Viertels eingeleitet. Auf jedem dieser Stadtpläne gibt es Nummern, die auf die nachfolgenden Artikel verweisen. Die Nummerierung ist so gewählt, dass der Leser die angegebenen Orte nacheinander aufsuchen kann.

Am Schluss des Buches werden einige Begriffe, Organisationen und Personen in einem Glossar erklärt.

Historisches Gedächtnis: Barcelonas Aufstände 1835–1951

Selten ist eine Stadt in Händen ihrer Menschen gewesen. Barcelona war es einige wenige Male, aber mit einer solchen Intensität, dass die Erinnerung an diese ferne Morgenröte, dieses tage- und wochenlange solidarische Fest weiterhin präsent ist: Bei den einfachen Leuten, um es noch einmal zu versuchen, und bei ihren Feinden, um dies wieder zu verhindern. Die Angst, die Volksmassen könnten die Stadt erneut besetzen und ihre Angelegenheiten in die eigenen Hände nehmen, ruft alle Parteigänger des Todes vereint auf den Plan: Kapital, Staat, Kirche und Armee. Und der brennende Wunsch, dass es wieder so werden soll, hat bewirkt, dass der energischste und lebensfreudigste Teil dieser Volksmassen seine Widerspenstigkeit bewahrt hat und die Parteigänger des Lebens ihre Hoffung auf einen neuen Versuch nicht aufgegeben haben. Wir erinnern hier – nur skizzenhaft – an einige dieser Momente, in denen Barcelona in den Händen seiner Bewohner gewesen ist.

Die Sommerrevolte 1835. Das Niederbrennen der Klöster und der Brand in der Fabrik Bonaplata

Alle von den Armen, den Unterdrückten entfachten Revolten und Kämpfe überwinden die Disziplin und die Hierarchien der etablierten Ordnung, die neben anderen Zwangsmaßnahmen die Arbeiterschaft zu einer ganz bestimmten Nutzung des Raums und der Zeit zwingen. Diese starre Regulierung des täglichen Überlebens nach Maßgabe einer hierarchisierten etablierten Ordnung steht im Gegensatz zum Leben. Wenn die kollektiv kämpfenden Arbeiter diese Disziplin brechen und die Zeit für sich selbst nutzen und den Raum mit ihrem eigenen Handeln besetzen, dann wird möglich, was niemand für möglich gehalten hatte.

Dies war im Sommer 1835 in Barcelona der Fall, als alle etablierten Hierarchien schlagartig verschwanden und die gesamte Ordnung einige Tage lang umgestürzt war. Anfang Juli 1835 hatten sich die blutigen Aktionen der Karlisten über ganz Katalonien ausgedehnt. Am 22. Juli wurde bekannt, dass sie fünf Milizionäre der Stadt Reus ermordet hatten. Die Reaktion kam spontan und unmittelbar, jeder wusste, dass die Kirche, und konkret die Mönche, die Karlisten aktiv unterstützten, weshalb in Reus zwei Klöster in Brand gesetzt und mehrere Mönche exekutiert wurden. Die Nachrichten aus Reus erreichten Barcelona, und am Sonntag, dem 25. Juli, nach einem enttäuschenden Stierkampf, den die Behörden anlässlich des Geburtstags der bourbonischen Königin Isabella II. veranstaltet hatten, wurde die Stierkampfarena El Torin, die sich im Stadtteil Barceloneta just gegenüber der befestigten Zitadelle befand, demoliert. Danach zogen die Stierkampfbesucher wütend auf die Straße.

Wie Josep Coroleu in seinem Buch *Me-*

„Dia de Sant Jaume:
Am Tag des Heiligen Georg wurde ein großes Fest im Torin veranstaltet:
man schickte ein paar Stiere, die Stiere waren schlecht und das ist der Grund für das Niederbrennen der Klöster."

morias de un menestral de Barcelona, 1792–1854 (Erinnerungen eines Handwerkers aus Barcelona) richtig anmerkt: „Das Volk, das aus anderen, ernsteren Gründen unzufrieden war und den brennenden Wunsch hegte, seiner Empörung Luft zu machen, ging auf die Straße." Die Aufständischen marschierten zur Rambla und skandierten: „Der fette Ochse! Der fette Ochse!" Unter diesem Spitznamen war der Capitán General von Katalonien und Kriegsminister, General Llauder, bekannt. Mit dem Ruf „Es lebe die Freiheit! Tod den Mönchen!" wurden die ersten drei Klöster, auf die die erzürnte Volksmasse stieß, angegriffen, sie konnten jedoch nicht in Brand gesetzt werden.

Gegen 19 Uhr 30 kommen die Menschen an der Rambla an, spontane Redner ergreifen das Wort und immer mehr Menschen schließen sich der Demonstration an. Die Parole „Tod den Mönchen! Stecken wir die Klöster an!" findet begeisterten Anklang. Das hinter Stadtmauern eingeschlossene Barcelona ist voller Klöster und jedes einzelne symbolisiert den Verrat der Kirche an den Armen zugunsten der Unterdrücker, Reichen und Reaktionäre. Kurz darauf werden die ersten Klöster in Brand gesetzt: das der Kapuzinermönche, der Dominikaner, Santa Caterina, Sant Pau del Camp, Sant Josep usw. Im Priesterseminar kommt es zu einer Schießerei zwischen den Seminaristen und den Demonstranten, aber der Volkszorn lässt sich nicht bändigen, und die Straßen der Stadt sind voll mit Bränden und Menschen, die des ganzen Elends und der ständigen Erniedrigung überdrüssig sind.

Am 27. Juli zieht General Llauder in Barcelona ein, lässt sich zusammen mit seinen Offizieren im Palast der Kommandantur an der Plaça Palau nieder und beruft die Vertreter der Zivilbehörde und die Befehlshaber der Bürgerwehr zu einer Versammlung ein. Bei Einbruch der Dunkelheit versammelt sich jedoch eine große Menschenmenge auf der Plaça Palau und ruft Parolen gegen Llauder. Der General und seine Offiziere geraten in Panik und flüchten in die Zitadelle. Am nächsten Tag verlassen sie die Stadt.

Die Bürgerwehr versuchte die Revolte zu unterdrücken, es gelang ihr aber nicht. Der liberale Radikalismus machte einen zaghaften Versuch, aus der vollkommen spontanen Bewegung Kapital zu schlagen. Die Radikalliberalen verfassten ein Pamphlet mit dem Titel: *Was will das Volk,* in dem sie die Wiedereinsetzung der Verfassung von 1812 forderten und das mit dem dramatischen Aufruf „Verfassung oder Tod!!“ endete. Das Flugblatt hatte jedoch keinen Erfolg unter den Aufständischen.

Die darauf folgenden Tage waren von Sorge und Ungewissheit gezeichnet. Die Brandstiftungen in Klöstern und Konventen dehnten sich über ganz Katalonien aus. Mehr als 15 Konvente wurden angegriffen, darunter so große wie Sant Jeroni de Murta, Sant Cugat del Vallès, La Cartoixa de Montalegre, Scala Rei, sowie die Klöster von Poblet, Ripoll und Santes Creus.

Am Vormittag des 5. August verbreitete sich in Barcelona die Nachricht, dass General Bassa, als Abgesandter von General Llauder, mit einem großen Truppenkontingent in die Stadt einmarschiert sei. Es hieß, er habe den strikten Befehl, die Revolte niederzuschlagen, die Ordnung wiederherzustellen und die Stadt streng zu bestrafen. Um die Mittagszeit, als der General sich im Gouverneurspalast an der Plaça Palau eingerichtet und die Truppen in der Börse Quartier bezogen hatten, baten ihn die prominentesten Persönlichkeiten der Stadt als Abgesandte der Stadt- und Provinzverwaltung um eine Audienz, in der sie ihn um Nachsicht anflehten. Der General erwiderte kategorisch: „Sie stehen entweder auf meiner Seite oder auf der Seite des Volks.“ Die Entscheidung war schnell gefallen: sie und die Bürgerwehr standen ihm zu Diensten.

Zur gleichen Zeit sammelten sich zahlreiche Menschen auf der Plaça de Teatre und der Plaça Sant Jaume. Die Soldaten versuchten die Menschenmassen mit Kanonenschüssen von der Atarazanas-Kaserne und der Zitadelle aus einzuschüchtern, sie bewirkten jedoch das Gegenteil. In den frühen Nachmittagsstunden versammelten sich die Demonstranten erneut auf der Plaça Palau. Die Energischsten unter ihnen begaben sich in die Kirche Santa Maria del Mar, stießen von dort über eine Brücke bzw. einen Übergang, die die Kirche mit der Kommandantur verband, zum Gouverneurspalast vor, drangen ins Amtszimmer von General Bassa ein und töteten diesen mit Pistolenschüssen. Sie warfen den Leichnam auf die Straße, banden ihn an ein Seil und danach wurde er – einem in einem Stierkampf getöteten Stier gleich – durch die Straßen Barcelonas geschleift und schließlich auf der Rambla verbrannt. Die Menschenmassen strömten erneut auf die Straßen der Stadt: der Gouverneurspalast wurde geplündert und das Denkmal zu Ehren des Bourbonenkönigs Ferdinand VII., das auf Geheiß des paranoiden Capitán General Conde de España errichtet worden war, zerstört. Die Polizeibehörde, das Archiv des Finanzamts und der Verwaltungssitz des Klosters Montserrat gingen in Flammen auf.

Bei Einbruch der Dunkelheit zog der Demonstrationszug über den Carrer Tallers bis zur Stadtmauer an der Ronda de Sant Antoni, wo sich die Fabrik *El Vapor de Bonaplata, Vilaregut, Rull y Cia.* befand, die erste Fabrik Spaniens, die Dampfmaschinen einsetzte. Seit längerem schon hatten sich die Ideen von Ned Ludd in Europa ausgebreitet, zahlreiche Arbeiter sahen die Maschinen, die mit dem kapitalistischen Industrialisierungsprozess eingeführt worden waren, als ihren Feind an. Die Arbeiterklasse hatte unter sehr harten und elenden Bedingungen zu leiden: Die neue Arbeitsdisziplin des Industriezeitalters wurde gewissermaßen mit dem Brand-

Der Leichnam von General Bassa wird durch die Gassen geschleift

eisen durchgesetzt. Der Fabrikbesitzer und Hauptmann der Bürgerwehr, Narcís Bonaplata, durch die Zerstörung einer seiner Fabriken in Sallent argwöhnisch geworden, hatte sich zusammen mit seiner bewaffneten Garde im Inneren des Werks verschanzt. Sie konnten aber die erzürnte Masse nicht aufhalten, und die Fabrik sowie eine weitere, benachbarte wurden vollständig niedergebrannt. In den frühen Morgenstunden des 6. August wurde die Zollbehörde angegriffen und geplündert.

Der Militärgouverneur von Barcelona, General Pastor, hatte mittlerweile die Führung der Truppe übernommen. Er ließ am 7. August die gesamte Stadt besetzen und löste eine heftige Repression mit mehreren Toten und Hunderten von Verhafteten aus. In den Abendstunden desselben Tages wurden die Arbeiter Narcís Pardines und Marià Garrich nach durch Folter erzwungenen Geständnissen füsiliert. Am 10. wurden die Arbeiter Aleix Brell, Pere Blas Cornet, Josep Prats, Joan Jardí und Joan Guardo wegen „ihrer Teilnahme an den Unruhen" ebenfalls hingerichtet. Zahlreiche andere wurden zu Kerkerstrafen verurteilt oder deportiert. In den zeitgenössischen Zeitungen wurde in hinreichend bekannter Manier „eine Horde von Matrosen und Zigeunern, ein gemeiner Pöbel aus anderen Ländern und Provinzen" (*Diario de Barcelona*) für das Geschehen verantwortlich gemacht.

Bei Ereignissen wie diesem brechen die Arbeiter die Disziplin, die sie an Arbeit und Arbeitslosigkeit, an Geld und Geldmangel sowie an das tägliche Überleben kettet, das von der Uhr und einer eingegrenzten Nutzung des Raums markiert und kontrolliert wird. In diesen Momenten der Abwesenheit von Ordnung und Hierarchie lässt sich, sei es auch nur schwach, erahnen, dass ein anderes Leben möglich ist.

1842, die Jamancia und die Juliaufstände zwischen 1854 und 1856

Nach den Erfahrungen von 1835 fürchteten die Autoritäten, dass es jederzeit zu einer neuen sozialen Explosion kommen könnte, und untersagten deshalb wiederholt die Gründung von Arbeitervereinigungen. Eine dieser Vereinigungen hatte 1841 anlässlich eines neuerlichen Verbots erklärt: „Unsere Vereinigung benötigt weder Erlaubnisse noch Verbote; die Rechte, die uns die Natur gewährt, reichen uns."

Die Lage in Barcelona war explosiv: Hungerlöhne, Arbeitslosigkeit, gesundheitsschädliche Lebensbedingungen, die zu extrem hohen Todesraten unter den Armen führten, die Zwangsrekrutierungen in die Armee von jungen Männern, die kein Geld hatten, um sich vom Wehrdienst freizukaufen, die Verteuerung der Grundnahrungsmittel aufgrund der obligatorischen Entrichtung des Stadtzolls – es war nur eine Frage der Zeit bis zur nächsten Revolte. Sie brach im Herbst 1842 aus und wurde, wie ein zeitgenössischer Chronist berichtet, durch einen Streit um die Entrichtung des Stadtzolls ausgelöst:

„Am 14. November, an einem Montagnachmittag, brach ein großer Zwist zwischen den Wächtern des Stadttors Portal de l'Angel und einigen Subjekten aus, die versuchten, Weinkrüge in die Stadt einzuführen, ohne die gebührende Abgabe zu zahlen. Die Garde eilte herbei, um den Tumult zu beenden. Da die Gruppe in der Zwischenzeit aber stark angewachsen war, wurden die Soldaten zuerst mit Schmährufen und dann mit Steinwürfen eingedeckt, wodurch der Einsatz der Bajonette erforderlich wurde, um die Zivilisten auseinander zu treiben [...] Dem Vernehmen nach hatte General Zurbano befohlen, den Carrer Platería zu stürmen und das Feuer zu eröffnen. Die Anwohner gerieten dadurch indes nicht in Furcht, sondern in eine solche Wut, dass sie die Armee von ihren Balkonen aus mit allem bewarfen, was sie zur Hand hatten. Und da die Straße eng ist und die Truppe dicht beieinander stand, verfehlte kein Stein, keine Kugel und kein Möbelstück sein Ziel [...] Die

Gefangenen wurden befreit und griffen bewaffnet in das Geschehen ein."

Nach den ersten Zusammenstößen zogen sich die Regierungstruppen in die Festung Montjuïc und in die Zitadelle zurück. Die Stadt konstituierte eine Junta zu ihrer Verteidigung, die bald von bekannten Persönlichkeiten der jungen barcelonesischen Industriebourgeoisie dominiert wurde. Die Junta veröffentlichte einen Erlass, in dem alle Bürger, die am Aufstand teilgenommen hatten, zur Aushändigung ihrer Waffen aufgefordert wurden. Der Interimspräsident Espartero forderte die bedingungslose Kapitulation. Nachdem ein Belagerungsring errichtet worden war, wurde Barcelona mit Kanonen beschossen und 452 Häuser der Stadt getroffen bzw. zerstört. Nach der militärischen Besetzung wurden 19 Bürger standrechtlich erschossen.

Die beabsichtigte abschreckende Wirkung blieb jedoch aus: Knapp acht Monate später, im August 1843, kam es zu einem neuen Aufstand, der unter dem Namen „La Jamancia" (*jamar* bedeutet „essen" in der Sprache der spanischen Zigeuner) bekannt werden sollte. Barcelona war wieder voller Barrikaden. Dieser Aufstand war länger und blutiger als der vorangegangene. Die Patienten des Krankenhauses und die Bewohner der Armenhäuser wurden evakuiert. Bis zum November wurden alle Angelegenheiten der Stadt von einem Obersten Stadtrat geleitet; die Milizionäre der Kompanien der „Jamancios" waren zum Großteil Fabrikarbeiter. Die Bourgeoisie Barcelonas distanzierte sich dieses Mal von Anfang an vom Aufstand und konstituierte im damaligen Vorort Gràcia einen Rüstungs- und Verteidigungsrat, um die Regierung bei der Niederschlagung des Volksaufstandes zu unterstützen. Vom Bürgertum energisch angefeuert, gab General Prim den Befehl, Barcelona von der Zitadelle, den Festungen Pío und Don Carlos und vom Montjuïc aus zu beschießen. Nach einer zweimonatigen Belagerung, nach 6000 Kanonenschüssen und zahlreichen Toten musste die Stadt erneut kapitulieren.

Der Aufstand hatte die Interessensunterschiede zwischen den sozialen Klassen deutlich gemacht: die Rolle der Militärs, der Machtverlust der lokalen Autoritäten, die „Wiederherstellung des sozialen Friedens" durch Räte „ehrenwerter Bürger"; die Rückgewinnung der Macht durch die Zentralregierung mit Ministern, die die liberale „Revolution" repräsentierten.

In den folgenden Jahren kam es zu einer Verschlechterung der Arbeits- und Lebensbedingungen der Arbeiter, während das Bürgertum gleichzeitig Reichtümer anhäufte. Der Krimkrieg bedeutete für die einen die Verteuerung der Grunderzeugnisse, für die anderen bot er die Chance zu großen Geschäften. Die Letzteren sangen: „Gott schenkt uns Sonne und Regen / und Krieg in Sebastopol."

Juli 1854

Die Erhebung von General O'Donell am 28. Juni 1854 leitete die liberale Revolution ein. Die Arbeitermassen unterstützen sie zunächst aktiv. Nachdem die liberalen Generäle die Macht erobert hatten, kehrten sie den Arbeitern jedoch den Rücken, und auch die Mittelklasse wandte sich von ihnen ab, als sie die Reichweite ihrer Ideen erfasste.

In der Nacht des 14. Juli 1854, der Tag, an dem die Revolution in Barcelona siegte, ging die Baumwollspinnerei *Pere Arnau* im Carrer *Berenguer el Vell* in Flammen auf. Beim Versuch, die Fabrik zu verteidigen, kamen der Fabrikbesitzer Arnau und sein Sohn um. Danach wurde die Fabrik *Castells i Companyia* im Carrer Riereta 17 angegriffen und die sich im Nebengebäude, der Nr. 16, befindliche Fabrik *Morull i Pi* geplündert. In der gleichen Nacht wurde auch die Firma *Jordà i Mas* im Carrer del Migdia gestürmt und mehrere ihrer Spinnmaschinen zerstört. Danach waren die Spinnereien *Rosés i Companyia*, *Industrial Algondera*, *Esteve Miguel i Companyia* (Carrer de la Paloma Nr. 5) und andere im heutigen Stadtviertel Raval angesiedelte Fabriken an der Reihe.

Die Reaktion kam schlagartig. Der Belagerungszustand wurde ausgerufen. Um 19 Uhr des 16. wurden drei Arbeiter mitten auf der Rambla de Santa Mònica füsiliert. Am 17., am gleichen Ort um vier Uhr nachmittags, wurden drei weitere Arbeiter vor einer großen Menschenmenge hingerichtet. Später sollte Capitán General La Rocha vor dem Senat erklären:

„Auch wenn das Ganze schmerzhaft für mich war, muss ich doch sagen, dass das Glück auf meiner Seite stand [...] Mir wurden sechs Verbrecher ausgehändigt [...] Nachdem ihre Schuld belegt war, wurden sie füsiliert. Und wo? Dort, wo die besonderen Umstände es erforderten: auf der Rambla im Zentrum der Stadt und vor den Augen von Tausenden von Personen aus allen Bevölkerungsschichten. Dadurch wurde die Autorität gestärkt und die Revolution eingedämmt."

Als Antwort auf die militärische Brutalität wurde ein Generalstreik der Spinner ausgerufen. Innerhalb weniger Tage dehnte sich der Streik auf zahlreiche andere Orte Kataloniens aus. Die Arbeiter forderten ein Verbot der neuen Spinnmaschinen. Ganz Barcelona befand sich in Aufruhr.

Es muss daran erinnert werden, dass seit 1844 neuartige halbautomatische Spinnmaschinen aus England eingeführt wurden, die nach und nach die alten, weitgehend manuellen Spinnstühle Mule-Jenny und Bargadanas ersetzten. Die Arbeiter fürchteten, dass die Investitionen nur ihren „Herren" nützen, ihren Lebensbedingungen dagegen schaden würden; sie sahen voraus, dass die Mechanisierung der Arbeit die Arbeitslosigkeit erhöhen und ihren Beruf und ihre handwerklichen Fachkenntnisse abwerten würde. Die Arbeiter wussten: „Wenn zwei Unternehmer hinter einem Arbeiter her sind, steigen die Löhne; wenn zwei Arbeiter hinter einem Unternehmer her sind, sinken sie."

Am 25. Juli 1854 suchte eine Arbeiterkommission, der Josep Barceló, ein aktiv am Streik beteiligter Arbeiterführer, angehörte, La Rocha auf und verlangte von ihm ein Verbot der Spinnmaschinen. Vom Ausmaß der Revolte in die Ecke gedrängt, gab La Rocha nach und verbot die Benutzung der Spinnmaschinen. Damit hatte sich La Rocha jedoch die Fabrikbesitzer zu seinen Feinden gemacht.

Barcelona war erschöpft durch die harte Repression, die endlosen Arbeitszeiten, die miserable Wohnungs- und Gesundheitslage, mit 7000 Arbeitslosen bei rund 160.000 Einwohnern und einer Choleraseuche, die innerhalb von 70 Tagen 3% der Bevölkerung hinraffen sollte.

Die Behörden beschlossen, ein doppeltes „Geschenk" zu machen und stimmten dem Abriss der Stadtmauern zu. Dadurch wurde einerseits die Arbeitslosigkeit verringert und der begüterten Klasse andererseits ein immenser finanzieller Anreiz zur Investition in den Erwerb von zukünftigen Baugrundstücken geboten.

Juli 1855

Das Problem der Spinnmaschinen war nicht gelöst: Der Unternehmerverband versuchte wiederholt seinen Einfluss in den politischen Instanzen in Madrid und Barcelona geltend zu machen, um die Aufhebung des Verbots zu bewirken.

Die Arbeiterbewegung war durch die Zulassung ihrer Vereinigungen gestärkt worden und zwischen 1854 und Anfang 1855 wurden in zahlreichen Fabriken Tarifabkommen mit den Unternehmern abgeschlossen. Ein im Mai des gleichen Jahres verabschiedeter Königlicher Erlass über die „Vertragsfreiheit" machte jedoch alle Errungenschaften zunichte, die die Arbeiter im Sommer des Vorjahres erkämpft hatten. Die Arbeitervereinigungen waren im Mai 1854 zugelassen worden, am 21. Juni 1855 wurden sie vom neuen Capitán General Zapatero, einem Konservativen und erklärten Gegner Esparteros, der seit dem 17. März im Amt war, wieder verboten. Durch dieses Verbot wurde die Arbeiterbewegung an ihrer empfindlichsten Stelle getroffen.

Ein ungeklärter mehrfacher Mord 30 Kilometer von Barcelona entfernt wurde als Anlass genommen, um Josep Barceló, *Mitglied des Generalrats der Führer der Arbeiterklasse*, als einen Verbündeten der Karlisten darzustellen und der Mittäterschaft an dem Mord zu bezichtigen. Er wurde zum Tode verurteilt und am 6. Juni hingerichtet. Am Nachmittag des Tages seiner Hinrichtung wurde das Verbot der Verwendung von Spinnmaschinen aufgehoben. Die Bourgeoisie frohlockte.

Am Montag, dem 2. Juli 1855, begann der Generalstreik. Dieser Streik sollte sich von den früheren Unruhen, Tumulten und Revolten unterscheiden. Elf Tage nach dem Verbot der Arbeitervereinigungen wurden die Autoritäten und die Unternehmer von der hervorragenden Organisation und der Reichweite des Streiks überrascht. Noch am gleichen Tag wurde Josep Sol i Padrís, Prokurist der Fabrik *Güell, Ramis i Cia*, Präsident des katalanischen Industrieinstituts (der damalige Unternehmerverband) und Abgeordneter in den spanischen Cortes, in Sants ermordet. Sein Tod war die Antwort auf die Hinrichtung von Josep Barceló vier Wochen zuvor.

Die Fabrikarbeiter in Sants, Gràcia und Badalona legten die Arbeit nieder, formierten sich zu Demonstrationszügen und besetzten die Stadt. Katalonien befand sich erneut im Belagerungszustand.

Am Pla de la Boquería demonstrierten die Arbeiter hinter einer großen roten Fahne und mit den Rufen: „Arbeitervereinigung oder Tod. Viva Espartero!" Diese Forderung war die Voraussetzung, um Verhandlungen über Fragen wie den Zehnstundentag aufzunehmen. Die Spinner hatten beispielsweise eine 72-Stunden-Woche, die „durch eine freie Übereinkunft zwischen beiden Seiten über 72 Stunden hinaus verlängert werden konnte".

Dienstag, 3. Juli. Auf der Plaça del Padró, im Herzen des Stadtviertels Raval, hängen Demonstranten ein Transparent mit der Aufschrift auf: „Arbeitervereinigung oder Tod. Brot und Arbeit. Viva Espartero!" Auf der Rambla sammelt sich eine gewaltige Masse von Menschen, die aus Barcelona selbst und aus anderen Orten herbeigeströmt sind und sich zu einem Demonstrationszug zum Rathaus formieren. Der Streik dehnt sich auf die meisten Industrieorte Kataloniens aus. Die Nationalmiliz weigert sich, die Befehle Zapateros zu befolgen und die Streikenden anzugreifen. Ein Teil der Fabrik España Industrial wird zerstört.

Mittwoch, 4. Juli. Die Betreiber der Stierkampfarena annullieren den für Sonntag, den 8. Juli, angekündigten Stierkampf. Die in den Atarazanas und in der Zitadelle stationierten Soldaten werden durch auswärtige Truppen verstärkt. Der *Diario de Barcelona* notiert in seiner Abendausgabe: „Die Agitation ging auch heute Morgen weiter. Zahlreiche Gruppen von Arbeitern sind durch die Straßen gezogen, ohne sich feindselig zu gebärden. Außerdem wurden Geschäfte und Werkstätten verschiedener Erwerbszweige zur Einstellung ihrer Tätigkeiten gezwungen."

Der Magistrat reicht seinen Rücktritt ein, aber Zapatero nimmt ihn nicht an. In der Zwischenzeit bricht eine Arbeiterdelegation nach Madrid auf, um sich mit dem Regierungschef Espartero zu treffen, auf den sie ihre Hoffnungen setzen.

Donnerstag, 5. Juli. Die Presse veröffentlicht ein Manifest, das vom „Komitee der katalanischen Arbeiterklasse" (zehn Unterschriften) unterzeichnet ist und die Forderungen erläutert: Vereinigungsfreiheit und Zehnstundentag. Eine neue Delegation, die aus Vertretern der Arbeiter, der Stadtverwaltung, der Provinzverwaltung und der Nationalmiliz besteht, bricht nach Madrid auf. Die Arbeiter beschließen in ihren Versammlungen, den Streik bis zur Rückkehr der Delegationen fortzusetzen. Eine große Zahl von Arbeitern versammelt sich an der Hinrichtungsstelle des Arbeiterführers Josep Barceló.

Freitag, 6. Juli. Neue Truppenkontingente treffen auf dem See- und Landweg ein. Zapatero befiehlt, die Teilnehmer an der Veranstaltung zum Gedenken an Barceló in der Vornacht ausfindig zu machen und zu verhaften.

Der Ministerrat beschließt, alle verfügbaren Kriegsschiffe nach Katalonien abzukommandieren.

Samstag, 7. Juli. Der Streik in allen Industrie- und Handelszweigen hält an. Die Nationalmiliz bewacht die strategischen Stellen der Stadt, Kirchtürme eingeschlossen. Das Kriegsschiff *Julia* läuft mit siebzig verhafteten Arbeitern nach Havanna aus. Ihr Strafmaß beträgt der öffentlich verkündeten Anordnung Zapateros zufolge sechs Jahre Verbannung in den Kolonialheeren in Übersee.

Die Presse informiert darüber, dass am Hafen „großkalibrige Artilleriegeschütze" entladen wurden.

Sonntag, 8. Juli. Trotz des Feiertags sind alle Freizeit- und Vergnügungslokale geschlossen. Die Arbeiter und ihre Familien leiden unter extremem Geldmangel; die Streikkassen sind leer; die Gefängnisse voller Verhafteter und die zahlreichen zur Verstärkung abgeordneten Truppenkontingente haben die Stadt massiv besetzt. Die Ankunft von bis zu 30 weiteren Bataillonen wird erwartet.

Schätzungen zufolge haben in den letzten Tagen 10-12.000 reiche Familien Barcelona verlassen und sich nach Mallorca und vor allem nach Frankreich abgesetzt.

Montag, 9. Juli. Einige wenige Werkstätten, die nichts mit der Textilindustrie zu tun haben, nehmen die Arbeit wieder auf. Es kommt erneut zu Demonstrationen auf La Rambla. Die Armee besetzt alle Fabrikviertel und strategischen Stellen der Stadt. Die Unternehmer öffnen ihre Fabriken und Werkstätten, fast niemand ist bereit, die Arbeit wieder aufzunehmen.

Die Arbeiter warten auf die Rückkehr der Delegationen aus Madrid. Espartero kommt dem jedoch zuvor und fordert sie zu Ordnung, Gehorsam und Wiederaufnahme der Arbeit auf. Die reaktionäre Presse redet wiederholt von der sozialen Gefahr, in die „Fangarme des Sozialismus" zu geraten. Im Verlauf der Nacht sind 23 Arbeiter verhaftet worden.

Dienstag, 10. Juli. Die Montjuïc-Festung, die Zitadelle und Atarazanas-Kaserne (Drassanes) sind bis auf den letzten Mann belegt, so werden die Truppen in der Stierkampfarena, in der Börse, im Bischofspalast und im Priesterseminar stationiert. Die Kirche kollaboriert, sie fürchtet ein neues 35. Die Arbeiter diskutieren den ganzen Tag, ob der Streik fortgeführt werden soll und kann. Eine Kommission trifft sich mit dem Militärbeauftragten, Oberst Saravia. Dieser will sich nicht festlegen, als Erstes müsse der Streik beendet werden. Erschöpft beschließt die Kommission das Ende des Streiks und die Wiederaufnahme der Arbeit für den nächsten Tag.

11. Juli, Rückkehr zur „Normalität“, zur Arbeit. Gleichzeitig holt die Repression zu einem großen Schlag aus; die auf schwarzen Listen aufgeführten Arbeiter werden unbarmherzig verfolgt, während die Unternehmervereinigung die Gunst der Stunde nutzt, um lange vor Beginn des Streiks getroffene Abkommen zu brechen. Kaum haben die aus Madrid zurückgekehrten Arbeiterdelegierten die Stadt betreten, werden sie der „Landstreicherei und Unruhestiftung“ angeklagt, verhaftet und entweder in die amerikanischen Kolonien, auf die Kanaren und in Städte der Peripherie verbannt oder ins städtische Gefängnis Amalia gesperrt. Gleichzeitig werden die Geschäftsräume der Arbeitervereinigungen geschlossen und ihre Besitztümer beschlagnahmt. Das letzte Wort der Regierung lautete: „Ihr seid ja schon vereinigt, denn ihr gehört schließlich zu einer Nation.“

EL CONFLICTE DE LES SELFACTINES

BANDO.

Con objeto de afianzar solidariamente la propiedad y la familia de los aleves ataques de todo malévolo, que por desgracia no faltan en una poblacion tan industriosa, trabajadora y morigerada: y á fin de que el sol de nuestra regeneracion política se presente puro y terso, sin que lo empañe la lágrima de la desdicha,

Vengo en mandar:

Artículo primero.

Serán pasados por las armas en el término de seis horas, previo un juicio sumarísimo por la Comision Militar de esta Plaza, á todo el que cometa ó intente pegar fuego á un establecimiento fabril ó casa particular; así como á los que atenten contra las seguridades de las personas.

Artículo segundo.

El que robe valor de 20 reales arriba, será condenado á la misma pena de muerte y con la propia celeridad.

Y para que nadie pueda alegar ignorancia, fíjese en los parages acostumbrados é insértese en los periódicos de esta capital.

Barcelona 16 de julio de 1854.

El Capitan General,
Ramon de La-Rocha.

Öffentliche Bekanntmachung des Capitán General

Juli 1856

Die Bourgeoisie Barcelonas hat begriffen, was es heißt, sich mit einer mutig gewordenen Klasse auseinandersetzen zu müssen, die sich ihrer selbst bewusst geworden ist und immer weniger Angst vor den *Patrones* hat. Andererseits hat sich die bürgerliche industrielle Revolution nicht durchgesetzt: Nur wenige Kilometer von der Stadt entfernt bestehen Agrarsysteme fort, die von semifeudalen Beziehungen, von Aristokraten und Gutsherrn bestimmt werden, während die karlistischen Rotten für die Wiedereinsetzung einer überholten Krone kämpfen. Auf diese Weise sind reaktionäre Tendenzen aktiviert worden, die den Staatsstreich von O'Donnell gegen die wankelmütigen Mitglieder der Fortschrittspartei unter Espartero unterstützen, die so viele falsche Hoffnungen geweckt hatten.

Der Capitán General von Katalonien, Zapatero, versucht mit seinen arroganten und drohenden öffentlichen Bekanntmachungen der Entstehung einer möglichen Gegenbewegung in Barcelona vorzugreifen. Es bricht aber erneut ein Aufstand aus, der dieses Mal am 18. Juli beginnt und von demokratischen Tendenzen geprägt ist, die die Wiedereinsetzung Esparteros zum Ziel haben. Der Aufstand gewinnt gigantische und dramatische Ausmaße, es kommt zu heftigen Zusammenstößen zwischen der Bevölkerung und den zahlen- und waffenmäßig weit überlegenen Truppen. Besonders die Straßen des Raval und der Bereich um den Carrer Sant Pere verwandeln sich in einen Wald von Barrikaden. In Grácia können die Truppen zunächst geschlagen werden und Oberst Ravell, der im Jahr zuvor Präsident des Militärgerichts war, das Josep Barceló zum Tode verurteilte, wird exekutiert. Am fünften Kampftag werden die Aufständischen von den aus Mallorca und anderswo eingetroffenen Truppenverstärkungen, die den Befehl hatten, keine Gefangenen zu machen, vernichtend geschlagen.

Das Ergebnis: 63 tote Militärs und 403 tote Zivilisten. Es gibt in diesem Zusammenhang einen vielsagenden Bericht von Seiten der Sieger, von dem Chronisten und Hauptmann Aguirre:

„Seit zwei Jahren haben diese trügerischen sozialistischen Ideen, die ihrem Anschein nach so brillant sind und so edle und erhabene Bestrebungen verfolgen, in Wirklichkeit aber das Werk von Jahrhunderten angreifen und in ihrer heutigen Anwendung zu nichts anderem als dem Umsturz aller sozialen Prinzipien führen würden, unter den proletarischen Massen Fuß gefasst, deren Instinkten sie schmeicheln und deren schlichtes Gemüt sie mit süßen Versprechungen und eitlem Tand faszinieren."

Der Generalstreik von Barcelona, 17. bis 23. Februar 1902

Am Sonntag, dem 16. Februar 1902, wurde in der ganzen Stadt ein Manifest verteilt, aus dem wir einige Auszüge wiedergeben:

„Salud, Genossen: Der Karneval ist vorbei, diese elende Zurschaustellung von Luxus und Verschwendung, die unsere Ausbeuter jährlich veranstalten, um sich auf doppelte Weise über unser Elend, die Kälte und den drückenden Hunger lustig zu machen ... Legen wir alle unsere Arbeit nieder, vom Straßenfeger bis zum Maschinisten, vom Hausdiener bis zum Typografen und zum Ladenverkäufer, kurz und gut, alle, die arbeiten. Niemand soll einen Finger rühren, alles soll still stehen, und auf die Weigerung der begüterten Vampire, unsere Forderungen zu erfüllen, soll mit Leere, Schweigen und Hunger für alle geantwortet werden! Ohne Essen und Getränke, ohne elektrisches Licht und Putzdienste werden unsere Feinde kapitulieren. Viele Genossen sind bereit, die neue Fastenzeit zu ertragen, von der alle betroffen sein werden, um einen Lichtstrahl der Würde, eine Linderung der Mühsal, die uns erniedrigt, sowie das Recht zu leben zu erkämpfen, das sie uns stehlen. Deshalb gilt: Schluss mit der Plackerei! Ab morgen wird die Arbeit niedergelegt und wir werden den führenden und kapitalistischen Klassen zeigen, dass das gesellschaftliche Leben ohne den Arbeiter, den sie verachten, nicht möglich ist."

Eines der grundlegenden Merkmale dieses Streiks ist das quasi mystische Vertrauen in die Macht der Transformation, die ein Generalstreik als solcher in sich birgt. Er knüpft damit an die Tradition der Kämpfe aus dem 19. Jahrhundert an, die

1902: Streikende und Polizisten auf der Plaça de la Universitat

in relativ naher Zukunft und im Maße der Weiterentwicklung des Arbeiterbewusstseins ihren Vorstellungshorizont radikal erweitern werden.

Um diesen Streik von Barcelona zu verstehen, muss berücksichtigt werden, dass seit der Jahrhundertwende im ganzen Land – und auch in Europa – zahlreiche Streikbewegungen ausgebrochen waren. 1901 war es zu mehr oder weniger allgemeinen Arbeitsniederlegungen in La Coruña, Bilbao, Sevilla usw. gekommen. In Barcelona riefen die Arbeiter der Metallindustrie am 6. Dezember einen Streik zur Durchsetzung des Neunstundentags aus. Sie wollten ihre Arbeitszeit um eine Stunde verringern, damit ihre arbeitslosen Kollegen die Möglichkeit bekämen, Arbeit zu finden.

Die katalanischen Unternehmer weigerten sich kategorisch, den Forderungen nachzugeben. Ihre Antwort „Wenn ihr nicht freiwillig an euren Arbeitsplatz zurückkehrt, werden euch die Bajonette auf die Sprünge helfen“ machte ihre unnachgiebige Haltung deutlich. Diese Hartnäckigkeit und die Kampfbereitschaft der Arbeiterschaft führten dazu, dass der Streik anhielt und sich ausdehnte. Am 15. Dezember war die Zahl der Streikenden auf 9000 angewachsen und zwei Tage später, nachdem sich Innungen wie die Kutscher, Hafenarbeiter und Schreiner den Arbeitern der Metallindustrie angeschlossen hatten, belief sich ihre Zahl auf 16.000.

Einige Wochen später waren die Streikkassen fast leer und es wurde beschlossen, einen Generalstreik auszurufen. Am Sonntag, dem 16. Februar 1902, wurde nicht nur das oben erwähnte Manifest verteilt, sondern 44 Versammlungen abgehalten, die wichtigste davon im Zirkus-Theater Español, auf der 30 Arbeitervereine vertreten und zu der 3000 Menschen gekommen waren. Die Versammlung wurde mit einem Bericht über die Lage der Streikenden eröffnet. Danach ergriffen verschiedene Redner das Wort, unter anderem die Anarchistinnen Teresa Claramunt und Lucrecia Doménech. Am Ende war den Veranstaltungsteilnehmern klar, dass der Generalstreik erst am nächsten Tag ausgerufen werden würde, da ein expliziter Aufruf durch die Präsenz eines Vertreters der Autoritäten nicht möglich war.

Und tatsächlich gehen die meisten Arbeiter am Montag, dem 17. Februar, nicht zu ihrem Arbeitsplatz, sondern ziehen durch die Stadt und rufen die wenigen, die zur Arbeit angetreten sind, zum Streik auf, was ihnen auch sofort gelingt. Gegen neun Uhr morgens ist die Stadt praktisch in ihren Händen. Polizei und Militär greifen nicht ein. Den Arbeitern gelingt es sogar, bewaffnet den Schlachthof einzunehmen, um die Auslieferung von Fleisch zu verhindern.

Um zehn Uhr morgens greifen Truppenabteilungen zu Fuß und zu Pferd die Arbeiter auf der Straße an. Die Repression, die den ganzen Streik und darüber hinaus anhalten wird, fordert ihre ersten Opfer. Demonstrantengruppen, die mehrheitlich aus Frauen bestehen, stürmen die Markthallen Sant Antoni, Borqueria und Concepció. Der Zivilgouverneur Socias, der in trübe Geschäfte verwickelt ist, flüchtet aus der Stadt. Die Militärbehörde übernimmt die Macht und verhängt den Notstand.

Eine besondere Erwähnung verdient die aktive Beteiligung der Frauen an diesem Streik, die entscheidend für die vollständige Lahmlegung der Stadt war. Es gab zwar vereinzelte Übergriffe von Seiten der Arbeiter, im Allgemeinen legten sie jedoch eine recht friedliche Haltung an den Tag. Die Besetzung der Fabriken stand nicht auf der Tagesordnung, es kam nur zu vereinzelten, sehr zaghaften Versuchen.

Mittwoch, der 19. Februar, kann als der entscheidende Tag für den Verlauf des Streiks angesehen werden. Es kommt zu Zusammenstößen im Stadtviertel Santa Madrona, die Guardia Civil wird im Carrer Arc de Teatre von den Balkonen aus angegriffen, auf der Plaça de Catalunya und in den Stadtteilen Gràcia und Sant Gervasi spielen sich heftige Kämpfe ab. Bei all diesen Zusammenstößen kommt es zu Verhaftungen und zu einer willkürlichen Repression. Unter den Verhafteten befindet sich auch der Internationalist Anselmo Lorenzo, dessen gesamte Unterlagen bei der Hausdurchsuchung durch die Polizei beschlagnahmt werden.

Am Montag, dem 24. Februar, öffnen einige Bars und Restaurants. Die Armee wird auf die Fabriken verteilt, um die Rückkehr zur Arbeit sicherzustellen, zahlreiche Fabriken bleiben jedoch immer noch leer.

Die Bilanz dieses Generalstreiks ist ausgesprochen entmutigend. Trotz der weitgehend friedlichen Haltung der Streikenden, die von der Presse und sogar von einigen politischen Verantwortlichen bestätigt wurde, war die Repression brutal: 500 Verhaftete, 300 Verletzte, 100 Tote und die anarchistische Bewegung praktisch am Boden zerstört.

Der Streik war letztendlich ein vollkommener Misserfolg und ist als solcher in die spätere Geschichtsschreibung eingegangen. Trotzdem sollte darauf hingewiesen werden, dass die Arbeiter eine relativ geringe Erfahrung mit dieser Art von Kämpfen besaßen, vor allem mit Zusammenstößen dieses Ausmaßes, weshalb sie bei dieser Gelegenheit nicht ausreichend koordiniert waren, um einen Schritt weiterzugehen und die Schlüsselstellungen der Stadt einzunehmen und diese in Bastionen zu verwandeln. In diesem Sinne sollten die Ereignisse während des Generalstreiks als Ansporn für den Aufbau von Organisationsformen dienen, mit denen eine größere Effizienz in kommenden Auseinandersetzungen erreicht werden konnte; Auseinandersetzungen, die nicht lange auf sich warten lassen würden.

Die Blutige Woche, Juli 1909

Seit Ende des 19. Jahrhunderts organisierten sich die Anarchisten in kleinen autonomen Gruppen, den so genannten *grupos de afinidad* (Affinitätsgruppen). Die Folterungen auf dem Montjuïc 1896 waren noch in frischer Erinnerung. In den durch diese Vorkommnisse zerstörten Arbeiterfamilien entstand der Wunsch nach Rache. Die Atmosphäre war nicht nur durch diesen Wunsch, sondern auch durch die Verteuerung der Lebenshaltungskosten und die Verschlechterung der Arbeitsbedingungen so stark angeheizt, dass es jederzeit zu einer sozialen Explosion kommen konnte. Die *Ciutat de les bombes* (Stadt der Bomben) bzw. *Rosa de foc* (Feuerrose – Barcelona war infolge der zahlreichen anarchistischen Bombenanschläge Ende des 19. bis Anfang des 20. Jahrhunderts unter diesen beiden Beinamen bekannt) sprühte Funken und die jungen Genossen mussten in den Versammlungen und „Tertulias“ bzw. Stammtischen von den erfahrensten Kämpfern zur Umsicht ermahnt und besänftigt werden. Barcelona sollte jedoch bald einen neuen Spitznamen erhalten: „die verbannte Stadt“.

Einige der alten Internationalisten waren gestorben, andere waren emigriert oder weggezogen und einige sehr wenige, wie zum Beispiel Llunas i Pujals, hatten sich anderen Beschäftigungen zugewandt oder konnten, nachdem sie sich aus dem öffentlichen Leben zurückgezogen hatten, wieder für die Sache gewonnen werden, wie z.B. Anselmo Lorenzo, den Ferrer i Guàrdia für die Escuela Moderna begeistern konnte. Den neuen Generationen kochte jedoch das Blut in den Adern und viele waren der Ansicht, dass erneut der richtige Zeitpunkt gekommen sei, um den revolutionären Samen zu säen. Außerdem wurde in dieser Zeit eine neue Strategie, die bereits in Frankreich erprobt worden war, bekannt: der revolutionäre Streik. Ferrer i Guàrdia, der auch meinte, dass der Moment gekommen sei, finanzierte eine neue anarchistische Zeitung, *La Huelga General*.

Die Lebensbedingungen der Arbeiterfamilien Barcelonas hatten sich in einem so extremen Ausmaß verschlechtert, dass der Funke jederzeit überspringen konnte. Fast alle hatten die gleiche Idee im Kopf: „die Revolution steht vor der Tür“. Zu den wirtschaftlichen Gründen müssen noch der Antimilitarismus gegenüber einer von verknöcherten Strukturen geprägten Armee und der durch die jahrhundertealte Verflechtung der Kirche mit der politischen Macht erzeugte Antiklerikalismus hinzugezählt werden, und damit haben wir die drei Hauptgründe vor uns, die zur sogenannten „Blutigen Woche“ führten.

Revolution oder Rebellion

Am Montag, dem 26. Juli 1909, begann in Barcelona und in anderen Orten ein Generalstreik als Protest gegen den Krieg und die Politik der Regierung. Die kurz zuvor gegründete Gewerkschaftsföderation *Solidaridad Obrera* hatte zwar den Streik nicht direkt organisiert, ihre Geschäftsräume wurden trotzdem noch am gleichen Tag geschlossen. Daraufhin wurde ein Streikkomitee gebildet, das versuchte, die Verantwortung für den Streik zu übernehmen. Es bestand aus dem Sozialisten Fabra Ribas, dem Ferrer nahe stehenden und in der Tradition der Rationalisten stehenden Lehrer Miguel Villalobos sowie dem Anarchisten Miguel Miranda, der der oberste Verantwortliche war. Das Streikkomitee sollte jedoch bald keine Kontrolle mehr über das Geschehen haben.

Bereits am Montagnachmittag begannen die Zusammenstöße zwischen den Streikposten und den Sicherheitskräften. Die Anarchisten versuchten ihrerseits die zur Einschiffung nach Melilla bereitstehenden Reservisten zur Desertion zu überreden. Tatsächlich wollten die Anarchisten weitergehen und trieben die Leute an, ein Polizeikommissariat anzugreifen. Beim Versuch des Sturms auf das Kommissariat wurden Trinidad de la Torre und Francisco Cardenal, der Geschäftsführer der Zeitschrift *Tierra y Libertad,* verhaftet, deren Redaktionsräume sich im Carrer Sant Pau befanden, von wo aus die meisten Aktionen koordiniert wurden. Die Diskussionen im Streikkomitee führten zu keiner Einigung, denn die Republikaner bezweckten ausschließlich die Ausrufung der Republik, während die Anarchisten im Streik eine Chance sahen, um die Macht zu stürzen und die soziale Revolution auszurufen.

Ursprünglich sollten die Arbeiter die Fabriken besetzen, aber ihre Aussperrung durch die Unternehmer reduzierte ihren Aktionskreis auf die Straße, wodurch die Ausgangslage verändert wurde. Dem Aufruf zum Generalstreik wurde in den Vierteln Poble Nou, Sant Martí, Gràcia, Sant Andreu, Les Corts und Sants vollkommen gefolgt. Wie immer wurden als Erstes die Wasser- und Stromzahlhäuschen in Brand gesteckt und deren Wächter entwaffnet. Der Aufstand und die Besetzung der Straßen von Barcelona erfolgten auf spontane Weise, wie auch die Errichtung der ersten Barrikaden, die den Charakter der Bewegung vollständig veränderten. Ihr Wesen wurde jedoch noch einmal umfassender verwandelt, als die Leute anfingen, Klöster in Brand zu setzen.

Der Streik wurde wie 1902 von den Metallarbeitern begonnen, aber um 10 Uhr morgens waren bereits Arbeiter aus allen Wirtschaftszweigen auf dem Parallel und der Avenue Les Corts Catalans, die Geschäfte schlossen nach und nach. General Santiago, der Oberbefehlshaber der 1400 in der Stadt stationierten Soldaten und Offiziere, bereitete die Verteidigung vor. Der Streik verlief bis gegen 14 Uhr ohne größere Zwischenfälle. Die ersten Zusammenstöße ereigneten sich, als beim Versuch, die Schienen der Straßenbahnen – die als Symbol der öffentlichen Ordnung galten – zu blockieren, Wagen umgestürzt und angezündet wurden und es zu erheblichen Sachbeschädigungen kam. Die Neutralität der Mittelklassen war entscheidend für den Schritt vom Generalstreik zur bewaffneten Rebellion.

Die ersten aufständischen Aktionen ereigneten sich in den Nachmittagsstunden mit dem Sturm auf einige Kommissariate, mit dem ein doppeltes Ziel verfolgt wurde: die Befreiung der Verhafteten und die Zerstörung der Polizeiarchive. Die wichtigsten Kämpfe fanden im Carrer Conde del Asalto (heute Nou de La Rambla) und vor allem beim Angriff auf das Polizeirevier des Stadtviertels Clot statt, bei dem mehrere Angreifer umkamen und mehrere Guardias Civiles verletzt wurden. Die Nachrichten von diesen Vorfällen verbreiteten sich schnell über die ganze Stadt und dienten als Ansporn zu ähnlichen Aktionen. Zu diesem Zeitpunkt wurde der Notzustand ausgerufen und die Armee übernahm alle Machtbefugnisse.

Das Streikkomitee hatte das Geschehen nicht mehr im Griff, die Arbeiter hatten spontan die Straßen besetzt und einen Aufstand begonnen. Von diesem Moment an fehlte nur noch ein Schritt bis zur Revolution. Als sich die Radikale Partei dieser Tatsache bewusst wurde, machte sie einen Rückzieher.

Der Generalstreik war auch in den Ortschaften um Barcelona herum erfolgreich. In den Nachmittagsstunden wurden Bahnhöfe und Züge angegriffen, Gleise wurden herausgerissen und Telefon- und Telegrafenleitungen wurden gekappt. Das Wirtschaftsleben der Stadt lag lahm und der Capitán General wusste nicht, wie er dem Streik ein Ende setzen konnte.

Mit der Brandstiftung einer Klosterschule der Maristen, dem Patronato Obrero del Poble Nou, im Carrer Wad-Ras 206, schlug der Aufstand in der Nacht von Montag auf Dienstag einen neuen Kurs ein. Es handelte sich um eine unter den Arbeitern besonders verhasste religiöse Schule, die angeblich von einem der reichsten Männer der Stadt, dem Marquis de Comillas, finanziert wurde. Ohne vorherige Ankündigung und ohne dass jemand dazu aufgerufen hätte, versammelten sich zahlreiche Eltern vor der Schule, die wenige Minuten später in Flammen aufging. Nichts deutete zu diesem Zeitpunkt darauf hin, dass dieser Vorfall weitere Brandstiftungen nach sich ziehen sollte. Auch die Autoritäten widmeten dem Zwischenfall keine besondere Aufmerksamkeit, da sie ihn für einen Einzelfall hielten.

Dienstag, 27. Juli. Die Stadt war seit Tagesanbruch von der Außenwelt abgeschnitten, es gab keine Zeitungen und öffentlichen Transportmittel. Das Streikkomitee wollte den Streik auf ganz Spanien ausdehnen, die Anarchisten setzten ihrerseits auf einen revolutionären Sturz der bourbonischen Monarchie. Erneut kam es zu Zusammenstößen zwischen Arbeitern und Soldaten, vor allem in den Arbeitervierteln Poble Nou und Clot-Sant Marti.

In der ganzen Stadt wurden Hunderte von Barrikaden errichtet, wodurch der Grundstein für den bewaffneten Aufstand gelegt wurde.

Zur gleichen Zeit tobte in Marokko die sogenannte Schlacht der Wolfsschlucht, bei der 1238 Soldaten umkamen und die das Ende der spanischen Herrschaft in Marokko markierte. Die Arbeiter in Barcelona wussten jedoch nichts von dieser vernichtenden Niederlage. Obwohl alle

Barrikade im Carrer Hospital

Bedingungen für eine Revolution gegeben waren, fand diese nicht statt, was teilweise durch den Rückzug der Radikalen Partei und ihres Führers Lerroux bedingt war. Als Folge des Propagandafeldzugs, den diese Partei in den letzten acht Jahren gegen die kirchlichen Institutionen geführt hatte, wurden die Energien auf die Klosterverbrennungen gelenkt. Wie Connely Ullman erklärt: „Die massiven Brandstiftungen verhinderten, dass sich der Volksaufstand in eine Revolution verwandelte, sie verschleuderten die revolutionären Energien.“

Das erste Konvent, das in Flammen aufging, war das Piaristenkolleg im Carrer Sant Antonio Abad, das die Karlisten unterstützte und großzügige staatliche Bildungssubventionen erhielt. Danach wurde Sant Pau del Camp und das Kloster der Hieronymitennonnen in Brand gesetzt.

In den Vierteln Parallel, Atarazanas und Poble Sec ging eine kirchliche Einrichtung nach der anderen in Flammen auf, innerhalb von eineinhalb Stunden brannten sieben katholische Schulen, kirchliche Wohltätigkeitseinrichtungen und Pfarreikirchen. Die Brände wurden in allen Fällen von den Anwohnern gelegt und waren einerseits dem Antiklerikalismus in Bezug auf die katholische Erziehung und andererseits der Ausbeutung zuzuschreiben, denen die Arbeiterfrauen und Heiminsassen durch die Nonnen ausgesetzt waren, die diese zu Näharbeiten zwangen, an denen sie sich bereicherten und die gleichzeitig den kleinen Gewerbetreibenden die Arbeit wegnahmen.

In Poble Nou wurden darüber hinaus auch das Polizeirevier gestürmt und die Polizisten vertrieben. Nachdem in den anderen Stadtvierteln genauso verfahren wurde, waren die Guardia Civil und das Militär die einzig verbliebenen Garanten der Ordnung. Bevor diese eintrafen, wurden jedoch Barrikaden errichtet. In Clot-Sant Martí wurde die Hauptstraße durch eine riesige Barrikade blockiert und die Kirche Sant Martí de Provençals angezündet. Die Versuche, eine Eisenbahnbrücke in die Luft zu sprengen, scheiterten indes.

Die entscheidende Schlacht wurde in Gràcia geschlagen. Hier schossen die Anwohner auf die Soldaten, und die bewaffnete Rebellion war, frei von antiklerikalen Ablenkungsmanövern, auf den Kampf gegen das Militär gerichtet. Die Barrikaden wurden an sorgfältig ausgewählten Stellen aufgebaut – zwischen Major de Gràcia, Travessera und Torrent de l’Olla – und hinter ihnen wurde mit Hochrufen auf die Republik gekämpft. Als Erstes wurden die Guardias Civiles isoliert, die in ein Elektrizitätswerk flüchten mussten. Nachdem sie von den Soldaten befreit worden waren, kam es zu einer regelrechten Barrikadenschlacht, bei der ein Arbeiter umkam und Dutzende verletzt wurden.

Während die Politiker am Nachmittag im Rathaus tagten, warteten rund 3000 Menschen auf der Plaça Sant Jaume in einer revolutionären Atmosphäre auf die Ausrufung der Republik. Die Politiker vertagten die Sitzung, um Zeit zu gewinnen, die Arbeiter gingen auseinander, nachdem sie stundenlang vor dem Rathaus gewartet hatten: Man hatte eine einzigartige Chance verpasst. Aber die „tragische“ Nacht war noch nicht zu Ende, erneut wurden Klöster und Kirchen in Brand gesetzt. Das eigentliche Ziel war die Zerstörung des katholischen Bildungssystems. Im Zentrum der Stadt, wo die wenigen Truppen von General Santiago zusammengezogen waren, standen bereits dreiundzwanzig Kirchen und Klöster in Flammen. In den Vororten hinderten weder Guardia Civil noch Armee die Leute an massiven Brandstiftungen, es wurden jedoch nur acht Klöster in fünf Vororten angegriffen.

Am Mittwoch, dem 28. Juli, waren rund 30.000 Menschen einer Stadt von 500.000 Einwohnern in Straßen- und Barrikadenkämpfe verwickelt. General Santiago hielt weiterhin an der Behauptung fest, es handele sich lediglich um eine „Störung der öffentlichen Ordnung". Seine Weigerung, den Notstand auszurufen, gab der Revolution neuen Auftrieb. In Atarazanas kam es zu heftigen Zusammenstößen an den Barrikaden, die neun Todesopfer forderten, zwei weitere kirchliche Schulen gingen in Flammen auf. Der Sturm auf die Kaserne *Veteranos de la Libertad* der Guardia Civil im Carrer Sadurní, bei dem sich einige Frauen durch ihre Courage auszeichneten, war der bedeutendste Vorfall an diesem Tag.

Auch im Clot und in Sant Andreu kam es an den Barrikaden zu heftigen Zusammenstößen, die von Scharfschützen auf den Dächern unterstützt wurden. Im Clot hielten die bewaffneten Zusammenstöße mit der Guardia Civil fast den ganzen Tag an. Im Verlauf dieser Auseinandersetzungen wurden zwei wichtige klerikale Einrichtungen in Brand gesetzt: das Armen- und Waisenhaus *Hijas de la Caridad* in Sant Vicenç de Paúl und das von Jesuiten geleitete *Patronato Obrero* im Carrer Valencia. In Sant Andreu hatte die Rebellion einen spontaneren Charakter als im Stadtzentrum. Die Schüsse, die aus der Maristenresidenz im Carrer de Les Monjes abgegeben wurden, hatten die Stimmung aufgeheizt und heftige Kämpfe an den Barrikaden vor den Kasernen der Guardia Civil ausgelöst. Erst durch die Ankunft eines Reitergeschwaders konnte die Ordnung in der Nacht wiederhergestellt werden. In der darauf folgenden Nacht gingen das Maristenkloster und die dazu gehörige Kirche in Flammen auf.

Ab Donnerstag, dem 28. Juli, flaute der Aufstand allmählich ab, die Enttäuschung unter den Kämpfenden wurde immer größer. Nach und nach kehrte die Normalität zurück.

Am Sonntag forderten mehrere Gruppen von Frauen, die eine ungewöhnlich große Rolle an den Barrikaden gespielt hatten, die Freilassung der Gefangenen, aber das revolutionäre Feuer war erloschen. Die Unternehmer bezahlten den Arbeitern den Wochenlohn, als wäre nichts geschehen. Die danach einsetzende Repression beschränkte sich nicht nur auf Verhaftungen, sondern führte auch zur Schließung von konfessionslosen Schulen und Arbeitervereinigungen. Die Verfassungsgarantien wurden erst Ende September wieder in Kraft gesetzt.

Die Verhaftung und standrechtliche Erschießung von Francesc Ferrer i Guàrdia markierte nur das Ende einer Jagd auf das, was er repräsentierte: die Bildungsfreiheit und den Laizismus. Die herrschenden Kreise fühlten sich bedroht: Konnte es einen besseren Anlass geben, als ihren Feind Nummer Eins für die Vorfälle in der sogenannten Blutigen Woche verantwortlich zu machen?

Ein Generalstreik gegen den Krieg hatte sich zunächst in eine Revolution und danach in Brandstiftungen von religiösen Einrichtungen verwandelt, deren Ziel darin bestand, den Reichtum des Klerus zu zerstören. Die Bilanz ist beeindruckend: 12 Kirchen, 40 Klöster und 33 religiöse Schulen wurden in Brand gesetzt bzw. zerstört. Im Verlauf der Kämpfe kamen insgesamt 119 Menschen um: acht Polizisten und Soldaten, vier Mitglieder des Roten Kreuzes, 104 Revolutionäre und nur 3 Kleriker, was beweist, dass der Aufstand in keinem Fall gegen Personen, sondern gegen ihre Reichtümer gerichtet war. Die Zahl der Verletzten belief sich auf 500. Es wurden 1725 Personen festgenommen, 990 wurden inhaftiert, 17 Personen wurden zur Todesstrafe verurteilt, fünf wurden exekutiert, unter ihnen, wie bereits erwähnt, Ferrer i Guàrdia.

Die ausländischen Journalisten waren besonders von der großen Zahl von 500 Barrikaden überrascht, die fast in der ganzen Stadt errichtet wurden: darunter 113 in Atarazanas, 76 in Gràcia und jeweils rund 50 in den Stadtteilen Poble Nou, Eixample, Clot-Sant Martí und Sant Andreu. Das Gefühl, dass die Stadt einige Tage lang in den Händen des Volks gewesen war, sollte von nun an nicht mehr auszulöschen sein, und die Erinnerung daran sollte dazu dienen, es erneut zu versuchen.

Der Generalstreik 1917

Der Erste Weltkrieg verschärfte die sozialen Widersprüche in der Stadt. Der aufsteigenden Unternehmerklasse brachte er Reichtum und Überfluss, den sie in ihrem hartnäckigen Versuch, sich einen Platz in der Oberschicht zu verschaffen, mit außerordentlichem Prunk zur Schau stellte. Den katalanischen Arbeitern brachte er dagegen noch mehr Elend und zwang sie zu ständigen Scharmützeln in einem Labyrinth der Korruption.

Barcelona war gleichzeitig zu einer Hochburg der verschiedensten Arten von Kriegsflüchtlingen geworden: Pazifisten, Künstler, Financiers und natürlich auch zahlreiche Angehörige der Unterwelt und Spione.

Diese Mischung und eine Unternehmerklasse, die dank der konstanten Nachfrage der kriegsführenden Nationen gewaltige Spekulationsgewinne einheimste, führten zu einer Verknappung der Grunderzeugnisse, die eine gewaltige Verteuerung der Lebensmittelpreise auslöste. Dies bewirkte wiederum, dass die ohnehin elenden Löhne den Arbeitern selbst bei auszehrenden Arbeitstagen von 10 bis 12 Stunden kaum ausreichten, um ihre Familien zu ernähren, weshalb die Empörung und die soziale Unzufriedenheit immer spürbarer wurden.

Am 18. Dezember 1916 riefen CNT und UGT zu einem landesweiten eintägigen Streik auf, der als „Generalstreik der Subsistenz“ bekannt werden sollte. In Barcelona wurde der Streik mehrheitlich befolgt, mit Ausnahme der Arbeiter der Straßenbahngesellschaft – des Marquis von Foronda –, die von der Guardia Civil bewacht wurden. Das Streikkomitee hatte seinen Sitz im *Centro Obrero* im Carrer Mercaders 25. Einige Tage zuvor hatte die Polizei die gesamte Redaktion der Zeitung *Solidaridad Obrera* und einige führende Anarchosyndikalisten unter der Anschuldigung der Anstiftung zum Aufstand verhaftet.

Die erstmals erprobte Allianz zwischen der anarchistischen CNT und der sozialistischen UGT ermöglichte eine erfolgreiche Kraftprobe mit der Regierung und den Unternehmern, die unter anderem zur sofortigen Freilassung der Verhafteten führte und den Gewerkschaften erlaubte, sich neuen Zielen und Herausforderungen in der Zukunft zu stellen.

Anfang 1917 hatte sich die soziale Lage jedoch keinen Deut gebessert und die soziale Unzufriedenheit breitete sich unaufhaltsam aus. Der Groll gärte nicht nur in der Arbeiterklasse, auch in Militärkrei-

Barrikade La Bombilla im Carrer Sant Pau

sen standen die Zeichen auf Sturm: Spanien besaß eine vom Kolonialgeist geprägte Armee, die im letzten Jahrhundert zahlreiche Niederlagen eingesteckt hatte und in der vor allem die Niederlage im Krieg um Kuba 1898 noch in frischer Erinnerung war. Deshalb wollte der Staatsapparat um jeden Preis eine Kolonialnische im Rif-Becken aufrechterhalten. Dieser Umstand führte zum Manifest der „Verteidigungsräte", das am 1. Juni veröffentlicht wurde, einige Tage nachdem einer der wichtigsten Befehlshaber der Garnison von Barcelona, General Benito Márquez, festgenommen und in der Festung Montjuïc inhaftiert worden war. Beide Vorfälle führten zu einer angespannten politischen Lage, die den Sturz der Regierung von García Prieto beschleunigen sollte.

In diesem chaotischen Spanien forderte der Conde de Romanones König Alfons XIII. auf, die Cortes aufzulösen, wodurch die Parlamentsabgeordneten der Fortschrittspartei zusätzlich erzürnt wurden. Sie riefen in der Folge zu einer Generalversammlung im Palast der Schönen Künste in Barcelona auf, die jedoch sofort verboten und auf einen unbestimmten Zeitpunkt verschoben wurde.

Andererseits hatte die Eisenbahngesellschaft seit 1915 in ganz Spanien zahlreiche Gewerkschafter entlassen, weshalb die Föderation der Eisenbahnarbeiter nach zahlreichen Treffen zu einem Streik aufgerufen hatte, der jedoch nicht in allen spanischen Städten befolgt wurde. In Madrid versuchten UGT und CNT dem Streik den Charakter eines Generalstreiks gegen die Verteuerung der Lebenshaltungskosten zu geben, das gesamte Madrider Streikkomitee, das seinen Sitz in der Calle Desengaño 12 hatte, wurde jedoch sofort verhaftet.

In Barcelona war dem Aufruf zum Generalstreik ein geheimes Treffen von Delegierten der CNT im damaligen Vorort Les Planes vorangegangen, an dem auch der Sozialist Largo Caballero teilnahm. Wie Angel Pestaña berichtet, fürchtete Largo Caballero mehrere Male um sein Leben, da er nicht an den Habitus der „Männer der Tat" des Anarchosyndikalismus gewöhnt war, die mehrfach im Verlauf der Versammlung ihre Pistolen zückten. Pestaña versichert jedoch gleichzeitig, dass diese Anarchisten, die vor Caballero mit ihren Waffen herumfuchtelten, zum damaligen Zeitpunkt ihr Leben aufs Spiel gesetzt hätten, um Largo Caballero vor einem möglichen Angriff durch die Polizei oder durch Provokateure zu schützen.

Als der vereinbarte Tag des Generalstreiks schließlich anbrach, bestand das Streikkomitee in Barcelona ausschließlich aus Mitgliedern der CNT: Seguí, Pestaña, Minguet, Aragó, Viadiu, Miranda, Barrera, Valero und Herreros.

Nach Ausrufung des Generalstreiks am 13. August und bis zur Ankunft der Truppen waren die Straßen praktisch menschenleer. Die Soldaten wurden an die wichtigsten Punkte der Stadt verteilt, unter anderem auf die Plaça de Catalunya, den Markt Sant Antoni und die Kreuzung Paral.lel und Abad Sazón auf der Höhe des Theaters Apolo. Die Situation wurde immer angespannter und nach und nach wurden die Straßen des Altstadtkerns von der Armee eingekreist. Dort hatten die Anhänger der CNT angefangen, Barrikaden zu bauen, von denen sie jede einzelne erbittert verteidigen sollten. Die meisten Barrikaden wurden im Raval errichtet, wie aus den Berichten von Adolfo Bueso, Rafael Vidiella, Angel Pestaña oder dem jungen, erst kürzlich in Barcelona auf der Suche nach einer Stelle als Kellner eingetroffenen Juan García Oliver zu entnehmen ist, die sich alle aktiv an den Barrikadenkämpfen beteiligt hatten.

Dieses Zentrum der revolutionären Stimmung war praktisch mit Barrikaden übersät, so zum Beispiel die Kreuzungen der Straßen Cadena/Hospital, Cadena/San Pablo, Hospital/Passage San Bernandino, San Jerónimo/San Bartolomeo. Den hinter diesen Barrikaden kämpfenden Anarchosyndikalisten gelang es, das Militär mehrfach zurückzuschlagen, bis dieses schwereres Geschütz auffahren ließ. Danach fiel dann auch die letzte Bastion, die Barrikade an der heute nicht mehr existierenden Kreuzung Cadena/Sant Pau, die im Volksmund unter dem Namen „die Barrikade von La Bombilla" bekannt war, da sich an dieser Stelle ein gleichnamiges Nachtlokal befand.

Im Laufe des in Barcelona fünf Tage dauernden Generalstreiks kam es zu 31 Toten (Gewerkschafter, Bürger, Militärs und Polizisten) und zu mehr als 140 Verhaftungen.

19. Juli 1936

Am 17. Juli rebelliert die spanische Armee in Marokko, die Spekulationen über einen möglichen Staatsstreich bestätigen sich. Trotzdem weigern sich die republikanische Regierung und ihr katalanisches Pendant, die Regierung der Generalitat, weiterhin, auf die Stimmen zu hören, die sie auffordern, „das Volk zu bewaffnen", den Arbeitern Waffen auszuhändigen. Der republikanische Staat hat mehr Angst vor dem Proletariat als vor den aufrührerischen Militärs.

In der Nacht vom 17. auf den 18. Juli stürmen Mitglieder der Transportgewerkschaft der CNT mehrere im Hafen von Barcelona vor Anker liegende Schiffe und erbeuten rund 200 Waffen; die Versuche der Polizei, die Waffen zu konfiszieren, scheitern. In der gleichen Nacht werden darüber hinaus einige Waffengeschäfte ausgeraubt. Alle erbeuteten Waffen werden verteilt und in Erwartung des unvermeidlichen Moments, in dem sie zur Verteidigung gegen die Armee benutzt werden müssen, in den Arbeitervierteln versteckt.

Die CNT, die unter den katalanischen Arbeitern führende Kraft, hat bereits seit langem die Putschintentionen der Militärs öffentlich gemacht und trifft in diesen heißen Julitagen eine Reihe von Maßnahmen, um der Armee in Barcelona die Stirn zu bieten. Unter anderem werden die *Verteidigungsgruppen* der CNT und FAI in nach Stadtteilen oder Zonen strukturierte *Revolutionäre Verteidigungskomitees* umgewandelt, die alle dem *Lokalen Revolutionären Komitee der CNT-FAI* Barcelonas angehören, in dem auch die *Juventudes Libertarias* und *Mujeres Libres* vertreten sind. In diesem Lokalkomitee wird die Strategie ausgearbeitet, mit der der Armee Widerstand geleistet werden soll: Es sollte nicht daran gehindert werden, die Kasernen zu verlassen und auf das Stadtzentrum vorzurücken. Wenn die Truppen sich in der Nähe des Altstadtkerns befänden, würde man sie angreifen, einkreisen und entwaffnen. Außerdem wird beschlossen, die von den Truppen verlassenen Kasernen zu stürmen, um sich der dort gelagerten Waffen zu bemächtigen, die Tore der Gefängnisse zu öffnen, die Telegrafenleitungen zu überwachen, um die Gespräche der Militärs abzuhören, und den Sitz der Telefongesellschaft sowie die Casa Cambó zu besetzen, die der Sitz der Arbeitgebervereinigung ist. Das Signal zur Aufnahme des Kampfs auf den Straßen würde durch die Sirenen der Fabriken und Schiffe gegeben werden.

Ein gespanntes Warten liegt über einer scheinbar ruhigen Stadt. Die republikanische Regierung leugnet die offenkundigen Tatsachen, lässt verkünden, dass sie die Lage unter Kontrolle habe und zensiert die Presseberichte über die Bewegungen der aufständischen Militärs und die Arbeiterpresse, die wie *Solidaridad Obrera* Flugzettel und Manifeste veröffentlicht, in denen die Arbeiter aufgerufen werden, sich auf das Schlimmste vorzubereiten.

Wie Abel Paz, der als Jugendlicher Zeuge der Ereignisse war, in seinem Buch *El 19 Juliol a Barcelona* berichtet:

„Für einen Außenstehenden schien der 18. Juli ein beliebiger Samstag zu sein. Obwohl es sehr heiß war, waren die Straßenterrassen nur mäßig besetzt und die Strände fast leer. Die Bevölkerung war damit beschäftigt, Lebensmittel zu horten und in den Bäckereien gab es schon in den frühen Nachmittagsstunden kein Brot mehr."

Im Verlauf dieses Tages kommen führende Vertreter der Arbeiterbewegung – sowohl der CNT, unter anderem Durruti, García Oliver, Ascaso und Santillán; als auch der UGT, der Sozialisten und des POUM – mehrfach mit dem Delegierten der Zentralregierung und Vertretern der Generalitat zusammen, um sich auf ein gemeinsames Vorgehen zu einigen. Die Treffen sind jedoch fruchtlos; die von ihren Ängsten und Verblendungen bestimmten Vertreter des Staats weigern sich weiterhin, Waffen auszuteilen, und verlangen, trotz ihrer extrem geschwächten Lage, dass die Arbeiter ihre wenigen Waffen abgeben sollen. Die Kräfte der Guardia Civil sind unentschlossen, sie werden tatsächlich erst am Nachmittag des 19. eingreifen, als die Niederlage der Militärs bereits mehr als offenkundig ist. Die Guardias de Asalto, deren Aktivitäten bisher nur in den Versuchen bestanden haben, die Arbeiter zu entwaffnen und ihre Lokale zu stürmen, und die der katalanischen Landesregierung unterstehenden Mossos d'Esquadra sind eine Minderheit. Das Schicksal der Stadt hängt einzig und allein von der Verwegenheit der Arbeiterklasse ab. Diese ist an jenem 19. Juli so groß, dass die widerständige Bevölkerung die Allianz zwischen Militär, Kirche, Bourgeoisie und Faschismus besiegt und die Stadt in ihre Hände nimmt.

In den Abend- und Nachtstunden des Vortags hatten sich bereits zahlreiche Arbeiter zur Plaça de Palau begeben sowie das Gebäude des Zivilgouverneurs sowohl von Seiten der Rambla als auch des Paral.lel aus umstellt. In den frühen Morgenstunden des Sonntags, dem 19. Juli, halten sich viele Arbeiter in der Umgebung des Sportplatzes des Fußballclubs Jupiter im Viertel Poble Nou auf. Ganz in der Nähe, im Carrer Pujades 276, in der Wohnung von Gregorio Jover, tagt das Verteidigungskomitee der CNT, dem unter anderen Durruti, Ascaso, García Oliver, Ricardo Sanz, Aurelio Fernández, Ortiz und Valencia angehören, die Angehörigen der Gruppe, die sich zunächst *Solidarios* und später *Nosotros* nannte.

Gegen 4 Uhr 30 an diesem 19. Juli verlassen die ersten Truppen die Kaserne von Pedralbes an der Diagonal und die Kaserne Montesa an der Plaça d'Espanya und rücken auf das Stadtzentrum vor. Unmittelbar darauf ertönen die Sirenen der Fabriken und Schiffe, ihr Ruf wird immer lauter, immer mächtiger, er „ist die proletarische Stimme, die die Arbeiter mobilisiert". Luis Romero beschreibt in seinem Buch *Tres días de Julio* die Lage sehr klar:

„Die anarchistischen Aktivisten haben die Nacht in den Gewerkschaftslokalen, in den Komitees und in den Hinterhöfen verbracht. Jetzt ziehen sie in Massen zum Stadtzentrum. Die Gruppen aus Sants, Hostafrancs und Collblanc, die ‚Murcianer' aus Terrassa, die CNTler der Casa Antúnez: ihr Ziel die Ingenieurkaserne Lepanto. Die Textilarbeiter der Fabrik La España Industrial, die Metallarbeiter von Escoza und Siemens, die Streikenden von Lámparas Z, Maurer, Gerber, Arbeiter des Schlachthofs, Hilfsarbeiter, Subproletarier aus den Baracken am Montjuïc und auch die Schläger und Rausschmeißer aus Poble Sec: alle eilen herbei. Dies gilt auch für die Bauern des einst unabhängigen Städtchens Gràcia mit seiner revolutionären und anarchistischen Tradition, die Arbeiter der Spinnereien, der Straßenbahndepots, kaufmännische Angestellte. Nicht alle sind Anarchisten, unter ihnen sind auch Sozialisten, Katalanisten, Kommunisten sowie Angehörige des POUM. Alle ziehen sie zum Cinc d'Ors, zur Diagonal und zu den Grenzen ihrer Stadtteile, wo sie Barrikaden bauen, die Zufahrtsstraßen und Kreuzungen bewachen. Die Lumpenproletarier strömen von den Hügeln des Carmel herab in die Stadt und schließen sich ihren alten Gefährten aus Poblet und dem Guinardó an, den Anwohnern der nur teilweise bebauten Straßen, die in der Ferne im offenen Feld enden. Die Arbeiter von Fabra y Coats y Rottier, die Mechaniker von Hispano-Suiza und die Werktätigen von La Maquinista schließen sich den Tagelöhnern und Arbeitslosen an und rücken zusammen auf die Kaserne und das Arsenal von Sant Andreu vor, wo genug Waffen gelagert sind, um ihnen die Kontrolle der gesamten Stadt zu garantieren. Eine ganz besondere Erwähnung verdienen auch die Arbeiter der Eisengießerei Girona, der Papierfabriken, die Arbeiter des Gaswerks und der Chemiefabriken aus dem Clot, Sant Martí de Provençals, Llacuna und Poble Nou, die sich mit den Kollegen aus Barceloneta vereinen: den Fischern, den Stauern, den Metallarbeitern von Nuevo Vulcano, den Eisenbahnarbeitern der Nordlinien und den Zigeunern des Somorrostro. Alle haben sie die Sirenen gehört."

Aber auch das Heer rückt aus allen Kasernen der Stadt vor: die bereits erwähnten Truppen der Pedralbes-Kaserne marschieren über die Diagonal bis Urgell und von dort aus bis zur Universität und die Plaça de Catalunya. Die Truppen aus den Kasernen Lepanto und Montesa werden die Plaça d'Espanya besetzen und über den Paral.lel vorrücken, bis sie schließlich am Kolumbus-Denkmal gestoppt werden; eine andere Kolonne zieht über die Gran Via bis zur Plaça de la Universitat, wo sie mit den Truppen aus Pedralbes zusammentrifft. Die Kavallerie der Kaserne Gerona im Carrer Lepanto marschiert über den Carrer Indústria bis zum Passeig de Sant Joan und von dort über die Diagonal bis zum Passeig de Gràcia. Das Artillerieregiment Nr. 7 der Kaserne von Sant Andreu durchquert die Stadt und will über Balmes aufs Zentrum vorrücken, wird aber bereits auf der Höhe der Diagonal angegriffen und schließlich zwischen Pau Claris und Gran Via zum Stehen gebracht. Das Gebirgsartillerieregiment der Docks-Kaserne an der Avenida Icària soll den Gouverneurspalast einnehmen. Das in der Kaserne der Zitadelle stationierte Infanterieregiment des Ordens von Alcántara rückt aus. Insgesamt sind 5000 mit Gewehren, Maschinengewehren und Kanonen bewaffnete Soldaten auf der Straße; sie werden von Falangisten, Requetés-Einheiten und Pfaffen unterstützt. Und es müssen die Soldaten hinzugezählt werden, die als Brandwachen in den Kasernen zurückgeblieben sind, sowie die Soldaten, die in der Atarazanas-Kaserne, in den Militärverwaltungsdependancen und in der Kommandantur eingeschlossen sind.

Barcelona füllt sich mit Barrikaden, bei den meisten handelt es sich um stabile Konstruktionen aus Pflastersteinen und Sandsäcken, daneben werden jedoch auch die großen Papierrollen der Druckereien als bewegliche Barrikaden eingesetzt. Es kommt zu schweren Zusammenstößen in der Umgebung des historischen Stadtkerns, auf dem Paral.lel, der Plaça de la Universitat, im Carrer Pelai und auf der Plaça de Catalunya, wo sich das strategisch wichtige Gebäude der Telefongesellschaft befindet. Sehr heftige Auseinandersetzungen finden auch in der Umgebung des Nordbahnhofs und des Bahnhofs Estació d'França sowie auf der Gran Via Ecke Roger de Llúria statt, wo die Militärs mit führerlosen LKWs angegriffen werden, die mit hoher Geschwindigkeit auf sie zugerast kommen und sie dazu zwingen, ihre Stellung aufzugeben und ihre Maschinengewehrnester und Kanonen zurückzulassen. Auch am Arc del Triomf, an der Plaça Urquinaona und an der Plaça Cinc d'Ors (heute: Plaça Joan Carles I) am Beginn des Passeig de Gràcia wird erbittert gekämpft. Der Vormarsch der Militärs wird gestoppt, sie werden nach und nach zurückgeschlagen und die ersten Soldaten desertieren. In den späten Vormittagsstunden klärt sich die Lage, die meisten Soldaten haben ihre Waffen gestreckt. Ein großes Truppenkontingent hat sich auf seinem Rückzug im Karmeliterkloster an der Ecke Diagonal und Roger Llúria verschanzt, das sofort von den Arbeitern umzingelt wird. Das gleiche Schicksal ereilt alle Kasernen der Stadt: Eine besonders große Menschenmenge hat sich vor der Kaserne von Sant Andreu versammelt, denn es wurde die Parole ausgegeben, um jeden Preis das große Arsenal im Artilleriepark der Kaserne zu erobern.

Am Mittag trifft General Goded aus Mallorca in einem Wasserflugzeug ein, um den Oberbefehl über die Truppen und den Putsch in Barcelona zu übernehmen,

Barrikade auf der Plaça Pes de la Palla

er wird jedoch nur noch die Rolle eines hilflosen Zuschauers einer großen Niederlage spielen.

Die schwersten Zusammenstöße finden zu dieser Zeit auf der Plaça de Catalunya, am Sitz der Telefongesellschaft, auf dem Paral.lel und den anliegenden Atarazanas sowie an der Militärverwaltungsbehörde und Kommandantur statt, wo sich das Militär verschanzt hat. Bei einem der Vorstöße durch das Viertel Raval, um die Truppen auf dem Paral.lel mit Störfeuer zu belegen, stürmen die Arbeiter das Frauengefängnis im Carrer Reina Amàlia und befreien alle gefangenen Frauen. Ein paar Wochen später wird das Gefängnisgebäude vollständig abgerissen.

Gegen zwei Uhr nachmittags fordert eine große Menge von Kämpfern, die das Gouverneursgebäude an der Plaça Palau umstellt haben, den dort eingeschlossenen Oberbefehlshaber der Guardia Civil, General Aranguren, auf, Stellung zu beziehen. Dieser spricht sich schließlich gegen den Staatsstreich aus und die Guardia Civil schließt sich, wenn auch sehr spät und als die Würfel bereits gefallen sind, den Arbeitern an.

Zu diesem Zeitpunkt sind die Kämpfe an der Plaça de la Universitat und der Plaça de Catalunya gewonnen worden, und Durruti besetzt zusammen mit einer großen Gruppe von Mitgliedern der CNT das Gebäude der Telefongesellschaft. Auch die Kasernen in Pedralbes werden besetzt, die Arbeiter bemächtigen sich der dort gelagerten Waffen und taufen den Kasernenkomplex auf den Namen Michail Bakunin. Die Tore des Gefängnis Modelo werden geöffnet und alle Gefangenen werden befreit.

Um fünf Uhr nachmittags ergeben sich Goded und die in der Kommandantur verschanzten Truppen. Nun fällt eine Kaserne nach der anderen – Montesa, Lepanto, Gerona, Alcántara und Docks. Als Letzte wird die Kaserne von Sant Andreu von einer großen Menschenmenge gestürmt und besetzt: Das große Waffenarsenal der Kaserne geht dadurch schließlich in den Besitz des Volks über.

In den Abendstunden des 19. Juli halten die Militärs und Putschisten nur noch drei Bastionen, die alle von Menschen umzingelt sind: das Karmeliterkloster, die Atarazanas-Kaserne und das Gebäude der Militärbehörde.

Barcelona ist ein riesiges Fest, eine große Menge bewaffneter Menschen zieht ausgelassen durch die Straßen und die Menschen unterhalten sich angeregt an den Barrikaden und auf den Plätzen. Es wird auch um die Toten getrauert, alle sind sich jedoch der großen Heldentat, des einzigartigen Siegs bewusst.

Federica Montseny berichtet, wie sie diesen Moment erlebte:

„Der Tag neigte sich einem glorreichen Ende, zwischen dem Feuerschein der Brände, im revolutionären Taumel des Triumphs des Volks. Die Hupen der Autos, die voller bewaffneter Arbeiter durch die Straßen Barcelonas fuhren, spielten die wunderbare Sinfonie: FAI, FAI, CNT … Die Stadt wurde bald zum Schauplatz der entfesselten Revolution. Frauen und Männer stürmten die Klöster und Banken und steckten alles in Brand, was sie dort vorfanden, Geld eingeschlossen. Maßlose Großzügigkeit, grandioser Glaube an den Sieg und an die Revolution."

In den frühen Morgenstunden des 20. Juli ergeben sich die im Karmeliterkonvent umzingelten Militärs, und die Angriffe auf das Gebäude der Militärbehörde und die Atarazanas-Kaserne werden verstärkt. Bei den Kämpfen vor Atarazanas kommt Francisco Ascaso ums Leben. Schließlich werden jedoch auch die letzten beiden Bastionen eingenommen: Der Kampf um Barcelona ist zu Ende.

García Oliver erinnert sich in seinem Buch *El eco de los pasos*: „Ein dreißig Stunden langer Kampf, ohne Rast, ohne Schlaf. Mehr als vierhundert gefallene Genossen. Genossen, die wie Helden gefallen sind. […] Dieser 20. Juli war ein sehr langer Tag. Er hatte am 18. Juli begonnen. Er war der Tag des großen Siegs."

Überlassen wir erneut Luis Romero das Wort: „In dieser Stadt befehlen weder Polizisten, Offiziere der Guardia de Asalto noch Politiker. Die stolzen Uniformierten, die mit Achselbändern und Orden bestückt Befehle brüllenden Herrn, die Männer mit umgeschnürten Säbeln und schwarzen Zylinderhüten auf dem Kopf sind bankrott, sie sind besiegt worden. Die, die ihre Kraft unter Beweis gestellt haben, die Sieger, sind diejenigen, die früher nichts zu sagen hatten, die Verfolgten, die Eingekerkerten, die, die sich in den Kellerwohnungen verstecken mussten."

Abel Paz empfand und erlebte es so:

„Überall flammte spontan der solidarische und brüderliche Geist auf, von den alten Vorurteilen befreite Männer und Frauen brachen mit der alten Welt und gingen einer Zukunft entgegen, die sich jeder Einzelne als die Verwirklichung seiner Wünsche vorstellte. Der 20. Juli endete wie ein großes Fest, das Energien und Leidenschaften befreite."

Mai 1937

Vom 3. bis zum 7. Mai 1937, von Montagnachmittag bis Freitagmorgen, war die Stadt Barcelona, Viertel für Viertel, in den Händen ihrer Bewohner: Abertausende bewaffnete Arbeiter an Hunderten von Barrikaden bemächtigten sich der Straßen und kontrollierten eine ganze Woche lang die Stadt.

Die Bewegung, die Barcelona in jener Woche besetzte, war zwar spontan, aber keineswegs willkürlich entstanden. Ihr waren zahllose Intrigen der republikanischen Volksfront gegen alles, was die Arbeiterschaft Barcelonas im Juli 1936 erkämpft hatte, vorangegangen. Seit Dezember 1936 war der PSUC, der zusammen mit ERC und der CNT-FAI die Regierung der Generalitat stellte, entschlossen, die in Katalonien herrschende Doppelmacht zu beenden; eine Doppelmacht, die auf der einen Seite von der Guardia Nacional Republicana und der Guardia de Asalto und auf der anderen von den bewaffneten Arbeitermilizen gebildet wurde.

Am Montagmorgen, dem 3. Mai, ordnet der Polizeibeauftragte Rodríguez Sala (PSUC), mit einem vom Minister für Öffentliche Ordnung, Aiguadé (ERC), unterzeichneten Befehl in der Hand, den Sturm auf das Gebäude der Telefongesellschaft an, das am 19. Juli 1936 von den Anarchisten besetzt worden war und seitdem von einem Komitee aus Mitgliedern der CNT/UGT verwaltet wurde. Die CNT, die weitaus stärkste Kraft unter der Arbeiterschaft Barcelonas, sah das Gebäude als eine Schlüsselbastion der Revolution an. Die Guardia de Asalto besetzt das Erdgeschoss, wird aber zurückgeschlagen, als sie versucht, die übrigen Stockwerke des zehnstöckigen Gebäudes einzunehmen. Die CNT fordert die sofortige Amtsenthebung von Rodríguez Sala und Aiguadé. Der Präsident der Generalitat, Lluis Companys, gibt jedoch nicht nach und schickt Verstärkung, um das Geschehen an der Telefonzentrale zu kontrollieren.

Die Wut, die daraufhin in der Telefonzentrale ausbricht, über der seit Juli die schwarzrote Fahne weht, breitet sich wie ein Lauffeuer über ganz Barcelona aus. Hunderte von Barrikaden werden errichtet. Die ganze Stadt ist in kürzester Zeit in den Händen der bewaffneten Arbeiter. Die Generalitat, der Gouverneurspalast, das Finanzamt und andere Regierungsgebäude werden umstellt. Ein vielsagendes Beispiel für die Lage liefern Azañas Memoiren. Der damalige Präsident der Republik, der sich am 3. Mai in Barcelona aufhielt, hatte bei der Generalitat angerufen und detaillierte Erklärungen über die Vorfälle verlangt. Der Präsident Kataloniens Tarradellas hatte sich daraufhin in die in der Nähe des Parlaments gelegene Residenz Azañas begeben. Um den normalerweise fünf Minuten langen Weg zurückzulegen, hatte er eineinhalb Sunden gebraucht: Er musste an jeder Barrikade, auf die er stieß, aus dem Wagen steigen und sich ausweisen.

Der Generalstreik wird ausgerufen. Alle Räder stehen still. Die Nationalgarde und die Sturmgarde sind den Ereignissen nicht gewachsen, mehrere Einheiten ergeben sich, andere bleiben tatenlos in ihren Kasernen. Wie am 19. Juli ist die Stadt erneut in den Händen der bewaffneten Arbeiterschaft. Niemand hat sie dazu aufgefordert. Es war die spontane Antwort auf eine Provokation des Stalinismus und ein klarer Ausdruck der Entschlossenheit, die Errungenschaften des Juli 1936 nicht aufgeben zu wollen.

Aber die Arbeiter haben dieses Mal ih-

Barrikade auf La Rambla, 7. Mai 1937

re eigenen Organisationen gegen sich. Am Dienstag, dem 4. Mai, ruft die CNT-FAI dazu auf, den Kampf einzustellen; der POUM wird es ihr zwei Tage später nachtun. García Oliver, mittlerweile anarchistischer Minister der Zentralregierung, reist aus Valencia an, um den Abriss der Barrikaden zu fordern. Mit der gleichen Absicht trifft Federica Montseny am Tag darauf ein. Die Kämpfer fühlen sich zusehends verunsichert; die einzigen Organisationen, die zusammen mit den Arbeitern an den Barrikaden stehen, sind die kleine anarchistische Dissidentengruppe *Los Amigos de Durruti* und die kleine trotzkistische Kerngruppe der IV. Internationale. Der POUM wagt es nicht, mit der CNT zu brechen, und verlangt lediglich Amtsenthebungen im Ministerium für Öffentliche Ordnung; die Trotzkisten bleiben bis zum 6. Mai an den Barrikaden und fordern dann auch zum Ende des Kampfs auf.

Am Mittwoch, dem 5. Mai, kommt es zu neuen Aufrufen, die Waffen niederzulegen und Groll und Hass zu vergessen. CNT und UGT fordern die Arbeiter auf, zur Arbeit zurückzukehren. In der gleichen Nacht werden Camillo Berneri und Francesco Barbieri von stalinistischen Agenten unter Beihilfe des PSUC und der Generalitat ermordet. Die Aufforderungen zur Feuerpause werden von der Basis nicht befolgt. Die Zentralregierung übernimmt nun die Kontrolle über die öffentliche Ordnung. Auch unter den Milizionären an der Front von Aragon, von denen einige nach Barcelona abmarschieren wollten, macht sich Mutlosigkeit breit. Die Arbeiter werden in neuen Aufrufen aufgefordert, die Straßen aufzugeben. Der Sekretär der CNT, Mariano R. Vázquez, appelliert an seine Basis: „Wir sagen euch, dass damit Schluss gemacht werden muss … Wir wollen nicht, dass die spanischen Anarchisten mit diesem Schandfleck beschmutzt werden … Es ist jetzt nicht der richtige Zeitpunkt, um vor einem Haufen von Leichen darüber zu diskutieren, wer Recht hat. Heute heißt es, mit den Waffen von der Straße zu verschwinden … Wir dürfen nicht darauf warten, bis die anderen es tun. Wir müssen den ersten Schritt machen. Danach werden wir darüber diskutieren. Und wenn dann unser Vorgehen in der Versammlung diskutiert wird und ihr zur Ansicht gelangt, dass wir füsiliert werden müssen, dann füsiliert ihr uns, aber jetzt müsst ihr unsere Losungen befolgen." *Los Amigos de Durruti* verteilen in diesen Tagen ein Flugblatt dagegen, in dem sie unter anderem die „Bildung eines Revolutionsrats", die „Füsilierung der Schuldigen an den Übergriffen gegen die Arbeiterklasse" und die „Entwaffnung der bewaffneten Korps" fordern.

In den Morgenstunden des 6. Mai macht sich Niedergeschlagenheit breit und einige Barrikaden werden aufgegeben. Der POUM ruft zur Aufgabe der Barrikaden und zur Rückkehr zur Arbeit auf. In den Nachmittagsstunden treffen fünftausend Guardias de Asalto aus Valencia ein und defilieren durch Barcelona. Am Freitag, dem 7. Mai, hat sich die Enttäuschung allgemein ausgebreitet. „Alle an die Arbeit, Genossen" (CNT-UGT).

Ungefähr tausend Tote, Tausende Verwundete, die Illegalisierung des POUM, der Höhepunkt des Stalinismus, der Tod der Revolution. Vielleicht ist Barcelona seit diesem 7. Mai 1937 nicht mehr in den Händen seiner Bewohner gewesen, von Menschen, die sich in dieser entscheidenden Woche glänzend geschlagen haben.

1951: Der Straßenbahnboykott

Im Zeitraum zwischen der Niederlage von 1939 und dem Straßenbahnboykott von 1951 hatte kein Ereignis die Unzufriedenheit oder gar Aufsässigkeit einer so erniedrigten, niedergeschlagenen und von Not und Elend gezeichneten Stadt wie Barcelona offenbart.

Die Straßenbahnarbeiter hatten von jeher eine aktive Rolle in der Geschichte der Aufstände Barcelonas gespielt: Beim Generalstreik in den ersten Maitagen 1890 zur Durchsetzung des Achtstundentags wurden sie von Soldaten belagert; kurz nach der Elektrifizierung der Linien 1899 traten die Straßenbahnfahrer das erste Mal in den Streik; 1901 gab es einen Streik der Schlosser und Straßenbahnarbeiter, der zur Verhängung des Ausnahmezustands führte. 1902 schlossen sie sich dem Generalstreik an, mit dem der Neunstundentag durchgesetzt werden sollte; bei dieser Gelegenheit wurde der Kriegszustand ausgerufen. Seit dieser Zeit war die Straßenbahn ein Werkzeug und Ziel in fast allen Kämpfen der Stadt gewesen.

Dieses Mal war es jedoch nicht das Personal der Straßenbahngesellschaft, das zum Streik aufrief: Die Straßenbahnen fuhren wie gewohnt durch die Stadt, aber sie wurden auf einmütige Weise nicht benutzt. Die im Dezember 1950 dekretierte Erhöhung der Fahrpreise um fast 40 % hatte diese Einmütigkeit bewirkt. Die sozioökonomischen Verhältnisse waren von Repression, Elend, Rache, Opportunis-

BARCELONES: Si eres un buen CIUDADANO,
acuerdate y a partir del día 1 de Marzo y hasta
que igualen las tarifas de la Cía. de tranvías, con
la capital de España (0'40 ptas. según puedes leer en
"LA VANGUARDIA" DEL DIA 28/1/51 PAG. 3ª Crónica de Madrid)

TRASLADATE A PIE U OTROS MEDIOS QUE NO SEAN
EL TRANVIA
A tus habituales ocupaciones.

En tu propio beneficio y lo más rápidamente posible,
haz 4 copias de esta CADENA y mándalas a 4 amigos diferentes.
SI QUIERES SER CIUDADANO DE HONOR, haz 8 o más copias.

mus und maßlosen Privilegien für die Sieger bestimmt. Auf diese Weise bildete sich eine bedingungslos auf ihren eigenen Vorteil bedachte politische Klasse heraus, die mit allen möglichen Pfründen gemästet wurde und keinerlei steuerlicher oder finanzieller Kontrolle unterworfen war. All dies erfolgte natürlich auf Kosten der erschöpften Massen, die mit Löhnen überleben mussten, die sich seit 1939 nur vervierfacht hatten, während die Preise der zwölf wichtigsten Grundnahrungsmittel sich verzehnfacht hatten.

In diesem Winter spielte sich eine Art surrealistisches Theater ab: Mitte Februar 1951 wurden mehr als 500 Pfaffen in der Stadt abgeladen, um eine Massenkatharsis zu bewerkstelligen. Es ging darum, die letzten psychischen Widerstände gegen das System der Sieger zu überwinden und ein kollektives, persönliches und einseitiges Schuldgeständnis an allem Unheil im Krieg zwischen 1936–39 hervorzuzaubern. In Theatern, Kinosälen, im Boxpalast Gran Price und sogar in einigen großen Fabriken wurden Ansprachen und Predigten gehalten, in denen zur Rückkehr zum Glauben und zur Verehrung einer religiösen Ideologie aufgerufen wurde, die in vollständiger Übereinstimmung mit der neuen politischen und sozialen Ordnung stand.

Die Wirkung schien jedoch zu wünschen übrig zu lassen: Während des Straßenbahnboykotts zogen Kolonnen von Arbeitern aus Sants und Hostafrancs zu Fuß über den Paral.lel zum Hafen, nach Barceloneta und Poble Nou hinunter; andere kamen von Gràcia, Horta oder dem Carmel; von Sant Andreu, La Sagrera und Clot strömten Tausende in alle Himmelsrichtungen zu ihren jeweiligen Arbeitsplätzen. Man bildete Gruppen und vereinbarte in der Nähe der einzelnen Wohnungen gelegene Treffpunkte; die Märsche waren authentische morgendliche und abendliche Demonstrationen, auf denen Neuigkeiten, Meinungen und Losungen ausgetauscht wurden, wie der Kampf weitergehen sollte.

Es handelte sich jedoch nicht nur um einen passiven Widerstand, um die Rücknahme der Preiserhöhungen zu erreichen. In den ersten Tagen des Boykotts flog ein Stein durch die Scheiben einer Straßenbahn. Diese Geste, die heute von vielen als eine gewalttätige und terroristische Tat bezeichnet werden würde, weckte die malträtierte Hoffnung, dass es möglich war, die Ziele zu erreichen, die sich dieser Kampf gesteckt hatte. Gegenüber der Markthalle Sant Antoni, an der Ecke Pelai-Rambla, an verschiedenen Stellen der Pere IV, auf dem Paral.lel, am Arc de

BARCELONIER: Wenn du ein guter BÜRGER bist, denk daran, ab dem 1. März und bis die Fahrpreise der Straßenbahngesellschaft nicht an die Tarife der Hauptstadt von Spanien angeglichen sind (0,40 Peseten, wie in „LA VANGUARDIA" vom 28.1.51 auf S. 3, Chronik aus Madrid, zu lesen ist)

DICH ZU FUSS ODER MIT ANDEREN TRANSPORTMITTELN
ALS DER STRASSENBAHN
zu deinen üblichen Tätigkeiten zu begeben.

Mach zu deinem eigenen Nutzen so schnell wie möglich 4 Abschriften dieser FLUGBLATTKETTE und schick sie vier Freunden. WENN DU EIN EHRENBÜRGER SEIN WILLST, dann mach 8 Abschriften oder mehr.

Triomf, am Pont de Vallcarca und dem Passeig Nacional de Barceloneta tauchten immer wieder „schnelle Eingreiftruppen" auf, die die Straßenbahnen mit ihren Steinwürfen entglasten und sofort wieder verschwanden. Es waren weder organisierte noch spezialisierte, sondern ganz heterogen zusammengesetzte Gruppen: Angestellte, Arbeiter und Studenten. Einige Straßenbahnen wurden sogar umgestürzt. In einer zu einem späteren Zeitpunkt veröffentlichten Bilanz gab die Straßenbahngesellschaft zu, dass sie mehr als 6000 Scheiben austauschen musste.

Am 6. März, eine Woche nach Beginn des Straßenbahnboykotts, wurden die Preiserhöhungen rückgängig gemacht.

Montjuïc – Poble Sec
1
2
3
4
5
SECTOR 3
Estadi Olímpic
Poble Sec (L3)
Paral·lel (L3)
Drassanes (L3)

Montjuïc – Poble Sec

Montjuïc und Poble Sec wurden durch den Abriss der Stadtmauern Mitte des 19. Jahrhunderts zu einem Teil des Stadtgebiets. Der Berg Montjuïc und seine Hänge sind im Laufe der Jahrhunderte auf sehr unterschiedliche Weisen genutzt worden. Seine Steinbrüche haben über lange Zeit hinweg das Material für Gebäude geliefert, in erster Linie für den Bau von Kirchen und Herrenhäusern. Von alters her lebten Steinbrecher und Steinmetze an den Hängen, ihnen folgten dann Anfang des 20. Jahrhunderts die Barackensiedlungen, die noch bis vor wenigen Jahrzehnten existierten. Heute haben sich die Parias des 21. Jahrhunderts an den verborgensten Stellen des Bergs extrem prekäre Unterkünfte geschaffen.

Montjuïc ist Standort des größten Friedhofs und der verruchtesten Festung der Stadt, Austragungsort der Weltausstellung 1929 und der Olympischen Spiele 1992, Sitz des Nationalmuseums für katalanische Kunst, des Völkerkundlichen, Archäologischen und des Botanischen Museums und der Fundació Miró. Es gibt zahlreiche Parkanlagen und den für die Weltausstellung 1929 entworfenen Brunnen Font Màgica. Zu diesem Brunnen gelangt man über die Plaça d'Espanya, auf der früher das Wegekreuz Cruz Cubierta und die Zufahrtsstraße zur Stadt zusammenliefen. Hier standen auch die Galgen, bis sie 1715 in die Festung La Ciutadella (Zitadelle) verlegt wurden.

Der Hausberg der Stadt war lange Zeit ein beliebtes Ausflugsziel, Ort von Familienfesten, Picknicks und eifrigen sozialen Debatten; seine Brunnen und Pinienwälder waren Zeugen von heimlichen Zusammenkünften und dienten zahlreichen Menschen, die von der Polizei verfolgt wurden, als Unterschlupf.

Zwischen 1924 und 1930 wuchs die Zahl der Einwohner der Stadt um rund 200.000 Personen; 1926 lebten mehr als 100.000 Menschen unter ausgesprochen elenden Bedingungen in Untermiete. An den Hängen des Bergs standen damals fast 7.000 Baracken. Diese wurden auf Geheiß des Diktators Primo de Rivera kurz vor Eröffnung der Weltausstellung 1929 dem Erdboden gleichgemacht. Das städtebauliche Elend erreichte schließlich 1957 seinen Höhepunkt, in diesem Jahr war die Zahl der Baracken an den Hängen und Ausläufern des Montjuïc auf mehr als 50.000 angewachsen: Can Clos, El Polvorín, Can Valero, Magòria, Can Tunis und El Port waren die wichtigsten Siedlungen dieser verborgenen Stadt.

An den flacher werdenden Ausläufern der auf Barcelona weisenden Hänge beginnt das Stadtviertel Poble Sec. Die gegenüber dem Meer gelegenen Sant-Bertràn-Gärten wurden schon früh durch Kohlehalden ersetzt, mit denen die Küchenherde der Wohnungen und das Stromkraftwerk *La Canadiense* geheizt wurden. Nach dem Abriss der Stadtmauern 1860 ließen sich zahlreiche Bewohner der vollkommen übervölkerten Altstadt in Poble Sec nieder. Nach und nach entstand auf diese Weise in den engen und teilweise recht steilen Straßen ein solidarisches Arbeiterviertel mit einem regen Vereinsleben.

In den letzten Jahrzehnten hatte Poble Sec nicht nur unter der städtebaulichen Vernachlässigung, sondern auch – wie könnte es anders sein – unter dem in der ganzen Stadt grassierenden Wohnungsspekulationsfieber zu leiden.

DIE FESTUNG MONTJUÏC

Montjuïc-Berg

Während wir von hier aus die ganze Stadt überblicken können, sehen wir gleichzeitig fast nichts von ihr: Der eindrucksvolle Blick von der Höhe des Bergs macht die Stadt zugleich kleiner und verbirgt ihre unansehnlichsten Aspekte.

Der Ort, mit dem wir uns jedoch näher beschäftigen wollen, ist die Festung Montjuïc. Sie ruft nicht nur zahllose traurige Erinnerungen hervor, sondern ihre Verliese und Innenhöfe waren gleichzeitig auch stumme Zeugen überaus heroischer Taten von Bürgern Barcelonas.

Der Grundstein der Militärfestung wurde 1640 gelegt. Seit diesem Zeitpunkt sollte sie bei allen Kriegen und Nöten präsent sein, unter denen die Bewohner der Stadt zu leiden hatten. 1691, als Barcelona nur knapp 30.000 Einwohner zählte, wurden mehr als hundert Häuser durch wahllos von der Festung aus abgeschossene Kanonenkugeln zerstört. Im Sommer 1697 wurde die Stadt zwei Monate lang belagert. Dieses Mal wurden 1500 Häuser von den Kanonenkugeln getroffen. Die bourbonischen Truppen ließen die Burg kurz danach sprengen, nur um die Stadt fast unmittelbar darauf dazu zu zwingen, sie in der heutigen fünfeckigen Form neu aufzubauen. Nur ein Jahr nach ihrer Fertigstellung wurde sie mit den Bombardierungen von 1706 sowie während der vierzehnmonatigen blutigen Belagerung Barcelonas 1714 militärisch eingeweiht.

Am 3. Dezember 1842, nach mehrwöchigen Aufständen, die durch die elenden Lebens- und Arbeitsbedingungen ausgelöst worden waren, ließ General Espartero Barcelona mehrere Tage lang vom Montjuïc aus bombardieren. Mehr als 400 Häuser wurden dabei zerstört oder getroffen, und 15 Menschen wurden füsiliert. Die Bewohner Barcelonas ließen sich davon jedoch nicht abschrecken: Nur ein Jahr später widersetzten sie sich mit der Bewegung *La Jamancia* gegen die Auflösung der zur Dezentralisierung der Macht geschaffenen Provinzräte. Die Folge davon war ein neuer Kanonenhagel: mehr als 5000 Projektile wurden vom Montjuïc und von der Zitadelle aus auf Barcelona abgeschossen. Die Repression war, wie immer, brutal.

Die Kerker der Burg waren die Deportationsstätte von kubanischen und philippinischen Freiheitskämpfern in Zeiten, in denen zahlreiche spanische Truppen nach Kuba und auf die Philippinen ausgesandt wurden. Beide gegen ihren Willen verschiffte Gruppen kreuzten sich oft auf hoher See. In diesem Zusammenhang soll der Philippine José Rizal nicht unerwähnt bleiben. Der hoch talentierte Schriftsteller, Zeichner, Maler, Bildhauer und Arzt griff mit seiner spitzen Feder unerbittlich die Religion, die Macht und die immensen Geschäfte der Spanier auf den Philippinen an. Als Kämpfer für die Freiheit seiner von Einheimischen und Fremden unterdrückten Brüder und Schwestern schiffte er sich nach Spanien ein und wurde prompt auf dem Montjuïc eingesperrt. Einige Zeit später wurde er als Gefangener nach Manila verbracht und dort am 20. Dezember 1896 füsiliert.

Im selben Jahr wurde auch der traurig berühmte *Montjuïc-Prozess* eröffnet. In den Jahren zuvor hatte in breiten Kreisen der Zivilbevölkerung die Ohnmacht zugenommen angesichts des konstanten Machtzuwachses der herrschenden politischen und ökonomischen Klassen, die jeden Versuch der Verbesserung der Lage unbarmherzig niederschlugen. Als Reak-

Standrechtliche Erschießung von Paulí Pallàs

tion darauf waren 1894 mehrere Bombenanschläge verübt worden. Im Juni 1896 verursachte eine Bombe im Carrer Canvis Nous drei Tote und neun Schwerverletzte. In der Folge kam es zu willkürlichen Verhaftungen. Die Verhafteten wurden bis zum Beginn des berühmten Prozesses in den düsteren Verliesen des Montjuïc eingekerkert. Der Prozess endete mit acht Todesurteilen, von denen fünf vollstreckt wurden. Die Begleitumstände der unter Folter erpressten Geständnisse waren so skandalös, dass die Vorfälle in ganz Europa diskutiert wurden.

1909, nach drei aufeinanderfolgenden militärischen Zwangsaushebungen, brach in Barcelona die sogenannte Blutige Woche aus. Nach den Straßenkämpfen, bei denen 104 Zivile und acht Mitglieder der Ordnungskräfte getötet wurden, kam es zu Tausenden von Verhaftungen, zu erneuten Folterungen und insgesamt 1725 Gerichtsverfahren. 59 dieser Verfahren endeten mit lebenslangen Haftstrafen und fünf mit der Vollstreckung von Todesurteilen. Ferrer i Guàrdia war die bekannteste Person, die hingerichtet wurde. Und Montjuïc war erneut die Hinrichtungsstätte.

1919 brach der Streik in *La Canadiense* aus. In Barcelona wurde der Kriegszustand verhängt und mehr als 3000 Arbeiter wurden auf dem Montjuïc eingekerkert. Schließlich mussten außerdem Schiffe und Stierkampfarenen verwendet werden, um die insgesamt 6000 Verhafteten einzusperren.

Im Mai 1939, kurz nach der Besetzung Barcelonas durch die Truppen Francos, wurden im Massengrab vor der Festung sowie im Campo de la Bota 226 Menschen füsiliert, die in militärgerichtlichen Schnellverfahren zum Tode verurteilt worden waren. Noch 1946 gab es in Barcelona rund 10.000 politische Gefangene, von denen viele auf dem Montjuïc eingesperrt waren.

Heute dient die Festung als beschauliches Militärmuseum. Hier kann nun, wer will, die Waffen betrachten, die dazu eingesetzt wurden, um einige unserer Vorfahren zu ermorden, fast immer diejenigen, die am meisten für die Verbesserung der Dinge gekämpft hatten.

MIQUEL VALLÈS

FRANCESC FERRER I GUÀRDIA (1859–1909)

2

Festung Montjuïc

Francesc Ferrer i Guàrdia gehört zu den Personen, die selbst noch lange nach ihrem Tod – in seinem Fall sind fast 100 Jahre seit seiner Hinrichtung vergangen – leidenschaftliche Kontroversen auslösen. Als ihm 1989 auf dem Montjuïc ein Denkmal errichtet wurde, das eine Nachbildung des Monuments zu seinen Ehren in Brüssel ist, ereiferte sich die erzkonservative Rechte der *Partido Popular* und *Convergència i Uniós*, die die Opposition im Stadtparlament Barcelona stellte, geifernd gegen den Schöpfer der Escuela Moderna.

Warum ist es heute noch ein Eklat, über Ferrer zu sprechen? Weil es sich nicht geziemt, weil es gegen die Ordnung verstößt und vor allem, weil dadurch das Bildungssystem zur Diskussion gestellt wird. Obwohl das öffentliche Schulnetz seit dem Tod Francos erheblich ausgebaut wurde, haben die religiösen Schulen selbst heute noch ein sehr großes Gewicht im Bildungssystem und dienen als Mechanismus und Brutstätte zur Erzeugung von gottes- und ordnungsliebenden Jungen und Mädchen.

Die überaus geringen biografischen Kenntnisse über das Privatleben Ferrers lassen alle möglichen Verleumdungen zu: Er sei ein Faulenzer gewesen, er habe auf Kosten der Frauen gelebt, er sei Antikatalanist gewesen. Was man ihm möglicherweise jedoch niemals verzeihen wird, ist, dass er sich öffentlich zum Atheismus bekannte und ein militanter Gegner des Klerus war. Zwischen 1884 und seinem Tod gab es keine Revolte, keinen Aufstand, keine Streikbewegung und keine Ermordung einer hochstehenden Persönlichkeit, bei der er nicht beschuldigt wurde, zusammen mit Männern wie Pedro Vallina, Estévanez oder Malato eine führende Rolle gespielt zu haben. Die Jagd auf ihn hatte früh eingesetzt und jeder Anlass war gut, um ihn einzusperren bzw. um ihn schließlich an die Wand zu stellen.

Ferrer unterhielt seit seiner Jugend enge Beziehungen zu republikanischen Kreisen. Er arbeitete schon als Vierzehnjähriger bei einem republikanischen Müller. Jahre später, als er bei der Eisenbahngesellschaft arbeitete, nahm er Beziehungen mit den Exil-Republikanern auf und wirkte an mehreren republikanischen Konspirationen mit. Nach dem gescheiterten Aufstandsversuch von General Villacampa

Ferrer i Guàrdia wird nach dem Attentat von Mateo Morral in den Justizpalast überführt

und der danach einsetzenden Repression gegen Ruiz Zorilla – der später sein Sekretär wude – ging auch er ins französische Exil.

In Paris lernte er die konfessionslosen Erziehungsvorstellungen von Jules Ferry und die pädagogischen Methoden von Reclus, Faure und Paul Robin kennen. Gleichzeitig entwickelte sich das Denken Ferrers vom politischen Republikanismus zu einem von sozialen Ideen geprägten Republikanismus mit deutlich libertären Einschlägen, die unter anderem eine Folge seiner Kontakte mit Leuten wie Malato oder Jean Grave waren. Als er nach Barcelona zurückkehrte, brodelten die Ideen in seinem Kopf, und es wäre naiv, seine Teilnahme an den zahlreichen Konspirationen zu leugnen. Wie die anarchistischen Arbeiter kämpfte auch er darum, die ersehnte Revolution herbeizuführen. Es ist auch nicht abzustreiten, dass die Gründung einer anarchistischen Zeitung wie *La Huelga General* von ihm gefördert und finanziert wurde.

1901 weihte er im Carrer Bailen die sogenannte Escuela Moderna ein, in der die Geschlechtertrennung und die Trennung zwischen sozialen Klassen aufgehoben wurden. Gleichzeitig publizierte er das *Boletín de la Escuela Moderna*.

In der Frage nach dem Einfluss von Ferrer i Guàrdia auf die katalanische Arbeiterbewegung des frühen 20. Jahrhunderts steht fest, dass sein „kultureller und freidenkerischer Anarchismus" und dessen Verbreitung über die Escuela Moderna einen wichtigen Beitrag zur Gestaltung des anarchosyndikalistischen Ansatzes geleistet hatten.

Als Mateo Morral, ein Mitarbeiter der Escuela Moderna, 1906 einen Anschlag gegen den Monarchen Alfonso XIII. verübte, diente dies nicht nur als Anlass, Ferrer zu verhaften, sondern auch seine Schule zu schließen. 1909 wurde Ferrer im Verlauf der Ereignisse der Blutigen Woche als Hauptanstifter der Revolte festgenommen und am 13. Oktober des gleichen Jahres auf dem Montjuïc füsiliert. Bevor er starb, rief er noch ein letztes Mal „Viva la Escuela Moderna". Der Grundstock dafür war gelegt und in den folgenden dreißig Jahren verbreiteten sich die Arbeiterschulen in den Gewerkschaften und Athenäen.

CARLES SANZ

DER STREIK IN *LA CANADIENSE*

Paral.lel 49

Der Streik in *La Canadiense* – so der Spitzname des Stromversorgungsunternehmens, dessen Hauptaktionär die *Canadian Bank of Commerce of Toronto* war – war an erster Stelle ein einzigartiger Solidaritätsstreik. Trotz der starken Repression, die vom bewaffneten Einsatz der Armee bis zu über Aussperrungen aufgezwungene „Hungerpakte" reichte, nahm fast die gesamte Bevölkerung Barcelonas aktiv am Streik teil.

Seit Mitte der 1920er Jahre kam es in Barcelona zu einem Streik nach dem anderen; vor allem in Sektoren wie der Metallverarbeitung, dem Druck- und Baugewerbe kam es fast ständig zu Ausständen.

Der Ausrufung des Streiks war ein Konflikt unter dem Büropersonal vorangegangen. Der Geschäftsführer von *La Canadiense*, Fraser Lawton, hatte als Repressalie gegen die Gründung einer unabhängigen Gewerkschaft durch acht nicht fest angestellte Bürokräfte diese fest angestellt und ihren Lohn gekürzt. Sie protestierten darauf mit dem Argument „gleicher Lohn für gleiche Arbeit" und wurden von Lawton prompt gefeuert. Fünf der Entlassenen gehörten zur Rechnungsabteilung und ihre Bürokollegen traten am 5. Februar 1919 aus Solidarität in den Streik. Sie zerbrachen ihre Füllfederhalter, warfen die Tintenfässer weg und erklärten, dass sie ihre Arbeit erst nach der Wiedereinstellung ihrer Kollegen wieder aufnehmen würden. Die 117 Angestellten der Rechnungsabteilung zogen darauf geschlossen zum Gouverneursgebäude der Zentralregierung, um mit dem Gouverneur zu sprechen, der ihnen versprach, sich bei dem Unternehmen für sie einzusetzen, wenn sie den Streik beenden würden. Als sie wieder bei ihrer Firma ankamen, verwehrten ihnen Polizeikräfte den Zutritt zum Gebäude, wobei es zu Zusammenstößen kam und alle Streikenden entlassen wurden. Am nächsten Tag verbreitete sich die Nachricht wie ein Lauffeuer in ganz Barcelona.

Die Streikenden wandten sich darauf an die CNT. Diese erklärte sich bereit, sich an die Spitze des Konflikts zu stellen, worauf ein Streikkomitee gebildet wurde, das aus mehreren Entlassenen sowie aus Mitgliedern der CNT bestand, mit Simó Piera als Hauptverantwortlichem. Der Streik dehnte sich nun auf die Stromableser aus, die sich weigerten, ihre Arbeit zu tun.

Der Streik in *La Canadiense* erhielt eine breite Unterstützung von der Bevölkerung – in nur einer Woche wurden 50.000 Peseten für die Streikkasse gesammelt. Angesichts der Popularität des Streiks schlug der Geschäftsführer Lawton Verhandlungen vor, die am 17. Februar 1919 im Gebäude der *La Canadiense* stattfinden sollten. Zum Treffen waren fünf Arbeiterdelegierte gekommen. Als Lawton jedoch merkte, dass sich ein Mitglied der CNT darunter befand, war er zu keinem Gespräch mehr bereit und verließ den Saal, ohne dass die strittigen Punkte überhaupt angesprochen worden waren.

Nun fingen die Streikenden von *La Canadiense* an, die Stromversorgung zu unterbrechen. Um sechs Uhr nachmittags des 21. Februars saß die Stadt praktisch im Dunkeln, obwohl die zweite Stromgesellschaft, die sich im deutschen Kapitalbesitz befindliche *Energía Eléctrica de Cataluña*, ihre Kunden weiterhin belieferte.

Am nächsten Tag besetzte Oberst Madrid mit dem 4. Pionierregiment und Marinesoldaten aus den im Hafen vor Anker liegenden Kriegsschiffen den Firmensitz

3

am Paral.lel. Gleichzeitig traf der neue Militärgouverneur, Martinez Anido, in Barcelona ein.

Am 23. Februar schlossen sich die Arbeiter der *Energía Eléctrica de Cataluña* dem Streik an, wodurch die Stromversorgung der Stadt vollkommen unterbrochen war.

Am 26. Februar traten auch die Arbeiter der teilweise in französischen Händen befindlichen Wasser- und Gasversorgungsunternehmen in den Streik. Da die bürgerliche Presse sich durch Hetzartikel gegen die Streikenden hervorgetan hatte, beschloss die Druckergewerkschaft der CNT nach einer langen Debatte, die „rote Zensur" auszuüben, die auch die Veröffentlichung der drohenden Bekanntmachungen der Militärkommandantur verhinderte.

Am 3. März schlossen sich die Arbeiter des Elektrizitätswerks in Sant Adrià del Besos dem Streik an. Am 5. März erließ der General Milans del Bosch einen Mobilmachungsbefehl aller Männer zwischen 21 und 38 Jahren, die im Stromversorgungsbereich tätig waren. Die Bekanntmachung, die in allen Zeitungen veröffentlicht werden sollte, erschien jedoch nur im *Diario de Barcelona*.

Nach langen Diskussionen in der Gewerkschaft beschlossen die zur Mobilisierung aufgeforderten CNTler, dem Einberufungsbefehl am 7. März geschlossen Folge zu leisten. An der zuständigen Kaserne angekommen, weigerten sie sich jedoch, die Befehle des Capitán General zu befolgen. Sie wurden daraufhin aneinandergekettet zur Montjuïc-Festung geführt, wo schon zahlreiche andere Streikende inhaftiert waren.

Am 13. März, während die Truppen Barcelona besetzten, trafen die vom Conde de Romanones ernannten Vermittler in der Stadt ein: der Unterstaatssekretär des Staatspräsidiums, José Morote, und Carlos Montañés, der neue Zivilgouverneur.

Am 14. März fand ein Treffen zwischen Montañés und Lawton statt. Dieser überzeugte schließlich den Briten davon, sich mit dem Streikkomitee, das sich zu dem Zeitpunkt im Untergrund befand, an den Verhandlungstisch zu setzen. Als Ort für das Treffen wurde das neben der damaligen Großmarkthalle Born gelegene Institut für Soziale Reformen bestimmt. Am Ende der Verhandlungen waren alle von den Streikenden der *Canadiense* gestellten Forderungen ohne Repressalien erfüllt worden. In den Abendstunden des 18. März wurde das Abkommen unterzeichnet, der Streik hatte 45 Tage gedauert.

Noch in derselben Nacht versammelte sich das Streikkomitee mit den Arbeitern im Teatro del Bosque, wo Simó Piera das Abkommen verlas, zu dem sie mit dem Unternehmerverband gelangt waren und das unter Beifallsrufen von der Versammlung bestätigt wurde. Am nächsten Tag wiederholten sie die Versammlung auf einer größeren Bühne, der Plaza de Toros de las Arenas, auf der Simó Piera, Francisco Miranda und der unmittelbar zuvor aus dem Gefängnis entlassene Salvador Seguí sprachen.

Am 22. März saßen jedoch immer noch fünf im Verlauf des Streiks verhaftete Arbeiter im Gefängnis. Deshalb ließen die CNTler in ihren Gewerkschaftssektionen die Forderung nach ihrer Freilassung laut werden und erinnerten Seguí an seine Worte auf der Versammlung in Las Arenas, einen neuen Generalstreik auszurufen, falls nicht alle verhafteten Arbeiter freigelassen werden würden. Seguí war jedoch mittlerweile zu der Ansicht gelangt, dass man das durch den Sieg gewonnene Ansehen verspielen würde, wenn man der durch den Streik erschöpften Arbeiterschaft ein neues Opfer abverlangen würde. Allerdings gelang es den radikalsten Gruppen, ein neues Streikkomitee zu bilden, das in der Nacht vom 23. März beschloss, den Streik wieder auszurufen.

Am nächsten Morgen war Barcelona von der Armee und der kurz zuvor gegründeten bewaffneten Bürgerwehr besetzt, die den Bewohnern Barcelonas als „Weiße Garde" bekannt werden sollte. Die Bewaffneten durchsuchten alle, die ihnen über den Weg liefen, und wenn einer einen Gewerkschaftsausweis der CNT bei sich trug, wurde dieser sofort zerrissen.

Drei Tage später versuchten die Arbeiter den gescheiterten Streik zu beenden. Dieses Mal weigerte sich jedoch der Zivilgouverneur Montañés nach Absprache mit dem Unternehmerverband, im Konflikt zu vermitteln, und wartete stattdessen auf die ersehnte Niederlage der Arbeiter. Die Verfassungsgarantien wurden aufgehoben und die Mitglieder der CNT wurden erneut verfolgt und eingesperrt.

Am 31. März 1919 wurde an Miguel Burgos, dem Branchensekretär der Gerber der CNT, zum ersten Mal die *ley de fugas* praktiziert. In dieser letzten Märzwoche 1919 wurde der Spanische Arbeitgeberverband gegründet. Sein erster gemeinsamer Beschluss war, einen Arbeiter erst dann wieder einzustellen, wenn dieser zuvor den Gewerkschaftsausweis der CNT abgegeben und sich bereit erklärt hatte, einen individuell mit dem Arbeitgeber ausgehandelten Lohntarif zu akzeptieren. Diese beabsichtigte Druckmaßnahme des Unternehmerverbands löste eine derartige Empörung unter den Arbeitern aus, dass sie den Streik fortsetzten, obwohl das Streikkomitee den einzelnen Erwerbszweigen freie Hand gegeben hatte, um die Rückkehr an die Arbeit auszuhandeln.

Demonstration gegenüber dem Kolumbus-Denkmal, 1919

So traten beispielsweise die Arbeiter des Gaswerks *Gas Lebon* am 4. April zur Arbeit an. Als aber die Vorarbeiter nur bestimmten Arbeitern den Zugang zur Fabrik gewährten, nahm die Belegschaft den Streik wieder auf. Er wurde schließlich am 12. April beendet.

Der katalanische Unternehmerverband wollte jedoch unbedingt einen frontalen Zusammenstoss mit der CNT herbeiführen. Darum begann am 1. Dezember in Barcelona eine koordinierte Aussperrung, von der mehr als 150.000 Arbeiter und ihre Familien betroffen waren. Das Ziel war wieder einmal klar: Es ging um die Unterwerfung der Arbeiterbewegung der Stadt unter die Unternehmer.

Am 26. Januar 1920 ordnete der Gouverneur Conde de Salvatierra auf Bitten des Unternehmerverbands die Aufhebung der Aussperrungen an, die sieben Wochen lang gedauert hatten, ohne dass auch nur ein Arbeiter der CNT seinen Gewerkschaftsausweis abgegeben hatte, was eine der zentralen Forderungen des Unternehmerverbands gewesen war.

MANEL AISA

4

DIE STAMMTISCHE IN GASTSTÄTTEN UND KAFFEEHÄUSERN

La Tranquilidad und Café Español, Paral.lel

Nicht immer trafen sich die Arbeiter in den Gewerkschaftslokalen oder in den Athenäen, sie kamen auch in den Kaffeehäusern und Gaststätten der Stadt zusammen, vor allem in Zeiten, in denen sie nur im Untergrund agieren konnten oder während aufständischer und revolutionärer Perioden.

Ein Beispiel dafür ist die Bar *La Tranquilidad* (Die Ruhe), ein Zentrum der anarchistischen revolutionären Bewegung der stürmischen zwanziger Jahre. Hier wurde zahllose Male über die Anwendung der *gimnasia revolucionaria* („revolutionäre Gymnastik" – ein von Juan García Oliver geprägter Begriff, mit dem die Durchführung kollektiver illegaler Aktionen zur Herbeiführung der Revolution bezeichnet wird) diskutiert und konkrete Aktionen ausgeheckt. Wie zum Beispiel am 23. Februar 1923, als sich mehrere anarchistische *grupos de afinidad* in dieser Bar versammelt hatten, um die Revolution zu machen. Bei dieser Gelegenheit wurde gar ein Koordinationskomitee ernannt und Aurelio Fernández und Ricardo Sanz zu dessen Verantwortlichen bestimmt. Das Komitee brachte eine Zeitschrift mit dem Titel *Los hijos del pueblo* (Die Söhne des Volkes) heraus, die sich vor allem an die Wehrpflichtigen richtete.

Bei anderen Gelegenheiten deuteten Spitzel auf die Lokale, um die dort versammelten Revolutionäre zu ermorden, wie dies in der Bar *Tostadero* an der Plaça de la Universitat oder im *Café Español* auf dem Paral.lel geschah. In der letztgenannten schossen die Killer der vom Unternehmerverband gegründeten Gelben Gewerkschaft am 13. März 1923 auf die CNTler Martí Barrera und Pere Comas (einen Cousin von Peronas), der verletzt wurde, während Barrera unverletzt blieb.

Das mitten auf dem Paral.lel gelegene *Café Español* war lange Jahre zweifellos das Versammlungszentrum par excellence der antimilitaristischen Boheme, der Rebellen und revolutionären Syndikalisten. Emili Salut erklärt in seinem Buch *Vivers de revolucionaris* (Brutstätten von Revolutionären), dass Salvador Segui seit 1905 in diesem Café einen Stammtisch hatte, an dem laut und leidenschaftlich diskutiert wurde.

Die bei den Kaffeehausdebatten erworbenen Redekünste dieser Männer waren zusammen mit der Bildung, die sie sich in den Athenäen und Bibliotheken aneigneten, Teil ihres reichen kulturellen Rüstzeugs. Ihre Widerspenstigkeit stand jedoch nicht im Widerspruch zum Moralkodex der damaligen Zeit: „An unseren Kaffeehaustischen war es Sitte, dass sie weder von Spielkarten, Dominosteinen noch von Alkohol besudelt waren, und obwohl wir uns im Alter dringender physiologischer Bedürfnisse befanden, sprachen wir untereinander niemals über erotische oder pornografische Dinge und lasen auch nichts dergleichen", so Salvador Sequi. Ein anderer erwähnenswerter Vorfall in diesem Zusammenhang ereignete sich am 30. Januar 1977, als 40 Anarchisten, die sich heimlich in der Bar *Lafuente* (C. Rosselló 530) versammelt hatten, von der Polizei unter der Anklage des versuchten Neuaufbaus der Iberischen Anarchistischen Föderation (FAI) verhaftet wurden. Obwohl in diesem Jahr die ersten demokratischen Wahlen stattfanden, wurden sie Folterungen und Schikanen ausgesetzt, die denen in den härtesten Zeiten der Diktatur in nichts nachstanden.

CARLES SANZ

VICTOR SERGE IN BARCELONA Februar–Juli 1917

5

Café Español, Paral.lel

Am 31. Januar 1917 wurde Victor Kibaltschitsch *Le Rétif* (Der Widerspenstige) – der damals noch nicht das Pseudonym Victor Serge benutzte – aus dem Gefängnis von Melun, Frankreich, entlassen, wo er wegen seiner vermeintlichen Mitgliedschaft in der Bonnot-Bande eine fünfjährige Haftstrafe abgesessen hatte. In der Nacht zum 13. Februar nahm der knapp 26-Jährige, der in den libertären Kreisen bereits einen Ruf als talentierter Polemiker genoss, den Nachtzug nach Barcelona. Das Blutbad des Ersten Weltkriegs wurde immer grausamer. Tausende von hungernden Soldaten, die sich in den Bahnhöfen entlang der Strecke drängten, waren stumme Zeugen der gewaltigen Zerstörung, die in Europa wütete. Auf der anderen Seite der Pyrenäen fand Victor eine seltsame Ruhe und einen gewissen Wohlstand vor: Die Fabriken arbeiteten auf Hochtouren, sowohl für die Mittelmächte als auch für die Alliierten, und die katalanische Bourgeoisie heimste gewaltige Gewinne ein. Victor blickte vom Montjuïc auf das Meer hinab und atmete die frische Luft in vollen Zügen ein. Barcelona war in Feststimmung: die hell beleuchtete Rambla, voll besetzte Straßencafés, elegante und lebenslustige junge Frauen …

Der Schein trog jedoch, denn die Monarchie von Alfons XIII. war stark angeschlagen. Ein antiquiertes politisches Regime, eine extrem schwierige Lage für die Bauern, ein aufsteigendes Bürgertum, das dem Großgrundbesitz feindlich gesinnt war, und eine kämpferische Arbeiterklasse – deren revolutionäre Tradition auf die Zeiten von Bakunin zurückging – schufen eine explosive soziale Lage. Wie Victor bald bemerken sollte, zeichnete sich eine andere Form der Zerstörung am Horizont ab.

Er fand schnell eine Stelle in seinem Beruf als Drucker und mischte sich in die sozialen Kämpfe ein, die Woche für Woche die Atmosphäre in der Stadt aufheizten. Als Gewerkschaftsdelegierter der *Impremta Gaubert i Cia* näherte er sich den Kreisen der CNT und schrieb Beiträge für die Zeitungen *Solidaridad Obrera* und *Tierra y Libertad*. In diesem von der revolutionären Flut angetriebenen Barcelona, und nicht etwa im Gefängnis, entfernte sich *Le Rétif* vom Individualismus und näherte sich dem Anarchosyndikalismus an. Selbst in Zeiten, in denen er Sympa-

Victor Serge. Zeichnung von Vlady Kibaltschitsch

thien für die Bolschewisten empfand, sollte er ein ausgesprochen libertäres Empfinden bewahren.

Im März 1917 veröffentlichte er einen Artikel zur Verteidigung des österreichischen Marxisten Friedrich Adler (Sohn des Theoretikers der Sozialistischen Partei, Viktor Adler), der in Wien zum Tode verurteilt worden war, da er den Grafen Stürgkh, einen der Verantwortlichen des Kriegs, niedergeschossen hatte. Bei dieser Gelegenheit benutzte *Le Rétif* zum ersten Mal das Pseudonym, unter dem er berühmt werden sollte: Victor Serge. Im nächsten Artikel kommentierte er den Zusammenbruch des Zarismus in Russland, der dazu beitrug, die Lage in Barcelona zu radikalisieren. Jahre später schrieb er: „Man lebte in Erwartung einer Katastrophe, die zugleich Bestrafung und Wiedergeburt sein würde, eine Rehabilitierung der menschlichen Energie, ein neuer Grund, um an die Menschheit zu glauben. Die russische Revolution, das erste Signal, hatte diese weltweite Erwartung gestärkt."

Victor frequentierte das Café Español auf dem Paral.lel, ein Treffpunkt von Aktivisten, Tagedieben, Individualisten und Deserteuren aus aller Herren Länder. Unter dem Spitznamen *Der Russe* lernte er dort Salvador Seguí kennen, den legendären Anführer der CNT, der liebevoll *Noi del Sucre* (Zuckerjunge) genannt wurde. In *Geburt unserer Macht*, dem zweiten Teil des Serge'schen Romanzyklus *Die Revolutionäre*, dessen Hauptfigur *Wir*, das kollektive Ich, ist, das zum Sturm auf Barcelona bläst, wird Seguí in der Figur des Darío meisterlich porträtiert: „Kameraden: das heißt, mehr als leibliche und gesetzmäßige Brüder, Brüder der Gemeinschaft des Denkens, des Standes, der Sprache und der gegenseitigen Hilfe. Kein Beruf war uns fremd. Wir kamen von überall her. Zusammen kannten wir fast alle Länder des Erdballs, angefangen bei den Elendsstädten und den Gefängnissen. Einige bauten nur noch auf sich selbst. Fast alle wurden wir jedoch von einem glühenden Glauben geleitet. Es gab zwar einige Kanaillen, diese waren jedoch intelligent genug, um nicht auf übermäßig offensichtliche Weise gegen das Gesetz der Solidarität zu verstoßen. Wir erkannten uns an der Art und Weise, wie wir gewisse Worte aussprachen und eine sonore Münze der Ideen in das Gespräch einwarfen."

In jenem Frühjahr 1917 stieg die Arbeitermacht wie neues Blut in den Adern eines alten Organismus auf. Die Wut spiegelte sich in den Gesichtern, den Gesten und den Schritten wider. Die Frage stand im Raum: „Werden wir die Macht einnehmen oder nicht?" Seguí erklärte: „Wir sind keine Machtmenschen. Wir sind Libertäre. Aber wir werden die ganze Verantwortung der Aktion akzeptieren. Das Komitee wird ein provisorisches revolutionäres Organ sein, das den Willen der CNT ausdrücken wird und nicht den Willen einer Regierung."

Mitte Juli patrouillierten bewaffnete Arbeiter in blauen Overalls in der Stadt: „Ihre Hände wurden nicht müde, den schwarzen Stahl der Waffen zu streicheln und Fluten einer rohen Kraft strömten vom Stahl auf die muskulösen Arme, in die Nacken und in diese Gehirnregionen über, in denen sich gemäß einer mysteriösen Alchemie diese Lebensglut sammelt, die wir Willen nennen." Vom Wunsch nach dem Kampf um die Zukunft beseelt, nahm Serge an den Patrouillen und den Zusammenstößen teil. Einige Tage später wurde das Haus im Carrer Egipcíacas, wo gerade das Komitee tagte, von Polizeitruppen umstellt. Seguí konnte über die Dächer fliehen, aber Victor lernte einige Stunden lang die Zellen der spanischen

Barrikaden auf dem Paral.lel

5

Gefängnisse kennen. Es waren nicht die ersten Zellen und sollten bei weitem nicht die letzten sein.

Am 19. Juli 1917 fiel die zerbrechliche Allianz zwischen dem Bürgertum und dem Proletariat, die die Rebellion stützen sollte, auseinander. Im letzten Augenblick hatten die katalanischen Parlamentarier nicht den Mut aufgebracht, mit den Waffen in der Hand gegen das Regime zu kämpfen. Nach mehreren Scharmützeln gab das Arbeiterkomitee schließlich die Order zum Rückzug. Es kam zu zahlreichen Verhaftungen, und Seguí ging in den Untergrund. Jahre später erklärte der Führer der Sozialistischen Partei, Indalecio Prieto, im spanischen Parlament: „Es stimmt zwar, dass wir Waffen ans Volk verteilt haben und dass wir hätten siegen können. Wir haben ihm aber nicht die Munition dazu gegeben. Worüber beschweren Sie sich also?“

Ende des Monats folgte Victor Serge dem Ruf der siegreichen Revolution im Land seiner Vorfahren und brach nach Russland auf. Er sollte Petrograd nach einer eineinhalbjährigen gefahrenreichen Irrfahrt und einem langen Aufenthalt in einem französischen Konzentrationslager erreichen. Im Zug nach Paris dachte er an die Stadt, die sie nicht eingenommen hatten, und an die Genossen, die er dort zurückgelassen hatte: Darío, Gusano, Benito, Ribas, Eusebio, El Chorro … Wie würde es ihnen ergehen? Am 10. August des gleichen Jahres rief die CNT zu einem Generalstreik auf, der erneut zum Aufstand führen sollte. Wenige Tage später erhielt Victor ein Telegramm mit folgendem Wortlaut: „Das Fest war ein Reinfall. Wir werden ein neues veranstalten. Die Genossen lassen dich grüßen.“

CLAUDIO ALBERTANI

Sants – Les Corts – Sarriá – St. Gervasi
1
2
3
4
5
6
7
8

Sants – Les Corts – Sarriá – St. Gervasi

Ursprünglich war Les Corts ein kleiner ländlicher Ort an der Kreuzung von zwei alten Land- bzw. Heerstraßen. Zu diesen beiden Verkehrsachsen kam 1924 die Diagonal hinzu, die das Stadtviertel in zwei Hälften aufteilte. Der am Berghang gelegene und von mehreren Regenbächen durchzogene Bereich erhielt den Namen Pedralbes. Zum Zeitpunkt ihrer Eingemeindung 1897 hatte die Ortschaft 7500 Einwohner und bestand aus weniger als 500 Gebäuden. Um die Jahrhundertwende war Les Corts als nobles Vergnügungsviertel bekannt und die alten Gehöfte des Ortes wurden in Sommerresidenzen für das wohlhabende Bürgertum umgebaut. In der Regierungszeit des franquistischen Bürgermeisters Simarro wurden der Universitätsbezirk, das Stadion des FC Barcelona und der Pedralbes-Palast errichtet. Sein Nachfolger Porcioles ließ gegen den Widerstand der Anlieger des damaligen Altstadtkerns sündhaft teure Wohn- und Bürohauskomplexe zwischen der Plaça Francesc Macià und Carles III errichten.

Das erst 1921 Barcelona eingemeindete Sarrià hatte zum Zeitpunkt seiner Eingemeindung 11.534 Einwohner. 1890 war Vallvidrera und 1897 Sant Gervasi eingemeindet worden. In den sechziger und siebziger Jahren wurden mit den Herrenhäusern und den nicht erschlossenen Ländereien gewaltige Immobiliengeschäfte gemacht, die die Bereiche um den Altstadtkern tiefgreifend veränderten. 1988 gab es im „Reichenviertel“ Sarrià 81 private bzw. religiöse Schulen und nur eine öffentliche.

Sants war ursprünglich eine kleine Ortschaft am Rand der Heerstraße; der Bau einer neuen Landstraße im 18. Jahrhundert führte zu einem schnellen Wachstum des Orts. Mitte des 19. Jahrhunderts ließen sich hier die ersten mit Dampfmaschinen betriebenen Textilfabriken nieder: *Vapor Vell* und sieben Jahre später der *Vapor Nou*. Sants entwickelte sich in der Folge zu einem wichtigen Industriezentrum, das zum Zeitpunkt seiner Eingemeindung 1897 bereits 25.000 Einwohner zählte. Der Stadtteil hat auch heute noch viele Merkmale eines Arbeiterquartiers bewahrt. Der Carrer Major, die ehemalige Landstraße, ist mittlerweile eine riesige Einkaufsstraße mit mehr als 650 Läden und Boutiquen. Andererseits zeichnen sich die Bewohner von Sants jedoch weiterhin durch eine rege Beteiligung am Leben im Viertel und hartnäckige Kämpfe um seinen Erhalt aus.

1

KAN PASQUAL

Collserola, Stadtbezirk Sarrià

Früher war die Fabrik die Achse, um die sich die sozialen Bewegungen drehten. Heute hat sich der Kampf dezentralisiert und auf unterschiedliche Aspekte des Alltagslebens verlagert: vom öffentlichen Raum bis zur Ernährung, von der Kommunikation bis zum Nützlichkeitsbegriff.

Mit den Hausbesetzungen sind Räume des Lebens innerhalb einer erstickenden und homogenisierenden Wirklichkeit geöffnet worden. Sich von den Ketten der Miete oder der Hypothek befreit zu haben, ebnet zahllose neue Wege; aus der Befreiung von den bürokratischen Schlingen der Stadtteilzentren entstehen zahlreiche neue Formen, sich miteinander in Beziehung zu setzen. Wenn außer den Häusern auch noch Land besetzt wird, dann wird nicht nur eine andere Beziehung mit der Umwelt zurückgewonnen, sondern auch eine Kluft in die Merchandising-Stadt geschlagen.

Wir haben das Gehöft Kan Pasqual Ende 1996 besetzt. Es handelt sich um ein Landgut im Besitz der Stadt Barcelona, das sich in einem Waldgebiet an der Westseite der Gebirgskette Collserola befindet. Sofort nach der Besetzung machten wir die alten Terrassenbeete wieder nutzbar und versuchten uns im Anbau eines Teils unserer Nahrungsmittel, da wir eine gesunde Ernährung als eine weitere Form des Widerstands begreifen. Da wir es satt haben, uns von ihrem Junkfood vergiften zu lassen, bestellen wir die verlassenen Felder; da wir es leid sind, uns von ihrer Medizin vergiften zu lassen, lernen wir, uns mit den natürlichen Heilmitteln vor Ort zu behandeln. Wir folgen dabei dem Ansatz der Permakultur, das heißt, wir kompostieren die organischen Abfälle, unsere Scheiße eingeschlossen, wir reinigen Teile unserer Abwässer, wir verringern die Abfälle und führen sie, so weit es geht, wieder dem Stoffkreislauf zu. Kurz und gut: Wir versuchen, die Stoffkreisläufe zu schließen, und schlachten auf diese Weise einige heilige Kühe des Way of life der Wegwerfgesellschaft.

Außerdem setzen wir auf die Autonomie der Stromversorgung, weshalb der Strom bei uns nicht einfach aus der Steckdose kommt, sondern über Solarzellen gewonnen wird. Darüber hinaus lesen wir das Holz aus den umliegenden Wäldern auf, um es als zusätzliche, ortsnahe Energiequelle zu nutzen.

Diese Thematik und andere sind im Rahmen des kollektiven Lernens in Workshops, Tagungen und Treffen erarbeitet worden. Auf diese Weise ist Kan Pasqual auch ein soziales Zentrum geworden, ein Treffpunkt für Leute aus der Umgebung und für Menschen aus anderen Teilen der Welt, die sich mit ähnlichen Dingen beschäftigen. Feste, gemeinschaftliche Essen, Vorträge, Rodungen neuer Terrassen, Brotbacktage, Experimente, Filmabende, Träume … All dies treiben wir als eine Gruppe von Menschen voran, die zusammen leben und arbeiten. Wir versuchen jedoch gleichzeitig, unsere Individualität zu bewahren, und bemühen uns darum, kein Spezialistentum aufkommen zu lassen. Eines der wichtigsten Experimentierfelder ist genau dieses Verhältnis zwischen dem Kollektiven und Individuellen: Das ganze Haus riecht nach dieser Debatte.

Wir sind uns bewusst, dass wir trotz allem Teil dieser Gesellschaft sind, wir suchen jedoch ihre Risse und versuchen, sie zu vertiefen, in der Hoffnung, dass irgendwann ihre Mauern einstürzen.

KOLLEKTIV KAN PASQUAL

2

DIE INTERNATIONALEN

Michail-Bakunin-Kaserne (heute Bruc-Kaserne), Pedralbes

Der Ausbruch der spanischen Revolution begeisterte eine Vielzahl von Männern und Frauen aus der ganzen Welt. Tausende spürten, dass die spanischen Ereignisse Teil ihres eigenen Kampfes und ihrer eigenen Zukunft waren, weshalb sie nach Spanien aufbrachen, um zusammen mit ihren Brüdern und Schwestern für die grundlegende Transformation der Gesellschaft und des Lebens zu kämpfen. Eine grundlegende Transformation, gegen die sich die Partei des Todes formiert hatte, die auf brutale Weise von den spanischen, deutschen und italienischen Militärs und deren katholisch-faschistoiden Adlaten repräsentiert wurde.

Die meisten Internationalen reisten über Frankreich bis nach Cerbère, überquerten bei Port Bou die Pyrenäen, um danach mit dem Zug nach Barcelona bis zur Estació de França zu fahren. Kaminski beschreibt in *Barcelona. Ein Tag und seine Folgen* seine Ankunft im Zug über Port Bou: „Revolutionäre aus allen Ländern leisten hier Dienst an der Seite der Spanier; ein Franzose ist dabei, ein Deutscher, ein Amerikaner… Jeder Reisende wird in seiner Sprache abgefertigt.“

Von der Estació de França ist es nicht weit bis La Rambla, dem tatsächlichen Kaleidoskop Barcelonas. Hier finden sie eine Atmosphäre vor, in der sich die von der Gesellschaft beabsichtigten Transformationen widerspiegeln. Die Symbole der alten Welt sind verschwunden und alles wird von einer neuen Anspannung und Lebensfreude getragen. Bewaffnete Arbeiter schlendern durch die Straßen, unterhalten sich miteinander oder bewachen eine Barrikade. Es sind weder Uniformen, Anzüge noch Krawatten zu sehen. Orwell war zutiefst von dem Geschehen beeindruckt und schildert es auf präzise und schöne Weise in seinem Buch *Mein Katalonien*. Er weist in diesem Zusammenhang nicht nur auf die Veränderungen der Sitten und Gewohnheiten hin, sondern er gibt auch eine Anekdote wieder, die er erlebte, als er sich als Freiwilliger in den

Die verschiedenen Sprachen der Solidarität

Lenin-Kasernen meldete und dabei mit einem Italiener zusammentraf: „Seltsam, welche Zuneigung man für einen Fremden fühlen kann! Es war so, als ob es seiner und meiner Seele für einen Augenblick gelungen sei, den Abgrund der Sprache und Tradition zu überbrücken und sich in völliger Vertrautheit zu treffen. Ich hoffte, dass er mich genauso gut leiden möge wie ich ihn."

Auch Borkenau weist im *Kampfplatz Spanien* darauf hin. Als er auf die Rambla trat: „Kam eine gewaltige Überraschung. Schlagartig breitete sich die Revolution vor unseren Augen aus. [...] Der erste Eindruck: bewaffnete Arbeiter mit geschulterten Gewehren, aber in ihrer Zivilkleidung. [...] Als ich jetzt ausging, waren die Straßen voll von angeregt sich unterhaltenden Gruppen junger bewaffneter Männer und auch nicht weniger Frauen in Waffen [...] Daneben eine Gruppe bewaffneter junger Leute, die aufgeregt und eifrig diskutierten. [...] Ein zweiter Punkt, der mit überraschender Offenheit und *naiveté* diskutiert wurde, ist das Problem der Auslandshilfe. In der Gruppe, mit der ich mich unterhalte, gibt es bereits viele ausländische Freiwillige [...]. Alle Sprachen werden gesprochen, und es herrscht eine unbeschreibliche Atmosphäre, getragen von politischer Begeisterung und Vergnügen am Abenteuer des Krieges."

Es kamen jedoch nicht nur Intellektuelle wie Simone Weil, die sich der Kolonne Durruti anschloss, oder Benjamin Péret, der im März 1937 an der Aragon-Front im Bataillon Nestor Machno der Division Durruti kämpfte. Oder Jean Malaquias, der Anfang 1937 bei einem Spaziergang durch die Straßen Barcelonas auf Ilja Ehrenburg stieß, den zum Chef einer internationalen Brigade beförderten stalinistischen Schriftsteller, der drohte, ihn, Malaquias, umzubringen, da er ein „faschistischer Agent und Provokateur" sei. Oder der bereits erwähnte George Orwell oder der chinesische Schriftsteller Li Pe Kan, der nach seiner Rückkehr nach Shanghai das Buch *Das Blut Spaniens* veröffentlichen sollte, oder Edward K. Brasky, einer der besten Chirurgen New Yorks. Oder Augustin Souchy, dem wir das Buch *Kollektivierungen. Das konstruktive Werk der Revolution* zu verdanken haben, oder Rudolf Rocker, Autor von *Nationalismus und Kultur*. Oder der englische Dichter John Cornford, der Urenkel von Darwin, oder die englische Malerin Felicia Browne, die erste Internationale, die an der Aragonien-Front fiel. Nicht nur diese und zahlreiche andere Intellektuelle schlossen sich der Revolution und den Milizen an, sondern auch Tausende anonymer Menschen, die alles aufgaben, um sich mit ihren Klassenbrüdern, mit den Genossen der Revolution zu vereinen.

Kaminski berichtet im Verlauf der Schilderung seines Besuchs der Michail-Bakunin-Kaserne – der heutigen Bruc-Kaserne – an der Avinguda Diagonal davon. „Hier sind also siebzehn Männer, die ich in einigen Stunden zum Bahnhof begleiten werde. Sie werden der internationalen Kolonne zugewiesen, die sich aus Freiwilligen aller Nationen zusammensetzt und vor Huesca kämpft." Es sind Maurer, Minenarbeiter, kaufmännische Angestellte, Studenten, Mechaniker, Schreiner, Steinmetze ... aus den verschiedensten Ländern und „im Grunde wollen alle nichts anderes, als an der Revolution teilnehmen und den Proletariern der ganzen Welt ein Beispiel geben".

Die Britin Mary Low, die zusammen mit ihrem Lebensgefährten, dem kubanischen surrealistischen Dichter Juan Breá, in die Stadt gekommen war, erinnert sich in ihrem *Roten Notizbuch* gerührt:

„Ich besitze eine Fotografie, die die Gefühle der ersten Tage schneller lebendig werden läßt [...] Die große, junge Deutsche in ihrem Schwesternkittel [...] Ich stehe da, die Hände hinter dem Rücken [...] Eine junge Italienerin mit Brille [...] hält die Hand einer älteren Österreicherin, die Kordhosen trägt. Zu unseren Füßen sit-

2

zen die belgischen Bergleute, die blonden Haare zerzaust, mit einigen jungen Fabrikarbeitern aus Marseille zusammen."

Es war die Begeisterung der Solidarität, die so viele dazu gebracht hatte, dem Alltag den Rücken zu kehren und sich auf den Weg zu ihren Gleichgesinnten zu machen, um mit ihnen zusammen darum zu kämpfen, *die neue Welt zu schaffen, die sie in ihren Herzen trugen*.

Im September 1936 unterbreitete Thorez, der Führer der Kommunistischen Partei Frankreichs, dann jedoch Stalin seine Idee, eine internationale Aushebung von Freiwilligen zu organisieren, um auf diese Weise die Begeisterung der Internationalen kanalisieren und für die eigenen Interessen nutzen zu können. Stalin gab sein Plazet, das mit dem ersten Dekret der republikanischen Regierung zur Militarisierung der Milizen zusammenfiel. In der Folge organisierte die stalinistische Bürokratie über die Komintern die Internationalen Brigaden, die als solche erst im November 1936 in Aktion treten sollten. Als Verantwortliche wurden gute Stalinisten ernannt, wie zum Beispiel der alte André Marty als Chef, Luigi Longo, der sich im Gedenken an einen kurz zuvor verstorbenen Stierkämpfer *Gallo* nennen ließ, Giuseppe de Vittorio oder P. Togliatti (Ercoli), der eigentliche Politkommissar der Komintern in den Internationalen Brigaden und Stratege der spanischen Stalinisten. Sie und ihre Helfershelfer veranstalteten Aufmärsche, sorgten für Propaganda in Presse und Film, bauten Sonderbrigaden nur für Ausländer auf und verwandelten auf diese Weise die Gefühle von vielen in eine große internationale Propagandaoperation.

Allerdings wusste der Großteil der rund 40.000 internationalen Freiwilligen, die – wenn auch unter der Ägide der Stalinisten – weiterhin ins Land kamen, nichts von den schäbigen Machenschaften, die sich hinter den Kulissen abspielten, und verstanden diese auch nicht. So begriffen sie beispielsweise nicht, warum der sogenannte General Kleber zunächst als Held und kurz darauf als Schurke galt, wie sie auch nicht wussten, dass er nach Moskau abgerufen und dort füsiliert wurde. Sie kamen aus dem aufrichtigen Bedürfnis, die Revolution zu machen und zu ihrem Sieg beizutragen, und viele kamen bei diesem Kampf ums Leben.

ABEL REBOLLO

EMMA GOLDMANN (1869–1940)

3

Carretera de Sants

Emma Goldmann, in der Bildmitte

Exzentrisch, keines Wortes des Spanischen mächtig, missmutig und nachlässig gekleidet, besuchte die aus Russland stammende amerikanische Staatsbürgerin und Jüdin Emma Goldmann 1938 die Artischocken- und Kohlfelder, die sich am Ende der heutigen Carretera de Sants befanden. Begleitet von führenden Persönlichkeiten des internationalen Anarchismus ließ sich die Journalistin, Mutter zweier Kinder und in zahllosen Kämpfen gestählte Aktivistin Emma zusammen mit Lola Iturbe fotografieren. Hinter ihren dicken Brillengläsern beobachtete die alte Dame die jungen Frauen, die für die Front bestimmte Maiskolben säuberten. Ihr Besuch in Spanien wurde jedoch nicht zu Propagandazwecken genutzt, nur diese auf der Titelseite der Zeitschrift *Campo* veröffentlichte Aufnahme zeugte von ihrem Besuch.

Die Anarchisten fürchteten, sie könne einem Anschlag zum Opfer fallen; die tragischen Ereignisse vom Mai 37 waren noch in frischer Erinnerung. So verliefen die Besuche an einigen Orten des *konstruktiven Werks der Revolution* diskret. Emmas Leben war jedoch alles andere als diskret verlaufen: Sie galt als *die gefährlichste Frau der Welt*. Dies hätte niemand angesichts dieser alten, in einen dicken Arbeitsmantel gehüllten Frau für möglich gehalten; nur ihr Temperament deutete auf ihren unbeugsamen Charakter, ihre Widerspenstigkeit und ihre schöpferische Vitalität hin.

Bis zu ihrem sechzehnten Lebensjahr hatte sie in Sankt Petersburg gearbeitet und gelebt, wo sie auch die Nihilisten kennenlernte. Nachdem sie sich geweigert hatte, eine von ihrem Vater arrangierte Ehe einzugehen, riss sie von zu Hause aus und emigrierte zu ihrer Schwester, die in Rochester in den Vereinigten Staaten lebte. Dort nahm sie Verbindungen zu den örtlichen politischen Kreisen auf. Aber erst anlässlich der Vorfälle von Chicago wandte sie sich dem anarchistischen Gedankengut zu. Sie erklärte später, dass die Solidaritätskampagne zugunsten der Verhafteten des Haymarket Riot, in deren Verlauf sie auch Johann Most und Alexander Berkmann kennengelernt hatte, ihr die Tore zu einem neuen Leben geöffnet hatten. Seit damals habe sie sich geschworen, immer bis zum Ende zu kämpfen.

Nicht bereit, die traditionell den Frauen zugewiesene untergeordnete Rolle zu spielen, rückte in den nächsten Jahren die Lage der Frauen immer stärker in den Mittelpunkt ihres Widerstands, und sie entwickelte in ihrem Werk einen radikalen feministischen Ansatz. So erklärte sie zum Beispiel: „Die Geschichte zeigt uns, dass die unterdrückten Klassen die wirkliche Befreiung von ihren Herren nur durch ihre eigenen Anstrengungen erreicht haben. Die Frau muss aus dieser Erfahrung lernen und sich bewusst werden, dass ihre Freiheit so weit reichen wird wie ihre Kraft, um sie zu erreichen.“

DOLORS MARíN

4

SANT MEDIR

Carrer de la Constitució 17

Die Leser werden sich fragen, was eine Pfarrei, eine Kirche, auf einem Streifzug durch die Orte zu suchen hat, die als Treffpunkte und Ausgangspunkte für Aktionen gegen die etablierte Ordnung gedient haben. Ganz einfach: In dieser Kirche wurde auf einer Versammlung 1964 die erste Arbeiterkommission (*Comisión Obrera*) gegründet; und sie war auch der Schauplatz einer Versammlung 1976, auf der der Neuaufbau der CNT begann. So wie die Bewohner Barcelonas zuweilen ihre Freiheit durch die Verbrennung der Idole ihrer Knechtschaft verteidigt haben, haben sie in Zeiten, in denen sie nicht stark genug waren, um andere Orte zu besetzen, die Gotteshäuser für ihre eigenen Zwecke benutzt.

TONI MARTíNEZ

Dies war in den Anfängen der Arbeiterkommissionen der Fall: Ab Mitte der 60er Jahre wurden von fortschrittlichen Lehrern und Pfarrern geleitete Schulen und Kirchen zur Bühne von teilweise sehr freien, teilweise stärker manipulierten Arbeiterversammlungen, die zur Gründung einer neuen Organisationsform führen sollten: der Arbeiterkommission von Barcelona.

Mit dem Wirtschaftsaufschwung in den 60er Jahren begann in Spanien ein Kampfzyklus zur Erhöhung der Löhne und der Verbesserung der Lebens- und Arbeitsbedingungen. Auf diese Weise bewirkte der Industrialisierungsprozess, was die politische Opposition mit ihren manipulierten Aufrufen zum Generalstreik nicht erreicht hatte: Die festgesetzten Höchstgrenzen der Löhne wurden überwunden und autonome Organisationsformen der Arbeiter ins Leben gerufen. Die Zunahme der Kämpfe hatte 1962 in Asturien zur Bildung der ersten autonomen Arbeiterkommissionen geführt. Diese Kommissionen wurden in der Vollversammlung der Arbeiter und Arbeiterinnen einer Fabrik mit einem klaren Verhandlungsmandat gewählt und konnten von diesen jederzeit wieder abgesetzt werden.

Vom Beispiel Asturiens angespornt, wurden bald darauf in einigen Großfabriken Barcelonas (La Maquinista, Hispano Olivetti usw.) die ersten Arbeiterkommissionen gebildet. Am 20. November 1964 versammelten sich dann in der Kirche Sant Medir rund 500 Arbeiter (aus Metallverarbeitung, Baugewerbe, Holzverarbeitung, Transport, Textilindustrie, chemische Industrie, Druckgewerbe, Banksektor usw.), um die Arbeiterkommission Barcelona zu gründen. Die Mitglieder des auf der Versammlung gewählten Führungsausschusses wurden jedoch kurz darauf von der Polizei verhaftet. Aufgrund der Zusammensetzung der Versammlungsteilnehmer – die Mehrzahl waren Partei- und Gewerkschaftsmitglieder – versandete dieser erste Versuch schließlich in bürokratischen Streitereien. Der nächste Anlauf wurde erst im August 1966 gestartet, als sich in einer Schule des Stadtteils Besòs erneut Gruppen von Aktivisten versammelten,

4

die neue Generalversammlungen einberiefen, die schließlich zur Gründung der nach Erwerbszweigen strukturierten *Comisiones Obreras* führen sollten.

Nur in einigen wenigen Fabriken wurden diese Arbeiterkommissionen auf Forderung der Basis gegründet. In den meisten Fällen waren sie das Ergebnis der Bemühungen von einigen Aktivisten sowie die Folge der Bestrebungen von Parteien wie dem PSUC und der linkskatholischen Organisation FOC (Front Obrer de Catalunya – Arbeiterfront Katalonien), die neue Organisation zu kontrollieren. Auf diese Weise dehnten sich diese Kommissionen zwischen 1967 und 1969 auf zahlreiche Fabriken aus. Gleichzeitig nahmen jedoch auch die Auseinandersetzungen zwischen den Parteien zu, es kam zu Spaltungen, bis schließlich der PSUC die Kontrolle über die Arbeiterkommissionen Barcelonas übernommen hatte.

Die Mitglieder autonomer oder anarchosyndikalistischer Gruppen hatten zu diesem Zeitpunkt die Arbeiterkommissionen bereits verlassen und andere Wege eingeschlagen. Der entscheidende Aufschwung der autonomen Arbeiterbewegung setzte Anfang der 70er Jahre ein und endete mit der Unterzeichnung der *Pactos de Moncloa*. Diese Geschichte steht jedoch auf einem anderen Blatt.

In Sant Medir trafen sich einige Jahre lang auch andere verbotene Gruppen, wie zum Beispiel die Leute, die später das Soziale Zentrum Sants gründen sollten. Die Vervielfältigungsmaschine der Pfarrei wurde in den Hochzeiten des antifranquistischen Widerstands zum Abzug von Flugblättern genutzt und in den Pfarreiräumen wurden sogar Politiker der verschiedensten politischen Richtung versteckt.

1974, am Ende des Franquismus und nach der Ermordung von Puig Antich, stand für die jungen libertären Gruppen, die in Barcelona und den umliegenden Städten im Untergrund agierten, die Frage der Vereinigung der Kräfte auf der Tagesordnung. Diese Vereinigung konnte geradezu zwangsläufig nur über den Neuaufbau der historischen Gewerkschaft CNT erfolgen. Die Mobilisierungen zur Rettung der letzten von der franquistischen Diktatur zum Tode Verurteilten (Mitglieder der FRAP und ETA) verzögerten diesen Neuaufbau jedoch.

Die CNT war gespalten und die Vertreter der verschiedenen Komitees von Katalonien (Landesinnere, Exil, Libertäre Front) waren unfähig, sich auf ein gemeinsames Vorgehen zu einigen. So mussten die neuen libertären Gruppen sowie die anarchistischen Stadtteilgruppen eine titanenhafte Anstrengung unternehmen, um alle Gruppierungen in wenigstens einer Versammlung zusammenzuführen, um das Thema des CNT-Neuaufbaus zu diskutieren.

Nach verschiedenen Vorbereitungstreffen fand diese Versammlung schließlich am 29. Februar 1976 in Sant Medir statt. Zu dem klandestin organisierten Treffen kamen 500 der 700 Eingeladenen. Man gelangte jedoch nur zu einer grundsätzlichen Übereinkunft über „Organisationskriterien“, die darin bestand, einen Koordinationsausschuss zu ernennen, der ein Provisorisches Komitee von Katalonien wählen sollte. In diesem Komitee waren mehrere Basisgewerkschaften, die Stadtteilföderation, jeweils ein Repräsentant der drei oben erwähnten historischen Sektoren sowie die zu diesem Zeitpunk schon existierenden Lokalföderationen vertreten.

Nach der Versammlung lösten sich die meisten Gruppen, die zu dem Treffen aufgerufen hatten, auf und integrierten sich in die CNT.

CARLES SANZ

5

KURZE FABRIKGESCHICHTEN Vapor Vell und España Industrial

Carrer Galileu 1

1846 sah sich die Stadtverwaltung des zwischen Stadtmauern eingezwängten und überbevölkerten Barcelona gezwungen, den Bau neuer Fabriken im Inneren der Stadt zu verbieten. Dadurch wurde der bereits in den vorangegangenen Jahrzehnten begonnene Prozess der Industrialisierung der Vororte Barcelonas beschleunigt. Vor allem Sant Martí de Provencals, Sant Andreu und Sants, in denen bis dato hauptsächlich Landwirtschaft betrieben wurde, verwandelten sich so in relativ kurzer Zeit in Industrieorte. Da die drei Ortschaften über eigene Wasservorkommen verfügten, siedelte sich hier vor allem die sehr wasseraufwändige Textilindustrie an.

Das Gemeindegebiet von Sants umfasste große unbebaute Flächen, die hauptsächlich als Weideland genutzt wurden und bis zur Machtübernahme der Bourbonen im Gemeinbesitz waren. Nach seinem Sieg im Erbfolgekrieg konfiszierte Philipp V. diese Ländereien kurzerhand als Kriegsbeute, wodurch sie in den Besitz der Krone übergingen und das Weiderecht von den Kapricen des neuen Eigentümers abhing. Ende des 18., Anfang des 19. Jahrhunderts verkaufte die Monarchie dann große Parzellen dieser Gelände an die reiche katalanische Bourgeoisie. Diese ließ dort zunächst die ersten Koch- und Trockenanlagen bauen, die für die Bleichverfahren in der frühen Textilmanufaktur benötigt wurden, um später an gleicher Stelle die großen, „düsteren und höllischen“ mit Dampfmaschinen betriebenen Textilfabriken errichten zu lassen.

1840 ließ der reiche Amerikaheimkehrer Joan Güell (der, wie sein späterer Schwiegervater Antonio López, durch den Überseehandel in Kuba – Sklavenhandel eingeschlossen – gewaltige Reichtümer angehäuft hatte) zusammen mit anderen Geschäftspartnern die Fabrik *El Vapor Vell* im heutigen Carrer Galileu errichten. Nicht weit davon entfernt weihte die Familie Muntadas 1847 die Fabrik *La España Industrial* ein.

Im März 1854 wurde in beiden Fabriken ein Streik ausgerufen, der sich bald auf ganz Barcelona und die umliegenden Industrieorte ausbreitete. Im Juli desselben Jahres wurden im Verlauf der letzten großen Aktion der Ludditen zahlreiche Spinnmaschinen zerstört.

Am 2. Juli 1855 verließen die Fabrikarbeiter in Sants, Gràcia, Barcelona, Igualada und anderen Orten die Fabriken zum Zeitpunkt der Frühstückspause und traten in einen Streik, der sich schnell über ganz Katalonien ausdehnte und zu einem Generalstreik anwuchs. Dieser erste Generalstreik in Spanien sollte bis zum 11. Juli anhalten.

An diesem 2. Juli wurde der Werksleiter und Mitbesitzer Josep Sol i Padris vor den Fabriktoren des *Vapor Vell* erschossen. Domènec Ramis, der dritte Geschäftspartner, wurde schwer verletzt, während Joan Güell sich schon vor Ausbruch des Konflikts nach Nîmes abgesetzt hatte. Ende des 19. Jahrhunderts, als sein Sohn Eusebi Güell Bacigalupi Besitzer von *El Vapor Vell* war, wurde vor dem gleichen Fabriktor der Werksleiter Ferran Alsina – ein aggressiver Manager seiner Zeit, der die Produktion erhöhen und das Personal abbauen wollte – niedergeschossen.

Nach diesem Vorfall ließ Eusebio Güell *El Vapor Vell* demontieren und die Fabrik in ein abgelegenes ländliches Gebiet verlegen. Auf diese Weise entstand die berühmte Kolonie Güell, die von Gaudí entworfen wurde. Es handelte sich um einen geschlossenen Ort, an dem die Arbeiter arbeiteten und in kleinen, neben der Fabrik errichteten Wohnungen wohnten, die dem Fabrikbesitzer gehörten, dem sie Miete dafür bezahlten. Die Einkäufe wurden im werkseigenen Konsum getätigt und mit Gutscheinen bezahlt, die vom Lohn abgezogen wurden. Sonntags ging es in die siedlungseigene Kirche und die Kinder besuchten die siedlungseigene Schule. Die Fabrik war der Angelpunkt des Lebens und an der höchsten Stelle des Terrains stand das Herrenhaus des Besitzers, der von dort aus das Geschehen kontrollierte.

Die Güell-Kolonie ist zwar die bekannteste, aber keinesfalls einzige Siedlung ihrer Art. Tatsächlich wurden an den Flussläufen des Llobregat und Ter zahlreiche dieser Textilkolonien errichtet, in denen die Fabrikbesitzer das Wasser der Flussläufe nutzen, niedrige Löhne bezahlen und sich den sozialen Konflikten in Barcelona entziehen konnten.

Die Fabrik *La España Industrial* belegte ein insgesamt sieben Hektar großes Gelände und war bis 1972 in Betrieb. Als die Revolution von 1936 ausbrach, floh die Besitzerfamilie Muntadas in den von Franco-Truppen beherrschten Teil Spaniens, um das Militär aktiv zu unterstützen, während die Fabrik kollektiviert wurde. Einer der Muntadas-Brüder, Carlos, seines Zeichens Herzog von Castillejos, diente Franco als Bomberpilot und wurde über Sariñena von Milizionären abgeschossen. Ein anderer Mitbesitzer und zugleich Generaldirektor der Fabrik, José María Albert Despujol, bekleidete eine Zeitlang das Bürgermeisteramt der Stadt, bis er anlässlich des Straßenbahnboykotts 1951 abgesetzt wurde. Und ein anderer Geschäftspartner, José M. de España Muntadas, fungierte jahrelang als franquistischer Bürgermeister in der Nachbarstadt Hospitalet de Llobregat. 1974 erwirkte er von seinem Amtskollegen und Gesinnungsgenossen aus Barcelona, dass das Fabrikgelände im Bebauungsplan als Baugelände ausgewiesen wurde.

El Vapor Vell XAVIER BASIANA

Nach dem Tod des Diktators Franco entstand in Sants eine bedeutende Stadtteilbewegung um die Forderung, das ehemalige Fabrikgelände in einen Stadtteilpark umzuwandeln. Die Mobilisierungen nahmen so starke Ausmaße an, dass die Stadt Barcelona das Gelände 1979 für 450 Millionen Peseten von den Eigentümern abkaufte, obwohl schon zwei Wohnblöcke errichtet worden waren. Der heutige Park trägt den Namen der ehemaligen Fabrik: *La España Industrial*.

ABEL REBOLLO

6

JOAN PEIRÓ (1887–1942)

Plaça Joan Peiró

Der 1887 in Sants geborene Joan Peiró arbeitete sein ganzes Leben lang in der Glasindustrie und war schon als Jugendlicher in Gewerkschaftskreisen aktiv. 1915 nahm er bereits eine führende Stellung im spanischen Verband der Glaser ein. Er war auch Redakteur und einige Jahre lang Leiter der Verbandszeitschrift *El Vidrio,* später gründete er im benachbarten Badalona die Zeitung *La Colmena Obrera* (Die Arbeiterwabe). Aufgrund seiner regen Aktivitäten wurde er 1919 als Vortragsredner zum Madrider Kongress der CNT eingeladen.

Mit der Diktatur von Primo de Rivera, die zwischen 1923 und 1930 bestand, begannen die Arbeit im Untergrund und die Verhaftungen. Als kompromissloser Verfechter des Syndikalismus galt Peiró in gewissen Kreisen als Reformist und Gemäßigter, obwohl sein Hauptanliegen stets die Organisation der Klasse und die direkte Aktion waren. Besonders hart wurde er dafür kritisiert, seinen engen Freund Ángel Pestaña zur Abfassung seines „reformistischen“ Manifests angeregt und dieses 1931 mit unterzeichnet zu haben. Er erntete auch sehr heftige Kritik dafür, während der Revolution einen Ministerposten angenommen zu haben, auch wenn er vielleicht der anarchistische Minister war, dem dieses Amt am wenigsten fremd gewesen war.

Nachdem er schon als Kind in der Glasindustrie tätig gewesen war, setzte er sich ab 1920 für die Gründung von Arbeiterkooperativen ein, die den Grundstein für die Kollektivierungen von 1936 legen sollten. Er ging von der Prämisse aus, dass die ausgebeutete und durch Verhaftungen und Misshandlungen geschwächte katalanische Arbeiterklasse Vertrauen in sich selbst gewinnen musste. Die Arbeit selbst zu verwalten, ohne den verhassten „Herrn“ über sich zu haben, hielt er als bestes Mittel dafür. Die Kooperativen waren durchaus erfolgreich: Die Gewinne wurden unter allen Kooperativenmitgliedern verteilt; außerdem konnten Rücklagen für die Finanzierung der Arbeiterschulen und für Streikkassen angelegt werden.

Im November 1936 wurde Peiró zum Minister ernannt, ein Posten, den dieser Glaser nur sehr unwillig annahm und von dem er auch bald von den einflussreich gewordenen Stalinisten verdrängt wurde.

Dann folgte der Weg ins Exil: Joan Peiró hatte die Grenze zusammen mit seinem Sohn bei Le Perthus überquert, nachdem sie den Kontakt zum Rest der Familie verloren hatten. Seinen eigenen Aussagen zufolge erhielt er keine Gehaltszahlungen als Exminister der Republik, sondern musste eigene Wertgegenstände verkaufen und sich Geld von Freunden leihen, um überleben zu können. Zwei Monate lang habe ihm der SERE (Servicio de Emigración de los Republicanos Españoles – Auswanderungsdienst der Spanischen Republikaner) 2500 Francs gezahlt und danach die Zahlungen auf Druck der Kommunisten hin eingestellt. Wie alle anderen anarchistischen Flüchtlinge war somit auch er von den geringen Hilfsleistungen ausgeschlossen, da die Gelder von den Kommunisten verteilt wurden.

Trotz des Vormarschs der deutschen Truppen floh Peiró jedoch nicht nach Amerika: Er wollte weder seine Familie zurücklassen, noch sich zu weit von seinem Land entfernen. Bald wurde er von der Gestapo verhaftet. Das darauf folgende Auslieferungsverfahren wurde im Eiltempo abgewickelt. Am 27. Januar 1941

Joan Peiró KATI HORNA

hatte der Außenminister und Franco-Schwager Serran Súñer das Auslieferungsgesuch abgeschickt und am 20. Februar wurde Peiró bereits ins Zentralgebäude der Sicherheitspolizei an der Plaza del Sol in Madrid eingewiesen. Nach grausamen Misshandlungen wurde er nach Valencia verlegt. Nun begann ein harter Leidensweg für den Gewerkschaftskämpfer, ein langwieriges Verfahren, bei dem vergeblich Gründe für seine Verurteilung gesucht wurden. Gleichzeitig versuchte man, ihn dazu zu bringen, eine führende Stellung in der unbeliebten falangistischen Einheitsgewerkschaft zu übernehmen. Er weigerte sich hartnäckig, auf die Angebote seiner Henker einzugehen, die die Reihen seiner Genossen gelichtet hatten. Er war nicht bereit, sich denjenigen zu beugen, die in jenen Jahren der Angst und des Hungers die Gegner des Siegerregimes in Straßengräben, an Stränden und Wegen straflos hinrichteten.

Am 26. April 1942 wurde er zusammen mit Cipriano Mera, einem anderen führenden Mitglied der CNT, zum Tode verurteilt. Die Todesstrafe seines Genossen wurde jedoch 1946 – als Ausnahme von der Regel – in eine Haftstrafe umgewandelt, und Mera konnte Jahre später nach Frankreich auswandern. Der Glaser und Gewerkschafter Juan Peiró wurde dagegen am 24. Juli 1942 um acht Uhr dreißig zusammen mit sechs weiteren Mitgliedern der CNT auf dem Schießplatz Paterna füsiliert.

DOLORS MARíN

7

DER KINDERSTREIK

Carrer Angelosa 113, Glashütte Planell

1925, mitten in der Diktatur von Primo de Rivera, riefen der elfjährige Vollwaise Francesc Pedra und andere Jungen seines Alters einen Streik der Glaserlehrlinge aus, der sich bald über das gesamte Glasergewerbe Barcelonas ausdehnte.

Die brutale Ausbeutung der Lehrlinge durch Gesellen, Vorarbeiter und Chefs war gang und gäbe in den Fabriken und Werkstätten jener Zeit. So wurde zum Beispiel den Jungen, die in Glashütten arbeiteten, die zusätzliche Stunde nicht bezahlt, die sie früher auf der Arbeit antreten mussten, um die Brennöfen vorzuheizen und die Werkstatt zu putzen.

Pedra, der von Kindesbeinen durch die laut vorgelesenen Lektüren (es handelte sich wahrscheinlich meistens um Broschüren, Flugblätter und Zeitungsartikel) seines Vaters, eines Anarchosyndikalisten der Tat, und seines älteren Bruders Camilo, eines aktiven Mitglieds der Textilgewerkschaft, in die Welt der Arbeiterkämpfe eingeführt worden war, hatte im Vorfeld des Streiks die CNT über die Lage der Lehrlinge informiert. Die zur Arbeit im Untergrund verdammte CNT gewährte ihm und seinen jugendlichen Kollegen ihre volle Unterstützung, und damit begann einer der härtesten Streiks unter der Diktatur von Primo de Rivera. Die zu Streikposten gewordenen Kinder boten nicht nur der Guardia Civil, den Gesellen und *patrones* die Stirn, sondern auch ihren eigenen Familienmitgliedern, die ihnen mehr als eine Ohrfeige verpassten, als sie ohne ihren armseligen Lohn nach Hause kamen.

Das Elend der Arbeiterklasse Barcelonas schlägt sich in Berichten von Menschen nieder, die in den 20er Jahren Kinder waren. In den meisten europäischen Ländern war die Kinderarbeit damals schon verboten. In Spanien gibt es dagegen zahlreiche Zeugnisse für Kinderarbeit in der Textilbranche (wo Kinder ab acht Jahren beschäftigt wurden), im Glasergewerbe, in Backsteinbrennereien, wo häufig Väter und Söhne im Akkord arbeiteten, in der Metallindustrie usw.

Die geringen Löhne, die die erwachsenen Männer verdienten, zwangen diese, ihre Kinder zu verdingen und sie damit zu einem ethisch und intellektuell verrohten Leben zu verdammen. Die Entfremdung, unter der die katalanische Arbeiterschaft und die Immigranten zu leiden hatten, die in den 20er Jahren aus anderen spanischen Regionen zugewandert waren, wurde nur von der Klasse selbst durchbrochen, die die Arbeiter und Arbeiterinnen zur Selbsterziehung und zur gewerkschaftlichen Organisierung anhielt.

Die Glasergewerkschaft hatte in ihrem Kampf um die Verringerung der Arbeitszeiten und die Erhöhung der Löhne schon 1918 einen harten Streik ausgefochten, der ein ganzes Jahr gedauert hatte.

Der Streik der Lehrlinge dauerte dagegen nur zwei Wochen, er erreichte aber, dass die Kinder die Werkstatt während der Arbeitszeit putzen konnten, dass ihnen 15 Minuten für das Vorheizen der Öfen bezahlt und außerdem ihre Löhne erhöht wurden. Mit 15 Jahren wurde Francesc Pedra zum Generalbeauftragten der Glaser in der CNT ernannt und während der Revolution hatte er eine verantwortliche Stellung bei den Kollektivierungen inne, bevor er zur Front am Ebro ausrückte.

DOLORS MARÍN

EL QUICO: FRANCISCO SABATÉ LLOPART (1915–1960)

Asilo Durán, Carrer La Granada

Meine erste persönliche Erinnerung an den libertären Widerstand ist eine Anekdote, die mir meine älteren Brüder erzählt haben und sich zu einer Zeit zugetragen hat, als unsere Familie noch in La Barceloneta, in einem Gebäude in der Nähe der ehemaligen Fabrik La Maquinista lebte. Eines Morgens seien drei Freunde von Onkel Miguel in der Wohnung der Großmutter – einer für die damalige Zeit typischen Betschwester – aufgetaucht. Obwohl sie nur in der Wohnung übernachten wollten, seien sie schließlich drei Tage geblieben. Am letzten Nachmittag sei mein Bruder, von kindlicher Neugier gepackt, auf einen Stuhl gestiegen, um den Inhalt des Koffers zu untersuchen, der auf dem Schrank lag. Als mein Onkel hinzu kam, habe er den Naseweis überrascht, wie dieser mit einer Pistole spielte.

In den frühen Morgenstunden des nächsten Tages habe die Polizei an die Tür gehämmert. Die nachfolgende Hausdurchsuchung habe jedoch nichts weiter als die Kinder an den Tag gebracht, die sich unter dem Bett versteckt hatten.

El Quico war eine umstrittene Persönlichkeit: Bandit, Analphabet, Autodieb und blutrünstiger Verbrecher für die einen; Revolutionär, Verteidiger der Demokratie, legendärer Kombattant, Märtyrer und unermüdlicher Kämpfer für die anderen. Bei zahlreichen Gelegenheiten distanzierte sich seine Organisation, die CNT, von ihm und machte ihn für die Repression verantwortlich, unter der die Libertäre Bewegung (*Movimiento Libertario – ML*) zu leiden hatte. Der ML besaß jedoch keine Strategie, war stark von Polizeispitzeln durchsetzt und innerlich gespalten und die in der offenen politischen Arbeit Tätigen kontrollierten die im Untergrund Agierenden. Auf die Beschuldigungen der Gehorsamsverweigerung und der Unverantwortlichkeit erwiderte Quico in der Regel, dass er nie etwas anderes getan habe, als sich für seine gefangenen Genossen, ihre Familien und für die Propaganda gegen die Tyrannei einzusetzen, die Spanien unterjochte.

Eins ist gewiss: Für die Franquisten war er der Staatsfeind Nr. 1. Er hielt das Regime mehr als 15 Jahre lang in Atem und die vielfältigen Versuche, ihn zu fassen und zu liquidieren, endeten mit zahlreichen Verlusten unter den Polizeikräften.

Francisco Sabaté Llopart war am 30. März 1915 in L'Hospitalet geboren worden. Sein Vater, Manuel, war städtischer Polizist und seine Mutter, Madrona, Hausfrau. Schon mit sieben Jahren wurde er in das von Priestern geleitete Erziehungsheim Asilo Durán eingewiesen. Noch im Kindesalter fing er an, in einer Klempnerwerkstatt zu arbeiten.

1931 tritt er der Sektion verschiedener Gewerbe der CNT von L'Hospitalet bei. Während des Bauernstreiks 1932 plündern El Quico und ein Freund einen Großgrundbesitzer der Ortschaft aus und geben das Geld dem Streikkomitee, damit es unter den bedürftigsten Familien verteilt werden kann. Mit dieser Aktion schlägt El Quico den Weg ein, den er bis zum Ende seiner Tage nicht mehr verlassen wird, genau wie El Tragapanes, El Caraquemada, El Abisinio, El Roget, El Gepa und andere bekannte freiheitliche Guerilleros.

Nach den Wahlen 1933, bei denen die Rechte gewann, und im Rahmen der dadurch ausgelösten Aufstandsbewegung wird die Gruppe *Los Novatos* (Die Neulinge) gegründet, die ausschließlich aus Mitgliedern der FAI besteht und zu der neben Francisco auch sein Bruder José gehört. Sie helfen mit, den Widerstand der Ordnungskräfte zu brechen, und besetzen die öffentlichen Dienststellen in L'Hospitalet. 1934, im Jahr des Aufstands in Asturien, sammeln *Los Novatos* dann die Waffen ein, die die Milizen der Generalitat auf ihrer wilden Flucht nach der gescheiterten Ausrufung eines katalanischen Staats zurückgelassen haben. Anfang Oktober 1934 war es nach Kompetenzstreitigkeiten zwischen der Zentralregierung und der katalanischen Landesregierung zu einer katalanistischen Aufstandsbewegung gekommen, die in der Gründung eines „katalanischen Staats innerhalb einer spanischen Bundesrepublik" münden sollte. Da sich die CNT dem Aufstand nicht angeschlossen hatte, scheiterte dieser kläglich. Der Präsident der Generalitat, Lluis Companys, und seine engsten Mitarbeiter wurden verhaftet und kamen erst nach dem Sieg der Linken in den Wahlen im Februar 1936 wieder frei. 1936 sollten diese Waffen mithelfen, den faschistischen Aufstand niederzuschlagen. 1935 wird Quico einberufen, als überzeugter Antimilitarist wird er fahnenflüchtig. Er nutzt die Zeit im Untergrund, um die erste Bank seines Lebens zu enteignen: Die Beute dient zur Unterstützung des Gefangenenhilfskomitees. Im selben Jahr lernt er seine zukünftige Lebensgefährtin Leonor Castells i Martí kennen.

1936 brechen *Los Novatos* in der Kolonne *Los Aguiluchos* (Die Jungadler) zur Aragonien-Front auf. Aufgrund des Mangels an Transportmitteln beschlagnahmt Sabaté ein Fahrzeug des Luftwaffenministeriums, um es als Lieferwagen einzusetzen. Während der Militarisierung der Milizen erschießt er einen Kommunisten, der als Kompaniekommissar eine große Zahl von anarchistischen Kämpfern in selbstmörderischen Missionen in den Tod geschickt hat, und muss deshalb desertieren. Zurück in Barcelona führt er mehrere riskante Missionen im Auftrag des Verteidigungskomitees der *Juventudes Libertarias* aus. Er entreißt einen Genossen den Fängen der Tscheka und befreit außerdem vier Genossen, als diese aufgrund ihrer Teilnahme an den Vorfällen im Mai 1937 in die Festung Montjuïc überführt werden. Im gleichen Zeitraum exekutiert er einen faschistischen Schieber in L'Hospitalet.

Kurze Zeit später wird er vom Servicio de Investigación Militar (SIM) verhaftet und entgeht nur dank der Intervention seiner Genossen dem Tod. Er wird ins Gefängnis Modelo überführt, aus dem er einen Fluchtversuch über einen Tunnel unternimmt. Er wird entdeckt und ins Gefängnis von Vic verlegt, aus dem er mit einem bewaffneten Handstreich ausbricht. Als ihn vier Karabiniere entdecken und verhaften wollen, erschießt er sie. Darauf kehrt er erneut an die Front zurück und überquert schließlich am 10. Februar 1939 die Grenze bei Puigcerdà. Er wird ins Konzentrationslager Vernet d'Ariège interniert, aus dem er flieht, um einige Zeit später krank und geschwächt dorthin zurückzukehren.

Nach Ausbruch des Zweiten Weltkriegs wurden die französischen Lager geöffnet und rund 50.000 Spanier militarisierten Arbeitskompanien zugewiesen. Quico wird als Monteur zum Bau einer Schießpulverfabrik abgestellt. Im Dezember 1942, während der deutschen Besatzung, führt er eine Sabotageaktion in einer Sprengstofffabrik in Angoulême aus. Kurz vor seiner Verhaftung zieht er mit seiner Familie in die Region von Perpignan um, wo er als Klempner arbeitet.

Nach Ende des Kriegs und nach Spal-

Francisco Sabaté Llopart, 1956 vor dem Triumphbogen in Barcelona

tungen innerhalb der Libertären Bewegung vor dem Hintergrund der Beteiligung an der republikanischen Regierung wird auf dem CNT-Kongress von Paris beschlossen, den Kampf in Spanien zu verstärken und mehrere Delegationen ins Land zu schicken. Quico und einige *compañeros* begeben sich als Unterstützungsgruppe nach Barcelona. Dort rauben sie mehrere Falangisten und Unternehmer aus, um den eigenen Widerstand zu finanzieren und Lebensmittel, Gelder und Agitationsmaterial verteilen zu können. Sie befreien auch mehrere Gefangene, die ins Gefängnis überführt werden sollen, wobei ein Polizist umkommt. Durch diese Aktion wird Quico in weiten Kreisen bekannt. Einige Jahre später ist während des Straßenbahnboykotts auf Flugblättern zu lesen: „Gegen den Requeté. Viva Sabaté!“ El Quico war mittlerweile legendär geworden.

Zurück in Frankreich schickt ihn die Organisation erneut nach Spanien, um Waffen ins Land zu schmuggeln und den in die Führungsorgane der katalanischen CNT eingeschleusten Spitzel Eliseo Melis zu eliminieren, der als rechte Hand des Chefkommissars von Barcelona, Quintela, fungiert. In Spanien angekommen, will Quico darüber hinaus mit der Guerillagruppe von Massana die Telefonverbindungen der rund 10 km vor Barcelona gelegenen Ortschaft Gavà kappen, die örtliche Kaserne der Guardia Civil angreifen und die dort gelagerten Waffen erbeuten. Danach wollten sie noch die Bank von Vizcaya überfallen und einige Falangisten bestrafen, die wegen ihrer brutalen Unterdrückungsmethoden bekannt waren. Dazu kommt es jedoch nicht mehr. Denn mittlerweile ist Melis von zwei Mitgliedern einer anderen anarchistischen Widerstandsgruppe ermordet worden und die darauf einsetzende neue Repressionswelle zwingt Quico und seine Gruppe zum sofortigen Rückzug nach Frankreich.

Nach seiner Rückkehr kommt es zu einem gescheiterten Raubüberfall auf das Werk von Rhône-Poulenc in Le Péage-de-Roussillon, bei dem ein Wächter erschossen wird. Ende 1948 wird er wegen unerlaubten Waffen- und Sprengstoffbesitzes unter Anklage gestellt und in Abwesenheit zu drei Jahren Haft und 50.000 Francs Geldstrafe verurteilt. Anfang 1949 sind die Brüder Sabaté erneut in Spanien. Sie nehmen Verbindung zur Guerillagruppe „Los Maños“ (Die Aragonesen) auf und verüben einen Anschlag gegen den Chefkommissar Quintela, bei dem zwei Falangisten umkommen. Als Protest gegen die internationale Unterstützung der Aufnahme Spaniens in die UNO führen sie Sprengstoffanschläge gegen mehrere ausländische Konsulate durch. Nach seiner Rückkehr nach Frankreich wird Quico verhaftet. Nach einjähriger Untersuchungshaft wird er jedoch wegen mangelnder Beweise wieder freigelassen.

Im Jahr darauf endet der versuchte Überfall auf einen Werttransport der Post in Lyon mit drei Toten und acht Verletzten. Sabaté, der verdächtigt wird, den Überfall in Le Péage-de-Roussillon begangen zu haben, wird in der Folge verhaftet, verhört und gefoltert. Die Tat kann jedoch nicht nachgewiesen werden.

Mit der Hoffnung, die subversiven Aktionen in Spanien auszudehnen, ohne dadurch die Exilorganisation der CNT zu kompromittieren, gründen Quico und andere Genossen Anfang 1955 die Iberische Föderation der Anarchistischen Gruppen, deren Devise „Kultur und Aktion“ lautet. Auf Druck des Interkontinentalen Sekretariats der CNT wird der Name auf Anarchistische Gruppen (GA) gekürzt. Quico begibt sich nun erneut nach Barcelona, dieses Mal hat er die von den GA herausgegebene subversive Publikation *El Combate* (Der Kampf) im Gepäck, die er in der Stadt verteilt. Bei diesem Aufenthalt in Barcelona überfällt er mit einem Einkaufskorb in der Hand, einem wartenden Taxi vor der Tür und dem Ruf „Ich bin El Quico!“ das Textilgeschäft Abacería Central und später eine Filiale der Bank von Vizcaya, die sich in der gleichen Straße befindet. Er erschießt einen Polizisten, der ihm auf den Fersen ist, und setzt seine Enteignungstour im Taxi in einer Filiale der spanischen Zentralbank im Carrer Fusina, im Born, sowie im Baustoffgroßhandel Cubiertas y Tejados im Carrer Lincoln fort, wo er rund eine Million Peseten erbeutet. Neben diesen Geldbeschaffungsmaßnahmen bemüht er sich darum, neue Genossen für die direkte Aktion zu gewinnen, und entgeht in einem Hinterhalt der Polizei wieder einmal nur knapp dem Tod. Anlässlich eines Besuchs Francos in Barcelona stellt er einen selbstgebastelten Mörser am Montjuïc auf und verschießt damit Flugblätter, die mit dem Namen „Bewegung zur Befreiung Spaniens“ unterzeichnet sind. Außerdem nimmt er Reden auf, die er später in Fabriken und an Orten abspielen lässt, die von Arbeitern frequentiert werden.

Unterdessen geht die franquistische Repression weiter. Zu den *paseillos* (die Methode, Gefangene oder Verhaftete zu einem „Spaziergang“ mitzunehmen und sie danach „bei einem Fluchtversuch“ zu erschießen oder eine Erschießung vorzutäuschen) und *sacas* (die bis Mitte der 1950er Jahre übliche Praxis, die politischen Gefangenen unangekündigt aus ihren Zellen zu holen und im Campo de la Bota zu erschießen) kommen neue Ermordungen, Verhaftungen und Gerichtsverfahren hinzu. Die FAI macht Sabaté für die Repression verantwortlich, sie beschuldigt ihn, die Organisation mit seinen Aktionen zu spalten und verbietet die Bezeichnung GA. Die Aktivität der Gruppe endet mit der Verteilung eines Pamphlets mit dem Titel *Agrupación de Resistentes Antifranquistas* (Zusammenschluss antifranquistischer Widerstandskämpfer) und der Verhaftung von 43 Anarchisten, die des Anschlags gegen die Sicherheit des Staates und der Zusammenarbeit mit Sabaté angeklagt werden.

El Quico entgeht der Verhaftungswelle durch einen 13-tägigen Gewaltmarsch durch die Berge nach Frankreich. Dort wird er nach Entdeckung eines Waffenlagers nahe der spanischen Grenze verhaftet und verbringt einige Monate im Gefängnis. 1958 bricht er krank zum gerichtlich verhängten Verbannungsort Dijon auf, wo er bei einem Zentralheizungsfabrikanten arbeitet. Im November 1958 wird er am Magen operiert. Im Jahr darauf werden die Ermittlungen wegen des Überfalls in Le-Péage-de-Roussillon wieder aufgenommen. Einige Genossen raten ihm zur Flucht nach Amerika, er beschließt jedoch, nach Spanien zurückzukehren. Rund 40 Kilometer vor Barcelona gerät er in einen Hinterhalt der Guardia Civil und stirbt am 5. Januar 1960 von Kugeln durchsiebt in Sant Celoni, wo er in ungeweihter Erde beigesetzt wird.

CARLOS SÁNCHEZ

Gràcia – Guinardó – Horta
1
2
3
4
5
6
7
8
9
10

Gràcia – Guinardó – Horta

1821 wurde Gràcia der Stadttitel zuerkannt, der ihm 1823, als die Gemeinde 13.500 Bewohner umfasste, durch die Restauration wieder entzogen wurde. 1850 erreichte Gràcia erneut den Status einer unabhängigen Gemeinde, bis die auf 62.000 Menschen angewachsene Stadt 1879 endgültig von Barcelona annektiert wurde.

Der Bau von Textilfabriken und Werkstätten im 19. Jahrhundert hatte zu einem rasanten Bevölkerungswachstum und zur Entstehung einer großen Arbeiterklasse geführt, die anfangs von föderalistischen, später von internationalistischen, sozialistischen und anarchistischen Tendenzen geprägt war.

Ab 1950 wurden die Textilfabriken nach und nach geschlossen und in andere Stadtteile verlegt; die zahlreichen kleinen Werkstätten blieben jedoch bestehen. 1975 hatte Gràcia rund 75.000 Einwohner. Seit der Wirtschaftskrise Ende der 70er, Anfang der 80er Jahre wird das Straßenbild des Stadtteils zunehmend von Boutiquen und chic-alternativen Kneipen bestimmt. Gleichzeitig hat sich die „Vila“ in den letzten Jahren in eine der Hochburgen der Hausbesetzerbewegung verwandelt.

El Guinardó gehörte ursprünglich zu den freien Gemeinden Sant Martí de Provençals und Horta und bestand bis Ende des 19. Jahrhunderts hauptsächlich aus vieh- und landwirtschaftlichen Nutzflächen.

Im Verlauf des 19. Jahrhunderts wurde das Viertel zunehmend urbanisiert, neue Wege und Straßen wurden angelegt und zahlreiche kleine Einfamilienhäuser und einige große Zweitresidenzen wurden errichtet, sodass der Stadtteil um 1936 zwar weiterhin hauptsächlich von Bauern und Handwerkern bewohnt war, aber auch reichen Familien Barcelonas als Sommerfrische diente.

Ab 1950 kam es zu einer brutalen Veränderung des Ortsbilds: die massive Ankunft von Immigranten aus anderen Teilen Spaniens und die große Menge potenziellen Baulands brachte den Stadtteil ins Visier von Baulöwen und Spekulanten. In den nächsten Jahren wurde ein Wohnblock nach dem anderen aus dem Boden gestampft. Am Rande der Neubauten bildeten sich Barackensiedlungen wie das Poblat Ibèric hinter dem Krankenhaus Sant Pau. Auf diese Weise entstand das heutige Guinardó, in dem mehr als 65.000 Menschen leben.

Horta erlangte die Stadtrechte in der zweiten Hälfte des 19. Jahrhunderts. Die Bevölkerung des damals 2000 Einwohner zählenden Orts war vor allem in der Landwirtschaft tätig, daneben gab es jedoch auch Gerbereien – wie Can Tunis, das noch 1976 in Betrieb war –, und zahlreiche Frauen des Ortes verdingten sich als Waschfrauen. Gleichzeitig war Horta ein beliebter Ort für Sommerfrischler. 1910 war die Einwohnerzahl auf 6100 Menschen angewachsen und der Ortskern befand sich an der heutigen Plaça d'Eivissa.

Auch dieser Stadtteil war seit 1950 vom massiven Bau von Wohnsilos betroffen, die durch vom Franquismus begünstigte Spekulanten errichtet wurden. Innerhalb von wenigen Jahren wuchs so die Einwohnerzahl auf 55.000 Menschen an, die unter großen städtebaulichen Defiziten zu leiden hatten. Der letzte große städtebauliche Eingriff erfolgte anlässlich der Olympischen Spiele 1992 mit dem Bau der Stadtautobahn Ronda de Dalt, die das Viertel in zwei Teile zerschnitten hat.

FREIHEITLICHE TAGE

Güell-Park

Vom 22. bis zum 25. Juli 1977 wurden in Barcelona die Jornadas Libertarias (Freiheitlichen Tage) abgehalten, die von der CNT, der Zeitschrift *Ajoblanco*, den Libertären Athenäen und anderen Gruppen organisiert worden waren. Im Rahmen dieser Tage wurden im Stadtzentrum Vorträge und Debatten mit Themen wie „Libertäre Erfahrungen und Revolution nach 1936", „Libertäre Bewegung und Organisation. Kritik der Industriegesellschaft und die freiheitliche Alternative", „Marxismus und Anarchismus im Hinblick auf Staat und Politik" veranstaltet. Daneben wurden jedoch auch eher auf das Alltagsleben bezogene Themen behandelt, wie z.B. „Bildung und geschlossene Institutionen" oder „Die Selbstverwaltung". Neben altgedienten libertären Intellektuellen gehörten auch Stars des radikalen Spektakels wie Daniel Cohn-Bendit zu den Veranstaltungsrednern. Darüber hinaus wurden verschiedene, teilweise verbotene Spiel- und Dokumentarfilme gezeigt. Auf La Rambla wurde versucht, eine Zirkuskuppel aufzubauen, was aber von der Polizei verhindert wurde, weshalb sie schließlich im Güell-Park aufgeschlagen wurde.

In diesem Park mit seiner surrealen Architektur fanden die größten und mitreißendsten Ereignisse der Veranstaltungstage statt. Hier kamen Tausende zusammen, um zu feiern, zu tanzen, Musik zu hören, miteinander zu reden und Informationen auszutauschen und um auf eine möglichst ungehinderte Weise miteinander zu kommunizieren. Überall standen Stände mit Informationsmaterial, an denen angeregt diskutiert wurde. Um eine provisorische Windmühle herum fand eine Debatte über „Ökologie und Anarchismus" statt; daneben gab es zahlreiche andere Diskussionsveranstaltungen sowie Videovorführungen und Auftritte von bekannten Theatergruppen und Musikbands. Es wurde eine eigene Tageszeitung herausgebracht (*Barcelona Libertaria*), die an Besucher und Teilnehmer verteilt wurde. Die *Jornadas Libertarias* und ihre Feststimmung bildeten auf diese Weise den Rahmen, der vielen erlaubte, die engen Grenzen der etablierten Umgangsformen zu durchbrechen. Die Träume schienen, wenn auch nur kurze Zeit, Wirklichkeit werden zu können.

Die *Jornadas Libertarias* waren ein lebendiger Ausdruck des Aufschwungs der freiheitlichen Bewegung in der Spätzeit des Franquismus sowie der Notwendigkeit, gegen die Repression zu kämpfen. Seit dem Tod des Diktators war es im spanischen Staat zu einem gewaltigen Anstieg der Arbeiterkämpfe und der Basisbewegungen gekommen. Überall entstanden ganz spontan Stadtteil- und Kulturvereinigungen sowie libertäre Athenäen. In den Arbeiterquartieren der Städte wurden Anwohnerkomitees konstituiert, um Forderungen durchzusetzen, die von der Errichtung einer Ampel an einer stark befahrenen Straße über städtebauliche Verbesserungsmaßnahmen bis zur Verbesserung der Gesundheitsversorgung und anderer öffentlicher Dienstleistungen reichten. Bewegungen wie die Schwulen- und die Frauenbewegung traten mit ungeahnter Kraft an die Öffentlichkeit. Das Ende des Franquismus weckte in vielen Menschen den brennenden Wunsch, den eigenen Horizont zu erweitern, und ein starkes Interesse an allem, was während der Diktatur verboten gewesen war, sowohl im kulturellen Bereich als auch in Bezug auf Umgangsformen und Rollenverhalten.

Die Arbeiter waren gleichzeitig von der weltweiten Rezession in der Folge der Ölkrise sowie von Umstrukturierungsmaßnahmen der örtlichen Unternehmen betroffen. Da die vor kurzem legalisierten Gewerkschaften – allen voran die von den Eurokommunisten kontrollierten *Comisiones Obreras* und die sozialistische UGT – in der Arbeiterschaft nur gering verankerte bürokratische Apparate waren, die eher darum kämpften, sich einen Platz im neuen Staatsgefüge zu sichern, als die Interessen der Arbeiter zu verteidigen, mussten diese sich selbst organisieren, um der Offensive des Kapitals Widerstand zu leisten. So wurde der Zeitraum zwischen 1974 und 1978 zur Hochzeit der autonomen Arbeiterkämpfe – sowie einer harten Repression – in Industriestädten wie Vitoria, Gijon, Sagunto sowie in allen Werften des spanischen Staats. Wie aufgeheizt die damalige Lage in Spanien war, lässt sich daraus entnehmen, dass es allein 1976 zu 40.179 Arbeitskonflikten kam, von denen insgesamt 2.500.000 Arbeiter und Arbeiterinnen betroffen waren und die zu einem Produktionsausfall von 106.506 Milliarden Arbeitsstunden führten.

Tatsächlich waren jedoch alle gesellschaftlichen Bereiche von dieser befreienden Konfliktbereitschaft erfasst. Die Polizei unterdrückte auf brutale Weise jegliche Demonstration; egal, ob es eine Demonstration der Homosexuellen auf La Rambla war oder eine Demonstration von Anwohnern eines Stadtteils, die die Errichtung einer Ampel, die Asphaltierung einer Straße oder ein medizinisches Versorgungszentrum für ihr Viertel forderten. Der Ruf nach einer totalen Amnestie dehnte sich mit einer solchen Kraft bis in die letzten Winkel der Nation aus, dass sich der Staat im Juli 1976 gezwungen sah, eine zweite massive Entlassung von Gefangenen zu gewähren, die dieses Mal tatsächlich die Mehrheit der politischen Gefangenen umfasste. Dadurch wurde die Lage in den Gefängnissen jedoch zusätzlich aufgeheizt, denn die Gefangenen wollten tatsächlich eine Totalamnestie und bauten ihre eigene Selbstorganisation, die COPEL, auf. In der Folge kam es zu zahlreichen Meutereien in den Gefängnissen und militanten Demonstrationen auf den Straßen.

In Barcelona wurde das Jahr 1977 mit neuen Auseinandersetzungen in dem von 4500 Arbeitern bestreikten Werk Roca in Gavà eingeleitet. Der Streik war im September 1976 ausgebrochen und sollte bis Februar 1977 anhalten. Die Arbeiter von Seat befanden sich fast ständig im Ausstand. Die sich seit 1976 im Wiederaufbau befindliche CNT versuchte, ihren Einfluss in der Arbeiterschaft zurückzugewinnen, und veranstaltete im Juli 1977 erstmals seit dem Bürgerkrieg eine öffentliche Veranstaltung am Montjuïc, an der rund 150.000 Menschen teilnahmen.

Der Staat bereitete unterdessen mit den politischen Parteien die sogenannten Moncloa-Pakte vor, die im August 1977 von allen Gewerkschaften außer der CNT unterzeichnet wurden. An der Demonstration gegen den „Kuhhandel", zu der die CNT in Barcelona aufgerufen hatte, nahmen mehr als 20.000 Menschen teil. Am Ende der Demo kam es zu einem Brand im Festsaal Scala, bei dem vier Arbeiter umkamen, von denen drei zur CNT gehörten. Die Brandstiftung, für die die CNT verantwortlich gemacht wurde, war von einem Provokateur organisiert worden, der auf der Gehaltsliste des vom Altfranquisten Martín Villa geleiteten Innenministeriums stand. Die danach einsetzende Hetzkampagne gegen diese Gewerkschaftszentrale und ihre letztendlich unüberwindlichen internen Widersprüche und Konflikte haben nach zahlreichen internen Spaltungen schließlich dazu geführt, dass die CNT heute zu einer kleinen Gruppe zusammengeschrumpft ist, die praktisch keinen Einfluss mehr auf die sozialen Veränderungsprozesse nehmen kann.

Die sozialen Kämpfe, die in diesen Jahren ausgetragen wurden, waren stark genug, um alle Parteien und Gewerkschaften der Staatsbürokratie zu einem gemeinsamen Pakt zu zwingen. Sie waren jedoch nicht stark genug, um über die erreichten sozialen Errungenschaften hinaus „noch einen Schritt weiterzugehen". Es muss dabei jedoch berücksichtigt werden, dass der Staat zu brutalen Unterdrückungsmaßnahmen griff. Die Polizei ging mit aller Härte gegen die Demonstranten vor, bei vielen Demonstrationen gab es Todesopfer. Die paramilitärischen Gruppen konnten vollkommen straflos agieren, wie bei der Ermordung zweier Linkskarlisten in Montejurra, der Ermordung von fünf Arbeiteranwälten in ihrem Madrilener Anwaltsbüro, dem Bombenanschlag gegen die Zeitschrift *El Papus*, bei dem ein Mensch getötet wurde, oder der Ermordung von Demonstranten einer Amnestie-Demonstration. Zwischen 1975 und 1978 starben auf diese Weise mehr als 60 Menschen durch die Kugeln der Polizei, der Guardia Civil oder der parapolizeilichen Gruppen.

Die uralte Angst vor der Macht, die während der 40 Jahre dauernden Diktatur täglich aufgefrischt worden war (es darf nicht vergessen werden, dass der Diktator seine letzten Todesurteile gegen Regimegegner verhängte, als er selbst schon auf dem Sterbebett lag), setzte sich in einer Zeit wieder durch, in der periodisch Nachrichten von einem möglichen Staatsstreich verbreitet wurden. Der Allparteienpakt und die politische Instrumentalisierung (wenn nicht gar Förderung) des Terrorismus brachten den Konsens zustande, der notwendig war, um den Maßnahmenkomplex durchzusetzen, der für die heutige Lage verantwortlich ist.

ABEL REBOLLO

ARTHUR CRAVAN (1887–1918)

Carrer dels Albigesos 10; Vallcarca

Der erstrangige Provokateur, der seit 1914 nacheinander aus allen kriegsführenden europäischen Staaten desertiert war, suchte 1916 Zuflucht bei seinem Bruder Otho Lloyd, der in einem möblierten Zimmer im Carrer dels Albigesos 10 im Stadtviertel Vallcarca wohnte. Die eigentliche Absicht seines Aufenthalts in Barcelona war jedoch die Vorbereitung eines ausgesprochen frechen Betrugsmanövers, das er zusammen mit dem ehemaligen Weltmeister im Halbschwergewicht, dem Afroamerikaner Jack Johnson, vorbereitet hatte. María Lluïsa Borràs behandelt in ihrer Cravan-Biographie auf meisterhafte Weise „Mythos und Wirklichkeit" des authentisch falschen Kampfs, den beide am 23. April 1916 in der Stierkampfarena La Monumental austrugen, um die für die damalige Zeit vollkommen überzogene Siegerprämie von 50.000 Peseten zu kassieren.

Arthur Cravan, der kleine Gigant, der sich mit dem Titel eines französischen Boxchampions schmücken konnte, da sein Gegner zum entscheidenden Kampf nicht angetreten war, war vor allem jemand, der *niemals schwindelte* bzw. getreu dem Prinzip, dass man niemals in der Sprache des Feinds reden soll, *ständig schwindelte*. Arthur Cravan, der Lebemann, dessen eigentlicher Name Fabian Avenarius Lloyd lautete, war tatsächlich ein leiblicher Neffe von Oscar Wilde.

Er besaß zweifellos die Intuition vom Ende eines Zeitalters und versuchte mit seinem ganzen Genie, das ihm niemand anderer als André Breton bescheinigt hatte („*Genie im Reinzustand*. Die Dichter werden über lange Zeit hinweg sich an ihm wie an einer Quelle laben"), verzweifelt, die im Entstehen begriffene neue Welt zu überwinden, die ihre Versprechungen von Anfang an nicht gehalten hatte.

Am 25. Dezember 1916 verließ er niedergeschlagen Barcelona und brach im selben Schiff wie Trotzki in die „Neue Welt" auf. Trotzki erinnert sich in seinen Memoiren *Mein Leben* dunkel an ihn: „Ein Boxer, Gelegenheitsliterat, der unverblümt erklärte, dass er es vorzog, den Yankees in einem noblen Sport das Kinn zu zerschmettern, als sich von einem Deutschen die Visage polieren zu lassen." Ende 1918 wurde er in Mexiko als vermisst gemeldet.

JAIME ABSINTIA

3

DIE KASA DE LA MONTAÑA, DAS ÄLTESTE BESETZTE HAUS

Carrer Sant Josep de la Muntanya 31–35

Die Kasa de la Montaña ist nicht aus dem Nichts entstanden, sondern sie ist das Ergebnis von mehrjährigen Erfahrungen und einigen schmerzhaften Niederlagen. Die Hausbesetzungen konnten sich in den 80er Jahren höchstens einen Tag lang halten. Es waren die „Glanzjahre" der sozialistischen Regierung: Die industrielle Umstrukturierung wurde verschärft und mit ihr die Arbeitslosigkeit, die Entrechtung der Arbeit und die „Krise", wie es damals hieß.

In diesem Barcelona, das im Rahmen der Vorbereitungen zu den Olympischen Spielen 1992 in ein Aushängeschild des modernen Stadtdesigns verwandelt werden sollte, waren alle Viertel der Stadt von Sanierungsmaßnahmen betroffen. Die städtischen Machtinstanzen waren von der Vorstellung besessen, Barcelona das Image eines riesigen Supermarkts zu geben, in dem alles zu kaufen und zu verkaufen war. Der städtische Wohnraum wurde von da ab zu einem begehrten Spekulationsobjekt und ist es heute noch.

Die erste öffentliche Besetzung eines sozialen Zentrums, das sich jahrelang den Räumungsdrohungen widersetzen konnte, war das „Cros 10" im Stadtteil Sants, das sich als libertäres Athenäum begriff. Einige der in diesem Athenäum Aktiven bildeten zwei Jahre später zusammen mit Leuten, die an sofort wieder geräumten Hausbesetzungen in Gràcia teilgenommen hatten, unsere Gruppe, die die Kasa de la Montaña besetzte.

Die zunehmende Wohnraumspekulation, die Prekarisierung der Arbeitsbedingungen, das Gefühl, in einer immer teureren und unerträglicheren Stadt zu leben auf der einen Seite, und die öffentliche Kritik und Aufrufe zum Widerstand auf der anderen schafften die geeigneten Voraussetzungen für die Durchführung der Besetzung.

Am 11. November 1989 besetzten dann schließlich rund zwanzig junge Menschen, die einen Raum zum gemeinsamen Leben und zur gemeinschaftlichen Entwicklung neuer Formen der Sozialisierung und des selbstbestimmten Arbeitens suchten, die Kasa de la Montaña.

Das mehr als 80 Jahre alte Gebäude ist auf einer Anhöhe direkt am Güell-Park gelegen. Es ist eine regelrechte Burg, mit meterdicken Wänden, Gegenwällen und Festungsgräben, einem großen Innenhof und zahlreichen Nebengebäuden. 1909 hatte die Familie Güell das Bauwerk dem Verteidigungsministerium überlassen, das es zunächst in eine Kaserne für eine Kavallerieeinheit der Guardia Civil umbaute. Im Laufe der Zeit wurde es aufgrund seiner günstigen Lage jedoch schließlich als Telekommunikationszentrum genutzt. Die Kaserne wurde 1982 endgültig aufgegeben und stand bis zu ihrer Besetzung leer.

Der Anfang war hart, es gab eine Unmenge zu tun, um das verwahrloste Gebäude wieder bewohnbar zu machen. Unser oberstes Entscheidungsorgan war und ist das Hausplenum. In den ersten Monaten gab es täglich ein Plenum. In dieser Zeit wuchs die Gruppe zusammen. Den Alltag miteinander zu teilen, zu sozialisieren, selbst zu verwalten, zu genießen, zusammen zu leben, arbeiten und träumen sowie einen würdigen Wohnraum für alle zu fordern und in diesem Zusammenhang die Widersprüche des Staates und die ständigen Verstöße gegen die Verfassung aufzuzeigen und gegen sie zu protestieren,

waren die tragenden Vorstellungen der Besetzer und Besetzerinnen.

Bereits in der ersten Nacht wurde ein an die Anwohner adressiertes Kommuniqué verfasst, in dem wir uns vorstellten und die Gründe für die Besetzung erklärten. Das Kommuniqué wurde in der gesamten Nachbarschaft verteilt. Wenige Tage später stellten wir die Besetzung der linken Öffentlichkeit vor. Bei der Vorstellung legten wir besonderen Nachdruck darauf, dass das Haus nicht nur ein Ort zum Schlafen war, sondern auch ein Zentrum der Agitation und deshalb Teil der diffusen Bewegung des antikapitalistischen Widerstands in der Stadt.

Am Anfang schliefen wir alle zusammen in einem Saal. Im Laufe der Zeit wurden dann die verschiedenen Einzel- und Gemeinschaftsräume wie die Bibliothek, der Esssaal und die Duschen saniert und die verschiedensten Werkstätten eingerichtet (u.a. ein Video- und Fotolabor, eine Motorrad- und eine Siebdruckwerkstatt). Um einen für den Druck auf der legalen Ebene lebenswichtigen Rechtsstatus zu erlangen, konstituierten wir uns als ein gemeinnütziger Verein (Freunde des Recyclings).

Die Hausplenen waren in den ersten beiden Jahren der Dreh- und Angelpunkt unseres gemeinsamen Lebens. Die Aufhebung der Arbeitsteilung, die Sozialisierung des Besitzes und die Aufhebung des Privaten waren unsere Hauptprämissen. Diese hohen Ansprüche erforderten eine erhebliche Dosis „Durchhaltevermögen", sowohl auf der persönlichen als auch auf kollektiver Ebene. Wir entwickelten über die alltägliche Praxis eine Lebensweise, die auf dem Antiautoritarismus und den Vollversammlungen basierte. Gleichzeitig verschärften sich jedoch die persönlichen Konflikte, die von unseren unterschiedlichen Charakteren getragen wurden. Dieser Prozess implizierte eine starke persönliche Erschöpfung, da wir ja parallel dazu so „häusliche" Probleme wie die Nahrungsbeschaffung für alle oder das gemeinsame Kochen, Spülen und Aufräumen zu bewältigen hatten. Schließlich einigten wir uns darauf, uns in kleineren, sich selbst verwaltenden „Küchengruppen" zu organisieren. Dadurch traten die häuslichen Probleme und Widersprüche zunehmend in den Hintergrund und wir brauchten auf den Plenen nicht mehr stundenlang darüber diskutieren, was die Einzelnen getan oder gelassen hatten. Auf diese Weise konnten wir uns auf Themen konzentrieren, die uns stärker interessierten.

Von Beginn der Besetzung an setzten wir uns die folgenden Schwerpunkte: Fragen der Selbstorganisation des Hauses als Gruppe; die Beziehungen zu den unmittelbaren Anwohnern und den Viertelbewohnern im Allgemeinen und insbesondere die öffentliche Kritik an und der Protest gegen die Wohnraumspekulation mit dem Ziel, den Kampf um die Schaffung neuer befreiter Räume auszudehnen. So wurden in der Kasa de la Montaña neue Hausbesetzungen im Stadtteil vorbereitet. Die erste war die Besetzung eines ganz in der Nähe gelegenen Hauses, das mit dem Namen Kasa de los Gatos (Haus der Katzen) getauft wurde. Das Gebäude konnte nicht lange gehalten werden, es wurde bald geräumt und abgerissen, was uns auf eine harte Probe stellte, denn die vertriebenen Besetzer und Besetzerinnen zogen bis zur nächsten Besetzung bei uns ein, wodurch die Bewohnerzahl unseres Hauses auf bis zu 50 Personen anstieg. Kurz danach wurde Los Gatos 2 besetzt.

Nach dieser Besetzung fingen wir an, eine für alle offene Liste der leer stehenden Gebäude der Stadt zu erstellen, um auf diese Weise neue Besetzungen zu ermöglichen und zu unterstützen. Obwohl wir ei-

La Kasa de la Montaña

ne relativ kleine Gruppe waren und der Druck und die Verfolgungsmaßnahmen der Polizei immer stärker und direkter wurden, hatten unsere Bemühungen bald Erfolg, und nach kurzer Zeit kam es zu einer Hausbesetzung pro Monat. Die Isolierung war durchbrochen und das Thema wurde in der breiten Öffentlichkeit diskutiert.

Darüber hinaus beteiligten wir uns aktiv an Gruppen wie dem *Ateneo Libertario* von Gràcia, an der Bewegung der Totalverweigerer, an Freien Radiosendern wie Contrabanda und Radio Pica; an der Gruppe NO 92, die gegen die Olympischen Spiele mobilisierte, sowie an der daraus hervorgegangenen Gruppe *Aparte*. Wir kämpften zusammen mit den Anwohnern des Besòs hinter den Barrikaden, die gegen einen Sanierungsplan der Stadt errichtet wurden. Und wir waren aktiv an den Koordinationen beteiligt, die den spanischen Nationalfeiertag (12. Oktober, dem Tag der „Entdeckung" Amerikas) in einen Tag des Widerstands gegen Neokolonialismus und die an diesem Tag stattfindende faschistisch-rassistische Kundgebung verwandelt haben.

Obwohl die Machtorgane über die Massenmedien den Eindruck verbreiten wollten, dass die Besetzerbewegung mit der Räumung des Kinos Princesa allmählich auseinanderfallen würde, hat die Wirklichkeit gezeigt, dass weite Teile der Bevölkerung von der Wohnraumfrage betroffen sind und es noch eine Menge zu tun und zu erreichen gibt.

Die Kasa de la Montaña verfolgt auch heute noch, mehr oder weniger erfolgreich, dieselben Ideale wie am Tag der Besetzung, und ihre Bewohner befinden sich wie alle Menschen in einem ständigen Prozess der Weiterentwicklung und des Experimentierens, mit allen Irrtümern und Erfolgen.

CARLOS LÓPEZ-PRIETO

4

REMEDIOS VARO
(Anglés, Girona 1908 – Mexiko-Stadt, 1963)

Plaça de Lesseps

Remedios Varo und Benjamin Péret

Die geniale surrealistische Malerin Remedios Varo lebte zwischen 1932 und 1937 in Barcelona. Sie ließ sich in der katalanischen Hauptstadt nach einem einjährigen Aufenthalt in Paris nieder, in dessen Verlauf sie Verbindungen mit der surrealistischen Avantgarde aufgenommen hatte. Obwohl sie mit dem Maler Eduardo Lizarraga verheiratet war, begann sie kurz nach ihrer Ankunft eine Liebesbeziehung mit dem jungen katalanischen Künstler Esteban Francés. Beide gaben dem allmählich in Barcelona anwachsenden surrealistischen Kreis neue Impulse. Sie richteten ein gemeinsames Atelier am Platz Lesseps ein, in dem Varo die ersten Werke schuf, die sie als surrealistische Künstlerin charakterisieren.

Aus dem Jahr 1935 datiert ihre Reihe *Cadáveres exquisitos*, Zeichnungen, die die visuelle Variante der unter den Surrealisten so beliebten Wortspiele darstellten. Im Mai 1936 nahm sie an der Ausstellung teil, die von der Gruppe „Freunde der neuen Kunst“ (ADLAN) im Glorieta de Catalònia – einer kleinen Buchladen-Galerie für Avantgardekunst – veranstaltet wurde und in der die Avantgardegruppe *Logicofobista* eine entscheidende Rolle spielte.

1936 war zweifellos das Schlüsseljahr im Leben von Remedios Varo. In diesem Jahr lernte sie den französischen Dichter Paul Eluard kennen, der zu einer Dichterlesung und zu einer Konferenz im Ateneu Enciclopèdic Popular nach Barcelona gekommen war. Vor allem war es jedoch das Jahr, in dem sie den sehr beliebten und engagierten französischen Schriftsteller Benjamin Péret kennenlernte, der ihr zweiter Ehemann werden sollte. Péret war im August 1936 mit der ersten Gruppe von Ausländern nach Barcelona gekommen, die als Freiwillige zur Verteidigung der spanischen Republik ins Land gereist waren. Im Oktober lernte er dann Remedios kennen und verliebte sich „unsterblich“ in sie (wie er in einem Brief an seinen engen Freund André Breton berichtete). Aus dieser Zeit datieren seine Liebesgedichte an Remedios, die ihn im Frühjahr 1937 bei seiner Rückkehr nach Paris begleitete. Sie selbst kehrte nie mehr nach Spanien zurück, denn 1942 zog sie zusammen mit Péret – von dem sie sich 1947 scheiden ließ – nach Mexiko-Stadt. In der mexikanischen Hauptstadt schuf Remedios Varo dann ein bedeutendes malerisches Werk, das nach ihrem plötzlichen Tod 1963 zu weltweitem Ruhm und Ansehen gelangt ist.

CONCHITA BADOS

DOMÈNEC MASSACS, DER PAZIFISTISCHE ANARCHIST UND ESPERANTIST (1891–1965)

5

Carrer Montseny 67 (Bauarbeitergewerkschaft)

Ramón Fernández Jurado, Schüler des individualistischen Anarchisten Domènec Massacs, regelmäßiger Teilnehmer der Sitzungen der Esperantisten und persönlicher Freund von Andreu Nin und Joaquín Maurín, schrieb am Ende seiner Tage seine Erinnerungen an den einsamen beharrlichen Kämpfer Massacs auf.

In seinen Memoiren erinnert sich der 1914 in Almería geborene Ramón, wie er im Alter von 4 Jahren zusammen mit seinen sehr jungen Eltern und seiner Großmutter, die unter der „Armenkrankheit" Trachom litt, in Barcelona ankam und die Familie sich im Stadtteil Gràcia niederließ. Schon in jungen Jahren wurde er in den Arbeiterkreisen aktiv und nahm jeden Abend an den selbst organisierten Arbeiterbildungskursen teil. Bald trat er auch der Esperantogruppe *Pacô kaj Amo* (Frieden und Liebe) bei, die 1907 in Gràcia gegründet worden war und 1939 von den Falangisten zerstört wurde.

Laut Josep Alberich, der von Kindesbeinen an seinen älteren Bruder zu den Gruppentreffen begleitete, „war der Pacô eine Höhle von Anarchisten und Kommunisten. Sie waren zwar inkognito da, hatten aber sogar ihre Waffen dabei. Ich erinnere mich noch besonders an einen von der Unic (die „Einzige": Deckname der unter der Diktatur von Primo de Rivera verbotenen CNT), der ganz verängstigt war, da ihm der Arbeitgeberverband ans Leder wollte. Er trug seine Pistole versteckt und glaubte, dass wir von nichts wussten, ich bekam jedoch alles mit, obwohl ich noch ein Kind war. Alles, was ich als Linker an mir habe, und auch einen großen Teil meiner Bildung, habe ich dem Pacô zu verdanken. Dort lernte ich auch den Pazifisten Domingo Massacs kennen, einen herzensguten und unverstandenen Mann, mit dem ich bis zu seinem Tod befreundet war. Massacs war ein regelrechter Enzyklopädist!"

Der kuriose Lebenslauf von Massacs, der für alle, die ihn kannten, ein vorbildlicher Mensch gewesen war, verdient eine ausführlichere Erwähnung: Das 1891 in Barcelona geborene Arbeiterkind nahm als elfjähriger Druckerlehrling an einem Streik teil und wurde daraufhin entlassen. 1911 fand er eine Stellung bei der Straßenbahngesellschaft des Marquis Foronda und wurde 1919 aus Anlass des Streiks in *La Canadiense* wieder entlassen. Von einem individualistischen und pazifistischen Weltbild geprägt, beschloss er danach, sich auf eigene Faust der Autorität zu widersetzen.

1920 wurde er verhaftet und wegen Beleidigung der Streitkräfte und rechtswidrigen Angriffs zu einer sechsjährigen Kerkerhaft verurteilt. Nachdem er aus der Haft entlassen war, erfuhr er vom geplanten Besuch des Diktators Primo de Rivera in Barcelona. Ramón Fernández zufolge war Massacs ein erklärter Gegner der Gewalt und habe den Gebrauch von Waffen, die unschuldige Opfer verursachen könnten, verabscheut. Bomben oder Pistolen seien für ihn deshalb nicht in Frage gekommen. Außerdem habe er allein agiert, um niemanden in Gefahr zu bringen. So machte er sich also ans Werk: Er suchte sich eine geeignete Stelle an der Fahrroute aus und stürmte mit einem Messer in der Hand auf Primo zu. Als er jedoch aufs

Trittbrett sprang, rutschte ein Fuß weg und er verlor das Gleichgewicht und das Messer fiel auf den Boden. Die motorisierte Leibwache stürzte sich auf den verwirrten Angreifer, der zu Boden geworfen wurde und sich ein Bein brach, bevor er den entsetzten Diktator auch nur verletzen konnte.

Massacs war erst vor drei Monaten aus dem Gefängnis entlassen worden, gerade lange genug, damit seine Freunde von der Esperantogruppe in ihrem Monatsblatt einige Zeilen zu seinen Ehren veröffentlichen konnten: „Endlich, nach einer sechsjährigen Abwesenheit, ist der Genosse Domingo Massacs wieder unter uns. Wir heißen ihn herzlich willkommen und werden ein Fest zu seinen Ehren veranstalten.“ In der nächsten Nummer lehnte Massacs das Fest ab, er war nun einmal ein Asket. Und einen Monat später saß er schon wieder im Gefängnis Modelo.

Laut Ramón Fernández war sein Anwalt stocksauer auf ihn, da er ihn weder davon überzeugen konnte, sich im Sinne der Anklage für unschuldig zu erklären, noch eine vorübergehende Bewusstseinstrübung bzw. Geistesstörung zum Zeitpunkt des Attentats anzuführen. Aufgrund der dadurch geschwächten Verteidigung wurde er zu 30 Jahren Gefängnis verurteilt. Etwas ganz anderes war der Ulk, den andere *soziale* Gefangene – wie damals die politischen Gefangenen genannt wurden – mit ihm trieben. Da er für seinen Attentatsversuch nur ein kleines Messer benutzt hatte, tauften Joaquín Maurín, Rebull (David Rey) und García Oliver, die damals ebenfalls eine Haftstrafe absaßen, ihn mit dem Spitznamen „Guzmán der Gute“ und zogen ihn damit auf. Der gutmütige Massacs nahm es ihnen jedoch nie übel. Er erhielt regelmäßig Büchersendungen und Geldspenden, die die Esperantogesellschaft für ihn gesammelt hatte, die auch mit anderen gefangenen Genossen solidarisch war.

1930 organisierte die Esperantogesellschaft einen massiven Versand von Telegrammen an den Präsidenten des Ministerrats, in denen die Freilassung Massacs’ und eine Amnestie für die „sozialen Gefangenen“ gefordert wurde.

1933 trat Massacs aus Solidarität mit Gandhis Kampagne des zivilen Ungehorsams in einen Hungerstreik.

Nachdem er 1936 schließlich wieder freigelassen worden war, setzte er in den Julitagen sein Leben auf pazifistische Weise aufs Spiel, indem er verletzte Genossen aus der Schusslinie zog. Danach arbeitete er in Textilfabriken in Sallent und in *La España Industrial* in Barcelona. Nach dem Sieg der Franquisten wurde er verhaftet und saß bis 1942 im Gefängnis.

Nach seiner Haftentlassung wurde er wieder in *La España Industrial* eingestellt und nahm seine Aktivitäten in den esperantistischen und pazifistischen Kreisen wieder auf. Unter anderem gab er regelmäßig Unterricht im Club der Freunde der UNESCO. Er starb schließlich 1965 in seinem Stadtteil Gràcia, ohne sein umfangreiches Werk auch nur ansatzweise abgeschlossen zu haben. Nicht nur sein enzyklopädisches Jahrbuch der Arbeiterfeste, sondern auch seine umfangreiche Bibliothek gingen im Laufe der Jahre verloren, in denen der Franquismus sein Unheil in Barcelona trieb.

DOLORS MARÍN

6

ERRICO MALATESTA (1853–1932)

Carrer de Terol

Nach einer abenteuerlichen Reise durch Lateinamerika fuhr Malatesta 1891 nach Frankreich und reiste von dort aus auf Einladung seines Freunds Pedro Esteve nach Barcelona, um eine Agitationstour durch Spanien zu unternehmen. 
In eine heftige Polemik zwischen Anarchokollektivisten und Anarchokommunisten bzw. -individualisten verwickelt, die in Spanien riesige Ausmaße angenommen hatte, traf er im November in der Stadt ein.

Malatesta ließ sich in Grácia nieder, das eine lange revolutionäre Tradition besaß und seit den 30er Jahren des 19. Jahrhunderts einen starken wirtschaftlichen Aufschwung erlebt hatte, der mit der vorübergehenden Erreichung des Stadttitels zusätzlich beschleunigt worden war. Parallel zum wirtschaftlichen Wachstum hatten auch die Bebauungen und die Bevölkerung zugenommen. Im Unterschied zu anderen damaligen Vororten Barcelonas bestand die erwerbstätige Bevölkerung hauptsächlich aus Handwerkern, die dem Ort ein ganz eigenes Straßenbild verliehen. Der revolutionäre Charakter der Bewohner war bei zahlreichen Gelegenheiten unter Beweis gestellt worden. Im Juli 1856 – am Ende der zweijährigen Regierungszeit der Fortschrittspartei – wurden revolutionäre Kerne hier zuletzt besiegt. Im April 1870 füllte sich die Hauptstraße mit Barrikaden, während die Revolte gegen die Quintas – die Zwangsrekrutierungen – sich über ganz Barcelona und Umgebung ausdehnte. Der Ort besaß darüber hinaus eine wichtige anarchistische Tradition. Genau aus diesem Grund suchten auch viele anarchistische politische Flüchtlinge – vor allem Franzosen und Italiener – hier Asyl.

Den ersten Vorträgen Malatestas folgten sogleich heftige Gegenreden seines Landsmanns Paolo Schichi, ein unbändiger Individualist aus der Schule von Luigi Galleani, der sich bereits einige Monate zuvor in Gràcia niedergelassen hatte. Den Worten wollte Paolo Taten folgen lassen: Er forderte Malatesta zum Duell heraus, auf das sich dieser selbstverständlich nicht einließ.

Neben anderen Veranstaltungen nahm Malatesta an der Gedenkveranstaltung zu Ehren der Märtyrer von Chicago teil, die im Theater Gayarre begangen wurde.

Nach einer Vortragsreise durch Katalonien begaben sich Pedro Esteve und Malatesta in den Süden und setzten ihre Veranstaltungsreihe in der Provinz Cádiz fort. Den Zeitdokumenten zufolge warteten die Bauern von Jerez noch zehn Jahre später gespannt auf seine Rückkehr, während die Staatsgewalten seine Reden für den Bauernaufstand von 1892 verantwortlich machten.

PACO MADRID

7

DIE REVOLTEN GEGEN DIE ZWANGSREKRUTIERUNGEN

Plaça de Rius i Taulet

Nach dem Sturz von Isabella II. im Jahr 1868 und der Ausrufung der Verfassungsgebenden Versammlung im Jahr darauf sah sich die Übergangsregierung gezwungen, einige der Forderungen der Revolutionären Räte zu akzeptieren, die im Verlauf der Erhebung der liberalen Generäle entstanden waren. So unter anderem die Abschaffung der Verbrauchssteuern und der Zwangsrekrutierungen – die Quintas. Die Aufhebung der Zwangsrekrutierungen war sogar ein Programmpunkt der Partido Progresista (Fortschrittspartei) des liberalen Generals Prim.

Einer der ersten Erlasse des Revolutionären Rats von Barcelona nach dem Sieg der Revolution im September 1868 war deshalb auch die Abschaffung der Quintas. Aber Prim brach nach seinem Wahlsieg nicht nur sein Wahlversprechen, sondern er dekretierte obendrein im März 1869 die Einberufung von 25.000 Männern im wehrpflichtigen Alter, um den Krieg gegen die Unabhängigkeitsbewegung auf Kuba und gegen die Aufständischen auf Puerto Rico zu verschärfen. Gleichzeitig besteuerte die Regierung erneut den Konsum von Grunderzeugnissen wie Salz und Tabak. Die Unzufriedenheit der Volksmassen dehnte sich in der Folge immer weiter aus, und sogar die republikanischen Politiker sahen sich gezwungen, Aufstände gegen diese Maßnahmen auszulösen. Die Aufhebung der Quintas war eine Forderung, die auch von der jungen internationalistischen Arbeiterbewegung getragen wurde. Das Arbeiterwochenblatt *La Federación*, das vom internationalistischen *Centro Federal de las Sociedades Obreras* herausgegeben wurde, bezeichnete 1869 die Zwangsrekrutierungen, von denen man sich mit einer Abgabe freikaufen konnte, als einen infamen Blutzoll für die Armen.

Im September 1869 kam es dann in Barcelona zu den ersten Meutereien gegen die Quintas. Anfang 1870 wurde die Liga gegen die Quintas gegründet und das *Centro Federal de las Sociedades Obreras* rief zu Demonstrationen auf. In Madrid wurde Prim auf einem Spazierritt mit seinem achtjährigen Sohn, den er zum Ehrenhauptmann ernannt hatte, mit Steinen beworfen.

Nichtsdestotrotz dekretierte Prim am 30. März 1870 eine neue Truppenaushebung von 40.000 Mann. Als dann Anfang April versucht wurde, die Quintas durchzuführen, brachen Unruhen in zahlreichen katalanischen Gemeinden aus. Zu den stärksten Revolten kam es jedoch im sogenannten Pla de Barcelona, in den damals noch unabhängigen Ortschaften der Ebene, die den historischen Stadtkern umgibt. Am Montag, dem 4. April 1870, stürmten rund 2000 Menschen, in ihrer Mehrzahl Arbeiterinnen der Textilfabriken, das Gebäude der Gemeindeverwaltung von Sants, zerstörten die Lostrommeln und verbrannten die Listen zur Auslosung der Zwangsrekrutierten. Bei den Auseinandersetzungen wurde der stellvertretende Bürgermeister erschossen und der Oberbürgermeister verletzt.

Die Frauen stiegen darauf auf den Kirchturm der Kirche Santa María und ließen die Glocken als Signal zum Aufstand Sturm läuten. Auf der Brücke Riera Magòria (heute Creu Coberta-Joanot Martorell), die damals Sants mit Barcelona verband, wurde eine große Barrikade errichtet. Als Antwort darauf wurde Sants

Erhebung gegen die Zwangsrekrutierungen, Plaça Rius i Taulet

von der Festung Montjuïc aus bombardiert, und am nächsten Tag wurde die Stadt von der Armee eingenommen. Bei den Auseinandersetzungen wurden 15 Menschen getötet und Dutzende verhaftet.

Die Kunde von den Ereignissen in Sants verbreitete sich wie ein Lauffeuer. Der Capitán General Eugenio Gaminde verhängte den Notstand über die gesamte Provinz und schickte seine Truppen auf die Straße. Während die Armee die Plaça de Sant Jaume besetzte, wurden an verschiedenen Stellen des historischen Stadtkerns Barrikaden errichtet: beispielsweise in Ponent – heute Joaquim Costa –, in Cadena und in Conde de Asalto – heute Nou de la Rambla; allein im Stadtviertel Sant Pere wurden mehr als 30 Barrikaden gebaut. Es kam zu zahlreichen Zusammenstößen mit der Armee, die die Lage erst am Donnerstag, dem 7. April, vollständig im Griff haben sollte.

Noch am 4. April hatte sich die Revolte auf die Vororte Sant Andreu und Sant Martí de Provençals ausgedehnt; auch hier wurden die Gemeindeverwaltungen besetzt, die Lostrommeln und die Listen der Wehrpflichtigen zerstört und die Glocken Sturm geläutet.

Gràcia war jedoch der Ort, in dem die Revolte gegen die Quintas die größten Ausmaße annahm. Am Vormittag des 4. April stürmten rund 300 Frauen die Stadtverwaltung und plünderten sie aus. Die Lostrommeln und Listen der Wehrpflichtigen wurden zusammen mit dem Mobiliar und den Aktenordnern auf dem Rathausplatz, der heutigen Plaça de Rius i Taulet (dessen Namensgeber paradoxerweise zum Zeitpunkt der Vorfälle der für die Auslosung der Quintas verantwortliche Stadtrat von Barcelona war), in ein großes Lagerfeuer verwandelt. Die Glocken des auf dem Platz stehenden Uhrturms fingen an zu läuten und sollten im Verlauf des einwöchigen Aufstands, in dem Gràcia von der Autorität des Staates befreit und in den Händen seiner Bewohner und Bewohnerinnen war, selbst während der Bombardierungen nicht mehr verstummen.

Die Revolte war spontan, und obwohl im Verlauf der Ereignisse ein Revolutionärer Rat konstituiert worden war, wurden die eigentlichen Entscheidungen an den Barrikaden getroffen, die, wie im Carrer Bonavista, wo es zu harten Zusammenstößen kam und die Armee mehrfach zurückgeschlagen werden konnte, jede Nacht wieder neu aufgebaut werden mussten. Bewohner aus Sant Martí, Sant Andreu

7

und Clot kamen den Anwohnern Gràcias zur Hilfe; Einwohner aus Sants griffen die Truppen, die zur Verstärkung nach Gràcia geschickt wurden, an, genau wie Einwohner aus Poble Nou und Sant Andreu am anderen Ende der Stadt. Die Armee baute mehr als 40 Kanonen auf, mit denen Gràcia einer Dauerbombardierung ausgesetzt wurde; allein am Dienstag, dem 5. April, wurden mehr als tausend Kanonenkugeln abgeschossen. Trotzdem ergaben sich die Leute nicht und auch die Uhrturmglocke läutete weiter.

Im heutigen Carrer del Canó gab es eine von Mitgliedern der I. Internationale gegründete Karbonari-Geheimgesellschaft, die im Besitz einer Kanone war. Sie wurde aus dem Versteck geholt und an einer Barrikade aufgebaut, was die Internationalisten sehr teuer zu stehen kommen sollte, denn als die Armee schließlich Gràcia eingenommen hatte, wurden die meisten von ihnen füsiliert.

Obwohl der Capitán General die Operationen persönlich leitete, konnte er erst am 9. April als Sieger in Gràcia einziehen, das auf brutale Weise besetzt wurde: Wohnungen und Vereinslokale wurden geplündert, mehr als 30 Menschen wurden ermordet, von denen 19 in einem Massengrab im Friedhof von Poble Nou verscharrt wurden. Die Turmglocke und die Kanone blieben dagegen bis weit ins 20. Jahrhundert hinein Symbol für den Mut und die Entschlossenheit der Bewohner Gràcías.

Auch in den folgenden Jahrzehnten kam es zu Revolten gegen die Quintas und Truppenaushebungen. Die wichtigste war die sogenannte Blutige Woche 1909 in Barcelona, die weiter vorne ausführlich beschrieben wurde. Dies gilt auch für die Bewegung der Kriegsdienstverweigerer und der Totalverweigerer, die gegen Ende der Militärdiktatur Francos entstanden war und nach jahrelangen Kämpfen zur Abschaffung des obligatorischen Wehrdiensts geführt hat.

ABEL REBOLLO

8

DIE LIBERTÄREN ATHENÄEN

Carrer del Perill 52

1976, ein Jahr, nachdem der Militärdiktator Franco in seinem Bett dahingesiecht war, entstanden im Rahmen der allgemeinen Aufbruchsstimmung überall in Barcelona Nachbarschaftsvereinigungen, Kulturzentren, selbst organisierte Volkshochschulen wie im Besòs oder auch Volksathenäen, die die Förderung der Allgemeinbildung zum Ziel hatten. Darüber hinaus wurden in praktisch allen Stadtteilen *Ateneos Libertarios* – Libertäre Athenäen – gegründet: in Poble Sec (Carrer Elcano), im Barrio Chino (Carrer de la Lluna), in Sant Andreu (Carrer Servet), in Poble Nou (Carrer Pujades), in Gràcia (Carrer Perill), in La Verneda, in Nou Barris, Bellvitge, Sants usw.

Die libertären Athenäen entstanden und entwickelten sich am Rande der CNT, mit der sie zwar Affinitäten und Sympathien verband, zu der jedoch keine „organischen Verbindungen" bestanden. Dies führte zu Spannungen zwischen der Gewerkschaft und den Athenäen, deren Aktivitäten ausschließlich von den Initiativen der Leute bestimmt wurden, die sie gegründet hatten und in ihnen aktiv waren. Nach einiger Zeit wurde versucht, ein Koordinationsorgan der libertären Athenäen zu schaffen, um durch die Vereinigung der Kräfte bessere Ergebnisse zu erzielen, wie es hieß. Diese Koordination hielt jedoch nicht lange, denn jedes Athenäum war auf seine Autonomie bedacht und argwöhnisch gegenüber Makrostrukturen.

In den Athenäen wurden Vorträge, Debatten und Treffen veranstaltet. Autonome Arbeiterkämpfe wie die Konflikte in Victoria, bei Roca und Michelin Ende der 1970er Jahre oder der Kampf der Hafenarbeiter, der bis weit in die 80er Jahre hineinreichte, wurden aktiv unterstützt. In die Firmenkämpfe verwickelten Arbeiter hielten Vorträge in den Athenäen, um über die Lage zu informieren. Sogar die walisischen Minenarbeiter, die einen harten und langen Kampf gegen den britischen Staat unter der unsäglichen Thatcher austrugen, statteten den Athenäen Barcelonas einen Besuch ab. Auch die Kämpfe der Gefangenen wurden aktiv unterstützt, sowohl auf individueller Ebene wie zusammen mit der Unterstützungsgruppe der Gefangenenselbstorganisation COPEL als auch mit Kampagnen gegen die Gefängnisse.

Von den Athenäen gingen außerdem neue Initiativen aus: im Ateneo de Gràcia fanden die ersten Treffen der späteren Anti-AKW-Bewegung statt; im Ateneo de Poble Sec wurden Projekte angekurbelt, die zum Teil heute noch bestehen, wie z.B. der Buch- und Infoladen El Lokal, in dem auch ein alternativer Musikvertrieb untergebracht ist, und die Zeitschrift *La Lletra A*, die das Ateneu Llibertari de Reus zusammen mit anderen Gruppen herausgibt. Darüber hinaus druckten die Ateneos eine Vielzahl von Flugblättern, Broschüren und Plakaten. Sie knüpften damit an eine Tradition der libertären Bewegung an, derzufolge jede Gruppe ihre Ideen nach Maßgabe ihrer Möglichkeiten publizierte. Es handelte sich in aller Regel um kleine Blättchen, wie das Gegeninformationsprojekt *Akefalos*, das den folgenden Untertitel trug: „Die griechische Mythologie berichtet von einem Volk ohne Kopf, ohne Chefs und Unterordnung. Auch wir sind welche, die sich ihren Kopf mit Dingen zerbrechen, die für unmöglich erklärt werden. Sonderlinge, ohne gesunden Menschenverstand, die gegen die gesellschaftliche Normalität der Sklaven und ihrer Herrn kämpfen.“

Von den Athenäen aus wurden auch breite Kampagnen wie die Kampagne gegen den Eintritt in die Nato unterstützt und aktiv an den beiden Generalstreiks 1988 und 1994 teilgenommen. Sehr viel direkter und unmittelbarer war jedoch die Unterstützung der antimilitaristischen Kämpfe, der Totalverweigerer und der ersten Anfänge der Hausbesetzerbewegung.

Vom eigenen Handeln und Empfinden auszugehen und gleichzeitig neue soziale und gegenkulturelle Ansätze zu entwickeln, war das Leitmotiv aller Athenäen. Ab den 90er Jahren bemächtigten sich jedoch der Staat und seine Wettbewerbskultur nach und nach aller gesellschaftlicher Parzellen. In Barcelona wurden außerdem Großereignisse wie die Olympischen Spiele veranstaltet, die die Wohnraumspekulation in die Höhe trieben. Dadurch gerieten einige Lokale in die Schusslinie von Unternehmen und ihrer Gier nach schnellem Geld. So auch das Ateneo de Grácia. Nachdem die Räume durch eine Brandbombe zerstört worden waren, strengte der neue Hausbesitzer, eine Immobilienfirma, einen Räumungsprozess an. Die Aktivisten konnten die Räume jedoch wieder nutzbar machen und auch der Prozess gegen die Immobilienhaie wurde gewonnen, sodass das Ateneo bis 2002 weiterbetrieben werden konnte.

Auch die anderen Athenäen hatten unter den neuen sozioökonomischen und kulturellen Bedingungen zu leiden und mussten nacheinander ihre Türen schließen. Heute sind nur noch wenige übrig, so z.B.: der Espai Obert in Violant d'Hongria in Sants oder das Ateneu Libertario im Besòs auf der Rambla Prim. Das Xino im Carrer Robador ist im Januar 2007 unter fadenscheinigen bausicherheitstechnischen Vorwänden von der Stadt geschlossen worden.

TONI MARTÍNEZ

Der Niedergang der Athenäen wurde jedoch von einem neuen Aufschwung von sozialen Zentren begleitet, die im Rahmen der Hausbesetzerbewegung entstanden sind. In ihnen werden der totalitäre Charakter der Ökonomie und des Kapitals sowie der Totalitarismus von Bürokratien wie dem IWF, der Weltbank, der WTO und der sogenannten demokratischen Staaten kritisiert. Sie sind der Ort von öffentlichen Diskussionsveranstaltungen, Konzerten und Festen. Hier versammeln sich alle, die sich miteinander austauschen und die Isolierung durchbrechen wollen, die uns die heutige Gesellschaft aufzwingt.

ABEL REBOLLO

9

DER CENU

Plaça Joanic – Carrer Escorial

Bevor ich auf den CENU (Zentrum der neuen vereinheitlichten Schule) zu sprechen komme, möchte ich von der „Spielwiese“ Can Compte im Stadtteil Gràcia berichten, da sich hier einige Dinge zutrugen, die in Verbindung mit anderen Ereignissen eine historische Bedeutung erlangen sollten.

Die Spielwiese erstreckte sich über ein großes Brachland, das im Westen und Osten von den Straßen Escorial und Sardenya und im Süden und Norden von den Plätzen Joanic und Ocellets begrenzt war. Seit Anfang des 20. Jahrhunderts trafen sich hier täglich Hunderte von Kindern aus den umliegenden Stadtteilen, um bunt gemischt miteinander zu spielen. Fußball war das Lieblingsspiel. Es gab jedoch weder abgegrenzte Spielfelder, Tore mit Netzen, Trikots noch Lederfußbälle, sondern es wurde einfach ganz munter mit einem Ball aus Lappen herumgekickt. Es handelte sich um einen Freiraum für Kinder, mit spontanen vielfältigen Beziehungen, die trotz der unterschiedlichen Herkunft zu einem realen Zusammenleben führten. Can Compte war somit ein Vor-Bildungs-Phänomen, ohne Strukturen, ohne Doktrin, ein Lebensraum, der, nachdem die Kinder zu Jugendlichen herangewachsen waren, einer der Ursprünge der ersten libertären Athenäen werden sollte.

Am 18. Juli 1936 ließen unsere Eltern uns jedoch nicht nach Can Compte. Nur einen Häuserblock von Can Compte entfernt kam es zu Zusammenstößen vor dem Kloster Pare J. Maria· Claret, die Schüsse der Heckenschützen waren in der ganzen Umgebung zu hören. Am Montagmorgen, dem 20. Juli, als noch Detonationen in der Ferne ertönten, tauchten nach und nach die ersten Kinder, darunter auch ich, auf der großen Freifläche auf. Einige von uns wagten sich dann über die Travessera de Gràcia bis zur sogenannten Gerona-Kaserne vor, die, wie wir wussten, am Vortag von den Milizionären eingenommen worden war. Wir hielten uns jedoch nicht lange in der zwischen den Straßen Sardenya und Lepanto gelegenen Kaserne auf, denn unser eigentliches Ziel war eine Barrikade am Ende der Travessera vor dem Haupteingang des Krankenhauses Sant Pau. Just an dieser Stelle befand sich die Endstation der Stadtbuslinie der Busgesellschaft Roca; ein Bus dieser Linie war, an beiden Seiten mit Pflastersteinen verstärkt, zum Bau der Barrikade benutzt worden. Um die Barrikade herum hielten sich rund hundert Menschen auf: junge und alte, Frauen und Kinder.

In den beiden nächsten Wochen erforschten die Kinder von Can Compte eine neue „Spielwiese“ in ihren jeweiligen Stadtteilen: die Kirchtürme der Pfarrkirchen, die von den Pfaffen aufgegeben worden waren, nachdem ihre bewaffnete Verteidigung gegen den Sturm ihrer Tempel durch das Volk gescheitert war. Diesen Ausflügen der Kinder wurde jedoch ein abruptes Ende gesetzt, als eins von ihnen vom Kirchturm des Klosters Pare Clavet fiel und starb.

Am nächsten Tag kehrten wir auf unsere traditionelle Spielwiese Can Compte zurück, nun aber nicht mehr zum Spielen, sondern um zu arbeiten. Wir hatten in den letzten zwei Wochen mitbekommen, dass die Arbeiter nach der Flucht der Eigentümer bzw. Geschäftsführer angefangen hatten, die Fabriken, Werkstätten und Transportmittel selbst in Betrieb zu nehmen. Auch wir Kinder von Can Compte wollten der „Revolution nützlich sein“ und fingen deshalb an, das Gelände zu parzellieren, die Parzellen zu roden und Tomaten, Salat und anderes Gemüse anzupflanzen. Nach kurzer Zeit hatte sich Can Compte in einen riesigen Gemüsegarten verwandelt!

Bald sollte jedoch ein neuer Raum entstehen, der die Kinder meiner Generation prägte. Es waren noch nicht alle Barrikaden aus den Straßen Barcelonas verschwunden, als eine merkwürdige Wandparole auftauchte, die nach und nach an immer mehr Fassaden zu sehen war: AB 1. OKTOBER FÜR JEDES KIND EINEN SCHULPLATZ! Bevor ich auf dieses Thema eingehe, ein paar einleitende Worte zu den Besonderheiten der katalanischen pädagogischen Tradition.

Anfang des 20. Jahrhunderts war das Projekt der Escuela Moderna von Francesc Ferrer i Guàrdia entstanden, das in Katalonien dank der Unterstützung der Gewerkschaftssektionen der CNT die stärkste Verbreitung fand. Unmittelbar nach dem Sieg über das Militär hob in den Reihen der CNT eine Debatte über die Notwendigkeit einer grundlegenden Grundschulreform an. In der Debatte schälten sich zwei unterschiedliche Positionen heraus, die intensiv diskutiert wurden. Auf der einen Seite befanden sich diejenigen, die der Ansicht waren, dass der Sieg des Volks über das Militär die historischen Voraussetzungen dafür geschaffen habe, um ausschließlich das Bildungskonzept der Escuela Moderna voranzutreiben. Der Hauptbefürworter dieses Ansatzes war Benjamín Cano Ruiz. Die andere Seite, deren wichtigster Fürsprecher der ebenfalls rationalistische Lehrer Joan Puig i Elías war, war der Ansicht, dass es zu wenig ausgebildete libertäre Lehrkräfte gab, um ein umfassendes Schulprojekt für alle Kinder anbieten zu können, weshalb parallel zur Förderung der Escuela Moderna ein Bildungsprojekt entworfen werden müsse, das in der Lage wäre, den gesamten Bedarf zu decken. Dieses Kriterium setzte sich schließlich durch und führte zur Entstehung des oben genannten CENU, dessen erster Präsident Joan Puig i Elías war.

Das Projekt war für Lehrkräfte aus allen republikanischen Tendenzen Kataloniens offen und markierte auf diese Weise den Beginn einer neuen Etappe in der Grundschulausbildung, die eine ganze Generation prägen sollte.

Wir, die wir in den allermeisten Fällen bis dahin nur religiöse Schulen gekannt hatten, waren als Erstes angenehm davon überrascht, dass Jungen und Mädchen zusammen unterrichtet wurden. Die zweite Überraschung war der ausgesprochen

antiautoritäre Charakter des Projekts. An die eiserne Disziplin gewöhnt, die in den katholischen Schulen herrschte, waren wir Kinder davon beeindruckt, dass wir direkt an der Ausarbeitung der Normen der Schule beteiligt wurden. Vom ersten Tag an wurden dazu Vollversammlungen aller Schüler mit dem Lehrkörper abgehalten. Ein für uns Kinder besonders wichtiges Ergebnis dieser Vorgehensweise und des antiautoritären Bildungsansatzes war die Vorschrift, dass die Schüler in keinem Fall von einem Lehrer bestraft werden durften. Der Ort zur Behandlung von Konflikten, einschließlich vermeintlich bestrafenswerter Verhaltensweisen der Schüler, war eine Vollversammlung der gesamten Schule, die Samstagmorgens stattfand. Obwohl wir noch nichts von Sigmund Freud gehört hatten, hatten wir angefangen, eine seiner Methoden anzuwenden: das „Psychodrama".

Wir „Kinder des CENU" stählten unsere Kräfte in der Meisterung von Konflikten und waren deshalb eine Generation, die als Jugendliche (nach 1939) nicht bereit war, sich der Niederlage zu beugen. Wir waren psychologisch darauf vorbereitet worden, ihr die Stirn zu bieten.

LUIS ANDRÉS EDO

DIE ERMORDUNG DES HAUPTMANNS NARWICZ IM CARRER LEGALITAT

10

Carrer Legalitat

Am 10. Februar 1938 gegen zehn Uhr abends steckte sich ein etwa 20-jähriger Mann in Hauptmannuniform eine Zigarette an. Er war verabredet. Es war eine kalte Winternacht. Ein einsamer, unwirtlicher Ort, die nächsten Häuser etwa 500 Meter entfernt. Er befand sich im Carrer Legalitat auf der Höhe von Alegre de Dalt in einem unbewohnten Geländestreifen in der Nähe von Can Compte. Der Weg wurde von zwei niedrigen Gräben gesäumt, die fast bruchlos in die umliegenden Gemüsegärten übergingen. Die beiden Männer, mit denen er sich verabredet hatte, tauchten aus dem Dunkeln auf. Als Antwort auf seinen Gruß gab der einen halben Meter links von ihm Stehende einen Schuss ab. Die Kugel drang auf der linken Kinnseite ein und bohrte sich über den Gaumen ins Gehirn vor, wo sie stecken blieb. Der zweite Mann wollte sicherstellen, dass der zu Boden gefallene Hauptmann tatsächlich tot war, und jagte ihm noch zwei Kugeln in den Kopf. Aus den drei Einschusslöchern im Schädel flossen Gehirnmasse und Blut, die sich zu einer großen Lache um den Körper herum formten. Ganz in der Nähe des Leichnams lagen eine Zigarette, eine Militärmütze und zwei leere Patronenhülsen einer 9-Milimeter-Pistole.

Gegen elf Uhr nachts fand der Nachtwächter Jaime Planella die quer zur Straße liegende Leiche eines uniformierten Manns. Er rief die zuständige Polizeiwache an. Nachdem die Polizei und der diensttuende Ermittlungsrichter am Tatort eingetroffen waren, wurde der Leichnam durchsucht und anhand der gefundenen Ausweispapiere als Leon Narwick, Narwicz oder Narwich identifiziert, denn der letzte Buchstabe des Familiennamens war nicht klar zu entziffern. Er war Hauptmann der Internationalen Brigaden, Erste Kompanie, Viertes Bataillon, 13. Brigade, 45. Division der Ostarmee. Am 14. Februar wurde Leon Narwiczs Leichnam im Massengrab des Südwestfriedhofs von Barcelona begraben.

Am 26. März 1938 erschien der Delegierte der Internationalen Brigaden, Hauptmann Jesús Prados Arrarte, auf gerichtliche Anordnung vor dem zuständigen Ermittlungsrichter, um dessen Fragen zu beantworten. In hochmütigem Ton erklärte er, Hauptmann Leon Narwicz sei polnischer Staatsbürger gewesen, er habe sich freiwillig bei den Internationalen Brigaden gemeldet und bis zu seinem Tod beim Servicio de Investigación Militar (SIM) der Internationalen Brigaden gearbeitet. Er identifizierte Narwicz anhand der vorgelegten Fotografien. Hauptmann Prados verlangte, dass Kurt Laube, Chef des SIM und der Delegation der Internationalen Brigaden in Barcelona, erlaubt werde, die Papiere und die persönliche Habe des Verstorbenen in Empfang zu nehmen, was schließlich am 12. April erfolgte. Auf dem vom Chef des SIM Barcelona unterzeichneten Empfangsschein sind die beim Verstorbenen gefundenen Objekte aufgelistet: mehrere Fotografien, etwas mehr als 200 Peseten, ein schwarzer Füllfederhalter, eine weiße Armbanduhr, ein Feuerzeug, ein Kamm, ein Heftchen mit U-Bahnkarten, ein Taschentuch ohne Initialen, seine Ausweispapiere, ein Adressbuch und, obwohl dies nicht auf dem Empfangsschein aufgeführt wurde, fünf nummerierte Aufnahmeblätter in die Rote Hilfe des POUM.

Im Adressbuch war der Wohnsitz von

Munis, dem Leiter der Leninistisch-Bolschewistischen Sektion Spaniens (SBLE) eingetragen. Der Generalkommissar befahl, die Wohnung im 4. Stock des Carrer Valencia 308 zu beschatten, um Munis und seine möglichen Komplizen bzw. Mitarbeiter zu verhaften. Der Generalkommissar folgte dabei den Anweisungen von Julián Grimau. Grimau war über die Operation des SIM unterrichtet, mit der zwei seiner Agenten – der ermordete Hauptmann Narwicz und ein sogenannter Marx oder Joan – beauftragt waren und die in dem von der sowjetischen politischen Polizei gesteuerten Versuch bestand, sich in die Reihen der leninistischen Bolschewiken einzuschleusen.

Am 13. April 1938, um dreizehn Uhr, erschienen vier Polizeioffiziere, begleitet von einem großen Aufgebot, in der Wohnung von Munis, um diesen zu verhaften. Bevor sie in die Wohnung traten, hatten sie bereits Jaime Fernández Rodríguez und Luis Zanon festgenommen, als diese Munis aufsuchen wollten. Beim Versuch, Munis zu verhaften, stürzte sich dieser auf den Offizier Francisco Llobet und entriss ihm die Pistole. Nachdem ihm aber Jaime zugerufen hatte, dass das Haus von einem großen Polizeiaufgebot umstellt sei, gab Munis seinen Widerstand auf und die Pistole zurück.

Munis, Jaime Fernández und Zanon wurden zusammen mit anderen Mitgliedern der SBLE, die in den folgenden Tagen verhaftet wurden – der Italiener Adolfo Carlini, der Däne Aaage Kielso (dem die Flucht aus dem Gefängnis gelang), der Tscheche Victor Ondik und Teodora Sanz –, einen Monat lang in der Tscheka des SIM an der Porta de l'Àngel 24 festgehalten. Dort wurden sie von einem Agententeam des SIM unter Führung von Julián Grimau allen Arten von Folter ausgesetzt, unter anderem Schlägen, vorgetäuschten Erschießungen, Herausreißen von Haarbüscheln mit Zangen und mehrtägigem Entzug von Nahrungsmitteln und Wasser, sodass sie schließlich gezwungen waren, ihren eigenen Urin zu trinken.

Zanon, der vom Rest der Gruppe getrennt worden war, wurde in den Räumen des Fahndungskommandos so stark terrorisiert, dass er schließlich psychisch zusammenbrach. Grimau zwang Zanon ein „Geständnis" ab, in dem er seine Genossen des Mords an Narwicz beschuldigte. Als er ins Gefängnis Modelo eingeliefert wurde, widerrief er das Geständnis jedoch.

Leon Narwicz hatte sich vor den Auseinandersetzungen im Mai 1937 als Sympathisant der linken russischen Opposition vorgestellt und das Vertrauen von Andreu Nin, Gorkin, Landau und Andrade gewonnen. Mit seinem Fotoapparat hatte er die Treffpunkte des POUM sowie führende Mitglieder und Militante der Organisation abgelichtet und damit eine unersetzliche Rolle bei ihrer Identifizierung und Verhaftung gespielt.

Die Aktionsgruppe des POUM, die Hauptmann Narwicz umgebracht hatte, bestand aus Albert Masó March und Lluís Puig. Keiner der beiden wurde verhaftet. Mit dem Tod dieses polnischen Agenten des SIM wollte der POUM die Ermordung von Nin und die am 16. Juni 1937 begonnene Repressionswelle gegen die Poumisten rächen. Puig starb 1939 im Pariser Gefängnis La Santé an Tuberkulose. Masó war ein führendes Mitglied von *Socialisme ou Barbarie* und arbeitete während der *Transición* am gescheiterten Neuaufbau des POUM. Munis, Autor wichtiger theoretischer marxistischer Werke, gründete 1958 mit dem surrealistischen Dichter Benjamin Péret eine revolutionäre Gruppe (*Fomento Obrero Revolucionario* – Revolutionäre Arbeiterförderung), in der auch Jaime Fernández aktiv war. Das führende KP-Mitglied Julián Grimau wurde 1963 in Madrid verhaftet, verhört, gefoltert, zum Tode verurteilt und exekutiert. Auf diese Weise verwandelte das faschistische Regime den Folterknecht in einen antifranquistischen Märtyrer.

AGUSTÍN GUILLAMÓN

S. Andreu – Nou Barris
1
2
3
4
5
6
7

Sant Andreu – Nou Barris

Sant Andreu wurde Ende des 19. Jahrhunderts, als die Stadt rund 20.000 Einwohner zählte, Barcelona eingemeindet. Durch den großen Wasserkanal Rec Comtal, der vom Fluss Besòs gespeist wird, hatte die Gemeinde in der ersten Hälfte des 19. Jahrhunderts einen wichtigen industriellen Aufschwung erlebt. Schon 1854 war Sant Andreu per Zuglinie mit Frankreich verbunden und ab 1860 mit Saragossa. 1889 wurde die elektrische Straßenbahn eingeweiht und 1954 wurde die erste U-Bahnstation im Stadtteil eröffnet.

In der ersten Hälfte des 20. Jahrhunderts gehörte Sant Andreu zu den wichtigsten Industrievierteln der Stadt, hier hatten sich so große Unternehmen wie La Maquinista, Pegaso, Mercedes Benz oder Fabra y Costa angesiedelt. In den letzten beiden Jahrzehnten hat sich Sant Andreu immer mehr in ein Wohn- und Geschäftsviertel verwandelt, das jedoch seine rege Vereins- und Kulturtradition bewahrt hat.

Nou Barris (Neun Stadtteile) ist mit seinen rund 170.000 Einwohnern (knapp 10% der Gesamteinwohnerzahl Barcelonas) ein ausgesprochen heterogenes urbanes Agglomerat. Abgesehen von den Stadtvierteln Guineueta, Prosperitat, Verdum, Roquetes, Trinitat Vella und Teilen von Vallbona beginnt die Geschichte des Stadtbezirks erst in den 1950er Jahren, als neben prekären Eigenkonstruktionen der ersten Bewohner immer mehr Wohnsilos wahllos in die Landschaft gesetzt wurden. Die Abwesenheit von städtebaulichen Vorgaben hatte den Bezirk in ein Revier für die Immobilienspekulation verwandelt. La Guineueta wurde so zu einem Experimentierfeld für alle Arten des sozialen Wohnungsbaus. Canyelles mauserte sich zu einem Modell des Widerstands, als eine kleine Gruppe von Anliegern gegen den Bebauungsplan aus dem Jahr 1971 kämpfte, mit dem sie aus ihrem Viertel vertrieben werden sollten. Sie erkämpften Ersatzwohnungen im gleichen Viertel, und zusammen mit Bewohnern aus den umliegenden Stadtteilen erzwangen sie, dass der zweite Stadtautobahnring in weiten Teilen überdacht wurde.

1952 wurden in Verdum 900 jeweils 22 qm große Wohnungen aus dem Boden gestampft, in die die Bewohner der Eigenkonstruktionen umgesiedelt wurden, die mit ihren Baracken das Bild der Diagonal, der triumphalen Einfallsstraße Barcelonas, verschandelten. In Trinitat Nova, auf der anderen Seite der Stadtautobahn, wurden ähnlich „luxuriöse" Sozialbauten sowie eine Reihe von Wohnblöcken der franquistischen Gewerkschaft errichtet. Die daran anschließenden und in ähnlicher Manier „erschlossenen" bzw. vergrößerten Trabantensiedlungen Trinita Vella, Torre Baró und Vallbona werden heute außerdem von einem komplexen Schnellstraßen- und Schienennetz durchkreuzt. Torre Baró sieht von Weitem wie eine große Neubausiedlung aus, aus der Nähe betrachtet enthüllt sich der Stadtteil jedoch als eine kompakte Ansammlung von prekären Wohnhäusern. In den 1960er Jahren sollte auf dem Gelände der heutigen Schlafstadt Ciudad Meridiana der neue Zentralfriedhof Barcelonas errichtet werden. Wegen der hohen Feuchtigkeit im Gebiet wurde schließlich von dem Vorhaben abgesehen. Davon ungerührt machte sich die mit der Erschließung beauftragte Aktienfirma unter ihrem Vorstand, dem Altfranquisten und ehemaligen IOK-Präsidenten Juan Antonio Samaranch, daran, ein Wohnsilo nach dem anderen für die Lebenden aus dem Boden zu stampfen.

1

EL PALOMAR

Carrer Gran de Sant Andreu 1

Hier, wo heute sündhaft teure Eigentumswohnungen zum Verkauf stehen, gab es bis vor nicht allzu langer Zeit ein besonneneres Projekt. Denn es scheint durchaus vernünftiger zu sein, einen leer stehenden gewöhnlichen Ort zu besetzen und bewohnbar zu machen, als weit über 300.000 Euro für 90 qm zu zahlen, diesen Preis ein ganzes Leben lang abzuzahlen und das Ganze obendrein noch für normal und für einen unanfechtbaren Teil der heutigen Vernunft zu halten. Dieser ausgesprochen unbesonnenen Vernunft wurde zwischen 1997 und 2002 ein unentgeltliches kollektives Wohn- und Lebensprojekt entgegengesetzt.

Das soziale Zentrum El Palomar wurde am 7. April 1997 als eine Aktion des zivilen Ungehorsams von jungen Menschen aus dem Viertel und einer Gruppe von Antimilitaristinnen und Antimilitaristen besetzt. Vom Tag der Besetzung an wurde El Palomar zum Ort einer großen Zahl von Initiativen. Als Erstes eröffneten wir eine „Kafeta", eine Kaffeestube, als Treffpunkt für alle Leute, die sich ungehindert und in einem nicht kommerzialisierten Raum miteinander austauschen wollten. Ihr folgte bald eine Bibliothek, mit vielen Büchern, die in institutionellen Bibliotheken nicht zu finden waren. Später kam ein Infoladen hinzu. Außerdem wurden in den Räumen des Palomar zahlreiche Workshops organisiert. Was im sozialen Zentrum getan oder gelassen werden sollte, wurde im Zentrumsplenum entschieden, an dem alle Einzelpersonen oder Gruppen teilnahmen, die das Zentrum nutzten.

Die Besetzung des sozialen Zentrums war eine direkte Antwort auf den Mangel an öffentlichen Räumen im Viertel. Angespornt durch die erfolgreiche Besetzung dehnten sich die Aktionen des zivilen Ungehorsams im Quartier aus. Immer mehr Wohnungen wurden besetzt (in den Hochzeiten gab es 23 besetzte Häuser bzw. Wohnungen im Stadtteil). Gleichzeitig wuchs das Bedürfnis nach der Schaffung von freien, selbstbestimmten Räumen, in denen die Selbstorganisation der Gruppen und Kämpfe jenseits der Institutionen – bzw. durch den Kampf gegen sie – verwirklicht werden konnte. Ein Ergebnis davon war die Besetzung eines zweiten sozialen Zentrums: La Galia. Das andere waren ständige Reibereien mit der Bezirksverwaltung, denn das Gelände von El Palomar gehörte der Stadt.

El Palomar war im Verlauf seiner fünfjährigen Existenz ein Bezugspunkt für alle, die im Viertel aktiv waren, von Solidaritätskomitees über Künstlergruppen bis zu freien Radioinitiativen. Das Zentrum war Ort von Veranstaltungstagen, auf denen Themen wie Kritik der Arbeit und sexuelle Befreiung behandelt wurden. Daneben gab es zahllose Kinoabende, Feste, Konzerte und gemeinsame Abendessen. Außerdem war El Palomar einer der Austragungsorte und Mitorganisator des Zweiten Interkontinentalen Treffens für die Menschheit und gegen den Neoliberalismus, das von der EZLN ausgerufen worden war und bei dem Menschen aus 50 verschiedenen Ländern zusammenkamen.

Auch im Viertel waren wir präsent, unsere Aktivitäten reichten von der Veranstaltung von alternativen Stadtteilfesten bis zur Schaffung eines Stadtteilplenums, das sich durch verschiedene Aktionen während des Gipfeltreffens des Europarats in Barcelona im März 2002 hervortat.

Die rebellischen Körper und Geister, die sich täglich im besetzten Zentrum trafen,

1

GUILLEM VALLE

waren ständigen Druckmaßnahmen durch die Stadtbezirksverwaltung ausgesetzt, die alles daran setzte, uns zu vertreiben. Nachdem mehrere Räumungstermine durch den solidarischen Widerstand vieler Leute verhindert werden konnten, wurden wir schließlich in einer illegalen Nacht- und Nebelaktion von der Polizei vertrieben. Wir hatten zwei Jahre lang gegen die drohende Räumung gekämpft. In diesem Zeitraum hatten wir unter anderem zwei Demos mit mehr als 1000 Leuten organisiert, die technischen Büros der Stadtbezirksverwaltung und die Amtsstuben des Bürgermeisters des Stadtbezirks besetzt, ein dreitägiges Camp vor der Bezirksverwaltung durchgeführt und uns an einen Baukran angekettet. All diese Aktionen konnten zwar die Räumung letztendlich nicht verhindern, sie haben uns aber in unserer Entschlossenheit gestärkt, neue Räume zu befreien. Gegenwärtig halten wir ein Gebäude im Carrer Otger 20, gegenüber von Can Fabra, besetzt, das gleichzeitig als soziales Zentrum dient.

IVÁN ALTIMIRA

CAN FABRA

Carrer del Segre 24-32

2

Auf ihre Weise erfüllen die Behörden unsere Forderungen. Wohlgemerkt: auf ihre Weise. Wie in Can Fabra, das in den 70er Jahren des 20. Jahrhunderts von Gruppen und Vereinigungen des Stadtteils als Raum für ihre kreativen und kulturellen Aktivitäten gefordert wurde. Dieses schöne Fabrikgebäude wurde zwar restauriert, um die Stadtteilbibliothek unterzubringen und Kulturveranstaltungen durchführen zu können. Die Verwaltung der Aktivitäten wurde jedoch nicht den Stadtteilinitiativen überlassen, sondern an eine private Kulturagentur zur kommerziellen Nutzung verpachtet. Wie immer in diesen Fällen ist die Fassade wichtiger als das, was sich hinter ihr verbirgt.

Das Gebäude war früher der Sitz der Textilfabrik Fabra & Coats, die sich 1838 im damals unabhängigen San Andrés del Palomar niedergelassen hatte. Nach verschiedenen Kapitalfusionen betrug die Zahl der Arbeiter 1915 dreitausend und die Spinnerei war die erste spanische Fabrik, die Nähgarn herstellte.

Die Bedeutung der Fabrik im Stadtteil wird daran deutlich, dass sie im Volksmund als „Can Mamella" (Milchbusen) bekannt war. Die Arbeiterinnen (die meisten in der Fabrik Arbeitenden waren Frauen) und Arbeiter hatten im Lauf der Jahre eine Reihe von Pionierdiensten für die damalige Zeit erkämpft: Beheizung der Räume, medizinische Versorgungseinrichtungen, Konsumverein, Kantine, Sportplätze (Tennisplatz eingeschlossen!), Kinderkrippe, Witwen- und Waisenkasse, betriebliche Alterversorgung, eine Woche bezahlter Urlaub usw.

1936 wurde die Fabrik kollektiviert. In der Ausgabe vom April 1937 der *Zeitschrift der Arbeiter der Spinnerei Fabra und Coats. Kollektiviertes Unternehmen* ist ein langer Artikel mit dem Titel „Unser

XAVIER BASIANA

Unternehmen" abgedruckt, in dem die Bedeutung der Produktionssteigerung (Umsatzerhöhung, Verbesserung der Marktstellung…) unterstrichen wird und alle Arbeiter zur „Einheit an den Arbeitsplätzen" aufgerufen werden, „um zu arbeiten, zu arbeiten und noch einmal zu arbeiten". Diese nachdrückliche Aufforderung lässt auf einen ebenso nachdrücklichen Widerstand der meisten Arbeiter und Arbeiterinnen gegen die Akkordarbeit und die Arbeit als solche schließen. So war also selbst in Zeiten der Arbeiterselbstverwaltung die alte revolutionäre Forderung aus der Mitte des 19. Jahrhunderts nicht aus der Welt zu schaffen: Die Lohnarbeit kann nicht verändert werden, sie muss abgeschafft werden!

QUIM SIRERA

3

LA MAQUINISTA TERRESTRE Y MARÍTIMA

Carrer Ferran Junoy

Nein, du hast dich nicht verlaufen. Wo heute dieser riesige Makrotempel zu Ehren der Ware steht, befand sich bis vor Kurzem die Fabrik La Maquina Terrestre y Marítima. In der aktuellen kapitalistischen Phase der Vorherrschaft des Spekulationskapitals wird das Industrienetz nach und nach zerstört. Wir trauern ihrer Zerstörung allerdings nicht nach: Wir können sie dazu nutzen, um die Arbeitsgesellschaft endgültig zu zerstören und das Wirtschaftlichkeitsprinzip durch das Prinzip der Unentgeltlichkeit zu ersetzen. Wenn wir stolz auf die Vergangenheit von La Maquinista zurückblicken, dann ist das kein Blick zurück auf den Lohnarbeiterstatus, sondern auf die Revolten der Arbeiterschaft.

La Maquinista war 1855 im Stadtteil La Barceloneta gegründet worden. 1917 wurde die Fabrik nach Sant Andreu verlegt. Die Produktionsanlagen wurden auf die Herstellung von Lokomotiven und großer Stahlkonstruktionen ausgerichtet, so wurde zum Beispiel die Stahlstruktur der Estació de França von der Fabrik gefertigt. 1936 wurde sie von den Arbeitern kollektiviert und stellte in der Folge Kriegsmaterial her. Nach einem langen von der franquistischen Repression in den Jahren der Autarkie (das Franco-Regime setzte zwischen 1939 und 1958 aufgrund seiner internationalen Isolierung auf die Selbstversorgung des Landes; nachdem 1958 die Schlüsselpositionen der Regierung mit Opus-Dei-Mitgliedern besetzt und das Franco-Spanien in die UNO aufgenommen worden waren, kam es zu einer „nachholenden Industrialisierung“ des Landes) aufgezwungenen Schweigen entstand mit der politischen und wirtschaftlichen Öffnung des Regimes ab 1958 eine landesweite Streikbewegung gegen die niedrigen Löhne und die miserablen Arbeitsbedingungen. Die Streikbewegung begann in Asturien, wo die Arbeiter sich eigenständig in selbst gewählten und jederzeit wieder absetzbaren Kommissionen organisiert hatten.

XAVIER BASIANA

Wenige Jahre später griff diese Bewegung der asturischen Bergarbeiter auf die anderen Landesteile über.

1962 wurden in vielen Fabriken Barcelonas die ersten Nachkriegsstreiks ausgerufen. Auch La Maquinista trat in den Streik. Die Arbeiter wählten eine Verhandlungskommission. Die Firmenleitung gab nicht nach, die Auseinandersetzungen verschärften sich und drei Arbeiter wurden entlassen. Der Streik ging weiter und die gesamte Kommission wurde entlassen. Das Unternehmen setzte auf die Aussperrung, der Kampf ging jedoch noch zwei Wochen lang weiter und endete mit der Wiedereinstellung der Entlassenen. In den Jahren 1970-71 und 1977 stand La Maquinista zusammen mit Unternehmen wie Blansol, Harry Walker, Roca oder SEAT an der Spitze einer breiten autonomen Arbeiterbewegung, die in verschiedenen Wirtschaftssektoren in ganz Spanien Fuß gefasst hatte und der mit dem Pakt zwischen allen politischen Parteien und den Mehrheitsgewerkschaften (die Moncloa-Pakte) ein Ende gesetzt wurde.

Nachdem das Unternehmen 1984 zu seiner Umstrukturierung in die Hände des spanischen Industrieinstituts übergegangen war, begann ein neuer autonomer Kampfzyklus. Und auch heute, nachdem das „verschlankte“ Unternehmen an Alsthom verkauft wurde, gehen die Auseinandersetzungen mit Arbeitern, die zwar bereit sind, keine Arbeiter mehr zu sein, aber nicht ohne Kapital dastehen wollen, im neuen Firmensitz in Santa Perpetua de Mogoda weiter. Es ist also besser, wenn du nicht lange an diesem Ort verweilst, denn es kann passieren, dass hier die Nachfahren dieser Arbeiter mit ihren neuen Formen der Sabotage auftauchen.

QUIM SIRERA

4

HARRY WALKER

Passeig de Valldaura – Avinguda Rio de Janeiro

Die Passivität und Trägheit der Bewohner von Sant Andreu wurden im Winter 1970-71 durch einige Hundert Arbeiter der Firma Harry Walker durchbrochen. Diese hatten ihre Proteste auf die Straße getragen, nachdem sie aus dem Werk vertrieben worden waren, das sie zur Durchsetzung ihrer Forderungen besetzt hatten. Die Initiativen, die sie in den folgenden beiden Monaten auf Plätzen sowie in Kneipen und Vereinslokalen des Stadtteils verwirklichten, wurden ausschließlich von den *Asambleas*, den Vollversammlungen, und den Kommissionen bestimmt, die für die verschiedenen Widerstandsaufgaben gewählt worden waren.

Das multinationale Unternehmen Harry Walker, ein europäischer Trust für Automobilzubehör mit weiteren Werken in Großbritannien, Brasilien, Italien und Frankreich, hatte sich 1926 im Industrie- und Arbeiterviertel Sant Andreu angesiedelt. Die neue Fabrikanlage bestand aus zwei großen Hallen. In der Halle „Fábrica“ arbeiteten Facharbeiter an großen Arbeitsaufträgen. In der Halle „Solex“ wurden Vergaser hergestellt, die von Hilfsarbeitern – in der Mehrzahl Frauen – am Band gefertigt wurden. Das Unternehmen konnte diese Aufteilung jahrzehntelang dazu nutzen, um ihre Profite auf Kosten der Löhne und Arbeitsbedingungen zu maximieren.

1970 war jedoch die Grenze erreicht: Die Belegschaft war nicht mehr bereit, sich den giftigen Dämpfen, den elenden Löhnen und den Bestrafungen auszusetzen und beschloss, sich auf ein gemeinsames Vorgehen zu einigen. Auf einer gemeinsamen Versammlung am 13. Dezember 1970 zwischen Delegierten beider Hallen wurde ein gemeinschaftlicher Kampf- und Forderungskatalog aufgestellt: Lohnerhöhung von 3000 Peseten im Monat für alle, Rücknahme der Sanktionen und Festanstellung derer, die mit Zeitverträgen arbeiteten. Am 14. Dezember begannen dann die Versammlungen im Firmenhof. Ein in der Mitte aufgestellter Kanister diente als Pult zur Diskussion von Ideen und Aktionen. Wer dagegen meinte, ihn zu Propagandazwecken oder zur Ausgabe von Parolen benutzen zu können, wurde von der versammelten Belegschaft eines Besseren belehrt. Vier Tage lang konnten die kampfbereitesten Belegschaftsmitglieder diese improvisierte Tribüne nutzen. Das Unternehmen alarmierte unverzüglich die Polizei, die sich vor der Fabrik aufbaute. Am 18. Dezember verhängte das Unternehmen dann die Aussperrung, und die Polizei vertrieb die Arbeiter vom Fabrikgelände.

In den folgenden beiden Monaten ging der Kampf weiter: mit öffentlichen Versammlungen, mit direkten Aktionen gegen Werksleiter und Streikbrecher, mit Aktionen vor dem Arbeitsgericht. Und auch die Solidarität dehnte sich aus: Als Erstes solidarisierte sich die Belegschaft von La Maquinista, danach auch die Solex-Werke in Turin, Paris und Nantes. Zwei Monate der Solidarität, der Aktion, des Ideenaustauschs auf den Versammlungen, bis am 16. Februar die Arbeit wieder aufgenommen wurde. Die Bedingungen für die Wiederaufnahme waren die lineare Erhöhung des Monatslohns um 1000 Peseten und die Aufhebung der Zeitarbeitsverträge. Allerdings mussten 19 Entlassungen akzeptiert werden, deshalb war die Arbeitsleistung bei der Wiederaufnahme der Arbeit auch sehr gering.

Das Erlebte konnte nicht einfach weggewischt werden: 62 Tage wilder Streik jenseits der Kontrolle von Unternehmern, Gewerkschaften und Parteien; 62 Tage freier Diskussion, Überfluss von Ideen und Aktionen gegen ein System, das verändert werden soll; 62 Tage Inbesitznahme öffentlicher Räume, vor allem aber der Inbesitznahme der Arbeiter von sich selbst, die durch keine Form der Delegierung eingeschränkt worden war.

QUIM SIRERA

5

JOSEP LLUÍS I FACERÍAS (1920–1957)

Dr. Pi i Molist – Pla de les Madres de la Plaça de Maig (Ort seiner Erschießung)

La Rotonda lautete der Name des pompösen Restaurants am Fuß der Tibidabo-Straßenbahn, wo Josep Lluís i Facerías arbeitete. Der Tibidabo war damals ein beliebter Ausflugsort. Jeden Sonntag trafen sich hier libertäre Arbeitergruppen und -familien, um gemeinsam Sardinen zu braten oder geheime Versammlungen um eine dampfende Paella herum abzuhalten, die von den Gewerkschaftsmüttern bewacht wurde. Die jungen Männer machten Schießübungen mit ihren „Stars" und versuchten die jungen Frauen von den Vorzügen der freien Liebe und des Nudismus zu überzeugen. Das große Waldgebiet, Ort von nächtlichen Zusammenkünften, von Familienpicknicks sowie Revier der Sammler und Sammlerinnen von Brennholz, Schnecken, Pilzen und wilden Beeren, war der heidnischste Teil der Stadt. Der Tibidabo blickte von seinen Pinienhainen und versteckten Quellen auf die proletarische Stadt herab. Einige dieser Quellen wurden von den Anarchisten mit schönen Namen getauft, wie zum Beispiel „La Reclusiana" (in Anspielung auf den französischen Anarchisten und Geografen Elisée Reclus). Jahre später trafen sich hier auch *Face* und seine Freunde, um gegen die franquistische Diktatur zu konspirieren. Von hier aus konnten sie den Sühnetempel auf der Spitze des Bergs sehen. Ein Sühnetempel, dessen Bau von konservativen Kreisen finanziert worden war und der dazu dienen sollte, die Stadt von ihrem revolutionären Geist zu läutern. Wie nebenbei sollte er auch das Gelächter, die Gesänge, Liebschaften und Träume symbolisch verbannen, die mit diesen Ausflügen verbunden waren.

Jeden Tag stieg der junge Josep Lluís i Facerías zusammen mit seinem Bruder aus dem Stadtzentrum über die Viertel der Reichen bis zum Fuß des Bergs empor, um ins Restaurant zu gelangen, wo beide als Kellner arbeiteten. Die direkten Eindrücke, die er von der herrschenden Klasse, ihren Vergnügungen, Gesprächen und ihrem Pomp gewann, stachelten in Josep Lluís den Geist zum Widerstand an. Nachts bildete er sich in Veranstaltungen in den Gewerkschaftsräumen und im Eifer der Gespräche mit seinen Kollegen und seinen Genossen der unterschiedlichen anarchistischen Strömungen fort.

5

Wegen seines stattlichen Wuchses, seiner feinen Manieren und seines vornehmen und diskreten Verhaltens wurde Josep Lluís von seinen Genossen mit dem Spitznamen „Petronio" (nach dem Lateiner Petronius, der als Meister der feinsten Lebensgenüsse gilt, und der Name eines bekannten italienischen Modegeschäfts in Barcelona war) getauft. Er war jedoch niemals kriecherisch. Wie alle Mitglieder der Kellnergewerkschaft nahm er keine Trinkgelder an. Nach längeren Debatten war man zur Ansicht gelangt, dass es keine Trinkgelder geben dürfte, da sie nichts anderes als eine Belohnung für Lakaien, eine beleidigende Aufrundung elender Löhne und Almosen des Elends waren. Die Anarchisten gaben keine Almosen und nahmen auch keine an. Sie wollten sich nicht dazu herablassen, ihre Hand dem Ausbeuter hinzuhalten, der den ihnen rechtmäßig zustehenden Teil für sich behielt.

Josep Lluís i Facerías kämpfte zunächst in der Kellnergewerkschaft und danach in der Holzgewerkschaft. 1936 setzte er seinen Kampf an den Fronten der Revolution fort. Nach der Niederlage, und nachdem er seine Lebensgefährtin und sein nur wenige Monate altes Baby verloren hatte, nahm er den Kampf in der schwarzen Nacht der franquistischen Diktatur auf.

Als guter Kenner der herrschenden Klasse schlug er dort zu, wo er sie am empfindlichsten treffen konnte: Er überfiel Juweliergeschäfte, Luxusbordelle, Banken und die Häuser von „Neureichen" – von Kriegsgewinnlern und Spekulanten, Falangisten, Mitgliedern der Bürgerwehr und Spitzeln.

Der ehemalige Kellner war zu einem Stadtguerillero geworden, der an der Seite von José und Francisco Sabaté Llopart, Jaime Parés Adan, Wenceslao Jiménez Orive, Amador Franco und so vielen anderen Frauen und Männern kämpfte, die im Schatten gegen die Diktatur agierten. Legionen von anonymen Kämpfern, von diskret mit Regenmänteln und Hüten bekleideten Männern, die ihre Waffen in Handelsvertretermappen verbargen. Die Stadt bot ihnen Unterschlupf, sie bewegten sich in ihr geschickt und umsichtig bis zu ihrem Ende. Ihr Ende, sei es in der Stadt oder auf dem Weg dahin, waren die Kugeln ihrer zahlenmäßig überlegenen, herzlosen Feinde.

Face starb Ende August 1957 in einem Hinterhalt im Stadtteil Verdum, zwischen dem Tibidabo und dem Meer. Er war einer derjenigen, die keine Trinkgelder annehmen. Er ist auf dem Friedhof von Can Tunis, in der Grabgruppierung Sant Jaume 11, beigesetzt.

DOLORS MARIN

6

NERVENKLINIK SANTA CRUZ: EIN ANTIPSYCHIATRISCHES EXPERIMENT

Pi i Molist 133

1972. Szenario: ein Frauenpavillon in der geschlossenen Anstalt.

Am Tag, als ich die Leitung des Pavillons übernahm, ging ich durch einen dieser typischen breiten, hohen und alten Anstaltskorridore, bis mir eine riesige Tür den Weg versperrte. Ich versuchte sie aufzudrücken, aber sie war verschlossen. Ich hörte Geräusche und klopfte an. Die Geräusche verstummten. Ich klopfte erneut an und hörte ein Stimmengewirr. Ich stellte mich vor: „Ich heiße Ramón García und bin der neue zuständige Arzt ... Machen Sie bitte auf.“ Endlich antwortete mir jemand aus dem Inneren: „Das können wir nicht, wir haben keinen Schlüssel.“ „Wer hat denn den Schlüssel?“, erwiderte ich. Sie nannten mir den Namen der diensttuenden Nonne. Als sich die Tür schließlich auftat, sah ich mich rund zwanzig Frauen gegenüber, von denen zwei an die Beine eines großen mit dem Boden verschraubten Tischs gefesselt waren.

Wir befanden uns in der Nervenklinik Santa Cruz von Barcelona, genauer gesagt in der Strafabteilung mit dem Namen Santa María. Hierher wurden diejenigen kranken Frauen abgeschoben, die wegen ihrer Symptome oder der im Rahmen des Anstaltsprozesses chronisch gewordenen Krankheit einen Störfaktor für das ruhige und normalisierte Leben der anderen Abteilungen darstellten. Gefängnis innerhalb des Gefängnisses, in dem einige Kranke die Nacht (von acht Uhr abends bis sieben Uhr morgens) in ihren verschlossenen Einzelzellen verbrachten. Gefängnis innerhalb des Gefängnisses, in dem 18 kranke Frauen systematisch jede Nacht drei Mal geweckt wurden (um 21 Uhr, um 1 und um 5 Uhr), aus der – wie sich später herausstellte – vollkommen unbegründeten Angst, sie könnten ins Bett machen. Gefängnis innerhalb des Gefängnisses, dessen einziges „Pflegepersonal“ aus zwei Nonnen (eine in der Vormittags-, die andere in der Nachmittagsschicht) und einer Nachtwächterin bestand, die in einem absoluten strukturellen Elend das einzige psychiatrische Gesetz anwandten, das sie kannten: Belohnung der „Guten“ und Bestrafung der „Bösen“.

In diesem Szenario und noch mitten im Faschismus gelangten wir, eine Gruppe junger Menschen, von den neuartigen antipsychiatrischen Ansätzen angesteckt und in den meisten Fällen von den Defekten der Professionalisierung unberührt, rasch zur Überzeugung, dass die von uns vorgeschlagene therapeutische Befreiung der am stärksten unterdrückten Gruppe (die hier eingesperrten „Irren“) nur parallel zu unserer eigenen Befreiung verlaufen konnte. Gemäß diesen Prämissen konnte unsere Tätigkeit – üblicherweise als Arbeit bezeichnet – nur entweder Genuss und Spiel oder aber Macht und Unterdrückung sein. Wir entschieden uns selbstverständlich für Genuss und Spiel und bestimmten in der Praxis, dass das freie Wechselspiel der Vorlieben, Bedürfnisse und Wünsche die einzige Grundlage für die Aufnahme von Beziehungen (zwischen Kranken, Pflegern, Ärzten oder Hilfskräften) zu sein hatte.

Von da ab wurde es ein übliches Bild, dass jemand, wie unbeabsichtigt, seine Sitzung in einem Kreis abhielt, der sich um eine Gitarre oder eine Flöte gebildet hatte, während andere sich in einer Ecke

Psychiatrisches Landeskrankenhaus Santa Cruz

unterhielten, Mühle spielten, allein oder in Begleitung einen Spaziergang durch das Viertel machten, sich zu einem Schwätzchen in die Kneipe an der Ecke begaben oder „wie Tauben" wegtippelten, bis sie den nötigen Sicherheitsabstand erreicht hatten, der, wie wir alle wussten, jedes Mal kleiner wurde. Bei einer unvergesslichen Gelegenheit tauchten plötzlich einige mit einem alten klapprigen Klavier auf und baten mit einem wunderbar antiquierten Stück zu Tanz und Fest.

Unsere alltägliche Praxis in diesem „Friedhof der Lebenden" beseitigte so nacheinander alle Merkmale der Todesanstalt: die Hierarchie, die sinnlose Disziplin, die starren Stundenpläne, die Zwangsrituale des Anstaltsalltags, die Bestrafungen, die Zwangsarbeit …

Aber wir waren nicht allein: Auf der Gegenseite standen die „Bürokraten mit Polizistenmentalität" – die Verwalter, ein Großteil des Pflegepersonals, andere Ärzte, der Anstaltsleiter –, die diese schlichte Euphorie der Freiheit misstrauisch beäugten. Schlimmer noch, bald machten sich diejenigen bemerkbar, die sie nicht ertrugen und deshalb auch nicht zulassen konnten. Es waren dieselben, die jahrelang ertragen und zugelassen hatten, dass in der ehemaligen Strafabteilung, in der wir den Hauptteil unserer Arbeit verrichteten, die abscheulichsten Formen von Elend, Unterdrückung und Bestrafung geherrscht hatten. Sie ertrugen es nicht und waren nicht bereit es zuzulassen, und so ließen die Sanktionen nicht lange auf sich warten. Zuerst gegen die Internierten von Seiten der medizinischen Anstaltsleitung, dann von Seiten der Verwaltung gegen das „Behandlungspersonal", und davor und danach von Seiten der Polizei, die mit ihren beiden Besuchen in der Anstalt und den „Visiten", die sie einigen von uns abstatteten, die notwendige Angst verbreiteten, um die letzten Zweifel darüber zu beseitigen, wer das Heft in der Hand hielt. Wir protestierten mit einer symbolischen Besetzung des Pavillons gegen die Verfolgungen und wurden prompt entlassen.

Sie warfen uns zwar raus, aber die Rebellion gegen die makabre Realität der Irrenanstalt hatte eingeschlagen. Auf der einen Seite war eine ganz neue Verbundenheit mit den Kranken entstanden, wie ein Brief beweist, den eine Gruppe von Insassinnen mitten im Konflikt an den Anstaltsleiter schrieb: „Da das Personal dieser Sektion von Santa Ana entlassen werden soll, wenden wir uns an Sie, um klarzustellen, dass wir mit dieser Maßnahme nicht einverstanden sind [...] Wir sind der Ansicht, dass dieses Personal ein gutes Werk getan hat, als es uns Kranke auf die Straße gelassen hat, denn diese Ausflüge haben uns sehr gut getan, und mit diesem neuen Vertrauen war es uns leicht, uns ihnen gegenüber zu öffnen und von unseren Leiden und Problemen zu sprechen. [...] Wir sind nicht mit Ihnen einverstanden: Kaum haben Sie Menschen gefunden, die sich um unsere Probleme kümmern, schon werfen Sie sie wieder hinaus, damit sie uns nicht mehr schützen können. Da haben Sie sich aber getäuscht, denn wir werden weiter gegen diese Ungerechtigkeiten protestieren ..."

Auf der anderen Seite hatte die Erfahrung ein breites Echo im In- und Ausland gefunden. Uns erreichten zahllose Solidaritäts- und Unterstützungsbekundungen, unter anderem auch der „Brief an die Internierten, Pflegekräfte und Ärzte der Nervenklinik", der vom Team der Psychiatrischen Klinik Triest und seinem Leiter Franco Basaglia unterzeichnet war. Wir geben in der Folge einige Auszüge aus dem Brief wieder, da er einige Merkmale unserer Tätigkeit hervorragend beschreibt.

„Zu einem Zeitpunkt, an dem versucht wird, Eure Arbeit der Transformation der Anstaltswirklichkeit zu unterdrücken und zu zerstören, wollen wir unsere bedingungslose Solidarität mit Euren Bemühungen ausdrücken [...] Wir verstehen diese Solidarität als einen praktischen Moment desselben Kampfes, den wir täglich in Italien führen: Ein Kampf gegen die systematische Unterdrückung der Internierten durch die psychiatrische Institution, indem sie diese einer Beziehung der vollständigen Beherrschung unterwirft [...]; ein Kampf gegen die Art und Weise, in der diese Gesellschaft das Leiden und die mangelnde Anpassung an ihre Regeln und Normen benutzt [...]; letztendlich ein Kampf gegen das Mandat, das diese Gesellschaft den Gesundheitstechnikern erteilt: die Etikettierung, Diskriminierung und Kontrolle all derjenigen, die aufgrund ihrer Erfahrungen, ihrer Gedanken, ihres Verhaltens oder ihrer Marginalisierung von Arbeit und Konsum die etablierte Zwangsordnung gefährden könnten.

Wir fühlen uns umso solidarischer mit Euch verbunden, da Euer Handeln die aktuelle Wirklichkeit der psychiatrischen Betreuung von einer konkreten Arbeit aus angehen und verändern will [...] und weil Ihr Euch dabei nicht von der Ideologie der psychiatrischen *Erneuerung* habt lähmen lassen, mit der gegenwärtig Gesundheitsdiskurse und Organisationsformen eingeführt werden, die weder die Anstaltswirklichkeit noch die sich in ihr ausdrückenden Herrschaftsbeziehungen wesentlich verändern [...]

In Italien, wie in Spanien und im übrigen Europa, ist die Irrenanstalt die vorherrschende psychiatrische Realität. Unter diesen Bedingungen ist unsere Solidarität zugleich Ausdruck unseres gemeinsamen festen Willens, diese gewalttätige Realität in unseren alltäglichen Auseinandersetzungen innerhalb der Institution zu verändern, sowie sie auf die gleiche Weise anzuklagen wie Ihr es heute tut, damit niemand sie öffentlich vergessen oder verschleiern kann, solange es sie gibt."

RAMÓN GARCÍA

7

KÄMPFE EINES STADTTEILS: ROQUETES

Carrer Mina de la Ciutat, Roquetes

1975, zwei Jahre nach der Amtsniederlegung des franquistischen Bürgermeisters Porcioles, gehörte Roquetes zu den elendsten Gebieten des Stadtteils Nou Barris im Norden Barcelonas. Die Beschaffenheit des Geländes, mit einem Höhenunterschied von fast hundert Metern zwischen einem Ende des Viertels und dem anderen, erschwerte die Fortbewegung erheblich. Die ungepflasterten Straßen ohne Bürgersteige mit einem Gefälle bis zu 35% verwandelten sich bei Regen in regelrechte Sturzbäche.

Allein zwischen 1952 und 1958 waren rund 350.000 Menschen in den Großraum Barcelona gezogen. In dieser Zeit wurden insgesamt 40.000 Wohnungen gebaut, darunter eine erhebliche Anzahl von Sozialwohnungen. In Roquetes waren jedoch nur private Bauherrn tätig, die ohne jegliche städtebauliche Vorgaben und mit skandalös minderwertigen Baumaterialien einen Wohnblock nach dem anderen ins Gelände pflanzten. Im neuen Stadtteil fehlte es praktisch an allem: Die zur Verfügung stehenden Schulplätze waren absolut unzureichend, es gab weder medizinische Versorgungseinrichtungen noch andere öffentliche Dienstleistungen. Das Viertel war nicht einmal an das öffentliche Verkehrsnetz angeschlossen, da die Techniker der Verkehrsgesellschaft beschlossen hatten, dass die steilen Straßen keinen Busverkehr zuließen.

Der elenden Bedingungen und der Vernachlässigung überdrüssig, gründeten die Anwohner eine Gruppe, die sich sonntagvormittags auf einem der vielen Brachen des abgestuften Geländes traf, um darüber zu diskutieren, wie die Lage verändert werden könnte. Ihre wachsende Wut richtete sich nicht nur gegen die herrschenden Zustände, sondern auch gegen die seit einiger Zeit von der Stadtverwaltung herablassend verkündeten Pläne, drei Schnellstraßentunnels durch das Collserola-Gebirge zu bohren, an dessen Hängen sich das Viertel befindet, und – ohne Rücksicht auf Verluste – im unteren Bereich eine unüberdachte Stadtautobahn durch das Viertel zu treiben.

Die Nachbarn fragten sich, wie sie dagegen ankämpfen konnten. Niemand führte den Vorsitz bei diesen Versammlungen; wer etwas zu sagen oder vorzuschlagen

hatte, ergriff das Wort; die Leute schlossen sich nach ihren Sympathien und Interessen den gemeinsam bestimmten Kampffronten an: Gesundheitsfürsorge, Stadtplanung, Bildung und Kultur.

Die Schüchternheit und die Ehrfurcht, mit denen die Forderungen gegenüber der Stadtverwaltung anfänglich vorgebracht wurden, hatten zu keinem Ergebnis geführt. Das Viertel existierte praktisch nicht, es tauchte weder in den Bebauungsplänen noch in den Stadtplänen auf. Die Delegierten sowie die Anträge und Vorschläge, die der Stadtbezirksverwaltung und der Stadtverwaltung unter-

breitet worden waren, stießen auf eine Mauer des Schweigens und der Verachtung. 1976 beschloss die Versammlung dann zur Tat überzugehen. Seit Jahren wurde ein medizinisches Versorgungszentrum für das Viertel gefordert. Das nächste Ärztezentrum lag in Guineueta, zwanzig Minuten zu Fuß für eine erwachsene gesunde Person entfernt, öffentliche Transportmittel gab es keine und das Ärztezentrum hatte seinen eigenen Aussagen zufolge kein Geld, um Transportmittel zu stellen. Die Anwohner begannen nun eine Unterschriftenkampagne, hängten Transparente auf und eine große Gruppe von ihnen marschierte im Nationalen Institut für Gesundheitsfürsorge im Zentrum Barcelonas auf. Dort wurde ihnen eine schnelle und wirksame ärztliche Versorgungseinrichtung im Stadtteil versprochen. Und tatsächlich wurde wenige Wochen später eine Erste-Hilfe-Station eröffnet. Die Nachbarn reagierten darauf mit einer mehrtägigen Besetzung des Ortes, während andere mehrere Tage hintereinander den Eingang und Amtsräume des Nationalen Instituts für Gesundheitsfürsorge in Balmes-Gran Via blockierten. Einen Monat später wurde das Ärztezentrum von Roquetes eingeweiht.

Durch diese Erfahrungen klug geworden, stürmten wenige Monate später rund 60 Personen einen Stadtbus an der Plaça Llucmajor und fuhren mit ihm an allen Orten des Viertels vorbei, die er ihrer Meinung nach anzufahren hatte. Die Operation wurde mehrere Wochen lang wiederholt und schließlich wurde eines Freitags auf der Rückfahrt beschlossen, bis zum Rathaus auf der Plaça de Sant Jaume weiterzufahren. Wenige Tage später verkehrten die Buslinien 11 und 112 genau auf der von den Anwohnern vorgegebenen Route durch Roquetes.

Als dritte Episode dieser jahrelangen Kämpfe für ein würdiges Leben im Stadtteil möchten wir noch an die Episode „Asphaltmischanlage versus Volksathenäum“ erinnern. Seit Jahren hatten die Bewohner von Nou Barris den Bau eines großen gemeinsamen Kultur- und Freizeitzentrums gefordert. Die Stadtverwaltung antwortete auf die zahllosen Anträge mit leeren Versprechungen in einer Zeit, in der in Nou Barris umfassende Straßenbaumaßnahmen zur Erweiterung der Zufahrtsstraßen nach Barcelona in Vorbereitung waren. Plötzlich wurde innerhalb von wenigen Tagen, 50 Meter von den ersten Wohnblöcken entfernt, eine riesige Anlage zur Asphaltherstellung just an dem Ort aufgestellt, den das Viertel seit Jahren für den Bau des Athenäums reklamiert hatte. Anstatt dieses Problem des Viertels zu lösen, hatte die Stadtverwaltung ein neues geschaffen.

Dieser neue Affront löste eine riesige Empörung aus. Auf der Viertelversammlung wurde einmütig beschlossen, die Asphaltmischanlage schneller zu entfernen, als sie aufgebaut worden war. Man war sich nur nicht darüber einig, ob sie demontiert oder unbrauchbar gemacht werden sollte. Schließlich setzte sich mehrheitlich die Ansicht durch, dass es nicht die Aufgabe der Nachbarn sei, sich diese entwürdigende Arbeit der Demontage aufzubürden. Gesagt, getan: Innerhalb einer Stunde wurde die Anlage mit schlagkräftigen Werkzeugen schrottreif gemacht. Eine Woche danach ließ die Stadt den Schrotthaufen abtransportieren. An der Stelle der Asphaltmischanlage steht heute das selbstverwaltete Ateneu Popular de Nou Barris.

MIQUEL VALLÈS

Clot – La Sagrera
1
2
3
4
5
Avinguda Meridiana
Gran Via
Avinguda Diagonal
Parc de les Glòries
Plaça de Les Glòries Catalanes
Parc del Clot
Camp de l'Arpa (L5)
Clot (L2)
Clot (L1)
Sagrera
Navas (L1)
Bac de Roda (L2)
Glòries (L1)
Encants (L2)
Maragall (L5)
Congrés (L5)
Guinardó (L4)
Passeig Maragall
Ronda del Guinardó
Carrer de València
Carrer d'Aragó
Carrer de Mallorca
Carrer de Provença
Carrer del Rosselló
Carrer de Còrsega
Carrer de Sant Antoni Maria Claret
Carrer de la Indústria
Carrer de Consell de Cent
Carrer de Bolívia
Carrer de Tànger
Carrer del Perú
Centre Comercial Glòries
Carrer de Bilbao
Carrer de Lope de Vega
Carrer d'Espronceda
Carrer del Clot
Carrer de Muntanya
Carrer de Mallorca
Carrer de Múrcia
Carrer de Josep Estivill
Carrer de Palència
Rambla del Poblenou
Carrer de Felipe II
Carrer de Garcilaso
Carrer del Concili de Trento
Carrer de Pere IV
Plaça de Valentí Almirall
Plaça de Ferran Reyes
Plaça del Doctor Torent
Avinguda de la Meridiana
Carrer de Josep Bofarull
Carrer de Navas de Tolosa
Carrer de Trinxant
Carrer de Tolosa
Jardins de Joana Tomàs

Clot - La Sagrera

Die Stadtteile El Clot und La Sagrera befinden sich auf dem ehemaligen Gemeindegebiet von Sant Martí de Provençals, das 1897 Barcelona eingemeindet wurde. Die Kerngemeinde war ursprünglich von einem fruchtbaren Obst- und Gemüseanbaugebiet mit zahlreichen Wassermühlen umgeben, die vom Kanal Rec Comtal angetrieben wurden. Am Rande des Kanals ließen sich bald zahlreiche Fabriken und Manufakturen der frühen Baumwolldruckindustrie nieder, die für den Export in die „Neue Welt" produzierte. Die Frauen stellten die Mehrheit der Beschäftigten in der frühen Textilindustrie, die durch auszehrende Arbeitszeiten und niedrige Löhne gekennzeichnet war. Es waren sehr kämpferische Frauen. Ihre *compañeros* arbeiteten in Metallbetrieben, als Schreiner, als Maurer oder in städtischen Infrastruktureinrichtungen. Die in den beiden Vierteln verbreiteten Kleingärten halfen vielen Familien, mit ihren geringen Einkünften über die Runden zu kommen.

Die Straßen und Plätze der Stadtteile waren vor allem in den ersten beiden Jahrzehnten des 20. Jahrhunderts ein Schauplatz von harten sozialen Kämpfen zur Durchsetzung des Achtstundentags, der Vereinigungsfreiheit und der Einhaltung der Nachtschichtendauer für die Frauen. Den Arbeitervereinen gelang es, einige Räume zu erobern, so zum Beispiel die *Escuelas Racionalistas*, die den Arbeiterkindern die Tore zum Wissen öffneten. Das rege Vereinsleben umfasste Gesangsvereine, Kooperativen, Kulturvereinigungen, Zeitschriften und vor allem soziale Kampfgruppen. In der jüngeren Vergangenheit ist an erster Stelle auf die massiven Mobilisierungen hinzuweisen, mit denen der Bau einer Schule auf dem ehemaligen Gelände der Pegaso-Fabrik durchgesetzt wurde.

Heute erinnern die schönen Skulpturen des Bildhauermeisters Ramón Acín am Rande der großen Einfallsstraße Meridiana die Bewohner daran, dass ihr Schicksal durch die kollektiven Anstrengungen verändert werden konnte. In beiden Stadtteilen gibt es heute praktisch keine Fabriken mehr. Auch die meisten Werkstätten sind verschwunden und sogar einige Straßen sind der Sanierungspolitik zum Opfer gefallen. Den vereinten Anstrengungen vieler Anwohner ist es jedoch gelungen, einen Teil des Geländes für das Gemeinwohl zu bewahren. Dem Bau des Bahnhofs für den Hochgeschwindigkeitszug AVE wussten die Nachbarschaftsvereinigungen nach anfänglichen Protesten jedoch nichts entgegenzusetzen. Die mit diesen Baumaßnahmen einhergehende Wohnraumspekulation verursacht zur Zeit eine ähnlich markante Veränderung der beiden Stadtteile wie der Bau der Einfallsstraße Meridiana in den 60er Jahren.

1

DIE U-BAHN BARCELONAS

U-Bahn-Station Sagrera

Die Ende des 19. Jahrhunderts erfolgten Eingemeindungen der umliegenden Ortschaften führten zur Entstehung von Großbarcelona. Die billigen Arbeitskräfte aus dem katalanischen Hinterland steigerten in der Folge die Produktivität der katalanischen Industrie und ermöglichten die Errichtung von neuen Infrastrukturen, die die Stadt benötigte. In diesen Zeitraum fiel der Bau der Via Laietana, die als Schneise zum Meer durch die Altstadt geschlagen wurde, der Bau des Passeig de Colom, der Sanierungsplan Cerdà und der Bau der Untergrundbahn.

London und Barcelona waren die ersten beiden Städte der Welt, die die Eisenbahn als städtisches Transportmittel einsetzten. Im Fall von Barcelona galt dies für die 1863 eingeweihte Sarrià-Linie. Mit dem Bau der Untergrundlinien wurde 1920 begonnen. Der erste Abschnitt der U-Bahn-Linie 1 (Lesseps–Plaça Catalunya) wurde am 30. Dezember 1924 eingeweiht. Die erste Teilstrecke der Linie 2 (Aragón–Correos) wurde 1926 in Betrieb genommen. Seit dieser Zeit – vor allem aber seit Ende der 1950er Jahre – ist das U-Bahn-Netz der Stadt ständig erweitert worden und ist auch heute noch nicht vollkommen fertig gestellt.

Von Anfang an war die U-Bahn das bevorzugte Transportmittel der Industriearbeiter, da mit ihr die weiten Wege von den Trabantensiedlungen in die Fabriken am schnellsten zurückgelegt werden konnten. Aus diesem Grund gab es bestimmte Uhrzeiten – vor allem in den frühen Morgenstunden –, in denen die Stimmung in den Waggons von uns geprägt war. Die Fahrt in der U-Bahn zur Arbeit und zurück wurde deshalb auch häufig zur Verteilung von Flugblättern genutzt, in denen aktuelle Kämpfe erklärt wurden und zu gemeinsamen Aktionen gegen gemeinsame Probleme aufgerufen wurde.

Es gab Umsteigestationen, nicht zuletzt La Sagrera, deren Gänge und Treppen sich besonders gut zum Verteilen von Flug-

blättern eigneten, da sie von riesigen Mengen von Fabrikarbeitern der Außenviertel (vor allem Santa Coloma, Sant Andreu und Horta) durchquert wurden, die einem die Flugblätter praktisch aus der Hand rissen und deren massive Präsenz gleichzeitig die Polizei abschreckte. Wie viele Erinnerungen sind mit diesen Flugblattaktionen verbunden, was für ein Genuss, den letzten Packen vom oberen Treppenabsatz über die Köpfe hinweg die Treppe hinunterzuwerfen und sich dabei sicher zu sein, dass keins auf dem Boden liegen bleiben würde!

Heutzutage löst die Fahrt mit der U-Bahn dagegen ein Gefühl der Einsamkeit und Tristesse aus. Die stillen Menschenmengen, die von den quietschenden U-Bahn-Waggons in den frühen Vormittagsstunden in regelmäßigen Abständen auf die Bahnsteige ausgespuckt werden, erinnern eher an einen Aufmarsch schweigender Gleichgültigkeit als an Arbeitermassen auf dem Weg zur Arbeit und zu einem Alltag, der trotz allem gegenteiligen Anschein weiterhin von Kämpfen geprägt wird.

Möglichweise ist es den Gewerkschaftsbonzen mit ihrem unverständlichen Jargon, ihren obskuren Absichten und ihrem klaren Verrat gelungen, diese Gleichgültigkeit hervorzurufen. Möglicherweise ist dieser Mangel an Energie und Interesse das Ergebnis einer immer prekäreren Arbeitslage. Möglicherweise ist die Abneigung gegenüber der Arbeit eher die Folge eines allgemeinen Überdrusses als einer bewussten Rebellion ...

Obwohl heute fast alles ganz anders ist und in den Frühzügen der U-Bahn Schläfrigkeit, Apathie und Langeweile herrschen, sind in den Gängen noch einige lebendige Ecken zu finden: Musikanten, Jugendliche, die Graffitis sprühen gegen das System oder weil es ihnen Spaß macht (was aufs Gleiche hinausläuft), Menschen, die über die Absperrungen springen oder unter ihnen durchkriechen, um den Fahrpreis nicht zu zahlen, oder andere, die sich in einer Ecke versammeln, um eine Zigarette oder einen Joint zu rauchen.

Und auch heute noch gibt es Überraschendes in der U-Bahn zu erleben. Wie zum Beispiel die Blitzaktion, die das Arbeitslosenplenum von Sant Andreu vor nicht allzu langer Zeit durchgeführt hat. Mit der schlüssigen Argumentation, dass die Güter und Dienstleistungen für all diejenigen unentgeltlich zu sein haben, die nicht mehr über die Arbeit an das nötige Geld gelangen, um sie zu bezahlen, besetzten sie die Zugänge zur U-Bahn-Linie 1 zwischen den Stationen Sagrera und Fondo und öffneten die Sperren, damit alle U-Bahn-Benutzer umsonst fahren konnten. Dazu verteilten sie Flugblätter, in denen sie erklärten, warum sie einen öffentlichen Transport zum Nulltarif forderten. Wie nebenbei verwandelten sie diesen Raum der Routine, Müdigkeit und Tristesse erneut in einen Ort des Festes und der Fantasie.

All diese Interventionen in den U-Bahn-Gängen sind ein Hauch der Hoffnung, dass diese Welt zu neuem Leben erwachen könnte. Und sogar die gleichgültigen Schlafwandler der ersten Morgenzüge erlauben uns, den Traum von einer neuen Zeit wach zu halten, in denen erneut Flugblätter über die Treppen herabflattern werden, die zu Rebellion und Kampf aufrufen.

MARCELO LÓPEZ

DIE GRUPPE SONNE UND LEBEN

Carrer Muntanya 25

Hinter dem unschuldigen Namen *Sol y vida* („Sonne und Leben") verbarg sich in den 20er und 30er Jahren des 20. Jahrhunderts eine regelrechte anarchistische Affinitätsgruppe von Anwohnerinnen und Anwohnern des Stadtteils Clot. Die aus rund zwanzig jungen Anhängerinnen und Anhängern der direkten Aktion, der Propaganda der Tat und der Enteignung bestehende Gruppe wurde bei ihren Aktionen von einem breiten Sicherheitsnetz abgeschirmt, das aus Familienangehörigen und nahen Freunden bestand.

Die Polizei konnte sich nur schwer in Gruppen mit einem so starken Zusammenhalt und so engen Verbindungen einschleusen. Trotzdem setzte sich die Gruppe aus durchaus unterschiedlichen Charakteren mit unterschiedlichen Vorstellungen zusammen. „Die Toleranz ist die Mutter der Harmonie", sollte eines ihrer Mitglieder, der Ziegelbrenner Juan Pujalte, später ganz im Sinne Fouriers erklären, dessen Ideen mehr als ein Gruppenmitglied teilte. Die Gruppe bestand aus so unterschiedlichen Menschen wie dem Pazifisten, Esperantisten und Vegetarier Juan Pujalte, der eng mit Pepito Mateu befreundet war. Dieser war wiederum der Bruder eines Mitglieds einer beispielhaften Aktionsgruppe, die am 8. März 1921 den konservativen Regierungspräsidenten Eduardo Dato als Antwort auf die harte Repression gegen die Arbeiterbewegung erschossen hatte. Eine der aktivsten Frauen der Gruppe war Conchita Liaño, eine der Gründerinnen der *Mujeres Libres*. Ein ganz wichtiges Gruppenmitglied war

GAT

auch José Elizalde: Individualist, Anhänger der Liebesgemeinschaft – des gemeinschaftlichen Zusammenlebens mehrerer Paare –, Übersetzer von H. Ryner und E. Armand. In seinen Mußestunden unterrichtete er Esperanto und Ido, zwei zum internationalen Gebrauch geschaffene Welthilfssprachen, die jenseits von Expansions- und Kolonialinteressen zur solidarischen Verständigung unter den Menschen dienen sollen. Dies hinderte jedoch die Anhänger der einen und anderen Plansprache nicht daran, sich erbitterte Wortgefechte zu liefern.

Abgesehen von einigen technischen Zeichnern und dem Arzt Félix Martí Ibáñez waren alle anderen Gruppenmitglieder Fabrikarbeiter oder Handwerker. Alle wurden von einem starken Wissensdurst getrieben und waren eifrige Leser von Büchern, die für die damalige Zeit

moderne Themen wie Naturismus und Wandersport behandelten. Einer ihrer Treffpunkte war das Ateneo Ecléctico Naturista (Eklektisches Naturistisches Athenäum), ein großes, als Tarnung dienendes Zentrum, das 1934 von der Polizei ausgehoben wurde.

Im Athenäum ging jeder seinen besonderen Vorlieben nach. Die einen schlossen sich der Theatergruppe an, die auf gemeinschaftliche Weise und ohne Direktor die Werke des „sozialen Theaters" auswählten und einstudierten, mit denen unter den anderen Viertelbewohnern die Flamme des proletarischen Bewusstseins entfacht werden sollte. Andere nutzten die vom Athenäum organisierten Sonntagswanderungen, um Schleichwege nach Frankreich zu markieren, über die die von der Diktatur verfolgten Fahnenflüchtigen nach Frankreich desertieren konnten. Wiederum andere gaben eine anspruchsvolle Zeitschrift heraus, die im Januar 1926 unter dem Namen *Ética* gegründet und 1929 in *Iniciales* umgetauft wurde und bis zum Ausbruch der Revolution 1936 existierte. Die Zeitschrift wurde schnell zum Verbreitungsorgan des individualistischen, naturistischen und vegetarischen Denkens ihrer Anreger, allen voran Elizalde. Sehr stark vom militanten französischen Individualismus beeinflusst, wurde sie im Laufe der Zeit zum Bezugspunkt von Unzufriedenen der gesamten iberischen Halbinsel.

Die Naturfreunde der Gruppe schlugen jeden Sonntag am Strand von Badalona ein Wetterdach auf, an dem der Gruppenname angebracht war. Unter diesem Dach herrschte immer eine ausgelassene Stimmung: Es wurde zusammen gegessen, über alles Mögliche diskutiert, gelacht und die jungen Menschen beider Geschlechter gingen offene und freie Beziehungen miteinander ein. Trotz der Diktatur von Primo de Rivera waren es hoffnungsfrohe Jahre, in denen die Autorität und alles Göttliche fröhlich in den Schmutz gezogen wurden.

Im Frühjahr und Sommer nahmen die gesamten Familien der Gruppenmitglieder an den Landausflügen teil. Während die einen die Paella mit Huhn oder Kaninchen vorbereiteten, nutzten die anderen den Trubel, um zu konspirieren, verbotene Presse, Waffen und Bomben auszutauschen oder um Schießübungen zu machen. Die Vegetarier bildeten zur Essenszeit eine eigene Gruppe und teilten Wassermelonen, Trockenfrüchte, Käse und Brot miteinander.

Diese alltägliche Utopie, die durch die Anstrengungen und die Beiträge aller Gruppenmitglieder geschaffen wurde, prägte das Leben ihrer Mitglieder sowie breiter Teile ihrer Generation weit über das Ende der Gruppe hinaus. Und die von diesen Erfahrungen durchdrungenen Männer und Frauen verteidigten die Freiräume, die sie in der alltäglich gelebten Utopie erobert hatten, am 19. Juli 1936 an den Barrikaden ihres Stadtteils bis aufs Letzte.

DOLORS MARÍN

DIE BAR MONTSERRAT

Carrer Rogent, Ecke Carrer Nuria

Juli 1936. Wenige Tage, nachdem Liberto Samau und ich der CNT-Zentrale einen Besuch abgestattet hatten, sprach uns ein etwas älterer Jugendlicher, der zum POUM gehörte und jeden Nachmittag an unserem Zeitungskiosk vorbeikam, auf den Ernst der Lage und die Gefahr eines möglichen Militärputsches an. Das war nichts Neues, die Putschgefahr hing in der Luft und wurde in aller Öffentlichkeit diskutiert. Er erklärte jedoch hartnäckig, dass der Putsch unmittelbar bevorstehe und sogar noch in „dieser" Nacht ausgerufen werden könne. Wir waren von seiner Gewissheit beeindruckt. Als wir uns verabschiedeten, empfahl er uns, dass wir unseren CNT-Ausweis bei uns tragen sollten, wenn wir einen hätten, denn wenn es zu einem Staatsstreich kommen sollte, würde es „Ärger" geben, die Arbeiter würden bewaffnet darauf reagieren und es wäre sehr wichtig, ein Dokument bei sich zu haben, mit dem man sich bei den Kontrollen an den Barrikaden ausweisen konnte. Er sprach in einem so überzeugten Tonfall darüber, als würde er die Barrikaden bereits vor sich sehen.

Das Gespräch hatte eine tiefe Wirkung bei uns hinterlassen. Ich wollte auf der Stelle zum Ateneo Ecléctivo gehen, um die Genossen aus meiner Jugendgruppe zu treffen und zu erfahren, was sie von der Sache wussten. Die Freundschaft, die sich zwischen mir und Liberto aufgebaut hatte, hielt jedem Geheimnis stand und ich konnte ihm nicht länger meine Mitgliedschaft in den *Juventudes Libertarias* verschweigen. Als er mein Geständnis hörte, verzog er aus Enttäuschung über meine Geheimniskrämerei das Gesicht. Er beließ es jedoch dabei. Wir schlossen den Kiosk zu, klemmten uns die noch nicht verkauften Abendausgaben der Zeitungen unter den Arm und machten uns auf zum Athenäum. Unterwegs boten wir sie auf der Straße und an den Straßenbahnhaltestellen feil und hatten bei Ankunft im Athenäum alle Exemplare verkauft.

Als wir das Lokal betraten, wunderten wir uns darüber, dass kaum jemand da war. Wir fragten Juvé, den Bibliothekar, nach dem Grund für die Leere. Er erklärte uns, dass alle in der Bar Montserrat an der Ecke zwischen Rogent und Nuria seien.

Ich weiß nicht warum, aber auf dem Weg zur Gaststätte dachte ich unwillkürlich an Juvé. Ich kannte ihn schon seit Jahren und er war ein häufiger Gast der Gesprächsrunden, die sich jeden Abend vor den Toren des Pferdestalls bildeten, in dem er zusammen mit seiner alten Mutter lebte. Seine Behausung lag ganz in der Nähe des Carrer Acequia Condal, in der sich früher das Libertäre Athenäum befunden hatte, und direkt gegenüber der Apotheke von Doktor Castell, einem Mitglied des Athenäums, der allen Athenäumsmitgliedern, die mit ihren Beitragszahlungen „auf dem Laufenden" waren, einen 10%-igen Preisnachlass gewährte. Im Stall gab es zwar keine Pferde mehr, dafür aber mehrere Planwagen: Juvé hatte sich in einem dieser Planwagen häuslich eingerichtet, seine Mutter in einem anderen. Er arbeitete nicht, denn er litt unter einer chronischen Lungenerkrankung, die er sich während einer mehrjährigen Haftstrafe zugezogen hatte. Er war seit den 20er Jahren in der anarchistischen Bewegung aktiv, hatte die Gruppe „Sonne und Leben" mitgegründet und war ein Anhänger von Max Stirner. Er war also ein Vertreter des individualistischen Anarchismus und ein Gegner der Gewalt. Er vertrat die Auffassung, dass der Staat und seine Institutionen am besten dadurch bekämpft würden, indem man sie ignorierte und im Leben so handelte, als ob es sie nicht gäbe. Er machte sich über diejenigen lustig, die den libertären Kommunismus mit Dynamit herbeibomben wollten. Bei einer Gelegenheit erklärte er García Oliver in einem sehr höflichen Tonfall, dass er ihn für einen kleinen Robespierre hielt und lieber nicht unter dem libertären Kommunismus leben möchte, den dieser einführen wollte. García Oliver gefiel diese Bemerkung Juvés ganz und gar nicht und er fragte ihn hämisch: „Wie willst du ihn denn einführen?“ Juvé erwiderte ungerührt, dass er ihn nicht einführen, sondern leben wolle und dies persönlich schon tun würde. Wenn jeder so wie er vorgehen würde, dann bräuchte man auch keine Bomben zu legen. García Oliver sah ein, dass jede weitere Diskussion zwecklos war, wandte seinem Gesprächspartner den Rücken zu und stieß beim Weggehen in der ihm eigenen autoritären Art hervor: „So, so! Der Stirner wird es also regeln!“

Bei einer solchen Vorgeschichte war es nicht verwunderlich, dass Juvé allein in der Bibliothek zurückgeblieben war und sich seiner Lieblingsbeschäftigung widmete: den autodidaktischen Studien.

Als wir in der Bar Montserrat ankamen, waren hinten im Billardsaal zwischen zwanzig und dreißig Genossen versammelt. Sie sprachen über die letzten Meldungen, die vom Verteidigungskomitee des Viertels ausgegeben worden waren: Noch in derselben Nacht sollten Wachen vor den Kasernen der Guardia Civil, den Polizeiwachen und den kirchlichen Zentren postiert werden. Aber: „Wie sollen wir denn diese nächtlichen Patrouillen durchführen? Mit leeren Händen?“, fragte Vicente Tarín, Mitglied der *Juventudes Libertarias*. Es gab keine Waffen. Einige Genossen besaßen zwar kleinkalibrige Pistolen, das war aber auch schon alles, zumindest alles, was ich mit meinen eigenen Augen in der Bar Montserrat in jenen Abendstunden des 13. Juli 1936 sah, der ersten Nacht, in der die militanten Kreise Barcelonas in Erwartung des Militärputsches mobilisiert worden waren. Tarín und zwei weitere Genossen überlegten angestrengt, auf welche Weise man sich bewaffnen könnte. Einer von ihnen hatte offenbar eine glänzende Idee gehabt, denn die drei waren urplötzlich verschwunden. Wie wir später feststellen konnten, hatte die glänzende Idee darin bestanden, alle Wachposten und Nachtwächter des Viertels zu entwaffnen. Auf diese Weise wurde das Arsenal zusammengetragen, mit dem die Putschisten bekämpft werden mussten. Die Situation im Clot unterschied sich nicht von der Lage in den anderen Vierteln der Stadt. In jedem Barrio gab es ein Verteidigungskomitee wie das unsere. Diese Komitees bestanden aus der CNT, der FAI und den *Juventudes Libertarias* und koordinierten sich mit dem städtischen Verteidigungskomitee, das aus Delegierten dieser drei Organisationen bestand. Diese Organisationsstruktur funktionierte hervorragend und die Meldungen gelangten in kürzester Zeit über die Verbindungsleute zu den Sammelpunkten der Aktivisten.

In der Bar Montserrat, wie an anderen Orten im Clot, herrschte ein reges Treiben. Die dicht zusammengedrängten Libertären teilten sich in Wachdienste auf: Während die einen durch das Viertel patrouillierten, blieben die anderen als Brandwache zurück. Auf diese Weise waren diese Sammelpunkte die ganze Nacht über besetzt und die Genossen konnten sich abwechselnd ausruhen, da sie ja am nächsten Tag wieder arbeiten mussten.

Liberto und ich nahmen in dieser Nacht nicht an den Wachdiensten teil, was uns beide mächtig wurmte. Anderen, die auch in keinen Dienst eingeteilt worden waren, machte es offenbar weniger aus, denn sie nutzten die Zeit, um darüber zu spekulieren, was bei Ausbruch des Militärputschs passieren könnte: Könnte man die Militärs besiegen? Was würde geschehen, wenn man sie besiegt hätte?

Diese Fragen hingen in der Luft und dort schwebten sie wie Pfeile, die aus dem Köcher der Zweifel gezogen und auf eine hypothetische Zielscheibe abgeschossen worden waren. Sehr viel drohender in der Luft hing dagegen die kollektive Gefahr, in die man bei einem Sieg der Militärs, einem Triumph des Faschismus, geraten würde. Ein solcher Sieg würde nicht nur die systematische Vernichtung der Errungenschaften der Arbeiter bedeuten, sondern auch den Tod der engagiertesten Arbeiter. Angesichts der unmittelbar bevorstehenden Drohung, die wenigen Freiheiten einzubüßen, die die Republik garantierte, war die Frage der Revolution in den Hintergrund getreten. Das war zumindest der Eindruck, den ich aus den Gesprächen gewann, die ich in jener Nacht in der Bar Montserrat mithören konnte.

Zwischen drei und vier Uhr morgens fielen uns beiden immer häufiger die Augen zu. Ich erinnerte Liberto daran, dass sein Vater mit einem Rheumaanfall im Bett lag und er ihn, wie jeden Tag, vor der Arbeit noch einreiben musste. Wir verabschiedeten uns, um uns zwei Stunden später wieder zu treffen, denn um sechs Uhr morgens musste ich an der Plaça Catalunya sein, um die Tagespresse abzuholen, und er am Kiosk, um ihn zu öffnen.

Gegen fünf Uhr morgens kam der Meldegänger des Verteidigungskomitees mit einem Taxi an und teilte uns vom Wagen aus mit, dass die Gefahr vorläufig vorüber sei. Er ermahnte uns aber, uns in der nächsten Nacht wieder am selben Ort einzufinden.

Ohne mich in weiteren Einzelheiten zu verlieren, möchte ich hervorheben, dass die in der Nacht zum 13. Juli begonnene Mobilisierung bis um fünf Uhr morgens des 19. fortgesetzt wurde, als die Putschisten ihre Truppen auf die Straßen befahlen. Truppen, die über die wahren Gründe des Putsches belogen worden waren und beim ersten erbitterten Widerstand die Seite wechselten.

ABEL PAZ

4

DIE ESCUELA NATURA

Carrer del Municipi 12

Wie zahlreiche andere unter der Bezeichnung „rationalistische Schulen“ zusammengefasste Bildungseinrichtungen folgte

auch die Escuela Natura dem Lehransatz der Escuela Moderna, die 1906 von Francesc Ferrer i Guàrdia gegründet worden war.

Die Escuela Natura wurde unter prekären Bedingungen unter der Diktatur von Primo de Rivera von dem Lehrer Joan Puig i Elías ins Leben gerufen. Mit der Proklamation der Republik konnte die Schule ihren Lehrbetrieb ausweiten und die wieder zugelassene mitgliederstarke Textilgewerkschaft nahm sich der Schule und ihrer Finanzierung an. Auf diese Weise wurde die Escuela Natura zur größten rationalistischen Schule Barcelonas und zum Hort der Kinder der aktivsten Mitglieder der CNT.

Der Hauptsaal der Schule war riesig, sonnig und weiß getüncht. Ganz im Unterschied zu den herkömmlichen Schulen wurden Jungen und Mädchen zusammen unterrichtet, und anstatt der klassischen Schulbankreihen und -pulte gab es kleine Einzeltische.

Als meine Großmutter mich das erste Mal zur Schule brachte, hatte der Unterricht schon begonnen. Wir gingen zwischen den Tischen bis zum Platz, an dem Puig Elías saß – ein schöner, hoch gewachsener Mann mit gewelltem schwarzem Haar und schwarzem Bart. Er hatte einen angenehmen Blick, der mir sofort Vertrauen einflößte. Ich erinnere mich nicht mehr, was er zu meiner Großmutter sagte. Nachdem sie gegangen war, blieb ich einen Moment lang neben seinem Tisch stehen. Danach schickte er mich zum Spielen in den Hof. Im Schulhof gab es einen Springbrunnen und eine Schildkröte. Nachdem ich mir einige Minuten lang die Zeit mit der kleinen Wasserfontäne vertrieben hatte, kam ein etwa fünfzehnjähriger Junge mit Namen Gracia auf mich zu. Wir setzten uns auf eine Bank, und er fing an, mich nach meinen Vorkenntnissen und meiner schulischen Vorgeschichte auszufragen. Er ließ mich aus einem Buch vorlesen, das er mitgebracht hatte. Dann machte er ein kleines Diktat mit mir und stellte mir verschiedene Rechenaufgaben. Die Prüfung dauerte etwa eine Stunde. Danach ließ er mich im Hof warten und ging ins Klassenzimmer, um mit Puig Elías zu sprechen. Aufgrund der Prüfungsergebnisse wurde ich in die dritte Klasse eingestuft, die vom Lehrer Díez geleitet wurde, ein sympathischer Mann, der zwar eher Maler als Lehrer war, dafür aber sehr gut mit Kindern umgehen konnte.

Nachdem Gracia zurückgekommen war, führte er mich zu meinem künftigen Schultisch und brachte mir kurz darauf mehrere Bücher. Neben einem Lehrbuch mit Themen der Allgemeinbildung, das von einem ehemaligen Lehrer der Escuela Moderna, dem alten Internationalisten Celso Gomis, zusammengestellt worden war, gab es kleine Fachbücher über den menschlichen Körper, Zoologie, Geografie und Geologie sowie Arithmetik. Außerdem überreichte er mir ein Schreibheft mit Texten zum Abschreiben, ein Zeichenheft sowie einen Schreibblock für freie Aufsätze. Und dann brachte er mir auch noch die nötigen Schreibutensilien. Ich überlegte, dass das Material bestimmt sehr teuer war, weshalb ich Gracia erklärte, dass mein Onkel alles andere als reich sei. Er lachte, klopfte mir auf die Schulter und beruhigte mich, dass keiner der Schüler ein Kind von Reichen sei. „Die Väter der meisten Kinder sind arbeitslos und einige sitzen sogar im Gefängnis", erklärte er. Er sprach mit mir wie mit einem Erwachsenen, der wusste, dass nicht nur Mörder oder Diebe im Gefängnis saßen. Ich wusste das tatsächlich aus eigener Erfahrung, denn auch mein Onkel war schon im Gefängnis gewesen, obwohl er weder Dieb noch Mörder war.

Wir Schüler der Escuela Natura spielten oft nach der Schule zusammen im Viertel, wo wir mit anderen Kindern zusammenkamen, die kirchliche oder weltliche Schulen besuchten. Zwischen ihnen und uns herrschte immer Rivalität. Für sie waren wir „die von *La Farigola*" (Thymian). Unter diesem Namen war die Schule bekannt, wahrscheinlich deshalb, weil in dem Gebäude, in dem die Schule untergebracht war, früher ein Thymianhändler gewohnt hatte. Der Name stand auf jeden Fall für verruchte Kinder, die weder getauft waren noch in die Kirche gingen; in einem Wort: für Anarchisten. Wir wurden durch diese Rivalität jedoch nicht an den Rand gedrängt, einfach deshalb, weil wir ein ganzer Haufen waren oder zumindest am lautesten schrien. Dafür wurden uns aber alle Schandtaten der anderen Kinder in die Schuhe geschoben. Ich erinnere mich beispielsweise an einen Vorfall in der Pfarreikirche, mit dem wir nicht das Geringste zu tun hatten. Ein Kind war auf die Idee gekommen, Tusche in das Weihwasserbecken der Kirche zu schütten, weshalb sich die Betschwestern beim Bekreuzigen das Gesicht verschmiert hatten. Der Pfarrer hielt natürlich „die vom Thymian" für die Urheber der Freveltat und klapperte mehrere Wohnungen ab, um unsere Familien vor den ernsten Konsequenzen zu warnen, die dieser Vorfall nach sich ziehen könnte. Als der Pfaffe bei uns vorsprach, wurde er von meiner Großmutter mit den Worten abgefertigt, dass ihr Junge – also ich – gut erzogen sei und nicht in der Lage wäre, etwas Derartiges anzustellen. Meine Großmutter war sich ihrer Sache so sicher, dass sie mich nicht einmal auf die Geschichte ansprach, nachdem sie den Pfaffen vor die Tür gesetzt hatte.

ABEL PAZ

5

DER MIETERSTREIK

Carrer del Clot 86

Anfang 1932 waren alle Hoffungen, die die Republik unter den einfachen Leuten geweckt hatte, bereits verblasst. Die Arbeitslosigkeit hatte zugenommen wie auch die Demonstrationen von streikenden Arbeitern. Im Rahmen des Streiks in der Telefongesellschaft, der im Juni 1931 ausgerufen worden war, als die Besitzerfirma ITT (International Telephone and Telegraf) die gewerkschaftlichen Aktivitäten der CNT in der Firma verbot, flog auch immer wieder einmal ein Stromtransformator in die Luft. Die ITT galt zwar als spanische Firma, durch den Vertrag, den sie mit dem Diktator Primo de Rivera abgeschlossen hatte und durch die Unterstützung des Sozialisten Indalecio Prieto, der als Finanzminister der ersten provisorischen Regierung der II. Republik fungierte, tatsächlich war sie jedoch ein rein US-amerikanischer Ableger. Die Streikenden verteidigten sich also mit Dynamit. An einem Spätnachmittag im Januar 1932 wurde auch ich Zeuge der ersten Folgen einer dieser Bomben, als ein Transformator in die Luft flog, der just an der Straßenecke zwischen Sant Joan de Malta und Verneda stand. Die Explosion war im ganzen Viertel zu hören und wir Kleinen durften uns danach den Schaden ansehen.

Anfang 1932 wurde ein Mieterstreik, bei dem weder Miete, Strom noch Wasser gezahlt wurde, ausgerufen, dem sich auch unser Mietshaus anschloss. Wie bei den anderen kam es auch bei uns zu Drohungen und Strafmaßnahmen, die jedoch nichts fruchteten. So kappte uns die Stromgesellschaft den Strom, kurz danach kamen jedoch andere Angestellte der Gesellschaft und stellten die Stromverbindung wieder her. Dies war die Taktik der Arbeiter der Firma: Die einen befolgten die Anweisungen und kappten die Versorgung, und die anderen bauten sie auf Geheiß der Gewerkschaft wieder auf.

In unserem Haus wurde die allgemeine Verteidigungsstrategie befolgt. Das Eingangstor war immer geschlossen und wir Kleinen schoben auf der Straße Wache, um die Bewohner rechtzeitig zu warnen, falls die Mannschaftswagen der Guardias de Asalto auftauchen sollten, um Zwangsräumungen vorzunehmen. In der Regel hielten sich die arbeitslosen Männer tagsüber in den Räumen der Gewerkschaft auf oder waren auf Arbeitssuche. Es war die Parole ausgegeben worden, dass sich nur die Frauen und Kinder den Zwangsräumungen widersetzen sollten, denn man ging davon aus, dass es in diesem Fall zu keinen Verhaftungen kommen würde.

Der Streik dauerte mehrere Monate. In unserer Hausgemeinschaft tauchte die Polizei im Laufe dieser Zeit nicht auf, wahrscheinlich, weil der Straßenzug abgeschirmt worden war. In anderen Straßen rückten die Sturmgarden dagegen zur Durchführung der Zwangsräumungen an. In diesen Fällen kam es zu regelrechten Feldschlachten zwischen den Frauen und Kindern und den Gendarmen. In der Regel endeten diese Zusammenstöße zugunsten der Frauen und Kinder, da die Polizisten der Lage nicht gewachsen waren und sich wieder aus dem Staub machten. Die Nachricht von diesen Erfolgen sprach sich schnell herum und spornte die Leute an, sich noch radikaler zu verteidigen.

ABEL PAZ

El Besòs – La Maresma – Verneda
1
2
3
4
5
6
7
8
SANT
Rambla de Guipúscoa
Sant Martí (L2)
La Pau (L4)
Besòs (L4)
Besòs Mar (L4)
Selva de Mar (L4)
Catalanes
Corts
Ctra. de Mataró
Perú
Pere IV
Bolívia
Veneçuela
Pallars
Llull
Moura
Maresme
Prim
Rambla de Prim
Carrer de Sant Ramon de Penyafort
Diagonal
Taulat
Plaça de Llevant
Diagonal Mar
García Fària
Ronda del Litoral
Nova Mar Bella
Josep Pla
Selva de Mar
Puigcerdà
Agricultura
Treball
Pujades
Turró
Parc
Montserrat
Trajans
d'Alfons
Magnànim

El Besòs – La Maresma – Verneda

Die beiden Faktoren, die zur Entstehung des Stadtteils Besòs geführt haben, waren der Bau des Passeig Marítim (Uferpromenade), in dessen Verlauf die Barackensiedlung Somorrostro zerstört wurde, und die große Welle der Binnenmigration, die Ende der 1950er, Anfang der 1960er Jahre durch den Industrialisierungsschub ausgelöst worden war.

1960 wurde der Grundstein für den mit öffentlichen Geldern subventionierten Bau von 5000 Wohnungen gelegt. Laut Porcioles, dem amtierenden franquistischen Bürgermeister und großen Nutznießer der Immobilienspekulation der damaligen Zeit (Presseberichten zufolge gehörte seine Familie 1974, ein Jahr nach Ende seiner Amtszeit, zu den zehn reichsten Familien Spaniens), sollten in dem neuen Viertel rund 50.000 Menschen leben. Um dieses „Erschließungsprojekt" herum wurden nach und nach neue Trabantensiedlungen errichtet: Sozialbauwohnungen, mit öffentlichen Geldern subventionierte Wohnungen – wie La Maresma – und von privaten Bauherrn finanzierte Wohnblöcke – wie Cobasa.

Die absolut minderwertigen Gebäude wurden in Rekordzeiten in Gebieten errichtet, in denen weder für Infrastrukturen noch für die geringsten öffentlichen Dienstleistungen gesorgt war. Wie so oft in der Geschichte und Gegenwart der Stadt führte die dringliche Wohnungsnot der einen zu gewaltigen Gewinnen der Baulöwen und der mit ihnen über undurchsichtige Netze verbundenen städtischen Behörden.

El Besòs wurde in den 70er Jahren um den Bau des Wohnkomplexes La Mina erweitert. Der Name rührt von einer alten Wasserquelle her, die von den Bewohnern von Poble Nou als Ausflugsziel und zur Versorgung mit sauberem Wasser genutzt worden war. Die „Zielgruppe" für La Mina waren die Bewohner der letzten wilden Barackensiedlungen Barcelonas – Campo de la Bota und Pequín zwischen dem Strand und der Küstenbahnlinie und La Perona entlang der Binnenbahnlinie und zwischen den Brücken Espronceda, Trabajo und La Sagrera. Die Tatsache, dass sich unter diesen ehemaligen Barackenbewohnern zahlreiche Zigeunerfamilien befanden, verstärkte zusätzlich das Stigma, mit dem das Viertel in den wohlhabenden und ordnungsliebenden Bevölkerungskreisen der Stadt belegt war.

La Catalana ist ein traditionelles Viertel mit kleinen Einfamilienhäusern am Rand des Flusses Besòs. Ursprünglich sollte der Fluss die letzte Parzelle der großen Parkanlage abschließen, die der Pla Cerdà zwischen der Plaça de les Glòries und dem Fluss Besòs vorgesehen hatte, aber niemals verwirklicht worden ist. La Catalana ist heute zu einem Zankapfel zwischen der Nachbargemeinde Sant Adriàn del Besòs und einigen Immobilienfirmen geworden, die höhere Spekulationsgewinne aus den geplanten Sanierungsmaßnahmen ziehen wollen. Der Stadtbezirk Besòs wird im Norden mit dem Viertel La Paz abgeschlossen, das auch mehrheitlich von Arbeiterfamilien bewohnt wird. Insgesamt leben heute in diesem von großen Wohnblöcken bestimmten Außenbezirk der Stadt rund 100.000 Menschen, wobei es in den letzten zehn Jahren zu einem verstärkten Zuzug von Migranten aus dem Maghreb, Lateinamerika und Pakistan gekommen ist.

1

MANUEL FERNÁNDEZ MÁRQUEZ

Carrer de Manuel Fernández Márquez

Wir stehen hier in einer der wenigen Straßen, die den Namen von einem der Unsrigen trägt. Um zu erfahren, wie es dazu gekommen ist, müssen wir auf die 70er Jahre, genauer gesagt auf das Frühjahr 1973, zurückblicken.

In dieser Zeit waren die Verhandlungen über das Tarifabkommen im Wärmekraftwerk La Térmica im Gange, das sich in Sant Adrià del Besòs am Rand des Flusses Besòs befindet. Wie bei allen Tarifabkommen der damaligen Zeit waren die Verhandlungen sehr hart. Um ihren Forderungen Nachdruck zu verleihen, mussten die Arbeiter einen Streik in allen drei Schichten des 24-Stunden-Betriebs ausrufen. Während die einen die Arbeit in ihrer Schicht bestreikten, sammelten sich die anderen vor den Toren der Fabrik. Auf diese Weise befanden sich alle in einer permanenten Versammlung und die Arbeiterdelegierten konnten jederzeit die jeweiligen Beschlüsse der Versammlung wiedergeben. Nach einigen Stunden rückte die Guardia Civil gegen die vor den Firmentoren versammelten Arbeiter vor. Diese weigerten sich jedoch, ihre Stellung aufzugeben und antworteten mit Steinwürfen auf den Angriff der Guardia Civil. Die Polizisten jagten darauf zu Pferd in die Arbeiterreihen hinein und fingen an zu schießen. Beim Ansturm wurde Manuel Fernández Márquez durch einen Kopfschuss getötet. Manuel starb praktisch auf der Stelle. Vier Kollegen, die vergeblich versucht hatten, ihm Erste Hilfe zu leisten, wurden zusammen mit zehn anderen ver-

La Térmica — JOSÉ ANTONIO SANCHO

1 haftet und erst zweieinhalb Tage später wieder freigelassen.

Den meisten anderen Arbeitern war es unterdessen gelungen, die für Pferde nur schwer passierbare Eisenbahnbrücke über den Besòs zu überqueren. Auf diese Weise gelangten sie nach La Catalana, ein ehemaliges Fischer- und Handwerkerdorf, das zu Sant Adrià gehört und heute praktisch dem Erdboden gleichgemacht ist. Als jedoch einige Guardia Civiles auf der Brücke auftauchten, flohen die Arbeiter in den Stadtteil Besòs. Im Besòs eingetroffen, erfuhren sie von den Nachbarn, die den Polizeifunk abgehört hatten, dass auch die Sondereinsatzkommandos der Nationalpolizei im Viertel aufgefahren seien. Die flüchtenden Arbeiter verschwanden darauf in den Hauseingängen, die ihnen von den Anwohnern geöffnet wurden. Die Viertelbewohner boten aber nicht nur den fliehenden Arbeitern Zuflucht, sondern fingen auch an, den Sonderkommandos Widerstand zu leisten: Von den Balkonen der Häuser prasselten Abfälle, kochendes Wasser, Kochtöpfe, Teller und anderer Hausrat auf die Polizisten herab. Das Viertel wurde bis in die Abendstunden hinein von einem großen Polizeiaufgebot belagert. Danach zogen die Uniformierten ab und wurden durch acht zivile Einsatzwagen ersetzt.

Nach Abzug der Uniformierten kam die Arbeiterkommission des Viertels zusammen und verfasste ein Flugblatt, in dem die Ermordung von Manuel Fernández Márquez und die Ausbeutung der Arbeiter des Wärmekraftwerks verurteilt und für den nächsten Tag zu einer Demonstration aufgerufen wurde. Angesichts des Belagerungszustands wurde die Demonstration sorgfältig vorbereitet. Die Demoroute wurde auf 400 Meter festgelegt, die Dauer auf höchstens 12 Minuten. Wir bestimmten Wohnungen, in denen Verletzte versteckt und ärztlich behandelt werden konnten. Wir verfügten über ein Auto, in dem der Polizeifunk abgehört werden konnte und das über Funk mit den Demoteilnehmern verbunden war. Wir versperrten ein Ende der Zufahrtsstraße mit einer Kette und zwei Vorhängeschlössern. Das andere Ende wurde mit Benzin und brennbarem Material bestückt, um die Zufahrt der Polizei zu erschweren.

Zur vereinbarten Stunde lief eine junge Frau auf den Carrer Alfonso V und blies eine Trillerpfeife. Auf das Signal hin strömten von überall her Menschen auf die Straße und die Demo ging los, mehr als 1000 Personen, die sich zu einem dicht geschlossenen Block formierten, der von Jugendlichen umgeben war, die mit Eisenstangen bewaffnet einen Sicherheitskordon bildeten. Am Ende der Route angekommen, ertönte ein neuer Pfeifton und die Demo löste sich blitzschnell wieder auf. Die Polizei traf wenige Minuten später ein, sie fand jedoch nur noch Flugblätter, Wandparolen und Transparente entlang der Demoroute. Dies war die Ehrung, die das Viertel Besòs dem Kampf der Arbeiter der *Térmica* und Manuel Fernández Márquez zuteil werden ließ.

Ende der 70er Jahre, anlässlich der Fertigstellung von La Mina und auf Forderung der Kollegen Manuels und der Nachbarn vom Besòs und La Mina, taufte die Stadtverwaltung von Sant Adrià del Besòs diese Straße, die die beiden Viertel im Süden miteinander verbindet, auf den Namen Manuel Fernández Márquez. Wenige Jahre später erhielt auch die Schule für Erwachsenenbildung seinen Namen.

JOSÉ GIL

JOSÉ ANTONIO SANCHO

2

DIE HINRICHTUNGSSTÄTTE CAMPO DE LA BOTA

Platja de la Mar Bella – Sant Adrià

Zwischen 1939 und 1945 wurden die Verlader der ehemaligen Großmarkthalle Born regelmäßig zu frühmorgendlichen Ohrenzeugen des Knatterns der Motoren von Lastwagenkarawanen, die auf ihrer Route von der Festung Montjuïc und dem Gefängnis Modelo zum sogenannten Campo de la Bota in der Nähe ihrer Arbeitstelle vorbeifuhren. In den von Guardias Civiles, Soldaten und Freiwilligen bewachten Lastwagen saßen Gefangene, die in kriegsgerichtlichen Schnellverfahren zum Tode verurteilt worden waren und zu ihrer Hinrichtungsstätte, dem Campo de la Bota, befördert wurden.

Die Namen der Straßen, durch die die Kolonne auf ihrer Strecke fuhr, belegten sinnfällig die offizielle Ehrung, die Barcelona über lange Jahre hinweg den Mördern ihrer eigenen Bürger zuteil werden ließ: Passage Martínez Anido (der Erfinder und Anwender der *Ley de fugas*), Avenue Hauptmann López Varela (einer der Hauptverschwörer des 18. Juli 1936 unter General Goded), Platz Antonio López – der sogenannte Marquis de Comillas, der auf Kuba ein riesiges Vermögen gescheffelt hatte, ein entschiedener Verfechter der Sklaverei gewesen war und auch heute noch ein Denkmal zu seinen Ehren gegenüber der Hauptpost besitzt.

Der Campo de la Bota ruft die verschiedensten Formen von Elend in Erinnerung: Gegen 1810 richteten hier die Truppen Napoleons ihren Schießplatz ein; später mussten die Insassen der Gefängnisse Barcelonas an der gleichen Stelle die Artillerieschule errichten. Gegen 1870 bauten hier Familien chinesischer Einwanderer ihre armseligen Hütten und legten damit den Grundstein für das sogenannte Pequín(Peking)-Viertel, eine hundert Jahre lang unter diesem Namen bekannte Barackensiedlung.

Am 14. Februar 1939 führte die Verbindung zwischen Verfolgungswahn und Militarismus zu einem nächtlichen Ritual des Todes, das auf dem Campo de la Bota, wie an vielen anderen Orten Spaniens auch, bis mindestens 1950 fortgesetzt wurde und die bleiernen Jahre einer berechneten Grausamkeit markierten. Denn es handelte sich dabei nicht um eine Affekthandlung von Siegern im Paroxysmus ihres Triumphs, sondern um eine ausgeklügelte Perversion, in der sich das Delirium und die Verherrlichung der niederträchtigsten Episoden der Geschichte Spaniens mit der Religion vermischten. Man muss weit in der Geschichte zurückblättern, um auf Ereignisse zu stoßen, die mit diesem auch nur annähernd vergleichbar wären.

Das Ziel der Franquisten war die systematische Vernichtung von Überlebenden der Verliererseite, unabhängig davon, ob sie eine bedeutende Rolle gespielt hatten oder nicht. Diese lange Folge von Ermordungen diente nicht nur Rachegelüsten, sondern verfolgte auch eine „erzieherische“ Wirkung: Niemand sollte jemals mehr die Frage nach der Freiheit aufwerfen, geschweige denn sie leben.

MIQUEL VALLÈS

3

1977: DER AUTONOME KAMPF DES STADTTEILS BESÒS

Rambla Prim 22

In den 1960er Jahren wurde in der Peripherie Barcelonas ein neuer, für die Binnenmigranten bestimmter Stadtteil am Rand des Flusses Besòs auf einem stark torfhaltigen Gelände wortwörtlich aus dem Boden gestampft. Denn die Fundamente vieler dieser Wohnblöcke bestanden lediglich aus Betonsockeln, was zur Folge hatte, dass bald Risse und Spalten an den Gebäuden auftauchten.

Die ständige Zunahme der Schäden an der Bausubstanz, die skandalöse Vernachlässigung des Viertels, die Leichtfertigkeit, mit der das städtische Wohnungsbauamt auf die Klagen der Anwohner reagierte sowie der seit 1976 verzeichnete außerordentliche Zuwachs von Basisinitiativen führten schließlich im Mai 1977 zum Aufstand der Bewohner des Besòs gegen die Stadtverwaltung.

Von Anfang wurde darauf verzichtet, sich durch irgendeine Körperschaft vertreten zu lassen. Stattdessen setzten die Bewohner auf die Selbstorganisation über Vollversammlungen und auf die direkte Aktion als Praxis. Es wurde also nur das getan, was in den Nachbarschaftsdebatten beschlossen worden war. Unter den Nachbarn befanden sich zwar auch Mitglieder leninistischer und maoistischer Splittergruppen, angesichts des Drucks der zahlreichen libertär-autonomen Aktivisten blieb ihnen jedoch nichts anderes übrig, als diese basisdemokratischen Kampfformen mitzutragen.

Das Viertel wurde in vier Zonen aufgeteilt. In jeder Zone fanden wöchentliche Versammlungen statt, auf denen die Ereignisse der Vorwoche diskutiert und die Entscheidungen getroffen wurden, die die Bewohner der jeweiligen Zone für richtig hielten. Auf diesen Versammlungen wurden Informationen über alle Aspekte des Kampfes ausgetauscht, so zum Beispiel die Ergebnisse der Bodenuntersuchungen, Berichterstattung in der Presse oder der Stand der Dinge in den einzelnen Arbeitskommissionen. Darüber hinaus wurden die Aktionen für die nächste Woche und der allgemeine Forderungenkatalog konkretisiert. In regelmäßigen Abständen wurden Vollversammlungen des ganzen Viertels abgehalten, an denen 1500 bis 2000 Nachbarn teilnahmen.

Auf diese Weise wurde auch die Kampagne der Zahlungsverweigerung der Hypothekenraten organisiert, die monatlich vom städtischen Wohnungsbauamt erhoben wurden. Die Monatsbeiträge wurden auf einem Bankkonto hinterlegt. Die Zinsen, die das Konto abwarf, wurden zur Finanzierung des Kampfes verwendet.

Der intensivste Moment des Kampfes war jedoch die Besetzung des Pressebüros und der Vorstandsräume des städtischen Wohnungsbauamts am 13. Mai 1977. Im Verlauf der Besetzung wurden auch die Archive beschlagnahmt. Ihre Überprüfung bewies die Korruption, die bei der Vergabe der Sozialwohnungen herrschte; viele Wohnungen waren auf Empfehlungen von Bischöfen, Generälen, Politikern und ähnlichen Figuren vergeben worden. Die Nachbarn rauchten unterdessen die vorzüglichen Zigarren des Amtsvorstehers und leerten die zahlreichen Flaschen mit exquisiten Likören, die die Hausbar bot. Männer, Frauen und Kinder schliefen 15 Nächte auf den Teppichböden der Büroräume. Die Berichterstattung in Presse und Radio machten die Besetzung populär.

Die Solidaritätsbekundungen im Stadtteil nahmen zu. Man veranstaltete Lebensmittelsammlungen für die Wohnungsbauamtsbesetzer. Das Libertäre Athenäum von Gràcia, Nachbarn und Ladenbesitzer kümmerten sich um die Zubereitung des Mittagessens. Man erstellte eine Liste von leer stehenden Wohnungen im Viertel und wählte über eine eigens dazu gebildete Nachbarschaftskommission die Nachbarn aus, die am dringendsten eine neue Wohnung benötigten. Danach wurden diese Wohnungen sowie die Neubauten Ecke Prim und Lull in gemeinsamen Aktionen besetzt. (All diese Wohnungen wurden später den „Besetzern" offiziell überschrieben.)

Am 25. Mai wurde die Besetzung des Wohnungsamts beendet. Rund 5000 Nachbarn bereiteten den Besetzern einen triumphalen Empfang im Viertel. Einige Zeit später wurde außerdem ein Lokal in der Rambla Prim 22 sowie die Geschäftsräume der von Franquisten beherrschten Nachbarschaftsvereinigung besetzt.

Wir hatten eine Schlacht gewonnen, das Wohnungsbauamt ließ den am stärksten beschädigten Wohnblock abreißen und schloss die Probebohrungen in den anderen Blöcken ab. Da sich jedoch herausgestellt hatte, dass noch weitere Gebäude von nicht reparierbaren Substanzschäden betroffen waren, ging der Kampf weiter. Um den Abriss und den Neubau dieser Blöcke zu erreichen, wurde für den 27. Oktober ein Protesttag ausgerufen. Auch diese Aktion war ein voller Erfolg: Die Nachbarn besetzten massiv die Straßen des Viertels, die Geschäfte wurden geschlossen und es wurden Barrikaden errichtet, an denen es zu harten Auseinandersetzungen mit der Polizei kam. Einige Wochen später wurde mit dem Abriss und dem folgenden Neubau von mehreren anderen Wohnblöcken begonnen.

Obwohl fast dreißig Jahre seit diesen Ereignissen vergangen sind, erinnern sie die Nachbarn, die an ihnen teilgenommen haben, als die wichtigsten Erlebnisse ihres Lebens, als die Tage der größten Intensität und Solidarität. Vielleicht gelingt es ja den neu hinzugezogenen Viertelbewohnern, den Lateinamerikanern, Afrikanern, Chinesen, Pakistanern und Philippinos das Leben in dem einst so solidarischen Viertel mit neuer Kraft zu revitalisieren. Gründe dazu gibt es genug, so ist zum Beispiel in den letzten Jahren – zu den anhaltenden Missständen – die sogenannte *Aluminosis* hinzugekommen. Es handelt sich dabei um einen fortschreitenden Zersetzungsprozess von minderwertigen Betonträgern, die in anderen europäischen Ländern in den 50er Jahren verboten worden waren, aber in Spanien noch in den 60er und 70er Jahren vornehmlich im sozialen Wohnungsbau eingesetzt wurden. Gegenwärtig sind die meisten Wohnblöcke von diesem Problem betroffen.

Von einem Anwohner des Besòs überlassene Aufnahme

FERRAN ARIAS

4

„QUIENES …"

Rambla Prim 51, Buchhandlung Ducsa

Das Barcelona der 1970er Jahre war der Schauplatz von zahlreichen Kämpfen für neue Freiheiten und für eine antikapitalistische Gesellschaft. Die freie Rede, die in den langen Jahren der Diktatur nur hinter

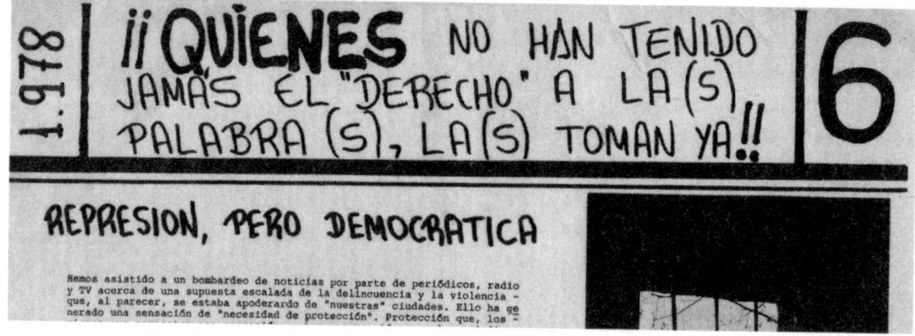

1.978

¡¡QUIENES NO HAN TENIDO JAMAS EL "DERECHO" A LA(S) PALABRA(S), LA(S) TOMAN YA!!

6

REPRESION, PERO DEMOCRATICA

Hemos asistido a un bombardeo de noticias por parte de periódicos, radio y TV acerca de una supuesta escalada de la delincuencia y la violencia - que, al parecer, se estaba apoderarado de "nuestras" ciudades. Ello ha generado una sensación de "necesidad de protección". Protección que, los -

verschlossenen Türen möglich gewesen war, eroberte Straßen und öffentliche Räume. Arbeiter, Jugendliche, Frauen und Männer hinterfragten in den Fabriken, an den Universitäten und in den Stadtteilen den Status quo und öffneten mit basisdemokratischen Strukturen und der Besetzung von Fabriken, Wohnungen und Plätzen neue Horizonte. Auch die Gefangenen rebellierten in den Gefängnissen.

Im Rahmen dieser Aufbruchsstimmung entstand *Quienes no tienen derecho a la(s) palabra(s) la(s) toman ya* (Die kein Recht haben zu reden, ergreifen jetzt das Wort), ein Bulletin, das von „einer Gruppe von Genossen herausgegeben wird, die die Armut unseres Lebens in den Gefängnissen und/oder in der Gesellschaft konstatieren und nicht bereit sind, beides länger zu erdulden" und mit einer Auflage von 10.000 Exemplaren vertrieben wurde. Der innere Zusammenhang zwischen Gefängnis und Gesellschaft, der bewirkt, dass die Gefängnisse die Wahrheit über die Gesellschaft offenbaren, war der gemeinsame Ansatzpunkt der Initiative. Ausgehend von der Alltagspraxis innerhalb und außerhalb der Knäste wurde der tatsächliche Charakter und Zweck der Gesetze und der Justiz aufgezeigt. Auf diese Weise wurden der Klassencharakter des Strafgesetzbuches und des gesamten Justizapparats aufgedeckt. Gleichzeitig wurden die verschiedenen Aspekte der Knastgesellschaft herausgearbeitet, die Reglementierung, Bewachung und Kontrolle in Schule, Fabrik, Familie …

Die Kritik an den Gefängnissen war radikal: Man setzte auf ihre Abschaffung, auf das Ende aller Gefängnisse. Die Losung lautete: Das Gefängnis fördert das Verbrechen und ist von daher selbst das größte Verbrechen.

Auf den Seiten von *Quienes* wurde eine Debatte über die als normal angesehene Unterscheidung zwischen politischen Gefangen und „Kriminellen" angeregt und der Begriff der „sozialen" Gefangenen eingeführt. Eine Debatte, die mit der Forderung nach einer Amnestie für alle Gefangenen auch auf die Straße getragen wurde. In den Spätzeiten des Franquismus veranstaltete die politische Opposition zahlreiche Demonstrationen für eine Amnestie der politischen Gefangenen, die schließlich im Juli 1976 tatsächlich gewährt wurde. Als die sozialen Gefangenen erfuhren, dass sie nicht in den Genuss einer Amnestie kommen würden, kam es in allen Gefängnissen des spanischen Staats zu einer breiten und radikalen Protestbewegung: Meutereien, Hungerstreiks, Selbstverstümmelungen, Drohungen mit kollektiven Selbstmordaktionen. Die Justizverwaltung reagierte auf die Proteste mit der Besetzung der Gefängnisse durch die Polizei, der Verlegung der Gefangenen und anderen Strafmaßnahmen. Aus dieser Bewegung entstand die COPEL (Coordinadora de Presos en Lucha – Koordination Kämpfender Gefangener), eine autonome Selbstorganisation der Gefängnisinsassen, die die Proteste koordinierte und in allen Gefängnissen Spaniens präsent war.

Quienes, deren erste Nummer im November 1976 erschienen war, wurde in der Folge zum Sprachrohr der COPEL und veröffentlichte all ihre Kommuniqués. In der sechsten Ausgabe, die im Juni 1978 erschien, erklärte das Herausgeberkollektiv seine Intervention für beendet. Erschienen waren sechs Nummern gegen die Knäste und die Knastgesellschaft sowie gegen die „demokratische Konsolidierung", mit denen die neuen Gesellschaftsmanager den Kapitalismus nach Franco vorantrieben.

QUIM SIRERA

5

BESOS AL BESÒS*

Plaça de La Palmera

„La Palmera“ – die Palme – lautet der Name eines der letzten gemeindeeigenen Gelände im Norden des Besós. Das Gelände war jahrelang von den Nachbarn des überbevölkerten Viertels als Ort für den Bau von längst überfälligen Kommunaleinrichtungen für Jugendliche und alte Menschen gefordert worden. Als das Terrain plötzlich ausgemessen und eingezäunt wurde, machte sich Unruhe unter den Nachbarn breit. Bald stellte sich heraus, dass anstatt der Kommunaleinrichtungen 196 Sozialwohnungen gebaut werden sollten, die für Bewohner aus Can Tunis, dem Raval bzw. La Mina bestimmt waren – drei verrufene Viertel, die aus unterschiedlichen Gründen im Rahmen der umfassenden Stadtsanierungsmaßnahmen im Vorfeld der Olympischen Spiele 1992 städtebaulich „gelichtet“ werden sollten. Auf die ersten Missfallenskundgebungen im Viertel wurden die Nachbarn von Behörden und Presse selbstgefällig als Rassisten verurteilt und mangelnder Solidarität beschuldigt.

Die Viertelbewohner ließen sich davon jedoch nicht beeindrucken. Am 25. Oktober 1990, dem Tag, an dem die Bauarbeiten beginnen sollten, besetzten rund 400 Anwohner kurzerhand den Bauplatz. Der brutale Polizeieinsatz, mit dem sie noch am gleichen Tag vom Platz vertrieben wurden, brachte den Stadtteil vollständig in Aufruhr. Überall wurden Barrikaden errichtet, rund 1500 Anwohner besetzten die Stadtautobahn nach Mataró, wodurch das Zubringernetz zum Erliegen kam. Das Viertel wurde von der Polizei umstellt und von der Außenwelt abgeschnitten. Im Verlauf der bis gegen Mitternacht anhaltenden Auseinandersetzungen kam es zu 50 Verletzten und 30 Verhafteten.

Auch in den nächsten Tagen gingen die Versuche weiter, den Beginn der Bauarbeiten zu verhindern. Die Polizisten drangen in die Häuser ein und beschossen die Demonstranten von den Dachterrassen mit Gummigeschossen: neue Verletzte und eine wachsende Wut waren die Folge davon. In den Drogerien waren bald keine Ätzmittel mehr zu finden und auch der Hausrat, der aus den Fenstern geworfen werden konnte, wurde knapp. Der Widerstand zog immer weitere Kreise und die allabendlichen Vollversammlungen verwandelten sich in Massenveranstaltungen. Durch die Ereignisse in die Ecke gedrängt, beschlos-

* Küsse für den Besòs

sen die katalanische Landesregierung und die Stadt Barcelona mit einer Delegation der Nachbarschaftsversammlung zu verhandeln. Zu ihrem Unbehagen mussten sie jedoch feststellen, dass die Delegation sich darauf beschränkte, die Forderungen der *Asamblea* wiederzugeben: Abzug der Polizei. Sofortiger Baustopp! Die Entschlossenheit der Kommission wurde von rund 2000 Nachbarn untermauert, die sie zum Verhandlungstermin begleitet hatten und vor den Türen warteten. Eine Erfahrung, die sich bei den nächsten Gesprächsrunden wiederholen sollte, und gegen die der Mix aus Drohungen und Versprechungen, den die Behördenvertreter einsetzten, nichts ausrichten konnte.

Am 9. November wurden schließlich die Geschäfte, Schulen und Amtsstellen wieder geöffnet, die am 25. Oktober geschlossen worden waren. Die Mossos d'Esquarda – die katalanische Polizei – verließen die Dachterrassen, die Bauarbeiten standen weiterhin still und der Bauplatz wurde rund um die Uhr bewacht. Polizeiberichten zufolge waren im Verlauf der Zusammenstöße von Seite der Demonstranten Gewehrschüsse abgegeben worden. Aus diesem Anlass kam es in den nächsten Tagen zu 15 Verhaftungen. Die Widerstandsbereitschaft des Viertels wurde dadurch jedoch nicht gebrochen, was durch mehrere Massendemonstrationen unter Beweis gestellt wurde.

Angesichts der zunehmenden Radikalisierung des Konflikts und der wachsenden Gefahr, die er für den vorolympischen Allparteienkonsens bedeutete, verkündeten die Behörden schließlich einen Baustopp bis nach den Wahlen von 1991. Da auch nach den Wahlen mit dem offiziellen (mittlerweile stark entschärften) Projekt kein Staat zu machen war, wurde es schließlich endgültig aufgegeben. Umgeben von den endlich verwirklichten Kommunaleinrichtungen wiegt sich heute die Palme stolz im Wind.

PACO AROCA

6

CEMOTO … BULTACO

Ave. Cristóbal de Moure / Ave. Ferrocarril (La Mina)

Für viele Auswärtige gehört die große Zahl von Motorrädern zu den beeindruckendsten Bildern des Straßenverkehrs der Stadt. Das Mittelmeerklima, die geringen Niederschläge, die Sonne, die hoffnungslos mit Pkws verstopften Straßen, die Parkplatzprobleme … Tausendundein Grund belegen, dass Barcelona die Motorräder liebt und eine Stadt ist, die den Motorrädern gefällt.

Tatsächlich waren Barcelona und seine Umgebung der traditionelle Sitz der wichtigsten nationalen Kraftradfabrikanten: Derbi in Mollet, Montesa und Ossa in Barcelona und Bultaco in Sant Adrià del Besòs. Genauer gesagt, hieß die Herstellerfirma Cemoto, während Bultaco die Motorradmarke war, die dort gefertigt wurde. Durch die Triumphe, die der spanische Rennfahrer Ángel Nieto in den 70er Jahren auf seiner Bultaco erzielt hatte, ist sie auch heute noch eine legendäre Marke. Die gute Beziehung, die der dreizehnfache Weltmeister in der 50- und 125-cc-Klasse zu seinen Bultaco-Motorrädern hatte, erstreckte sich jedoch nicht auf die Arbeiter, die eben diese Motorräder herstellten. So machte er beispielsweise 1976 in Presseerklärungen die Streiks, die es in der Fabrik gegeben hatte, für seinen fatalen Saisonstart verantwortlich.

Die Arbeiter erwiderten darauf, dass es nicht anginge, sich an einen Streik und an die Arbeiter zu erinnern, wenn bei ihm etwas schief gelaufen sei, und sie in Augenblicken des Siegs zu vergessen, ganz abgesehen davon, dass die Entlassung von vier Kollegen nach einem 50-tägigen Streik auch für sie alles andere als ein Sieg gewesen sei.

Der Streik, der am 5. April 1976 ausgerufen und am 21. Mai zeitweise ausgesetzt wurde, war tatsächlich sehr kraftraubend gewesen. Um den Konflikt zu verstehen, müssen wir etwas weiter ausholen: Cemoto war 1960 als Abspaltung von Montesa entstanden. Der Firmensitz in Sant Adriàn del Besòs, zwischen Cristóbal de Moura und den Bahngleisen, bestand aus kleinen Werkstätten, die in dem Maße, in dem die Fabrik wuchs, wild aneinandergereiht wurden. Die Arbeiter waren mehrheitlich Binnenmigranten, die schon ein gewisses Alter erreicht hatten und seit Jahren bei Cemoto arbeiteten. Ganz in klassisch paternalistischer Manier sang das Unternehmen den Arbeitern das Hohelied der großen Bultaco-Familie, während es sie wirtschaftlich brutal ausbeutete.

Die hierarchische und repressive Firmenstruktur und die Hungerlöhne bei Cemoto unterschieden sich nicht wesentlich von den Arbeitsbedingungen in den anderen Firmen der damaligen Zeit. Die Lohnangleichungen waren lächerlich in Zeiten einer rasanten Verteuerung der Lebenshaltungskosten und aufgrund der extrem niedrigen Löhne eine regelrechte Katastrophe für die Arbeiter. Die ersten Anzeichen dafür, dass auch bei Bultaco ein neuer Wind wehte, wurden 1974 sichtbar, als die Firmenleitung einseitig die anstehende Revision des Tarifabkommens aufschob. In der Folge kam es zu zahlreichen Treffen und Versammlungen der Arbeiter und es wurde sogar ein Bulletin der Bultaco-Arbeiter herausgegeben, in dem die Arbeiter ihre Probleme und die Notwendigkeit darlegten, dem Unternehmen die Stirn zu bieten.

Der Titel des Bulletins *Caballo Loco* (Verrückter Gaul) war eine klare Anspielung auf einen stark verhassten Werkstattleiter. Auf einem der Bulletins wurde ein zerrissener 500-Peseten-Schein abgedruckt, der die Lage grafisch darstellte: Die Unternehmensleitung war noch nicht einmal bereit, eine Lohnerhöhung von 500 Peseten zu gewähren (das Deckblatt war übrigens vom MIL gedruckt worden).

Am 5. April 1976 wurde in der Metallverarbeitung ein zweistündiger Warnstreik ausgerufen, um die Forderungen bei den anstehenden Tarifverhandlungen zu unterstützen. Die Unzufriedenheit der Bultaco-Arbeiter über die von Seiten der Unternehmensleitung immer wieder aufgeschobenen Tarifverhandlungen war so stark,

dass die Vollversammlung der Arbeiter beschloss, den Warnstreik auf den ganzen Arbeitstag auszudehnen.

Auf diese Weise begann ein Streik, der fast 50 Tage anhielt und von Streiks in anderen Metallverarbeitungsunternehmen begleitet wurde. Die Firmenleitung entließ als Erstes alle Streikenden: 300 Arbeiter von einer Gesamtbelegschaft von 400, das gesamte Produktionspersonal und ein Teil des Verwaltungspersonals. In den folgenden 50 Tagen wurden die Fabriktore belagert und zum Ort permanenter Arbeiterversammlungen, die argwöhnisch von Polizeieinheiten bewacht wurden.

Verhandlungen, Demonstration durch Sant Adrià, La Mina und La Catalana, Wandparolen, Infostände vor den Toren anderer Fabriken, Pressemeldungen, Versammlungen und Veranstaltungen in Kirchen, Gewerkschaftslokalen und anderen Örtlichkeiten. Es wurde alles versucht, um die gesetzten Ziele zu erreichen, unter denen im Laufe der Zeit die Wiedereinstellung aller Entlassenen immer stärker in den Vordergrund rückte.

Nach mehreren Abwiegelungsmanövern der Mehrheitsgewerkschaften standen die Arbeiter von Bultaco schließlich praktisch allein da. Der Streik in den Klein- und Mittelbetrieben der Metallverarbeitung wurde zu Beginn der Osterferien beendet. Danach zeigten sich nur noch einige Unternehmen in Sant Adrià und kleinere autonome Arbeiterorganisationen mit den Bultaco-Arbeitern solidarisch. Der Streik wurde mit einem bitteren Beigeschmack, aber auf geschlossene Weise beendet.

Das Unternehmen hatte eines seiner Ziele erreicht: die Entlassung von vier vermeintlichen Streikführern. Dagegen gestand sie größere wirtschaftliche Verbesserungen zu, als die Arbeiterversammlung gefordert hatte: 3000 Peseten Lohnerhöhung im Monat, 30 Tage Jahresurlaub und arbeitsfreier Samstag. Obwohl die Firma den Prozess über die Wiedereinstellung der Entlassenen vor dem Arbeitsgericht verlor, stellte sie diese nicht wieder ein. Sie erreichte damit jedoch nur eine Zunahme der Konflikte in der Fabrik und eine Stärkung der Einheit der Arbeiter.

Die folgenden zwei Jahre waren von harten innerbetrieblichen Konflikten geprägt. Die Firmenleitung bestrafte auf unverhohlene Weise die Arbeiter, die sich im Streik hervorgetan hatten und am hartnäckigsten die Wiedereinstellung der Entlassenen forderten. Diese Strafaktionen nahmen teilweise irrwitzige Formen an. So wurde ein Arbeiter, der der Firmenleitung einen Brief geschrieben hatte, in dem er sie darauf hinwies, dass es in keiner der elf Toiletten Klopapier gab, mit einem 60-tägigen Zwangsurlaub und Lohnentzug bestraft. Die Sanktion wurde obendrein vom Arbeitsgericht bestätigt!

Die Arbeiter ließen sich jedoch nicht abschrecken, und tatsächlich erreichten sie 1978, zwei Jahre später, dass die entlassenen Kollegen unter bestimmten Bedingungen wieder eingestellt wurden. In diesem Zusammenhang war es relativ unerheblich, dass zwei der vier mittlerweile eine andere Arbeit gefunden hatten und nicht an ihren alten Arbeitsplatz zurückkehrten. Was zählte, war, dass die Bultaco-Belegschaft trotz des Ergebnisses des 50-tägigen Streiks gelernt hatte, dass der Kampf für entlassene Kollegen nur mit deren Wiedereinstellung beendet werden kann.

Wer heute allerdings das Cemoto-Bultaco-Werk in Sant Adrià del Besòs sucht, wird enttäuscht sein. Die Firma besteht schon seit Jahren nicht mehr. Die schlechte Geschäftsführung und die unerbittliche Konkurrenz haben ihr den Garaus gemacht. Das heutige Straßenbild wird von japanischen Motorrädern bestimmt und die Bultaco sind praktisch Museumsstücke geworden. Wo früher Fabriken standen, gibt es heute Stadtautobahnen, Alleen und Grünstreifen. Nichtsdestotrotz empfiehlt es sich, hier einen Moment lang im Gedenken an den beispielhaften Kampf von Arbeitern zur Verteidigung ihrer Kollegen zu verweilen.

MARCELO LÓPEZ

LOLA ITURBE (1902–1990)

Pasaje de Can Oliva 6

Die kleine, einfühlsame und aktive Journalistin Lola Iturbe hatte immer etwas Zeit, um über ihr Leben im Barcelona der 30er Jahre zu erzählen. Liebevoll umsorgt von ihrem Lebenspartner Juanel, trug sie noch als über 80-Jährige Verse und Lieder vor.

Lola Iturbe hatte tatsächlich eine ganze Menge zu erzählen. Die vielseitig gebildete Autodidaktin hatte mit Camus, Emilienne Morin und verschiedenen anderen europäischen Intellektuellen ihrer Zeit korrespondiert. In Jahren, in denen die FAI – wie der Brandy – Männersache war, hatte sie lange anonyme Artikel in der Zeitschrift der FAI *Tierra y Libertad* verfasst. Ihr Pseudonym, Kyra Kyralina, das sie bei zahllosen anderen Gelegenheiten benutzte, hatte sie sich von der Titelfigur der Erzählung von Panait Istrati entliehen, den sie während ihres ersten Exils in Paris während der Diktatur von Primo de Rivera kennengelernt hatte, wo sie außerdem mit E. Armand und den individualistischen Zirkeln Bekanntschaft geschlossen hatte. Sie hatte mit María Lacerda de Moura und mehreren Anarcho-Feministinnen ihrer Epoche Briefe gewechselt, Kontroversen gefochten und daneben Zeit gefunden, ihre beiden Kinder zu erziehen und ihre behinderte Mutter zu pflegen. Die gelernte Hosenschneiderin musste während der häufigen Gefängnisaufenthalte ihres Mannes allein für den Haushalt aufkommen; nichtsdestotrotz half sie ihren Genossinnen – in den meisten Fällen ebenfalls Frauen von Gefangenen –, beteiligte sich an Kämpfen, hielt ihren regen Briefwechsel aufrecht und nutzte jede freie Minute, um Poesie und Prosa zu verschlingen.

Diese außerordentlich talentierte Journalistin hatte seit ihrer Kindheit in Bereichen gearbeitet, die heute vollkommen undenkbar sind. Kinderarbeit, die darin bestand, die Stadt schwer beladen mit Paketen, Kleiderpacken, Werkzeug oder Kartons zu durchqueren. Mädchen, die endlose Arbeitstage lang bügelten, Jungen, die auf Straßen und Plätzen Kohlebündel austrugen, Kinder, die die Brennöfen der Glashütten und Ziegelbrennereien schürten, Kinder, die im Licht einer Funzel nähten, und zahllose Kinder, die putzen, kehren, sauber machen und auf die aufpassen mussten, die noch kleiner waren als sie. Lola wusste wie ihre Mutter Micaela Iturbe Arizcurren und wie deren Mutter, was es heißt, im Alter von sieben oder acht Jahren zu arbeiten. Es waren Zeiten, in denen Kindheit nur für einige privilegierte Kinder existierte. Denn die als magisches Alter, als Zeit der Unschuld, als Lebensabschnitt des Lernens, der familiären Fürsorge, der Spielsachen und der Süßigkeiten mystifizierte Kindheit wurde den Kindern aus Arbeiterkreisen systematisch vorenthalten.

Spielzeuge, Puppenhäuser, Modelleisenbahnen und Fahrräder gab es also nur für die kleinen Müßiggänger, die Kinder derjenigen, für die Micaela als Köchin arbeitete. Manchmal entsteht auf diese Weise schon im frühen Kindesalter das Bewusstsein von Ungleichheit und sozialer Ungerechtigkeit. Die Kinder ahnen bereits, welche eingezäunten Gehege ihnen verwehrt sind und welche Träume sie nicht träumen dürfen. Es sei denn, jemand kommt frühzeitig auf den Gedanken, über die Zäune zu springen, Gebühren und Einsperrungen abzuschaffen und all die Dinge umzuverteilen, auf die das menschliche Wesen von Geburt an ein Recht hat.

Dies war bei der kleinen Lola Iturbe, der Tochter der Köchin, der Fall. Sie hatte ihre frühe Kindheit bei einer Adoptivfamilie auf dem Land verbracht, denn ihre Mutter musste ihre Existenz vor ihren Arbeitgebern verbergen, da eine alleinstehende Mutter als soziale Schande galt. Nach einigen Jahren konnte Micaela eine kleine Pension im Carrer Possic im Altstadtviertel Santa Maria del Mar aufmachen und ihre Tochter zu sich holen. Lola half ihrer Mutter in der Pension, begann eine Schneiderlehre im Viertel, musste mehrfach die Arbeitsstelle wechseln und stärkte so nach und nach ihren Kampfgeist. Mit 13 Jahren wurde sie Mitglied der Schneidergewerkschaft und trat in Kontakt mit der großen anarchistischen Familie Barcelonas, die Tag für Tag wuchs.

Hier lernte sie nicht nur Genossen, sondern auch ihre erste große Liebe kennen. Aus der Beziehung mit Faustino Vidal, einem aus dem Empordà stammenden und in Badalona ansässigen Anarchisten, ging ihre gemeinsame Tochter Aurora hervor. Vidal starb jedoch kurz nach der Geburt von Aurora an einer der endemischen Krankheiten des Industrieproletariats: an Tuberkulose.

Lola war dadurch gezwungen, sich mit ihrer kleinen Aurora allein durchzuschlagen. Ihr Kampfgeist wurde dadurch jedoch zusätzlich angestachelt und sie wurde im Gefangenenhilfskomitee aktiv. In der Familienpension wurden von nun an verfolgte Anarchosyndikalisten, Waffen und Agitationsmaterial versteckt. Und unter den neuen Freunden befand sich ein Murcianer aus Jumilla, der sich unsterblich in sie verliebte und bis zum Ende seiner Tage mit ihr zusammenbleiben sollte: Juanel – Juan Manuel Molina Mateo – hatte sich der Verhaftung in seinem Heimatort durch die Flucht in die Anonymität der Großstadt entzogen und dort seinen Horizont durch die Lektüre von Büchern, Zeitungen und Broschüren erweitert.

Mit mehreren anderen Genossen bildeten sie die Gruppe *Germen*, die am 19. Juli 1936 an den Atarazanas-Kasernen schwere Verluste erleiden würde. Zwei Gruppenmitglieder waren schon 1924 hingerichtet worden. Lola, die die beiden in ihrer letzten Nacht begleitet hatte, erinnerte sich noch ein halbes Jahrhundert später mit Tränen in den Augen an ihre beiden geliebten Genossen Llacer und Montejo. Lola musste im Laufe ihres Lebens noch zahllose andere Genossen beweinen, die ihr Leben im Kampf um die Gleichheit verloren hatten.

1925 mussten Lola und Juanel sich den Häschern des Diktators Primo de Rivera durch die Flucht nach Frankreich entziehen. 1928, nach der Geburt von Helenio, wurden sie aus Frankreich ausgewiesen und fanden Unterschlupf bei dem Brüsseler Antimilitaristen und Spanienfreund Hem Day. 1930, kurz vor der Ausrufung der Republik, kehrten sie wieder nach Barcelona zurück. Lola hatte in der Zwischenzeit Französisch gelernt und sich durch die intensive Lektüre französischer Texte eine europäische Bildung angeeignet, die sie ihr ganzes Leben lang weiter ausbauen sollte.

Zurück in Barcelona, zog die Familie in die Siedlung Casa Baratas in Horta, in ein kleines Einfamilienhaus, das von der CNT requiriert worden war. Lola und Juanel hatten unterdessen die Geschäftsführung der Zeitschrift *Tierra y Libertad* übernommen. Abad de Santillán war mit der redaktionellen Leitung beauftragt, während Lola in praktisch jeder Nummer einen langen Artikel, in den meisten Fällen anonym, veröffentlichte und Juanel das Editorial schrieb. Im kleinen Häuschen herrschte reger Trubel: Artikelschreiber, Poeten und Zeichner gingen ein und aus, überall standen Pakete und Papierstapel und mittendrin sprangen die beiden Kinder herum. Juanel, ein Mann der Tat, war darüber hinaus Gruppensekretär der kurz zuvor gegründeten FAI und arbeitete in der Brauerei Moritz.

Mit der Ausrufung der Republik wurde die Auflage von *Tierra i Libertad* immer höher und die Seitenzahl immer größer. Bald musste die Familie in die Redaktionsräume im Carrer Unió 19 umziehen, da die Arbeit sie vollständig in Anspruch nahm und der Großmutter und den beiden Kindern das ständige Hin- und Herfahren zu viel wurde. Die Zeitung ereichte in dieser Zeit eine Auflage von 20.000 Exemplaren; ein Erfolg, der den Herausgebern ermöglichte, den Verlag *Ediciones Tierra y Libertad* zu gründen und zahlreiche Theaterbroschüren sowie die Zeitschrift *Tiempos Nuevos* zu publizieren.

Lolas Kinder gingen unterdessen in die rationalistische Schule Escuela Natura. Dies war für Lola einer der größten Triumphe: Es war ihnen gelungen, dem Fluch der Arbeiterklasse zu entgehen, sie mussten keine Kinderarbeit leisten und hatten Zugang zur Kultur und zum geschriebenen Wort. Leben und Kampf waren in diesen Jahren eng miteinander verwoben.

Danach folgten die Jahre der Revolution, in denen sie bei den *Mujeres Libres* aktiv war, Frontbesuche machte und Kriegschroniken schrieb. Jahre, in denen sie als Beauftragte des Rechtsbüros der CNT die Tschekas auf der Suche nach verhafteten Genossen absuchte und die Freilassung von mehreren dieser Gefangenen bewirkte.

Nach der Niederlage das lange Exil, die Trennung von Juanel, der 1946 nach seiner Rückkehr nach Spanien gefasst und jahrelang in franquistischen Gefängnissen einsaß, die Zusammenarbeit mit dem Fluchthilfenetz Ponzón, verzweifelte Bemühungen, den kontinuierlichen Rückschlägen der Exilorganisation entgegenzuwirken, zahllose Vorträge und Veranstaltungen in Paris… Und der Kampf ums tägliche Überleben, wie bei vielen anderen Frauen auch: durch Näharbeiten. Neben all diesen Tätigkeiten und zahllosen anderen Publikationen fand sie sogar noch Zeit, ein Buch zu Ehren all jener Frauen zu schreiben, die wie sie für die Aufhebung der Versklavung der Kinder und aller anderen Formen von Versklavung kämpften: *La Mujer en la lucha social* (Die Frau im sozialen Kampf).

Lola Iturbe, ein Genosse und Juanel in Toulouse, in den 1940er Jahren

Im Alter von 80 Jahren kehrten Lola und Juanel schließlich nach Barcelona zurück. Die Tür in der kleinen Wohnung in der Passage Oliva im Besòs stand immer für Freunde offen. Zwischen halb zugeschnittenen Hosen und Nähmaschinen bewirtete Lola die Gäste mit Milchkaffee und Keksen. In der sorgfältig angeordneten Bibliothek im Nebenzimmer wies sie den Besucher auf Bücher hin, erklärte, erzählte und blühte zu neuem Leben auf.

DOLORS MARÍN

8

AUF DER SUCHE NACH AUSWEISPAPIEREN

Auslieferungslager La Verneda

Solo voy con mi pena
sola va mi condena
correr es mi destino
para burlar la ley
perdido en el corazón
de la grande Babilón
me dicen clandestino
por no llevar papel

Manu Chao,
„Clandestino“

(Allein geh ich mit meinem Leid / allein geht meine Strafe / mein Schicksal ist / die Flucht vor dem Gesetz / verloren im Herzen / des großen Babylon / nennen sie mich den „Klandestinen“ / weil ich keine Papiere habe)

Einer der wichtigsten Konfliktherde in dieser globalisierten Welt ist die Problematik des sogenannten freien Personenverkehrs und der Beschränkungen, die diesem durch politische und wirtschaftliche Interessen auferlegt werden. Den unter dem globalisierten Kapitalismus lebenden Menschen wird letztendlich nur dann Bewegungsfreiheit gewährt, wenn diese den wirtschaftlichen Interessen der Ersten Welt entgegenkommt. Alles andere ist nichts weiter als pure Rhetorik zum Erhalt der Mythen, auf die sich die kapitalistische Ausbeutung aufbaut.

Von der Plaça de Catalunya …

Ein Beispiel dieser Verneinung der Bewegungsfreiheit wurde im Hochsommer 2001 auf der Plaça de Catalunya im Zentrum Barcelonas vorexerziert.

Nach einem erfolgreichen Kampf von Hunderten von Migranten, der zu einem kollektiven Hungerstreik in mehreren Kirchen Barcelonas geführt und die Behörden dazu gezwungen hatte, die restriktive Auslegung der Ausländergesetzgebung zu lockern, versuchte der von einer Mitte-Links-Koalition regierte Magistrat von Barcelona die „sans papiers“, die sich seit einigen Monaten am Rande der Plaça de Catalunya niedergelassen hatten, von der Bildfläche verschwinden zu lassen.

Das der städtischen Marketingkampagne zufolge „schöne“ Barcelona („Barcelona es posa guapa“ – Barcelona macht sich schön – ist ein zentrales städtisches Motto, das an den Fassaden der Altstadtbauten herabhängt, die mit städtischen Subventionen renoviert werden, während die Gebäude selbst aufgrund der liberalsten Mietgesetzgebung Europas von den ursprünglichen Bewohnern „entmietet“ werden, um sie in sündhaft teure Eigentumswohnungen umzuwandeln oder zu horrenden Preisen neu zu vermieten) konnte das „hässliche“ Bild nicht ertragen, das eine Gruppe von Migranten abgab, die ganz bescheiden in einer Ecke der Plaça de Catalunya übernachteten. Es ging für die Behörden einfach nicht an, dass ein verschwindend kleiner Teil der City mitten in der Urlaubszeit eines Landes von Weißen, das nicht an die Vielfalt der Hautfarben gewöhnt ist, zum vorübergehenden „Zuhause“ von rund hundert Schwarzafrikanern geworden war.

Die Forderung, ihnen eine Aufenthaltsbewilligung zu gewähren, wurde von sozialen Bewegungen der Stadt getragen. Man sammelte Geld und Lebensmittel, Ärzte kümmerten sich um die medizinische Grundversorgung, die Öffentlichkeit wurde über ihre Lage informiert und es wurde versucht, politischen Druck auszuüben, damit sie die nötigen Papiere erhielten, um im Land bleiben zu können.

Die kommissarische Bürgermeisterin Imma Mayol (von der Vereinigten Linken, Exkommunisten) sah das Ganze anders und gab der Guardia Urbana (Stadtpolizei) den Befehl, die Gruppe aufzulösen.

Die Gruppensolidarität der Migranten bzw. ihre Angst, sich in der Großstadt zu verlieren, veranlasste diese jedoch, weiter zusammenzubleiben, obwohl sie von der Polizei verfolgt wurden, die sie immer wieder auseinandertrieb. Sie verbrachten die erste Nacht eher stehend als liegend, unterstützt von einigen Menschen aus Migrantenunterstützungsinitiativen, die als Schutzschild gegen mögliche Misshandlungen oder Verhaftungen fungierten.

Am nächsten Morgen wurde in allen Zeitungen von den Vorfällen berichtet, wodurch eine größere Repression verhindert werden konnte. Der breite Kampf der Migranten, die ihre Legalisierung durch einen massenhaften Hungerstreik erzwungen hatten, war in ebenso frischer Erinnerung wie die Solidaritätsbeweise und zahlreichen Demonstrationen zugunsten des Bleiberechts der Migranten.

Deshalb wuchs auch die Zahl der Gruppen und Personen, die sich einem Koordinationsplenum zur Unterstützung der schwarzafrikanischen Migranten anschlossen, am nächsten Tag schlagartig. Gleichzeitig stellte die CGT ihren Gewerkschaftssitz an der Via Laietana zur Verfügung, damit die Migranten wenigstens eine Nacht lang von Polizeimaßnahmen ungestört schlafen konnten.

... über die Plaça Ramón Berenguer ...

Nicht nur das Unterstützungskomitee wurde schlagartig größer, sondern auch die Zahl der Migranten ohne gültige Ausweispapiere. Das Tamtam der Parias war zu hören und andere, in der Anonymität der Großstadt versteckte „sans papiers“ kamen aus ihren Schlupflöchern, sodass ihre Zahl nach wenigen Tagen von rund hundert auf dreihundert angewachsen war. Die meisten waren schwarz- und nordafrikanische Männer. Obwohl auch einige schwarzafrikanische Frauen dabei waren, wurde der kollektive Kampf ausschließlich von den Männern geführt.

Nach der Nacht in der Gewerkschaftszentrale wurde beschlossen, die am Rand der Via Laietana gelegene Plaça Ramon Berenguer zu besetzen. Es handelt sich um einen kleinen Platz am Rand der Altstadt, der ein beliebter Haltepunkt für Touristenbusse ist. Der Platz hatte den Vorteil, dass er nicht asphaltiert ist und verborgene Ecken besitzt, in denen man normalerweise ungestört übernachten konnte.

Dieser Platz sollte in den nächsten Tagen zum Sammelpunkt für Migranten und Unterstützergruppen werden, um den Protest auszudehnen, bis eines Nachts gegen Mitternacht Einsatzkommandos der National- und Stadtpolizei auftauchten und die weitere Benutzung des Platzes verboten, da es sich um eine „illegale Besetzung“ handele. Bevor die Polizisten sich zur Räumung des Platzes formieren konnten, hatten sich die Migranten und die Unterstützer jedoch schon über die umliegenden Straßen verstreut – mit dem zuvor vereinbarten Ziel, sich danach auf der Plaça de Urquinaona wieder zu treffen. Als wir dort ankamen, war der Platz jedoch schon von der Polizei besetzt, genau wie alle anderen Plätze der Innenstadt.

... zur Plaça André Malraux

Wir zogen zunächst ziellos durch die Straßen, bis wir hinter dem Arc de Triomf auf die Plaça André Malraux stießen. Wir befanden uns dort zwar nicht mehr im eigentlichen Innenstadtbereich, aber wir hatten einen viel besseren Platz: groß und mit Bäumen, die Schatten boten, und Grünflächen zum Hinlegen.

An diesem letzten Platz unseres kurzen gemeinsamen Wegs aßen wir, schliefen wir, spielten wir und lernten wir zusammenzusein. Auf diese Weise bestärkten wir uns gegenseitig in der Notwendigkeit, uns kennenzulernen und die gleichen

Räumung der Plaça André Malraux.
GUILLEM VALLE

Freuden und Leiden miteinander zu teilen.

In den nächsten Tagen demonstrierten mehrere tausend Menschen mitten im Urlaubsmonat August für das Bleiberecht der Migranten und eine Aufenthaltsbewilligung, denn „Kein Mensch ist illegal" und alle wollen wir überall leben können.

Während die Verhandlungen mit den zuständigen Behörden noch in Gang waren, rückte die Polizei an. Während die Verantwortlichen in den Medien von der Suche nach Lösungen sprachen, präsentierten uns die gleichen Verantwortlichen die einzige ihnen genehme Lösung: die Repression. In den frühen Nachmittagsstunden füllte sich die Plaça André Malraux nach und nach mit blauuniformierten Muskelprotzen und ihrem Schmerz erzeugenden Zubehör. Die Gerüchte von einer möglichen Räumung hatten uns zwar kurz zuvor erreicht, wir hatten jedoch keine Zeit gehabt, einen neuen Ort zu suchen.

Als die Polizei vorrückte, griffen wir uns spontan an den Händen und rückten zusammen, um die Immigranten zu schützen. Hand in Hand gegen Schutzhelme und Schlagstöcke. Unsere Geste der Wut und Solidarität mit unseren Freunden wirkte eine Zeitlang, dann setzte sich jedoch die Kraft der Uniformen durch. Die Polizisten bliesen zur Jagd, als ob sie Tiere vor sich hätten, sie vergaßen die Rituale der Legalität, die manchmal im Zusammenhang mit menschlichen Lebewesen in Szene gesetzt werden. Alle, die eine andere Hautfarbe besaßen, wurden so von einem Moment zum anderen zu Freiwild.

Rund hundert Menschen wurden verhaftet und im Auslieferungslager der Nationalpolizei in La Verneda interniert. Einige konnten nach einiger Zeit ihre Freilassung erzwingen und wieder in der Anonymität der Großstadt untertauchen, die anderen wurden brutal ausgewiesen.

Die Reise über drei Plätze, die wir in diesem August unternommen hatten, ist heute noch als ein kleiner Markstein des Kampfes und der Hoffnung in Erinnerung. Wir müssen beim nächsten Mal nur in der Lage sein, den Platz, die Straße, das Haus zu finden, in denen wir nicht auseinandergetrieben werden können. Hand in Hand mit allen Hautfarben der Welt.

JOAN ZAMBRANA

Barceloneta – Poble Nou
1
2
3
4

Barceloneta – Poble Nou

La Barceloneta, das mediterrane Viertel der Stadt, wurde im 18. Jahrhundert nach der militärischen Besetzung Barcelonas durch Philipp V. auf dem Sandstrand des alten Stadtteils La Ribera errichtet. Seit seiner Entstehung war dieses Paradebeispiel einer barocken Stadtplanung für die Volksmassen nicht nur die Heimat von Fischern und Meeresliebhabern, sondern auch ein Hort für Nonkonformisten, Bohemiens, Sänger, Lebenskünstler, Maler und Poeten. Der an vielen Stellen mit Giftstoffen und Abfällen der Industriestadt belastete Strand war ein beliebter Treffpunkt von Sportlern, Naturfreunden und einfachen Familien. In den Badehäusern, proletarischen Nachahmungen ihrer Vorbilder von der Cote d'Azur, waren der Lärm und die Hitze der in Strandnähe errichteten Gießereien präsent und etwas weiter weg stand eine in ganz Barcelona beliebte Stierkampfarena. Einfache, aber gemütliche Strandrestaurants boten das ganze 20. Jahrhundert über den Sonntagsausflüglern und armen Touristen ihre Reis- und Fischgerichte zu volkstümlichen Preisen an.

Das Straßenbild des Arbeiter- und Industrieviertels Poble Nou wurde von zahlreichen Fabriken der Schwerindustrie und chemischen Industrie sowie von vielen kleinen Zulieferwerkstätten bestimmt. Die Viertelbewohner schlossen sich früh den utopischen und internationalistischen Bewegungen an. Das Arbeiter- und Handwerkerquartier wurde auf diese Weise von einem überaus reichen Vereinsleben geprägt, und die kulturellen Aktivitäten in der Nähe der Hauptpromenade des Viertels zogen Besucher aus der ganzen Stadt an.

Die beiden proletarischen Stadtteile wurden zwischen 1936 und 1939 von der faschistischen Luftwaffe bombardiert und galten unter dem Franquismus als Schandflecken, da sich die Bewohner während der Revolution 1936 besonders hervorgetan hatten. In Poble Nou wurden in der Folge giftige Industrien angesiedelt, der Strand in eine Müllhalde verwandelt und an zahlreichen Orten entstanden Barackenlager. Der Stadtteil ging auf diese Weise im Lauf von vierzig Jahren in Schmutz und Vergessen unter.

Heute ist vom Geist, der die beiden Viertel beseelt hat, nur noch wenig zu spüren. Die Stadtsanierungsmaßnahmen seit den 1980er Jahren haben erhebliche Teile der angestammten Bevölkerung verdrängt und durch begüterte Klassen ersetzt, die sich das Leben in der Nähe des Meeres etwas kosten lassen. Ehemalige Fabriken wurden in Kulturpaläste und teure Restaurants verwandelt und einzelne aus Gründen der Ästhetik erhaltene Fabrikschornsteine erinnern wie Totempfähle einer untergegangenen Zivilisation an ein ehemals vor Energie platzendes Viertel.

DER HAFEN IN FLAMMEN

Carrer del Mar 97
Sitz der Hafenarbeiterkoordination

Fünf Uhr morgens gegenüber der Hauptpost an der Via Laietana. Wo heute das Einkaufs- und Vergnügungszentrum Maremagnum steht, befand sich damals der Handelshafen. Die franquistische Repression beherrschte immer noch das Geschehen. Wir wollten ein verbotenes Flugblatt verteilen, bevor unsere 1800 Stauerkollegen am „Arbeitspool" antraten. Nach jahrelangen Kämpfen hatten wir erreicht, dass dort die Arbeit im strikten Turnus verteilt wurde, sodass die Lösch- und Ladeaufträge unter allen Stauern gleich verteilt wurden. An diesem 12. November 1976 war eine Vollversammlung der Hafenarbeiter anberaumt. Es sollte darüber entschieden werden, ob wir uns dem 24-stündigen Generalstreik anschlossen, den UGT und CCOO ausgerufen hatten. Im Flugblatt hatten wir den Streik als reines politisches Machtmanöver der beiden Mehrheitsgewerkschaften verurteilt und autonome Organisations- und Aktionsformen zur Verteidigung der Interessen der Arbeiter gefordert. Die Vollversammlung entschied sich zur Teilnahme am Streik und die Hafenbehörde antwortete mit der Entlassung von sieben Mitgliedern des Betriebsrats.

Die Vollversammlung der Stauer rief darauf einen unbefristeten Streik bis zur Wiedereinstellung der Entlassenen aus. Wir erreichten als Erstes den Rücktritt der Vertrauensleute von der franquistischen Einheitsgewerkschaft und setzten an ihrer Stelle ein jederzeit absetzbares Delegiertenkomitee ein. Von diesem Augenblick an wurden alle Entscheidungen in den Vollversammlungen getroffen. Im Verlauf des 21-tägigen Streiks wurde somit die Organisationsform ins Leben gerufen, die jahrelang unsere Forderungen gegenüber der Hafenbehörde und den Spediteuren vertreten sollte. Nachdem sich die Selbstorganisation der Stauer auch auf die anderen spanischen Häfen ausgedehnt hatte, wurde die landesweite Koordination der Hafenarbeiter – *La Coordinadora* – gegründet. Da wir eigene Räume benötigten, besetzten wir ein mehrstöckiges Gebäude im Carrer del Mar, das 1939 von den Franquisten konfisziert worden war. 1

Als die Regierung und der Unternehmerverband 1979 die ersten einschneidenden Schritte zur Privatisierung der Häfen und zur Auflösung des staatlichen Dachverbands der Hafenstauer unternahmen, kam es zu einer Radikalisierung des Kampfes. Unsere Waffen waren der Bummelstreik (die Stauerarbeit wird im Akkord verrichtet und bezahlt), unangekündigte Arbeitsniederlegungen auf Schiffen, die besonders konfliktreichen Transportunternehmen gehörten, und die landesweite Ausdehnung des Streiks.

1980 brachte die Regierung ein Gesetzesdekret heraus, das gegen die autonome Arbeitsorganisation der Hafenstauer gerichtet war. Wir reagierten darauf mit einem gezielten Streik gegen die vier größten Transportunternehmen. Im Verlauf des Streiks wurden 172 Kollegen aus Barcelona gefeuert, was das Fass endgültig zum Überlaufen brachte. Als Antwort darauf wurde der Lohn sozialisiert: Alle Stauer übergaben jeden Tag ihren Stücklohn einem Komitee, das sich in einer Bar in Barceloneta aufhielt, und am nächsten Tag wurde jedem Stauer, auch denen, die zwangsbeurlaubt oder fristlos entlassen worden waren, ein kleiner Geldbetrag ausgezahlt, der für alle gleich war. Der Rest des Stücklohns wurde in einer Streikkasse hinterlegt, um den Streik durchhalten zu

1 können. Diese Praxis zog sich insgesamt eineinhalb Jahre hin.

Da die Kündigungen und Zwangsbeurlaubungen unseren Widerstand nicht brechen konnten, karrten Regierung und Unternehmerverband nun Streikbrecher an, die unter starkem Polizeischutz und hinter Containerbarrieren die Schiffe entluden. Als Reaktion darauf kam es zu Zusammenstößen an den Docks, die sich auch auf die Stadt ausdehnten, als die Stauer aus Protest gegen diese Maßnahme mit ihren tonnenschweren Ladebühnen die Plaça de Sant Jaume besetzten. Die spontansten und einfallsreichsten Formen der Sabotage tauchten daraufhin auf den Docks auf: Jeder Stauertrupp improvisierte seine Aktion gegen die Produktion und gegen die Maschinen. Es wurden Schiffe besetzt und stundenweise Streiks ausgerufen, um unsere Arbeitsplätze nicht zu verlassen. Die mehr als 5000 Sanktionen, die im Verlauf des Konflikts gegen die Stauer verhängt worden waren, bewirkten, dass das Beladen und Löschen der Schiffe fast unmöglich war. Gleichzeitig wurden die Streikbrecher bis in die späten Nachtstunden hinein und in der Morgendämmerung verfolgt. Die Frauen schlossen sich dem Kampf an und organisierten Protestaktionen und Besetzungen in den Geschäftsstellen der Hafenbehörde.

Die Repression führte auch zu aktiven Solidaritätsbekundungen in Barceloneta. Aus Protest gegen die Übergriffe der Polizei wurden mehrfach die Geschäfte des Viertels geschlossen. Es kam zu Massendemonstrationen, und als uns die Polizei einmal durch die engen Gassen des Stadtteils verfolgte, musste sie einige böse Überraschungen erleben. Fast täglich wurde in der Presse über den Konflikt im Hafen berichtet. Insgesamt dauerte es zwei Jahre, bis wir die Wiedereinstellung der entlassenen Kollegen, die Vertreibung der 400 aus rechtsextremen Kreisen rekrutierten Streikbrecher und die vollständige Aufhebung des von der „Regierung der Demokraten“ erlassenen Gesetzesdekrets erreicht hatten.

Die Unternehmer waren durch unsere Mobilisierungen so stark in die Defensive gedrängt, dass sie in den nächsten Jahren praktisch allen unseren Tarifforderungen nachkamen. Jeden Montag hielten wir eine für alle Hafenarbeiter offene Versammlung ab, in der alle anstehenden Fragen gemeinsam von allen Anwesenden entschieden wurden. Die öffentlichen Vollversammlungen waren unser höchstes Organ und der Dreh- und Angelpunkt der kollektiven Hoffnungen und großen Siege. Die alltägliche Kameradschaft und gegenseitige Hilfe unter den Hafenarbeitern waren unsere beste Verteidigung. Das Delegiertenkomitee genoss großes Vertrauen unter den Stauern. Auch die Solidarität unter den Häfen wurde zur Norm und dehnte sich sogar auf die Häfen außerhalb Spaniens aus. Dies führte zur Gründung einer europäischen Hafenarbeiterkoordination, deren erstes Treffen in Barcelona stattfand.

1986 bestrafte uns die arrogante „sozialistische“ Regierung mit einem neuen Dekret. Sehr viel geschickter als ihre Vorgänger und durch den Konsens unter Gewerkschaftsführern und Juristen gestärkt, gelang es ihren Unterhändlern, die Hafenarbeiter zu spalten. Der Zahn der Zeit und die Ermüdung, die alles verwischt, der Anpassungsdruck an den „Zeitgeist“ und an die Legalität, der alles rechtfertigt, und die Bürokratie der Organisationen, die alles zersetzt, machten so dem Kampf ein Ende. Es war möglicherweise der letzte große Konflikt der Arbeiterautonomie in Barcelona, nichtsdestotrotz enthielt er beispielhafte Momente, die auch heute noch zu denken geben.

PACO AROCA

UTOPISCHE SOZIALISTEN

Avinguda Icària

Fourier und Cabet waren die beiden einflussreichsten utopischen Sozialisten in Spanien und Portugal. Fourier wurde ab 1835 über Publikationen in Cádiz bekannt, während die Ideen Cabets ab 1840 von Barcelona aus verbreitet wurden.

In Barcelona wurden die ersten Artikel von Anhängern Fouriers in der Tageszeitung *El Vapor* veröffentlicht, die der Fortschrittspartei nahe stand. Es handelte sich um eine fünfteilige Artikelserie, die zwischen dem 19. November 1835 und dem 27. Januar 1836 unter dem Pseudonym „Proletarier" veröffentlicht wurde. Im letzten Artikel der Reihe verteidigt der Autor die Brandstiftung in der Fabrik Bonaplata als verständliche Reaktion auf das Elend, unter dem die Arbeiter zu leiden hätten, wo sie doch die Erzeuger des Reichtums seien, der ihnen von den Fabrikbesitzern gestohlen werde. Er schließt den Artikel mit der Schlussfolgerung ab, dass das eigentliche Übel die ungerechte Verteilung des Reichtums sei. Die katalanische Bourgeoisie reagierte empört auf den Angriff gegen „die Grundfeste des heiligen Eigentums" und bewirkte, dass *El Vapor* keine weiteren Artikel des anonymen „Proletarier" veröffentlichte.

Wie Fernando Garrido in seiner *Historia de las clases trabajadoras* (Geschichte der Arbeiterklassen) erklärt, hatte Cabet gegen 1843 regen Kontakt mit einer Gruppe egalitärer katalanischer Republikaner. Dies belege unter anderem die Tatsache, dass Cabet im Januar 1843 eine gut dokumentierte Chronik mit dem Titel *Bombardement de Barcelona, ou Voilà les Bastilles* veröffentlichte, in der er die Revolte gegen die Steuerpolitik Esparteros beschrieb, die im November 1842 in Barcelona ausgebrochen war.

Narcís Monturiol, Josep Anselm Clavé, Joan Rovira, Ignasi Montaldo, Francesc Josep Orellana und Francesc Suñer y Capdevilla waren die aktivsten Vertreter des Sozialismus in der Prägung Cabets in Barcelona. Sie traten für die Errichtung einer kommunistischen Gesellschaft ein, in der die Produktionsmittel vollständig sozialisiert und das Privateigentum abgeschafft wäre. Der Staat sollte als Garant für Solidarität, Gleichheit, Brüderlichkeit und Freiheit erhalten bleiben. Diese neue Gesellschaft sollte auf friedliche Weise und mit Hilfe einer sogenannten „Übergangszeit" geschaffen werden. Die Gruppe schloss sich später den radikalen Republikanern an.

Modell des Ictineu I, von Monturiol

1847 übersetzten Narcís Monturiol und F. J. Orellana den utopischen Roman Cabets *Reise nach Ikarien*. Im November desselben Jahres begannen Narcís Monturiol und sein Freund Martí Carlé mit der Veröffentlichung der Wochenzeitung *La*

Fraternidad (Die Brüderlichkeit). In der Präsentation der ersten Nummer heißt es: „Die politische Revolution ist tot in Spanien, sie ist von der sozialen Revolution abgelöst worden, die wir zum Kommunismus führen wollen.“ Die Präsentation der zweiten Nummer lautet: „*La Fraternidad* […] wird das Zentrum der sozialistischen Partei Spaniens sein. Sie ist die Zeitschrift von allen, die der Ansicht sind, dass die Politik allein nicht in der Lage ist, die gesellschaftlichen Wunden zu heilen.“ Die Zeitschrift wurde im März 1848 verboten, nachdem die Herausgeber ihre Begeisterung für die revolutionären Ereignisse im Februar 1848 in Frankreich bekundet hatten. Narcís Monturiol begab sich darauf nach Frankreich ins Exil.

Nach seiner Rückkehr brachte Monturiol zwischen Oktober 1849 und April 1850 die Wochenzeitschrift *El Padre de Familia* (Der Familienvater) heraus. Nachdem er in einer Artikelreihe die Monarchie und den Klerus angegriffen hatte, wurde auch diese Zeitschrift verboten und Monturiol zu einer Geldstrafe von 50.000 Real verurteilt.

Die frühsozialistischen Hoffnungen auf ein neues Ikarien waren nach den schlechten Erfahrungen in der Ikarier-Gemeinde, die Cabet 1849 mit 280 seiner Anhänger in Illinois in den USA gegründet hatte, enttäuscht worden. Die katalanischen Frühsozialisten hielten jedoch an der Bedeutung der Verbreitung der Kultur und einer neuen Ethik unter den Arbeitern fest. Man wollte die Arbeiter in die Lage versetzen, eigenständig zu denken und sich selbst auszudrücken, um die Menschheit auf diese Weise zu „einer einzigen moralischen Wesenheit“ zu machen.

ABEL REBOLLO

DER FUSSBALLCLUB JÚPITER

Straßenkarree Lope de Vega – Llull – Espronceda – Pujades

Der Strand Mar Bella war 1909 ein beliebter Veranstaltungsort von Fesselballonwettbewerben. Der Vorstand des kurz zuvor gegründeten Fußballvereins des Viertels war von diesem sonntagmorgendlichen Vergnügen so angetan, dass er den neuen Club nach dem erfolgreichen Fesselballon Júpiter benannte. 1912 in den spanischen Sportverband aufgenommen, dehnte der Fußballclub seine sportlichen Aktivitäten unter anderem auf den Wandersport und die Leichtathletik aus. 1921 kaufte der Verein dann ein Gelände am zukünftigen Carrer Lope de Vega und errichtete dort seinen Sportplatz mit Holztribüne. Der Club war in den 1920er Jahren außerordentlich populär, die Heimspiele waren immer ausverkauft und viele Jugendliche des Viertels wünschten nichts sehnlicher, als in eine der erfolgreichen Nachwuchsmannschaften des Clubs aufgenommen zu werden. In der Saison 1924-25 brachte es der Júpiter sogar zum Meister der 2. Spanischen Fußballliga.

Das Poble Nou der damaligen Zeit war ein Arbeiter- und Fabrikviertel, das einen deutlichen anarchistischen und republikanischen Charakter besaß. Die CNT war im Alltagsleben der Arbeiter allgegenwärtig. Sie diente sowohl den Landflüchtigen als Gewöhnungshilfe an ein feindliches städtisches Milieu wie auch allen anderen als Garant der Solidarität gegenüber der Ausbeutung durch die Unternehmer, den Ungerechtigkeiten, der sozialen Ungleichheit, der polizeilichen Brutalität, der Arbeitslosigkeit oder auch im Krankheitsfall. Das Leben der Kleinbürger und der Gewerbetreibenden des Viertels stand dagegen unter dem Zeichen des Katalanismus.

Der Fußballverein war ein treues Abbild dieser beiden politischen Strömungen: Unter der Diktatur von Primo de Rivera musste der Júpiter sein Wappen entfernen, denn es bestand aus einem bekannten Symbol der katalanischen Unabhängigkeitsbestrebungen: einem fünfzackigen Stern über vier rot-gelben Balken. Die anarchistischen Aktivisten nutzen dagegen die Auswärtsspiele des Clubs, um zerlegte Pistolen in den Fußbällen zu transportieren. Die politischen Ideen und Aktivitäten der Mitglieder oder Sympathisanten des Clubs waren somit ein ständiger Dorn im Auge der Regierung des Diktators.

Im Juli 1936 diente der Sportplatz des Clubs als ein Sammelpunkt für den Aufstand der Arbeiterschaft gegen den Militärputsch. Nicht nur, weil die meisten Mitglieder der Gruppe *Nosotros* in der Nähe wohnten, sondern auch aufgrund der ausgesprochen starken anarchistischen Präsenz im Viertel. Das Verteidigungskomitee von Poble Nou hatte zwei Lastwagen einer nahe gelegenen Textilfabrik requiriert und vor dem Sportplatz abgestellt. Gregorio Jover wohnte im Carrer Pujades 276. In seiner Wohnung hatten sich in der Nacht vom 18. auf den 19. Juli die Mitglieder der Gruppe *Nosotros* in Erwartung des Signals des Militärputschs versammelt: Juan García Oliver, der ganz in der Nähe in der Nummer 72 der Carrer Espronceda lebte; Buenaventura Durruti, der knapp einen Kilometer entfernt im Clot wohnte, Antonio Ortiz, der in Poble Nou geboren war; Francisco Ascaso, der ebenfalls ganz in der Nähe wohnte, Ricardo Sanz, der auch in Poble Nou zu Hause war, sowie Aurelio Fernández und José Pérez Ibánez. Von Jovers Wohnung aus konnte

3

man den Zaun des Sportplatzes und die davor abgestellten Lastwagen sehen. Um fünf Uhr morgens erschien ein Meldegänger und teilte mit, dass die Truppen dabei waren, die Kaserne zu verlassen.

Die den Sportplatz umgebenden Straßen Lope de Vega, Espronceda, Llull und Pujades waren voller bewaffneter Anarchosyndikalisten. Zwanzig durch zahllose Straßenkämpfe geschulte Militante stiegen auf die Lastwagen. Antonio Ortiz und Ricardo Sanz montierten ein Maschinengewehr auf den ersten Lastwagen. Die Sirenen der umliegenden Fabriken heulten auf und bliesen damit, wie vereinbart, zur Aufnahme des Kampfes. Die Menschenmasse setzte sich in Bewegung: Allen voran die beiden Lastwagen mit wehenden schwarz-roten Fahnen, hinter ihnen ein Zug bewaffneter Männer, die die anarchistischen Hymnen *Hijos del Pueblo* (Kinder des Volkes) und *A las barricadas* (Auf die Barrikaden) anstimmten. Von den Nachbarn auf den Balkonen angefeuert, bog der Trupp in die Rambla de Poble Nou ein und marschierte über Pere IV auf das Stadtzentrum zu.

Von einem dieser Lastwagen aus leitete die Gruppe *Nosotros* als Revolutionäres Verteidigungskomitee den Arbeiteraufstand gegen den Militärputsch an der Plaça del Teatre. In wenigen Stunden hatte die „Föderation der Barrikaden" die Militärs und Faschisten besiegt und die Stadt erobert.

Nach dem erfolgreichen Aufstand hatte Poble Nou unter dem Krieg, den Bombardierungen, dem Hunger, der Niederlage, dem Exil vieler Anwohner, dem Konzentrationslager Cànem, den Erschießungen auf dem Campo de la Bota und vor allem unter vielen Jahren der Angst zu leiden, die im amtlichen Sprachgebrauch als Jahre des Friedens bezeichnet wurden.

Nach dem Sieg des Faschismus musste der Júpiter erneut sein Wappen entfernen, das er mit der Ankunft der Republik zurückgewonnen hatte, und sich eine Zeitlang Hércules nennen, da der Verein verdächtigt worden war, die Rote Hilfe finanziell unterstützt zu haben. Das Wappen gewann der Club erst fünfzig Jahre später wieder zurück, seine ehemalige Bedeutung hatte er jedoch in all den Jahren der franquistischen Repression verloren. 1948 musste er den alten Sportplatz aufgeben und bekam die heutige Anlage in La Verneda zugewiesen. Wo sich früher der Sportplatz befand, stehen heute eine Grundschule und eine Parkanlage.

AGUSTÍN GUILLAMÓN

DAS LANGE LEBEN DER EXEKUTIERTEN

Ostfriedhof (Poble Nou) und Neuer Friedhof (Montjuïc)

Als wir klein waren, diskutierten wir darüber, ob es Geister gebe, wo sie wohnten und ob die Friedhöfe ihr Lieblingsort wären. Wenn wir heute über die breiten Wege dieser Friedhöfe gehen, packt uns der Zweifel, ob wir nicht einen Sprung in Zeit und Raum gemacht haben und uns verlaufen haben: Gegenüber endlosen Reihen von Grabnischen, die auf fatale Weise an eine Miniaturausgabe der Wohnblöcke der Trabantensiedlungen La Mina, Ciudad Meridiana oder Bellvitge erinnern, erheben sich pompöse Mausoleen, Obelisken, Pyramiden und trompetende Engel. Gleichförmigen rechteckigen Betonblöcken steht ein Kompendium makabrer Kunstgeschichte gegenüber, in der Gotik, Barock, Neoklassizismus und Jugendstil wild durcheinandergewürfelt worden sind. In den eingezäunten Korridoren des Cementiri d'Est im Carrer Taulat in Poble Nou liegt die Crème der frühen katalanischen Bourgeoisie begraben.

Ihre Grabdenkmäler sind ein Klagegesang der Ohnmacht vor dem Tod und gleichzeitig ein hartnäckiger Versuch, die Klassenmerkmale post mortem zu verewigen. Für die Unsterblichkeit hatten von diesen Patrizierfamilien protegierte Bildhauer, Kunstschmiede, Kunstglaser, Architekten und Maler zu sorgen, die miteinander konkurrierten, wer in der Lage wäre, das pharaonischste aller Monumente zu schaffen.

Geld und Reichtümer zu scheffeln, andere – insbesondere Arme – zu beherrschen, zu unterwerfen und sie in die Rolle der Resignation und des Schmerzes zu zwängen, ist einer der illusorischen Versuche, dem Tod zu entgehen. Je größer das Leid der anderen ist, umso mehr ewiger Ruhm ist diesem „einen" garantiert.

Der Zeitpunkt des Todes war bis vor wenigen Jahrzehnten der wichtigste Augenblick im Leben eines Katholiken, denn ein guter Tod im Schoß der Kirche verhieß ein ewiges Leben voller Freude und Andacht. Die Angst vor dem schlechten Tod, der Rebellen, Ungläubigen, Gotteslästerern und Gesetzesbrechern drohte, hielt viele davon ab, ein freies und unbändiges Leben zu führen. Die Angst wirkte als unsichtbares Gefängnis. Wenn das Leben dieser Unbotmäßigen besonders anstößig verlaufen war, wurden sie in nicht geweihter Erde in Massengräbern verscharrt. Wir wollen in der Folge an einige dieser „Außenseiter" erinnern, deren Spuren selbst noch nach ihrem Tod verwischt wurden.

Niemand weiß zum Beispiel, was mit den sterblichen Überresten der jungen Frau und den sechs Männern geschehen ist, die 1789 auf dem Vorplatz der Zitadelle erhängt wurden. Sie hatten sich in den Protesten gegen die Erhöhung der Brotpreise hervorgetan, die zur Plünderung und Brandstiftung in Mehlsilos und Brotausgabestellen geführt hatten.

Im August 1835 wurden sieben Arbeiter hingerichtet, die der Brandstiftung in der Fabrik Bonaplata beschuldigt worden waren. Auch ihre Grabstellen sind unbekannt; ihnen zu Ehren kam es jedoch zu einem mehrtätigen Generalstreik in den Werkstätten und Manufakturen der Stadt.

Auch für die Aufständischen von 1842 und 1843 gab es keinen Platz auf dem Gottesacker. Während der Not- und Ausnahmezustände, die im Verlauf des 19. Jahrhunderts gegen Barcelona verhängt wurden, wurden zahlreiche Bürger der

Stadt erschossen oder hingerichtet, nach Übersee verbannt oder jahrelang in den Kerker gesperrt. Von Josep Barceló, der 1855 auf der Esplanade exekutiert wurde, auf der heute die Markthalle Sant Antoni steht, ist nicht einmal belegt, wo er beerdigt wurde. Ein Jahr später wurden 16 Genossen von Barceló in Gràcia als vermeintliche Mörder von Oberst Ravell füsiliert, der das Todesurteil gegen Barceló verhängt hatte. Sie wurden im Massengrab auf dem Friedhof von Poble Nou verscharrt.

Die beiden großen Friedhöfe der Stadt wurden nicht zufällig im 19. Jahrhundert, dem Zeitalter der Industrialisierung Barcelonas, errichtet. Sie waren als zukünftige Abstellkammern des Lebens einer überaus bewegten Stadt konzipiert, in der eine tragische Umkehrung der Werte stattfand: Das Leben von Vielen – oder wie man das Dahinsiechen in den Werkstätten oder Fabriken auch nennen will – wurde auf friedliche und demokratische Weise unterdrückt und Tag für Tag dosiert verkürzt: durch Löhne, mit denen der Lebensunterhalt nicht angemessen bestritten werden konnte, durch Krankheiten wie Tuberkulose oder durch Alkohol zur Betäubung der Schmerzen. Bei anderen Gelegenheiten wurde dem Leben ein gewalttätiges Ende gesetzt. Wenn es dazu kam, brach Empörung über das Verbrechen, den Terror aus. Dann wurden diejenigen, die es gewagt hatten, einige der Verantwortlichen für ihren eigenen langsamen Tod zu beseitigen, unbarmherzig bestraft.

Das Gedächtnis neigt dazu, unangenehme Erinnerungen zu verdrängen: Allein zwischen 1854 und 1856 starben rund vierhundert Einwohner Barcelonas auf den Straßen der Stadt bei Kämpfen für die Vereinigungsfreiheit und eine würdige Arbeit. 1870 folgten dann die Exekutierten aus den Stadtteilen Sants, Sant Pere und Gràcia. Die im Hof des Gefängnisses Amalia Garrotierten, die Montjuïc-Prozesse, die zahllosen Streiks in den ersten Jahrzehnten des 20. Jahrhunderts. Verdrängt werden Erinnerungen an die *ley de fugas* und die Terrorgruppen des Unternehmerverbands.

Zwischen 1917 und 1923 wurden mehr als 220 anonyme Arbeiter – bekannte Arbeiterführer nicht hinzugerechnet – durch Killer erschossen, die von den Fabrikbesitzern angeheuert worden waren. Zu diesen Toten müssen noch die vier Arbeiter der Gießerei Can Girona hinzugezählt werden, deren Wasserkrüge vergiftet worden waren. Einige dieser Namen tauchten am Tag nach ihrer Exekutierung kurz und mit gehässigen Kommentaren in der bürgerlichen Presse auf.

1882 wurde der Südost- bzw. Montjuïc-Friedhof eingeweiht. Die erste Beisetzung war für einen reichen Amerikaheimkehrer aus Mataró reserviert. Danach sollten 160.000 Bestattungen folgen. Bis auf den heutigen Tag ist nicht bekannt, wie viele Menschen im Fossar de la Pedrera, dem Massengrab des Friedhofs, verscharrt wurden, das unter anderem der Bestimmungsort derer war, die in der Montjuïc-Festung und im Campo de la Bota füsiliert worden waren. An diese Tausende von Bürger zu erinnern, die von den Herrschenden zur Anonymität verdammt wurden, verlängert nicht nur ihr Leben, sondern auch das unsere.

MIQUEL VALLÈS

Ciutat Vella
1
2
3
4
5
6
7
8
9
10
11
12
13
14
15
16
17
18
Plaça de Catalunya
Catalunya (L3)
Catalunya (FGC)
Urquinaona (L1)
Plaça d'Urquinaona
C. de Fontanella
C. Bergara
Pelai
Ronda
Rambla
Portal de l'Àngel
C. d'Ortigosa
Av. de la Catedral
Av. de Francesc Cambó
Pl. d'Antoni Maura
Portaferrissa
Pl. Nova
Pl. del Pi
Pl. de la Boqueria
Liceu (L3)
C. de Ferran
C. de Jaume I
Jaume I (L4)
Pl. de l'Àngel
Via Laietana
Av. del Portal de l'Àngel
Pl. Sant Josep
Plaça de la Gardunya
Hospital
Carme
Pintor Fortuny
Pl. Ramon Berenguer el Gran
C. Montcada
Av. Marquès
Pl. d'Antonio López
Pg. d'Isabel II
Palau
Carrer de Josep Anselm Clavé
Passeig de Colom
Ronda
Moll de la Fusta
Moll Bosch i Alsina
Moll d'Espanya
Moll del Dipòsit
Barceloneta (L4)
Plaça de Pau Vila
Tram
SECTOR 2

Ciutat Vella

Der Abriss der Stadtmauern an der heutigen Rambla im Jahr 1775 verschaffte einem Teil der Bevölkerung, der innerhalb der engen Einfriedungen lebte, etwas Luft. Bis 1860 bestand Barcelona ausschließlich aus der heutigen Altstadt (Ciutat Vella). Die einzige Ausnahme war das suburbane Raval, in dem sich die ersten Fabriken niedergelassen hatten. Der Beginn der Industrialisierung wurde von einer massiven Landflucht aus dem katalanischen Hinterland begleitet, wodurch die Bevölkerung der Stadt zwischen 1830 und 1877 um 155% wuchs. Die von der neuen kapitalistischen Ökonomie geweckten Hoffnungen erwiesen sich jedoch als trügerisch: 1860 betrug die durchschnittliche Lebenserwartung in Ciutat Vella 28,7 Jahre und die Todesrate von Kleinkindern unter einem Jahr belief sich auf 22%. Die Bevölkerung ernährte sich vor allem von Brot, das mehr als 50% der Nahrungskosten ausmachte. Im Durchschnitt lebten 3,6 Personen in einem Zimmer, doppelt so viel wie im London der damaligen Zeit.

Aus der Vogelperspektive betrachtet, erinnert die damalige (und im weitaus geringeren Maße auch die heutige) Ciutat Vella an ein Labyrinth. Nur wenige Gassen waren breiter als sieben Meter. Zahllose Werkstätten belegten die Untergeschosse von Gebäuden, die im Laufe der Jahre immer weiter aufgestockt wurden, was das Gefühl der Enge zusätzlich verstärkte. Einige dieser kleinen Familienbetriebe gingen bald zu einer kleinen Serienproduktion und später zur Fabrikproduktion über. An den Ufern des Wasserkanals Rec Comtal, der anfänglich die Stadt mit Trinkwasser versorgt hatte, siedelten sich zahlreiche Textilverarbeitungsbetriebe an. Weitere gewerbliche Schwerpunkte der damaligen Zeit waren die Verarbeitung von Hanferzeugnissen, die Seilerei sowie die Pelz-, Leder-, Kupfer- und Messingverarbeitung. Das Verbot der Ansiedlung neuer Gewerbebetriebe in der Altstadt bewirkte eine rasante Verwandlung des früher landwirtschaftlich genutzten Raval.

Nach zahlreichen Vorbereitungsversammlungen und -veranstaltungen in Theatersälen und Gaststätten der Stadt wurde 1890 zum ersten Mal der 1. Mai gefeiert. Aus dem großen Arbeiterfest wurde schließlich ein zehntägiger Streik zur Durchsetzung des Achtstundentags.

Das Gotische Viertel (Barrio Gòtic) ist eine Schöpfung des romantischen nationalistischen katalanischen Bürgertums, das Ende des 19., Anfang des 20. Jahrhunderts zahlreiche neogotische Bauwerke in diesem Teil der Stadt errichten ließ (unter anderem die Kathedrale), um einen vergangenen Glanz zu suggerieren, der niemals existiert hatte. Seit dem letzten Jahrzehnt des 20. Jahrhunderts haben die städtischen Abrissbirnen dagegen zahlreiche tatsächlich aus der Gotik stammende Häuser der Viertel Sant Pere, Santa Caterina und Sant Just dem Erdboden gleichgemacht. Im Rahmen dieser und anderer Sanierungsmaßnahmen der Altstadt, die ohne Beteiligung der Anwohner und häufig gegen ihren ausdrücklichen Willen durchgeführt wurden und werden, ist eine erhebliche Zahl der traditionellen Anwohner vertrieben und durch kaufkräftigere Bevölkerungsschichten ersetzt worden.

1

GIUSEPPE FANELLI (1826–1877)

Carrer Canuda 31 (Centro Republicano Federal – Föderatives Republikanisches Zentrum)

Wie nicht anders zu erwarten, ist die Ankunft des italienischen Revolutionärs in ein Geheimnis gehüllt. Wir können uns aber vorstellen, wie er an einem schönen Novembertag 1868 auf seinem Weg zum Sitz des Föderativen Republikanischen Zentrums im Carrer Canuda 31 zu einem Treffen mit Elisée Reclus über La Rambla schlendert. Er trifft dabei auf junge Frauen mit Mantille, elegantem rot-weißen Mieder, unbedeckten Köpfen und Blumen im Haar sowie auf bewaffnete Soldaten und Offiziere in schmucken Uniformen, die leise miteinander reden. Auch dickbäuchige und unsympathische Pfaffen kreuzen seinen Weg. Etwas weiter vorne hat sich eine Menschentraube um einen Mann gebildet, der Stierkampfszenen imitiert und von einer Andalusierin in kurzem Rock begleitet wird, die Kastagnetten schlagend einen Fandango tanzt. Der Reisende kommt aus dem Staunen nicht heraus. Er hatte eine Stadt im revolutionären Taumel erwartet und schien sich stattdessen mitten in einem Festrummel zu befinden. Vor weniger als zwei Monaten war Königin Isabella II. gestürzt worden, aber nichts deutete darauf hin, dass dies irgendeinen Einfluss auf das Leben im Land gehabt hätte.

Giuseppe Fanelli war in jungen Jahren ein republikanischer Verschwörer und ein Anhänger von Mazzini und Garibaldi gewesen. Er war aber, wie sein Freund Malatesta treffend erklärt, „durch seine Kontakte mit Pisacane möglicherweise schon für die libertären sozialistischen Ideen empfänglich, einer der Ersten, die sich Bakunin näherten, als dieser sich zwischen 1863 und 1867 in Italien aufhielt und mit seiner Ablehnung der religiösen und nationalistischen Ansichten Mazzinis die Internationale Allianz der Sozialistischen Demokratie gründete". Tatsächlich entwickelte sich zwischen Fanelli und Bakunin seit den ersten Begegnungen eine enge Freundschaft und dieser war sofort bereit, den Auftrag anzunehmen, die spanische Arbeiterschaft über die Internationale zu informieren.

Im Sitz der föderativen Republikaner lernte Fanelli neben vielen anderen Fer-

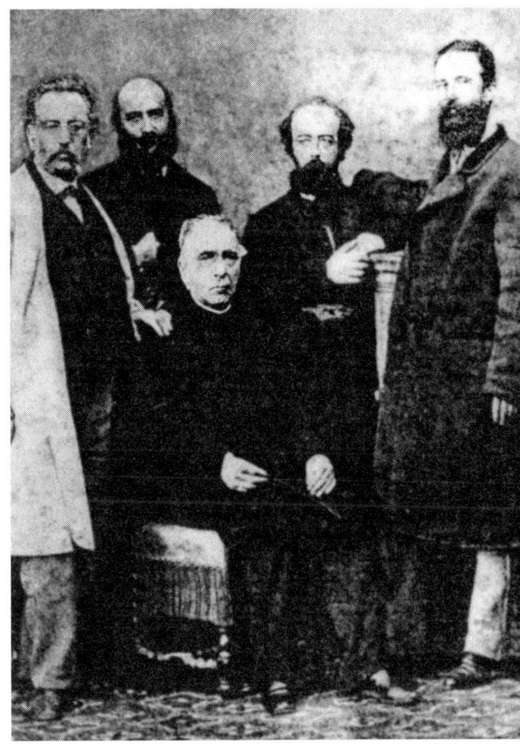

Fernando Garrido, Elisée Reclus, José M. Orense, Aristide Rey, Giuseppe Fanelli

1 nando Garrido und Juan Tutau kennen. Wenige Tage später fuhr er mit Elisée Reclus und Fernando Garrido nach Valencia, um sich mit José María Orense, einem der Führer der Revolution von 1868, zu treffen.

Mit den Adressen, die ihm Garrido verschafft hatte, fuhr Fanelli nach Madrid, wo er am 24. November eintraf. Nach zahlreichen Zusammenkünften und Debatten mit Arbeiterführern sowie mehreren öffentlichen Vorträgen wurde schließlich am 24. Januar 1869 die erste Kerngruppe der spanischen Internationalen gegründet.

Als Fanelli gegen März/April 1869 nach Barcelona zurückkehrte, hatte er bereits genügend Kontakte geknüpft, um eine Versammlung im Atelier des Malers und Zeichners José Luis Pellicer im Carrer Córcega einberufen zu können, an der rund zwanzig Genossen teilnahmen, die mehrheitlich zum Katalanischen Athenäum der Arbeiterklasse gehörten. Das Ergebnis dieser Versammlung war die Gründung der katalanischen Kerngruppe der Internationalen Arbeiterassoziation (IAA). José Luis Pellicer wurde zum Präsidenten gewählt und sein Neffe Rafael Fraga zum Sekretär.

PACO MADRID

2

KARTOGRAFIE DER SUBVERSION: PARIS–BARCELONA

Carrer Canuda 6; Ateneo Barcelonés

Was hatte die Hafenstadt Barcelona an sich, dass sie so viele Besucher anzog, die auf der Suche nach einer frischen Lebensbrise, neuen Ideen, sonnigen Stränden oder zwielichtigen Gassen waren?

Einer der Pioniere dieser Suche war Francis Picabia, der auf der Flucht vor dem grausamen Krieg, der im alten zivilisierten Europa loderte, in die Stadt gekommen war, um eine seiner wichtigsten Zeitschriften zu verfassen. Neben zahllosen anderen Menschen trafen in diesen Jahren auch das antimilitaristische Ehepaar Jean und Eugène Humbert und der Deserteur Victor Serge ein.

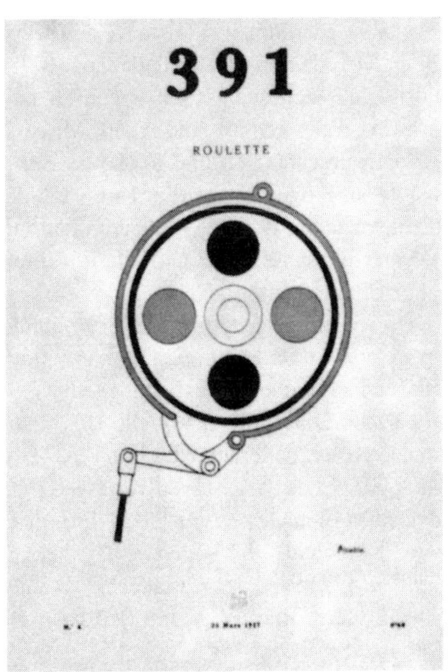

Titelblatt der Zeitschrift *391*, die Picabia in Barcelona herausgab.

In den zwanziger Jahren kam auch der Uruguayer Rafael Barradas aus dem benachbarten L'Hospitalet regelmäßig nach Barcelona. Er fristete ein ärmliches Dasein als Titelblattzeichner und Illustrator der Zeitschriften seiner libertären Freunde und als Zeichner von Comicbooks. Die sonntäglichen Versammlungen auf seiner kleinen Dachterrasse, dem „Ateneíllo", waren ein beliebter Treffpunkt für die künstlerische Avantgarde der damaligen Zeit, von Lorca bis zu Salvador Dalí.

Auch André Bretón war ein häufiger Gast der Stadt. Vor verblüfften Bürgern, die nicht so richtig erfassten, was in unseren Gefilden „Superrealismus" (statt Surrealismus) getauft werden sollte, hielt er eine weit beachtete Vortragsreihe im *Ateneo Barcelonés*.

Mit Ausbruch des Bürgerkriegs und der breiten Solidaritätswelle der europäischen Linken mit der Sache der spanischen Republik ließen sich auch verschiedene im antifaschistischen Kampf engagierte Kunstvisionäre, Wort- und Traumjongleure, Maler und Zeichner, Objektschöpfer und -finder, Poeten der Materie und Animateure des Unterbewusstseins in der Stadt nieder.

In vielen Fällen waren es Freunde jener Generation, die in den 20er Jahren nach Paris gepilgert war, Freunde von Dalí, Miró, Picasso, Domínguez, Varo, Francés und so vieler anderer Künstler, die in jenen Jahren des materiellen Elends und der künstlerischen Experimentierfreudigkeit enge Mansarden und ranzige Speisen miteinander geteilt hatten. Ab 1936 würde nun René Char den von den Faschisten in Spanien ermordeten Kindern wunderschöne Widmungen verfassen; ein bereits in

die Jahre gekommener Tristan Tzara würde nach Barcelona reisen, um seine Solidarität mit den spanischen Roten zu bekunden; Yves Tanguy und André Masson würden Zeichnungen und Stiche für *Solidarité* anfertigen; Valentine Hugo würde sich genau wie Philippe Soupault oder der Dichter Benjamin Péret aktiv dem Kampf gegen Franco anschließen.

Die Träumer setzten sich in Bewegung, sie handelten und kämpften. Andere malten und schrieben. Viele ahnten die europäische Diaspora voraus, die sich über ihnen zusammenbraute. Es war der Anfang vom Ende dieser „Welt von Gestern", des postkolonialen zivilisierten Europas. Ein Kontinent, den auch einer seiner großen Erzähler, der enttäuschte Stefan Zweig, über den Weg des Selbstmords verlassen sollte.

Die surrealistische Diaspora umfasste alle: Einige begingen Selbstmord in dunklen Kammern, andere irrten mit ihren Sextanten und Briefen durch die halbe Welt, vergaßen ihr Werk oder verkauften es zu Schleuderpreisen und richteten sich in anderen, ihnen zuvor unbekannten Kulturen ein. Paris und Barcelona sind nichts weiter als Namen zweier Städte, die ihre Magie unter dem Stiefel des Faschismus, der Negation von Kunst und Poesie verloren haben. Die meisten jener Träumer starben in bitterer Armut, verloren in der Welt des Kalten Kriegs.

Paris und Barcelona sind wie ein zerbrochenes Spiegelpaar, Splitter bunter Hoffnungen, alte Städte eines alten heuchlerischen Europas. Die Besten ihrer jungen Menschen sind im Kampf um die Freiheit in den Gefängnissen und Konzentrationslagern gestorben. Die Leidenschaft für Kunst und Wissen bewegte sich ab 1939 auf einem Minenfeld. Diejenigen, die wie Eugenio Granell, Remedios Varo oder Antoni García Lamolla ihren Lebensunterhalt mit Würde bestritten, erkannten sich nicht in jenen anderen wieder, die zu den Hofnarren der neuen Eigentümer Europas geworden waren.

Und das Vergessen sank wie die Nacht über die Erinnerung an die widerspenstigen Schöpfer, an jene engagierten Surrealisten, die die Macht und zugleich die Kunst ihrer Zeit herausgefordert hatten. Nur ihr malerisches Werk hat in der Spekulation der Kunstwelt überlebt, bar des Kontextes, in dem es geschaffen wurde, bar der Provokation, die es beinhaltete. Angemessen denaturalisiert, auf Entstehungsdatum, Namen und Jahrestage reduziert, hängen diese Werke heute an den weißen Museums- und Galeriewänden. Ihr Titel: Antifaschistische Kunst.

DOLORS MARÍN

3

ANDREU NIN (1892–1937)

La Rambla 128

Nie werde ich diesen 16. Juni 1937 vergessen. Für viele war er ein x-beliebiger Tag in dem vom Krieg und von den Folgen der Maiunruhen angeschlagenen Barcelona. Für Andreu Nin und seine Kampfgenossen war es ein dramatischer Tag, der in die Annalen der Geschichte Spaniens und des internationalen Sozialismus eingegangen ist.

Nach den Ereignissen des Mai 1937 hatte der POUM Vorkehrungen getroffen, um sich vor einer möglichen Repression zu schützen. Das Exekutivkomitee versammelte sich nicht mehr in der Parteizentrale, sondern traf sich an anderen Orten, häufig in einem unscheinbaren Raum im Palau de Virreina an der Rambla.

Die Versammlung am 16. Juni begann gegen 10 Uhr morgens unter dem Vorsitz von Andreu Nin. Neben Nin nahmen Pedro Bonet, Juan Andrade, Jordi Arquer, Julián Gorkin, Gironella, Narcís Molins i Fàbrega und der Autor dieser Zeilen teil. Josep Rovira, der Chef der 29. Division, befand sich an der Aragonien-Front. Nachdem Nin die politische Lage und den Stand des militärischen Kampfs einer gründlichen Analyse unterzogen hatte, drückten die anderen Versammlungsteilnehmer ihre tiefe Besorgnis über die politische Kehrtwendung aus, die der kurz zuvor erfolgte Sturz von Largo Caballero bedeutete.

Die drei dringlichsten Punkte auf der Tagesordnung waren die Verteidigung unserer Presse, die letzten Vorbereitungen für den Kongress des POUM, der drei Tage später im Theater Poliorama beginnen sollte, und die Vorbereitung einer wichtigen internationalen Konferenz von unabhängigen kommunistischen und sozialistischen Parteien.

Unsere Tageszeitung *La Batalla* durfte aufgrund einer einstweiligen Verfügung nicht erscheinen, und ihr Direktor, Julián Gorkin, war am 18. Juni vor ein Volksgericht geladen. Wir beschlossen, dass Gorkin der Ladung Folge leisten sollte. Wir wollten, dass er die Partei gegen die stalinistischen Verleumdungen verteidigte und die Verhandlung in eine Tribüne gegen den Stalinismus verwandelte. Barcelona durfte nicht zu einem zweiten Moskau werden.

In diesem Zusammenhang soll darauf hingewiesen werden, dass die Wochenzeitung unserer Jugendorganisation, *Juventud Comunista*, ihren Umfang seit drei Wochen erhöht hatte, um Artikel der wichtigsten Parteiführer veröffentlichen zu können. Für die Ausgabe, die just an diesem 16. Juni erscheinen sollte, hatte mir Nin am Vortrag einen Artikel übergeben. Es sollte sein letzter Artikel sein.

Die Versammlung des Exekutivkomitees des POUM endete gegen 13 Uhr. Nin, Bonet und andere Genossen begaben sich danach zur Geschäftsstelle der Partei gegenüber dem Theater Poliorama. In jenen unsicheren Tagen, in denen es schon zu den ersten Verschwundenen gekommen war, hatten sie sich angewöhnt, sporadisch in der Geschäftsstelle aufzutauchen, um Präsenz zu zeigen. Niemand wollte den Eindruck erwecken, dass er sich versteckte. Tatsächlich wurde Nin vor seiner Verhaftung gewarnt. Er glaubte jedoch nicht, dass sie es so weit kommen lassen würden. Er dachte dabei natürlich an die Behörden. Die Möglichkeit, dass die Polizeiagenten Stalins sich mit der Unterstützung von einigen Führern des PCE und PSUC über die Regierung der Republik und die Ge-

neralitat hinwegsetzen könnten, hatte er nicht in Erwägung gezogen.

Ich wurde wenige Minuten später von seiner Verhaftung unterrichtet, als ich gerade zusammen mit anderen Genossen in der Geschäftsstelle der Juventud Comunista Ibérica eine Sonderausgabe der *Juventud Comunista* fertig machte. Weil uns schon die Druckfahnen ausgehändigt worden waren, entwarfen wir eine neue Titelseite mit einem sieben Spalten langen Artikel gegen Nins Verhaftung. Danach fuhren wir zur Druckerei im Carrer Banys Nous, um die notwendigen Veränderungen anzugeben. Als die Zeitung gegen 18 Uhr schließlich druckfertig war und wir gerade darüber sprachen, wie wir einen massenhaften Vertrieb in den Straßen Barcelonas organisieren konnten, tauchte die Polizei auf. Da uns die Arbeiter der Druckerei rechtzeitig vor dem Erscheinen der Polizei gewarnt hatten, gelang einigen von uns die Flucht.

Wutentbrannt und wild entschlossen, die Verteidigung von Nin und allen anderen verhafteten Genossen mit allen Mitteln zu organisieren, beriefen wir sofort das Exekutivkomitee der JCI ein, um die Organisation zu mobilisieren. Gleichzeitig stellten wir eine Verbindung zum Komitee von Barcelona und zu den Genossen des Exekutivkomitees des POUM her, die nicht verhaftet worden waren.

Dieser 16. Juni 1937 war ein wunderschöner Frühsommertag mit strahlend blauem Himmel. Weit weg, an der Front von Aragonien, Levante und Andalusien sowie in den Schützengräben vor dem Madrider Regierungspalast Moncloa kämpften Mitglieder des POUM und der JCI auf Leben und Tod, während ihre Führer verleumdet, verhaftet und kurze Zeit später sogar ermordet wurden. Am nächsten Tag prangte zur Verwunderung der Passanten an zahlreichen Häuserwänden der Stadt die Frage: „Wo ist Nin?“ Die der Zensur unterworfene Presse gab erst am 22. darauf Antwort. Nach tagelangen Folterungen in einem Geheimgefängnis der Tscheka wurde Nin zwischen dem 21. und 24. Juli 1937 ermordet.

WILEBALDO SOLANO

4

DIE REBELLION DER LADENSCHWENGEL

La Rambla 120 Ehemaliges Kaufhaus SEPU

In den Jahren der Republik war Barcelona als die Hochburg des Anarchosyndikalismus und der mächtigen Gewerkschaftssektionen der CNT bekannt. Eine der überraschendsten Streikbewegungen dieser turbulenten Epoche ging jedoch von einem Erwerbszweig aus, in dem die Anarchisten keinen Einfluss besaßen: den Beschäftigten im Klein- und Großhandel. Die kaufmännischen Angestellten bildeten eine Masse von rund 80.000 Menschen und stellten fast 20% der Erwerbstätigen der Stadt. Sie arbeiteten in den verschiedensten Geschäften, Büros und Kaufhäusern, bei denen es sich in den meisten Fällen um kleine Familienbetriebe handelte. Vor 1933 hatte es nie einen Streik im kaufmännischen Bereich gegeben, ein Sektor, in dem der Klassensyndikalismus keine Basis zu haben schien.

Bis zum II. Weltkrieg wurden die Handelsgehilfen in allen Industrienationen nicht als Teil der Arbeiterklasse angesehen, nicht einmal von den Handelsgehilfen selbst. Spanien stellte von daher keine Ausnahme dar. Das Image und die Mentalität der Handelsgehilfen waren dem Kleinbürgertum viel näher als der Industriearbeiterschaft, von der sie sich in der Regel verächtlich abgrenzten. In einigen Teilen Europas hatte der Faschismus sogar eine erhebliche Unterstützung in diesen Kreisen gefunden.

Tatsächlich hatten sie keinen höheren Lebensstandard als die meisten Arbeiter. Ihre Gehälter waren extrem niedrig (in Barcelona waren sie seit 1921 nicht erhöht worden) und ihre Lebens- und Arbeitsbedingungen hingen vollständig von den Launen ihres Chefs ab. In vielen Geschäften des spanischen Lebensmittel- und Textilhandels existierte außerdem das verhasste Unterbringungssystem, das die Angestellten dazu zwang, unter gesundheitsschädlichen Bedingungen in den Geschäftsräumen zu essen und zu schlafen. Für die beträchtliche Anzahl von Frauen, die unter diesen Bedingungen beschäftigt waren, stellten sich darüber hinaus zusätzliche Probleme. Einerseits wurden sie noch schlechter entlohnt als ihre Kollegen, und andererseits wurden sie häufig „zu einem sexuellen Spielzeug des Besitzers, schlecht bezahlt, erniedrigt, mit Arbeit überlastet und von den anderen Angestellten als ihr Aschenputtel angesehen“, wie es ein Journalist der damaligen Zeit ausdrückte.

Die Arbeiterorganisationen im Handelsgewerbe waren eher Berufsgenossenschaften und Kulturvereinigungen als kämpferische Gewerkschaften. Außerdem bestand nur für eine Minderheit der Handelsgehilfen eine genossenschaftliche Vertretungsmöglichkeit. All dies sollte sich jedoch im Rahmen der wachsenden sozialen Kampfbereitschaft und politischen Radikalisierung verändern. Der gemäßigte katalanische Nationalismus war traditionell die einzige Gruppierung, die einen gewissen Einfluss unter den Handelsgehilfen besaß. In den ersten Jahren der Republik wuchs jedoch der Einfluss der ansonsten minoritären marxistischen Gruppen. Die zentrale Rolle bei dieser Veränderung spielte die Handelsgewerkschaft, die 1930 aus der CNT ausgeschlossen worden war, da sie vom Bloc Obrer i Camperol geleitet wurde.

Bereits in den Anfängen der Republik hatten die Organisationen der kaufmännischen Angestellten Forderungen zur Ver-

4

besserung der Lohn- und Arbeitsbedingungen aufgestellt und über ein Schiedsgericht Verhandlungen mit dem Unternehmerverband aufgenommen. Davon überzeugt, dass ihre schüchternen und sanftmütigen Angestellten nicht in der Lage wären, eine kollektive Aktion zu organisieren, sahen die Unternehmer keinen Grund, ihren Forderungen nachzukommen. Damit hatten sie jedoch vollkommen den Einfluss unterschätzt, den die allgemeine soziale und politische Konfliktbereitschaft auf einen gewerkschaftlich so schwer zu organisierenden Erwerbszweig wie dem ihren hatte.

Der Abbruch der Verhandlungen zwischen dem Unternehmerverband und den Arbeiterorganisationen im Juni 1933 eröffnete den Aktivisten der Handelsgewerkschaft die Möglichkeit, mit der traditionellen konservativen Haltung ihrer Kollegen zu brechen. Die Gründung einer Einheitsfront, die von der Handelsgewerkschaft angeregt und von neun Organisationen des Sektors mit insgesamt 18.000 Mitgliedern unterstützt wurde, wurden zum Schlüssel dafür, dass von nun an ein neuer Wind wehen konnte. Die Taktik der Schaffung einer Einheitsfront war zuvor erfolgreich von den nicht zur CNT gehörenden katalanischen Strom- und Gasarbeitergewerkschaften angewandt worden, die sowohl die gewerkschaftliche Zersplitterung als auch die anarchistische Radikalität satt hatten. Die Schaffung einer solchen Front unter den kaufmännischen Angestellten war nicht nur entscheidend für die Veränderung der Stimmung in der Branche, sondern ermöglichte auch den radikalsten Aktivisten eine Einflussnahme auf breitere Kreise.

Die Einheitsfront nutzte das mangelnde Interesse an der Erfüllung ihrer Forderungen, um in der ganzen Stadt eine Agitationskampagne zu lancieren, die am 13. November 1933 in einen unbefristeten Streik mündete. Außer den Lebensmittelläden schlossen an diesem Tag ein Großteil der Geschäfte ihre Türen, und die Straßen füllten sich mit Tausenden von Arbeitern, die bewirkten, dass selbst die kleinsten Läden ihre Rollläden herunterließen. Nach zwei Tagen schlossen sich die Angestellten der Banken und Versicherungsgesellschaften dem Ausstand an, und die Einheitsfront dehnte den Streik nun auch auf die Lebensmittelgeschäfte aus.

Vom Ausmaß des Streiks erschreckt, der das Geschäftsleben in der Stadt lahmgelegt hatte, und über den Ausgang der unmittelbar bevorstehenden Parlamentswahlen beunruhigt, setzte die Generalitat alles daran, um den Konflikt zu beenden und den Unternehmerverband zum Nachgeben zu bringen.

So wurde gegen den Willen der Unternehmervereinigungen eine ganze Reihe von Verbesserungen durchgesetzt: eine generelle Lohnerhöhung, Einführung des Achtstundentags, Abschaffung des Unterbringungssystems, Einführung eines ehrgeizigen Familienbeihilfeprogramms sowie die Garantie, dass es zu keinen Repressalien gegen die Streikenden kommen würde.

Mit einer gemeinsamen Aktion hatten die schwachen Gewerkschaften rund 80.000, mehrheitlich unorganisierte Kollegen und Kolleginnen organisiert, die in vielen Fällen ausgesprochen gemäßigt waren. Die dem BOC nahe stehende Arbeiterzeitung *Adelante* schrieb: „Man muss bis aufs Jahr 1919/20 zurückgreifen, um eine so gut geführte, so entschlossene und so erfolgreiche Bewegung zu finden." Sehr viel stärkere Erwerbszweige hatten nicht erreicht, was den Handelsgehilfen gelungen war, die ihren Erfolg darüber hinaus ohne die Unterstützung der mächtigen CNT erzielt hatten. Vor allem hatte sich aber die Stimmung unter den Angestellten verändert. Wie es die Gewerkschaft der Zollangestellten ausdrückte: „Die Zeit der Tintenkleckser, der Ladenschwengel und der Arschkriecher ist vorbei."

Im Juni 1935 hob die rechtsgerichtete Regierung das erkämpfte Abkommen wieder auf. Als die Linke im Februar 1936 wieder an die Macht gelangt war, machte sich die Einheitsfront der Kaufmännischen Angestellten sofort daran, die durch den Streik von 1933 erreichten Errungenschaften zurückzuerobern. Der Unternehmerverband weigerte sich jedoch aus politischen Gründen (die ersten Vorbereitungen für den Militärputsch waren bereits im Gang), mit den Gewerkschaften zu verhandeln, wodurch ein neuer Streik unvermeidlich wurde.

Barcelona 1933. Streik im Handelsgewerbe
AGUSTÍ CENTELLES

Der Streik begann am 18. Juni 1936 und dauerte neun Tage. Im Unterschied zu 1933 dehnte sich der Arbeitskonflikt auch auf andere Städte der Provinz aus. Das Geschäftsleben der Stadt brach schnell zusammen, die meisten Läden waren geschlossen, die Schiffe konnten nicht mehr auslaufen, da auch die Zollbeamten sich dem Ausstand angeschlossen hatten. Am zweiten Tag übernahm das Streikkomitee die Kontrolle über die Verteilung der Lebensmittel. Am dritten Streiktag verfügte die Generalitat die Zwangsöffnung der Geschäfte und schickte Polizei, um diesen Befehl durchzusetzen. Als Folge davon kam es zu einer verstärkten Tätigkeit der Streikposten, die die Ladenbesitzer dazu zwangen, ihre Geschäfte wieder zu schließen. Um eine Eskalation der Gewalt zu vermeiden, beugte sich der Präsident der katalanischen Regierung, Lluis Companys, schließlich den Forderungen der Streikenden und zog den Befehl zur Zwangsöffnung der Läden wieder zurück. Während der restlichen Streiktage blieben alle Geschäfte geschlossen.

Wie schon 1933 hatte der Streik der Büroangestellten und Ladenverkäufer die Öffentlichkeit tief beeindruckt. Dies galt besonders in den Nachbargemeinden der Stadt, in der es noch nie zu einem derartigen Ausstand gekommen war. Im Verlauf

der Streiktage hatte der Unternehmerverband nach und nach den meisten gewerkschaftlichen Forderungen nachgegeben. Am 27. Juni 1936 entschied sich dann eine Massenversammlung der Arbeiterschaft zum Abbruch des Streiks, da das Arbeitsministerium der Generalitat garantiert hatte, dass auch die restlichen Forderungen innerhalb der nächsten Woche erfüllt werden würden. Neben der Wiedereinführung der 1933 erreichten Verbesserungen hatten die Streikenden eine 7%-ige Lohnerhöhung, die Einführung der 44-Stunden-Woche im Großhandel und der 47-Stunden-Woche im Einzelhandel und die Aufstockung des bezahlten Urlaubs durchgesetzt.

Die kaufmännischen Angestellten konnten ihren beeindruckenden Sieg jedoch nur knapp drei Wochen lang genießen; der Militärputsch vom 18. Juli hatte die Ausgangslage grundlegend verändert. Nur wenige Wochen später würden zahlreiche Führer ihrer Gewerkschaftsorganisationen in den Milizen des POUM und des PSUC an der Front gegen den Faschismus kämpfen.

ANDY DURGAN

5

DAS HAUS DER CNT-FAI

Via Laietana 32

Die Geschäftsräume des Regionalkomitees, der Lokalen Gewerkschaftsföderation sowie der Bauarbeitergewerkschaft der CNT befanden sich jahrelang im Carrer Mercaders 25. Bevor sich die CNT 1914 in diesem großen, alten Haus niederließ, hatte es verschiedenen Arbeitervereinen als Sitz gedient.

Just um die Ecke befand (und befindet) sich das riesige Gebäude des katalanischen Unternehmerverbands. Von dieser Schaltzentrale aus wurde die Politik zur Ausbeutung der Arbeiterklasse geleitet und zahllose Komplotte zur Kriminalisierung der CNT und zur Ermordung von wichtigen CNT-Mitgliedern geschmiedet. Nachdem die Militärs und Faschisten in den revolutionären Julitagen 1936 auf den Straßen geschlagen worden waren, rückte dieses Bauwerk geradezu zwangsläufig ins Visier der siegreichen Revolutionäre.

Am Vormittag des 23. Juli beschlossen die im Lokal in Mercaders versammelten übernächtigten CNT-Kämpfer quasi spontan, den nur wenige Schritte entfernten Unternehmersitz einzunehmen. Die Besetzung umfasste auch das anliegende Jugendstilgebäude, das als Casa Cambó bekannt ist. An der Besetzung nahmen alle Organe der Libertären Bewegung teil: das Regionalkomitee der CNT, das Regionalkomitee der FAI, das Komitee der *Juventudes Libertarias* sowie das Komitee von *Mujeres Libres*.

Die Besetzung verlief ohne Zwischenfälle, die Männer des Unternehmerverbands waren schon Stunden zuvor aus der Stadt geflohen. Die Büroräume, die Säle und die wunderschöne Bibliothek waren praktisch intakt. Wie García Oliver in seinen Memoiren erklärt: „Das Gebäude wurde in null Komma nix beschlagnahmt…, wir bezahlten weder Miete noch Steuern, es war also besser gesagt eine Enteignung *sui generis*…“ Von diesem Zeitpunkt an, und bis zur Kapitulation Barcelonas im Januar 1939, dienten die beiden Gebäude als Sitz der Regionalkomitees der CNT und der FAI und waren im Volksmund als CNT-FAI-Haus bekannt.

In den frühen Abendstunden des 23. Juli 1936 wurde im luxuriösen Veranstaltungssaal des Gebäudes die berühmte Vollversammlung der Lokal- und Bezirkskomitees der CNT und FAI abgehalten. Die mit geladenen Gewehren zur Versammlung erschienenen Libertären entschieden sich nach einer konfusen Debatte zur Zusammenarbeit mit den anderen politischen und gewerkschaftlichen Kräften und wiesen den Vorschlag von García Oliver, jetzt „alles auf eine Karte zu setzen“, mit überwältigender Mehrheit zurück. Der Höhepunkt von jahrelangen Kämpfen gegen die Ausbeutung der Arbeiterklasse und für eine gerechte und egalitäre Gesellschaft war erreicht. Streiks, Aussperrungen, Barrikadenkämpfe und Hunderte von Toten waren auf dem Weg zurückgeblieben.

Die CNT war am 30. Oktober 1910 im Palast der Schönen Künste von Barcelona gegründet worden. Der Aufruf zur Gründungsversammlung war von der Arbeiterzeitung *Solidaridad Obrera* gekommen, die 1907 von verschiedenen Arbeiterorganisationen der Stadt gegründet worden war und im Lauf der Jahre ihren Einfluss auf ganz Katalonien ausgedehnt hatte. Die Ereignisse in der Blutigen Woche hatte die Anarchisten von der Notwendigkeit einer landesweiten starken Organisation überzeugt, einer Organisation, die nach dem Modell des französischen revo-

lutionären Syndikalismus funktionieren sollte.

Die CNT wuchs sehr schnell und überall wurden neue Ortsverbände gegründet. Bald setzten jedoch auch die periodischen Verbote und die darauf folgende Arbeit im Untergrund ein. Die Organisation erwies sich jedoch jedes Mal als stärker als die jeweilige Repressionswelle, was gleichzeitig ihre Verwurzelung in der Arbeiterklasse verstärkte. Nachdem die Verbote nichts gefruchtet hatten, setzte der Unternehmerverband auf die Gründung sogenannter Freier Gewerkschaften, die aus professionellen Killern bestanden, deren Hauptaufgabe darin bestand, Attentate gegen Mitglieder der CNT zu verüben. Auf diese Weise wurden zwischen 1917 und 1923 zahlreiche Arbeiter ermordet, und die CNT verlor so wichtige Kämpfer wie Salvador Seguí und Evelio Boal.

1923, mit Beginn der Diktatur unter Primo de Rivera, wurden die Gewerkschaftslokale wieder geschlossen und *Solidaridad Obrera* verboten. In den folgenden Jahren der Untergrundtätigkeiten schälten sich unterschiedliche Tendenzen in der CNT heraus, die vom Syndikalismus von Pestaña und Peiró bis zum revolutionären Anarchismus eines García Oliver reichten. Diese unterschiedlichen Tendenzen sollten zu einem mehrjährigen Bruch in der Organisation führen.

Mit der Ausrufung der Republik 1931 wurde die CNT zur Mehrheitsgewerkschaft. In den nächsten Jahren kam es zu mehreren Aufstandsbewegungen, wie z.B. 1932 im Alt Llobregat, und zu revolutionären Erhebungen wie in Asturien 1934. Aufgrund der großen sozialen und politischen Kampfbereitschaft, die 1936 mit zahlreichen Attentaten und Streiks ihren Höhepunkt fand, waren auch die Gefängnisse der Republik voller Gefangenen der CNT. Im Mai 1936 hielt die CNT dann ihren 4. Nationalen Kongress ab, in dem sie ein detailliertes Programm zur Verwirklichung des freiheitlichen Kommunismus verabschiedete.

Was war also auf dieser Vollversammlung am 23. Juli 1936 geschehen, dass die Repräsentanten der CNT beschlossen, auf die lang erträumte Revolution zu verzichten? Wahrscheinlich glaubten sie, dass der Zeitpunkt ungünstig war. Die Basis war jedoch anderer Meinung und machte sich sofort daran, die Betriebe Barcelonas zu sozialisieren und die Felder zu kollektivieren. Sie läuteten damit einen der wichtigsten Zeiträume in der Geschichte der Stadt und der Menschheit ein. Die erträumte Utopie wurde eine Zeitlang zur gelebten Wirklichkeit.

Am 25. Januar 1939 konnten die vor den Türen des CNT-FAI-Hauses auf der damaligen Via Durruti geparkten Lastwagen nur einen kleinen Teil all derer mitnehmen, die fliehen wollten. Das Drama hatte begonnen. Diejenigen, die das Land nicht verlassen konnten, wurden Opfer einer grausamen Repression. Stunden zuvor waren bereits andere Lastwagen, mit den Archiven der CNT und FAI beladen, zu einer langen Reise ins Exil aufgebrochen. Eine Reise, die erst in Amsterdam enden sollte, wo diese Archive heute noch aufbewahrt werden. Am nächsten Tag nahm der Unternehmerverband sein Gebäude wieder in Besitz. Zur gleichen Zeit, aber an einem ganz anderen Ort, kamen mehrere CNTler zusammen, um die CNT im Untergrund neu aufzubauen.

CARLES SANZ

6

DIE INTERNATIONALISTEN

Carrer Mercaders 42

Der kurze Aufenthalt Fanellis in Madrid und Barcelona hat den Grundstein für eine Organisation gelegt, die wenige Monate später eine ungeahnte Größe erreichen sollte. Rafael Farga i Pellicer, eines der Mitglieder der provisorischen Kerngruppe der Internationale (IAA) in Barcelona war zugleich Sekretär des Centro Federal de las Sociedades Obreras (Föderatives Zentrum der Arbeitervereine) und des Ateneo Catalán de la Clase Obrera (Katalanisches Athenäum der Arbeiterklasse). Der Sitz der beiden Vereinigungen befand sich im Carrer Mercaders 42, wo sich später auch die Lokalföderation der IAA niederlassen sollte.

Farga i Pellicer und der Arzt Gaspar Sentiñón waren die ersten Delegierten, die die spanische Internationale auf dem IAA-Kongress im September 1869 in Basel vertraten. Nach ihrer Rückkehr kam es zu einer intensiven Agitationstätigkeit, die im Juni in der Veranstaltung des ersten spanischen Arbeiterkongresses mündete, der im Zirkus-Theater Barcelona im Carrer Montserrat abgehalten wurde. Nach diesem Kongress kam es zu einem gewaltigen Mitgliederzuwachs der Arbeitervereine, die sich der neuen Organisation angeschlossen hatten. Einige mittellose Sektionen gründeten ihre Geschäftsstelle im Gebäude der Lokalföderation, andere besaßen bereits andere Räumlichkeiten bzw. schufen neue Sitze, wie zum Beispiel die Sektion der Schuster im Carrer Lealtad 6 und die Sektion der Maurer in Sadurní 4.

Der Staatsstreich von Pavía am 3. Januar 1874 führte zur sofortigen Illegalisierung der Internationale und der Schließung vieler Sitze. Der Sitz der Föderation Barcelonas, der sich mittlerweile an der Plaça San Felipe Neri befand, wurde von der Polizei gestürmt.

Nach sieben Jahren im Untergrund erwachte die Organisation zu neuem Leben, aber weder Farga i Pellicer noch Gaspar Sentiñón sollten in dieser neuen Etappe eine führende Rolle spielen. Eine neue Generation hatte den Kampf aufgenommen. Daneben schloss sich jedoch auch Anselmo Lorenzo, einer der Gründer der Madrider Kerngruppe der Internationale, der sich einige Jahre lang aufgrund ideologischer Meinungsverschiedenheiten mit einigen Mitgliedern der Internationale vom Geschehen zurückgezogen hatte, um 1886 der Bewegung in Barcelona an.

Die wiedergegründete Internationale hielt ihren ersten Kongress wiederum im Zirkus-Theater ab, und es kam zu einem erneuten Aufschwung der Arbeitersektionen. Das Schlüsselzentrum dieser zweiten Etappe war der Centro Obrero de Barcelona (Arbeiterzentrum Barcelona) im Carrer San Oleguer 2. Hier waren neben verschiedenen Arbeitersektionen auch die Redaktionsräume von *Acracia* untergebracht, einer der besten anarchistischen Zeitschriften des 19. Jahrhunderts.

Farga i Pellicer

Die Arbeiterkämpfe anlässlich der Austragung des Ersten Mai, der erstmals 1890 begangen wurde, markierten den Beginn einer blutigen Repression gegen die anarchistische Bewegung, in deren Verlauf neben vielen anderen Lokalen auch das Arbeiterzentrum Barcelona geschlossen und zahlreiche Zeitungen verboten wurden.

PACO MADRID

DER FORAT DE LA VERGONYA

Barrio Sant Pere

Der Stadtbezirk Casc Antic ist heruntergekommen. Bei einem Spaziergang durch den Stadtteil stößt man überall auf schmutzige Straßen, auf zugemauerte Türen und Fenster selbst in Häusern, in denen noch Menschen wohnen, und auf dunkle, Angst einflößende Ecken. Dabei heißt es, dass der Stadtteil gerade saniert wird.

Die Nachbarn, die das Viertel noch nicht verlassen haben, leben seit fast 15 Jahren unter der Drohung der Enteignung. Der klare und deutliche äußere Zerfall des Quartiers setzt sich somit auch im Inneren der Häuser und Wohnungen fort: verblichene und abgeblätterte Wände, lockere Fliesen, undichte Stellen im Dach, tropfende Wasserhähne ... Wer will schon die Mühen der nötigen Renovierungsarbeiten auf sich nehmen, wenn das Haus sowieso bald abgerissen wird?

Immer stärker wird dein Lebensraum, den du dir mit so vielen Opfern und Hoffnungen im Lauf der Jahre geschaffen hast, dieser Ort voller kleiner Freuden und angenehmer Erinnerungen, kurz und gut dein Heim, von dem Unheil verkündenden Wort WOHNRAUMSPEKULATION überschattet. Die bevorstehende Enteignung schwebt wie ein Aasgeier über der Dachterrasse, auf der der Nachbar vor seiner Vertreibung seine Geranien gepflegt hat und die Katzen herumgetollt sind. Eine Dachterrasse, die heute ein schmutziger und gefährlicher Ort ist.

Die neu gebauten Gebäude sind ein regelrechter Anschlag auf eine gewachsene urbane Struktur mit einer mehrere hundert Jahre alten Geschichte sowie eine Beleidigung des Gemeinsinns und eine Respektlosigkeit gegenüber den Menschen, die in ihnen wohnen sollen. Selbstverständlich gab es im Viertel baufällige Häuser, vom Abriss waren jedoch auch zahlreiche Gebäude betroffen, die man ohne weiteres hätte renovieren können. Es wurden noch nicht einmal wertvolle Gebäudeteile wie Balkongeländer, Quadersteine oder Eisengitter gerettet, um sie in die Neubauten zu integrieren.

Nach der ersten großen Zerstörungswelle entwickelte sich in dem dadurch hervorgerufenen Chaos ein kleiner großer Widerstand um eine durch die Abrissbirnen geschaffene Freifläche: der *Forat de la Vergonya* (Bauloch der Schande). Die Anwohner verwandelten den Bauplatz in einen Ort der Zusammenkunft und des Zusammenlebens zwischen Nachbarn und Nachbarinnen, in einen Ort, an dem die Kinder spielen und die alten Menschen sich zu einem Schwätzchen treffen konnten. Unsere Anstrengungen zur Humanisierung des Ortes wurden durch den Kampf von zahlreichen Hausbesetzern unterstützt, die nach und nach verschiedene Häuser instandbesetzt haben. Auch die technische Hilfe von *Arquitectes sense Fronteres* (Architekten ohne Grenzen) und das entschiedene Engagement von ver-

schiedenen Nachbarschafts- und Kulturvereinigungen des Viertels hatten einen entscheidenden Anteil daran, dass wir im *Forat de la Vergonya* die Schande ablegen und klar und deutlich zu verstehen geben konnten, was wir wollen: Das Recht auf Beteiligung, das Recht zu sagen, wie wir in unserer Stadt und in unserem Viertel leben möchten. Denn wir wollen keine schlichten Empfänger der Entscheidungen der Macht sein, in diesem Fall der Macht der Stadtverwaltung und der Privatinteressen.

Leider lässt die Macht keine autonomen Lebensräume zu, sie sind eine Bedrohung für die Spekulationsinteressen. Deshalb rückten in den Morgenstunden des 18. November 2002 ein gewaltiges Polizeiaufgebot und mehrere Bagger an, um den Lebensraum, den wir mit so vielen hoffnungsvollen Erwartungen geschaffen hatten, zu zerstören. Auf unsere verbalen Proteste wurde mit einem brutalen Knüppeleinsatz und der Verhaftung und Misshandlung eines unserer Wortführer geantwortet.

Nach der Räumung des Platzes wurde er mit einer Mauer umgeben, um zu verhindern, dass er erneut von den Nachbarn genutzt werden konnte. Damit hatte die Stadt jedoch die Rechnung ohne den Wirt gemacht! Am Ende einer Protestdemonstration, die eine Woche später stattfand, wurde die Mauer kurzerhand von den Demonstranten wieder abgerissen. Die schlechte Presse, die das Vorgehen der Stadt ausgelöst hatte, und die breite Unterstützung der Nachbarn taten ihr Übriges, um die Amtsgewalten einstweilen von einer neuerlichen Räumung abzuhalten. Der *Forat de la Vergonya* wurde erneut von den Nachbarn bepflanzt und mit Spielgeräten und Bänken ausgestattet. Zum Zeitpunkt der Abfassung dieser Zeilen hat die Stadtverwaltung ihr ursprüngliches Projekt – den Bau eines Parkhauses – zurückgezogen und sich zu Verhandlungen mit den Nachbarschaftsvereinigungen bereit erklärt. Wenn die Stadt ihr Wort nicht bricht, kann der *Forat de la Vergonya* bis zu einer Einigung mit den Nachbarn von diesen selbst verwaltet werden.

Trotz dieses kleinen großen Siegs geht die „Sanierung“ des Viertels weiter. Und wenn wir uns die neuen Wohnblöcke ansehen, fallen uns unsere eigenen Balkone ein, auf die wir manchmal hinaustreten, um zu sehen, wer gerade vorbeigeht, um die Wäsche aufzuhängen, die Pflanzen zu gießen oder um etwas frische Luft zu schnappen. Es ist für uns weiterhin unvorstellbar, dass all dies bald der Vergangenheit angehören soll, nur weil die Wohnraumspekulation wie ein schwarzer Vogel über den Dachterrassen des Viertels schwebt, Dachterrassen, auf denen bis vor kurzem der Nachbar seine Geranien gepflegt hat und die Katzen herumgetollt sind.

MARIA MAS

8

KINO PRINCESA

Via Laietana 14

Noch mehr als zehn Jahre nach seiner Räumung ist das Kino Princesa in zahlreichen Köpfen präsent. Globalisierungsgegnern, Hausbesetzern, Zapatisten, Massenmedien, den Großmüttern der Plaza de Mayo, dem Magistrat und dem Innenministerium schwirrt das Kino immer noch im Kopf herum. Bis heute hat niemand richtig begriffen, was sich dort eigentlich zugetragen hat.

Das Kino wurde am 10. März 1996 besetzt und am 28. Oktober desselben Jahres von der Polizei geräumt. In knapp sieben Monaten wurde es zu einem Bezugspunkt und Flaggschiff nicht nur der Besetzerbewegung, sondern einer ganzen Stadt, die hinter dem Pomp der Olympischen Spiele von '92 verborgen worden war. Das nur wenige Meter vom Regierungspräsidium, dem Palast der Generalitat und der Stadtverwaltung entfernte Haus war ein Affront für die Bonzen, die täglich an ihm vorbeigingen.

Die Besetzung der Via Laietana 14 war nicht willkürlich erfolgt. Das Gebäude war Teil des Vermögens der franquistischen Einheitsgewerkschaft gewesen, das unter obskuren Umständen über Zwischengesellschaften an ihre heutigen Eigentümer, die Immobilienfirma Fincas Forcadell, abgetreten oder verkauft worden war. Es handelt sich um eine Firma, die ihrerseits in verschiedene Korruptionsskandale im Zusammenhang mit der Immobilienspekulation und dem einst allmächtigen Präsidentenpaar der Generalitat, dem Ehepaar Pujol-Ferrusola, verwickelt war. Der Skandal hatte solche Ausmaße angenommen, dass die Köpfe des Forcadell-Clans, Salvador und seine Gemahlin, sogar das Gefängnis von innen kennenlernen mussten. Der Grund: die Ausstellung falscher Wechsel durch den ehemaligen Minister der Generalitat, Jordi Planasdemunt. Auf der anderen Seite der Plaça de Sant Jaume war der von den Sozialisten beherrschte Magistrat in Gerichtsverfahren aufgrund der mafiosen Praktiken der mehrheitlich von der Stadt beteiligten Firma PROCIVESA verwickelt, die mit dem Abriss der Altstadt und deren Umwandlung in einen touristischen Themenpark beauftragt war. Die Besetzung des Kinos brachte diese Sachverhalte an den Tag und die Wohnraumspekulation aufs Tapet.

Im Verlauf dieser sieben Monate wurden mehr als 40 Solidaritätskonzerte, Film- und Theateraufführungen, Buchvorstellungen und Jongleurabende veranstaltet. Das Princesa war Austragungsort von Veranstaltungstagen gegen die Gefängnisse und zur Unterstützung der Totalverweigerer. Der große Veranstaltungssaal diente sowohl den argentinischen *Abuelas de la Plaza de Mayo* als auch dem Unterstützungskomitee der Zapatisten zu weit beachteten Veranstaltungen. Im Kino kamen unterschiedslos Universitätslehrer, Dichter, Presseleute, Nachbarn und anonyme Menschen zusammen. Improvisierte Performances und Jam-Sessions machten die Nacht zum Tag. Das Kino brodelte vor Energie und Aktivitäten: „Kaum hatten wir die Tür aufgebrochen, fingen wir an zu arbeiten, ohne daran zu denken, ob sie uns räumen würden oder nicht, ob die Besetzung symbolisch war oder nicht. So ging es monatelang weiter, als ob es weder Nacht noch Tag gäbe."

Parallel zu diesen Aktivitäten gab die Abgeordnetenkammer in Madrid im Mai 1996 grünes Licht für die Verabschiedung des neuen Strafgesetzbuchs der Demokra-

tie. Das Gesetz war zwischen allen parlamentarischen Parteien abgestimmt worden und gesellschaftlich stark umstritten. Die Kritiken richteten sich besonders gegen die Erhöhung der Strafmaße, die Aufhebung der Straferlasse und die vollkommene Vernachlässigung von Alternativmaßnahmen zur Gefängnisstrafe. Durch diese Strafgesetzreform hält Spanien heute den traurigen Rekord, das europäische Land mit dem höchsten Prozentsatz von Gefangenen zu sein.

Das neue Strafgesetzbuch hat auch eine ganz besondere Relevanz für die Besetzerbewegung, denn es behandelt die Besetzung leer stehender Immobilien als ein Verbrechen, das mit Gefängnisstrafen zu ahnden ist. Als Antwort darauf wurden im Kino die Veranstaltungstage zur Kritik am Knastsystem veranstaltet. Mehr als zehn Tage lang wurde auf stark besuchten Veranstaltungen mit Anwälten, Krankenschwestern, ehemaligen Gefangenen, Drogenabhängigen und anderen über Alternativen zum Strafvollzug diskutiert.

Am 16. Juli 1996 verfügte das Amtsgericht dann die Räumung des Kinos innerhalb einer Frist von fünf Tagen. Wir ließen uns davon jedoch nicht abschrecken. Wir machten stattdessen eine Kaffeestube für die Nachbarn und einen Infoladen auf. Am 20. Juli veranstalteten wir eine große unangemeldete Demonstration durch die Straßen Barcelonas, um unsere Entschlossenheit zur Verteidigung des Kinos zu bekräftigen und das neue Strafgesetz zu verurteilen. Ab diesem Zeitpunkt und bis zur Räumung wurde die Dynamik im Princesa von einem Dauerzustand der Anspannung und der Wachsamkeit bestimmt. Nachdem es unseren Anwälten gelungen war, Einspruch gegen die Räumungsverfügung einzulegen, suchten und fanden wir die Unterstützung von Nachbarschaftsvereinigungen, Gewerkschaften und angesehenen Persönlichkeiten der Stadt.

Das Kino funktionierte weiter auf Hochtouren, selbst im August gab es keine Atempause. Via Laietana 14 war ins Rampenlicht gerückt: in- und ausländische Presse, Radiosender und Fernsehanstalten belagerten uns mit Interviewterminen. Gleichzeitig wurden unsere Verteidigungsstrategien dämonisiert und die öffentlichen Statements der politisch Verantwortlichen wurden immer aggressiver.

Nachdem alle rechtlichen Mittel erschöpft waren, spitzte sich die Lage zu. Ein Teil der Besetzer hatte sich im oberen Stockwerk verbarrikadiert, während in der Kaffeestube Tag und Nacht Hochbetrieb herrschte. Die Bilder von Personen, die mit vermummten Gesichtern auf den Sofas vor dem Haus saßen bzw. an den Straßenecken Wache schoben, machten in Fernsehen und Presse Furore. Die zahllosen Solidaritätsbeweise von Nachbarn,

Persönlichkeiten des öffentlichen Lebens, die Solidaritätsessen auf der Straße und der gesamte Presse- und Medienrummel wurden zu einem Resonanzkasten unseres Widerstands. Die politische Klasse musste ohnmächtig zuschauen, wie sie in den Hintergrund gedrängt wurde, ihre Autorität hinterfragt wurde und niemand auf ihre scheinheiligen Dialogangebote einging.

Unter diesen Umständen blieb ihr nur noch der Ausweg, die Besetzer mit Gewalttätern und Terroristen gleichzusetzen und uns über die Medien zu verunglimpfen. Kurioserweise wurde die Benutzung von PCs und Handys zu einem *Casus belli* für einige sensationslüsterne Journalisten. Wie war es möglich, dass jemand, der angeblich kein Geld hat, um Miete zu zahlen, ein Handy besaß? Wie war es möglich, dass jemand, der angeblich mittellos war, Eltern und sogar eine Familie hatte? Diese Demagogie, die auch heute noch, wenn auch unter anderen Vorzeichen, die Behandlung der Hausbesetzungen in den Medien bestimmt, identifizierte die Besetzer mit entwurzelten mittellosen Gestalten, die nur zu irgendeiner besonders vernachlässigten ethnischen Minderheit gehören konnten. Die Besetzer und Besetzerinnen des Princesa, die, von Nachbarn und Vereinigungen unterstützt, die brutale Wohnraumspekulation in der Altstadt anklagten und den Medien mit einem eigenständigen Diskurs entgegentraten, waren einfach nicht zu verdauen.

Am 21. Oktober wurde von der Dachterrasse der Princesa aus mitten auf der Via Laietana ein Antiräumungsfest mit Livemusik, Poesie und dem Verlesen von Manifesten veranstaltet. Mit von der Partie waren Manu Chao, Pepe Rubianes, Lluís Llach, La Fura dels Baus und Vázquez Montalbán. Die Leute tanzten auf der Straße und Besetzer „mit mehr Ringen am Körper als ein Duschvorhang" teilten jedem mit, der es wissen wollte: Das Kino bleibt.

In den frühen Morgenstunden des 28. Oktobers kam es dann zum Sturm durch Sondereinheiten der Nationalpolizei, die von einem Hubschrauber unterstützt wurden. Die Räumung nahm trotz des riesigen Polizeiaufgebots mehrere Stunden in Anspruch: Erst als die Polizisten die Unterstützer von den Straßen geknüppelt hatten und die auf der Dachterrasse Eingesperrten nur noch einen Wasserschlauch, aber keine Wurfgeschosse mehr besaßen, konnte das Kino eingenommen und insgesamt 49 Leute verhaftet werden.

In den Abendstunden des gleichen Tages folgten dann die Protestdemo mit mehreren tausend Menschen, der spontane Angriff auf das berühmt-berüchtigte Polizeirevier in der Via Laietana, zahllose Barrikaden in den anliegenden Altstadtstraßen, 15 Verhaftete, 20 Verletzte. Gerichtsverfahren … und nichtsdestotrotz: *que nos quiten lo bailado*! (Was wir haben, das haben wir) Dieses Gefühl, dass niemand uns die einzigartigen Erfahrungen dieser sieben Monate nehmen kann, drückte sich auch in der Demo aus, die eine Woche später mit rund 5000 Menschen durch die Straßen bis zum Kino zog. Mit drei Vorschlaghämmern wurden die zugemauerten Türen aufgehauen, wir holten unsere Habseligkeiten heraus und danach ging die Demo mit dem Gefühl weiter, dass wir noch viele Cines Princesa schaffen würden. Bis heute hat es zwar kein zweites Princesa gegeben, aber dieses „Alles für alle", das die siebenmonatige Besetzung und der entschlossene Widerstand gegen die Räumung unter Beweis gestellt hatten, hat der Hausbesetzerbewegung der Stadt zu einem starken Aufschwung verholfen, der heute noch nachwirkt.

GUILLEM LORENZO

VIA LAIETANA ODER „DIE ORGIE DER ZERSTÖRUNG"

9

Mit diesem Ausdruck bezeichnete Florensa, der Architekt von einigen Gebäuden der Via Laietana, das Verfahren zum Bau dieser wichtigen Verkehrsschneise. In der Folge möchten wir den Besucher über einige Besonderheiten dieses Verfahrens informieren und einige Orte enthüllen, die von der offiziellen Geschichtsschreibung absichtlich verborgen werden.

Um 1900 erstickte die Stadtverwaltung Barcelonas unter dem Schuldenberg, der sich durch die Austragung der Weltausstellung 1888 angehäuft hatte. Die Bewohner von Altstadtvierteln wie dem Raval, Santa Caterina oder Sant Pere lebten allerdings unter noch sehr viel erstickenderen Verhältnissen. Die Industrialisierung der Stadt und die erbärmlichen Lebensbedingungen auf dem Land hatten dazu geführt, dass sich die Zahl der Einwohner in hundert Jahren verfünffacht hatte (von 115.000 im Jahr 1800 auf 553.000 im Jahr 1900). Die Textilindustrie bildete den Schwerpunkt der neuen industriellen Fertigungsweise, die durch die Liberalisierung der Handelsbeziehungen mit Amerika einen gewaltigen Aufschwung erlebte. Die Notwendigkeit, die Produktionszeiten und -wege zu verkürzen, sowie die Konzentration der Produktionsmittel in wenigen Händen führten zur Entstehung großer städtischer Zusammenballungen, wodurch die Beziehungen zwischen Arbeitsmarkt und Territorium immer enger wurden. In einer zweiten Entwicklungsphase sollte es zu einer Aneignung des Territoriums und zu seiner Umwandlung in einen ausgesprochen gewinnträchtigen Tauschwert kommen.

Anfang des 19. Jahrhunderts bestand das Geflecht aus Gassen und kleinen Plätzen im Bereich der heutigen Via Laietana hauptsächlich aus Mietwohnungen, in denen Menschen aus der Arbeiterklasse lebten. Die Speerspitze des Industriebürgertums bildeten Krösusse des Finanzkapitals wie Manuel Girona mit seinem Banco de Barcelona oder Antonio López, Marquis von Comillas, der Besitzer des Banco Hispano-Central. Dieser Sektor trat für die Öffnung durch große Schneisen ein, „um das Problem der gesundheitsschädlichen Wohnungen zu lindern". Diese Leute hatten dabei die großen Sanierungsmaßnahmen in Paris, Lyon oder London vor Augen und waren der Ansicht, dass das alte Barcelona städtebaulich gelichtet werden musste, um in Anlehnung an das Modell von Haussmann große offene Räume für die Errichtung von Geschäfts- und Finanzzentren zu schaffen.

1898 hatte Spanien die letzten Kolonien in Amerika verloren, weshalb die Financiers den Schwerpunkt ihrer Geschäftsinteressen wieder auf die Iberische Halbinsel und Nordafrika verlegt hatten. 1905 unterzeichneten die Stadt Barcelona und der Banco Hispano-Colonial ein Abkommen, in dem die Bank mit der Sanierung des städtischen Haushalts beauftragt wurde.

Zwei Jahre darauf wurde die Hispano-Colonial mit der Durchführung der Arbeiten zum Bau der Via Laietana beauftragt. Den vertraglichen Vereinbarungen zufolge delegierte die Stadt die gesamte Bauleitung an die Bank und erteilte ihr das Monopol über die Auftragsvergabe. Die Bank erhielt für ihre Tätigkeiten eine Provision von 12% sowie einen 50%-igen Anteil an den Gewinnen, die der Verkauf der Bauplätze abwarf, die durch Zwangsenteignungen entstehen würden, die mit dem Bau der Schneise einhergingen. Von den

9

Zwangsenteignungen waren nicht nur die Gebäude auf der zukünftigen Straße betroffen, sondern auch ein jeweils 20 Meter breiter Korridor an jeder Straßenseite. Somit konnten an beiden Seiten der Straße große moderne Gebäude errichtet werden, die den Wahrzeichencharakter der Straße unterstrichen und sie in ein Spekulationsobjekt und ein wirtschaftliches Zentrum verwandelten. Insgesamt wurde ein durchschnittlich 80 Meter breiter und insgesamt 900 Meter langer Raum enteignet.

Der Sanierung fielen 74 Straßen und 270 Häuser mit insgesamt 2200 Wohnungen zum Opfer. Im Zusammenhang mit diesen Bauarbeiten wurden also innerhalb von vier Jahren rund 10.000 Anlieger zwangsgeräumt oder zwangsenteignet. Was mit diesen Menschen geschah, ist weitgehend unbekannt. Ein Teil ließ sich in den Barackensiedlungen an den Stränden nieder, ein anderer Teil erhöhte die ohnehin unerträgliche Bevölkerungsdichte in den benachbarten Altstadtvierteln, die hinter der neuen Prachtstraße verborgen wurden. Dieser eklatante Widerspruch zu den vorgeblichen Absichten des Baus der Via Laietana scherte selbstverständlich außer den Betroffenen niemanden.

Diese Industrie- und Finanzklasse, die die Zusammenballung des jungen Industrieproletariats in der Stadt unter extrem beengten Wohnverhältnissen gefördert hatte, betrieb nun im Namen des Gemeinwohls die Zerstörung seiner Wohnungen, seiner sozialen Netze und seiner kommunitären Umwelt, ohne ihm eine andere Option als eine zusätzliche Verarmung zu lassen. Dies gilt unbeschadet der Tatsache, dass viele dieser Wohnungen tatsächlich gesundheitsschädlich waren. Dass es bei dem Bau der Via Laietana neben den Spekulationsgewinnen jedoch auch um etwas anderes ging, stellte schon der Urheber des Sanierungsprojekts, Àngel Baixeras, klar: „Abgesehen von ihrer ungesunden Struktur sind diese Quartiere vor allem auch eine soziale Gefahr, denn sie werden bei jedem Aufstand als sicheres Bollwerk benutzt und bieten den Hehlern und Dieben Unterschlupf."

MIQUEL VALLÈS

10

CAMILLO BERNERI (1897–1937)

Plaça de l'Àngel

Kaum wurden in Paris die Neuigkeiten über den Kampf bekannt, der sich in den Städten und Dörfern Spaniens abspielte, brachen Hunderte von freiheitlichen Genossen nach Spanien auf, darunter auch der in Paris im Exil lebende italienische Anarchist Camillo Berneri.

Er überquerte die französisch-spanische Grenze am 29. Juli 1936. In Barcelona angekommen, stellte er sich dem Regionalkomitee der CNT zur Verfügung. Das Komitee beauftragte ihn mit der Bildung einer Kolonne italienischer Freiwilliger, die an die Front von Aragonien geschickt werden sollte. Zu diesem Zweck machte er sich den Vorschlag von Carlo Roselli, dem Führer der Partei *Giustizia e Libertà* (Gerechtigkeit und Freiheit) zu eigen, eine italienische Abteilung der Kolonne Ascaso zu bilden. Dieser Initiative schloss sich auch der italienische Republikaner Mario Angeloni an.

Die Kolonne operierte an der Front von Huesca und hatte ihre Feuertaufe in der Umgebung des Friedhofs dieser aragonesischen Stadt, und zwar in der Schlacht am „Monte Pelato“, wie die Italiener die baumlose Anhöhe hinter dem Friedhof nannten. Da Berneri unter akuter Taubheit litt, zog er sich von der Front zurück und gründete in Barcelona eine an die italienischen Freiwilligen gerichtete Zeitung – *Guerra di Classe* (Klassenkrieg) – und wirkte als Verbindungsmann der Kolonne.

Berneri nutzte die Zeitung als Plattform zur Verbreitung seiner Ansichten über die Entwicklung der Revolution und des Krieges und schreckte – trotz aller Drohungen – nicht davor zurück, die Manöver der Stalinisten zu enthüllen.

Seine intellektuelle und politische Tätigkeit erstreckte sich jedoch auch auf andere Bereiche. Auf Grundlage der im italienischen Konsulat in Barcelona beschlagnahmten Unterlagen stellte er ein Dossier zusammen, in dem er die imperialistischen Pläne Mussolinis im Mittelmeer offenlegte. Nach seinem Tod wurde das Dokument

als Buch mit dem Titel *Mussolini und die Eroberung der Balearen* in mehreren Sprachen verlegt.

Ende April 1937, eine Woche bevor er vom stalinistischen Geheimdienst (der gefürchteten GPU) ermordet wurde, schrieb er ein schönes Epitaph über La Rambla, aus dem wir einen kleinen Auszug wiedergeben:

„Die Zeitungskioske bieten mit dem Eklektizismus, der den Händlern eigen ist, emaillierte Porträts von Durruti bis Lenin, von Caballero bis Ascaso und von Bakunin bis Companys feil, als würde es sich um Heiligenbildchen handeln. Die Rambla ist so durch und durch zur Nachhut geworden, dass weder Blumenhändler noch voll besetzte Straßencafés eine Überraschung darstellen. Gefräßig, marktschreierisch und musikuntermalt ist La Rambla nur noch etwas Halbes. Hybrid wie eine Mittelklasse, wie eine bourgeoise Republik, wie eine vorzeitig normalisierte Revolution. La Rambla brodelt nicht mehr vor aufrührerischem Geist, sie hat sich in einen Boulevard Barcelonas verwandelt. Wie viel Zeit ist seit diesem Juli 36 verstrichen? Dem Kalender meines Herzens zufolge Jahrhunderte …"

Am 3. Mai 1937 versuchten die Kommunisten die Zentrale der Telefongesellschaft an der Plaça de Catalunya zu stürmen. Nachdem der Sturm aufgrund des erbitterten Widerstands gescheitert war, kam es zu den sogenannten *Mai-Ereignissen*. Die Wirren der Straßenkämpfe zwischen den Kommunisten und den Ordnungskräften auf der einen und den Anarchisten und den Mitgliedern des POUM auf der anderen nutzend, begab sich eine Gruppe von Polizisten und Agenten der GPU zur Plaça de l'Àngel – der damals Dostojewskij-Platz hieß – und stürmte die Wohnung, in der Berneri, Francesco Barbierie und zahlreiche andere Kampfgenossen und -genossinnen lebten. Berneri und Barbierie wurden verhaftet und wenige Tage später tot wieder aufgefunden: ersterer auf der Plaça de la Generalitat und der zweite auf der Rambla.

PACO MADRID

STADTVERWALTUNG, GENERALITAT UND PLAÇA DE SANT JAUME

Plaça de Sant Jaume

1238 schuf die Krone Aragoniens die *Corts Catalans*, eine legislative Bürokratie, in der die drei oligarchischen Stände des Landes vertreten waren: der Adel, die hohen kirchlichen Würdenträger und die mächtigsten Händler, die sich selbst als *boni homes*, als „gute Männer" bezeichneten. Anfangs kamen die *Corts* einmal im Jahr, später alle drei Jahre zusammen. Sie erließen nicht nur Gesetze, sondern bewilligten auch die Sonderabgaben, die die Monarchie für ihre Eroberungskriege benötigte. Da es sich um keinen permanenten Apparat handelte, wurden jeweils drei Vertreter der jeweiligen Stände plus drei Buchprüfer zu festen Repräsentanten der *Corts* bestimmt. Um einen Versammlungsort zu besitzen, wurde das Gebäude errichtet, das heute unter dem Namen Palau de la Generalitat bekannt ist und bis ins 16. Jahrhundert hinein mehrfach vergrößert wurde.

Die Regierung der Stadt unterstand dagegen dem sogenannten *Consell de Cent*, der 1249 im Auftrag von Jaume I gegründet worden war und der anfänglich aus 20 Patriziern, den sogenannten *Prohoms,* bestand. 1274 wurden die Funktionen des Bürgermeisters und der Stadtverordneten geschaffen. 1360 entwarf der Architekt Pere Llobet den Saló de Cent, der 1373 fertig wurde und als Versammlungssaal der Stadtverordnetenversammlung diente und noch dient. 1842 wurde der Saal durch die Bombardierungen unter Espartero stark beschädigt. 1880 gab ihm dann der Jugendstilarchitekt Lluís Domènech i Montaner sein heutiges Aussehen.

Bis 1823 waren beide Gebäude durch eine romanische Kirche mit dem Namen Sant Jaume und einige Häuser voneinander getrennt.

1820, zu Beginn der absolutistischen Periode unter Ferdinand VII., plante die liberale Stadtverwaltung den Bau einer Querstraße von La Rambla bis zum Carrer Princesa: den Carrer Ferran (Ferdinand). Am Anfang und Ende der neuen Straße sollten zwei Plätze geschaffen werden: die Plaça Real sowie die Plaça de Sant Jaume zwischen den beiden Gebäuden, die einen Teil der Macht repräsentierten.

Der Bau des Carrer Ferran wurde von der Rambla aus begonnen und war bis 1826 noch nicht bis zum Carrer Avinyó vorangeschritten. 1823 wurde die Kirche Sant Jaume Stein für Stein abgetragen und an einem anderen Ort neu aufgebaut. Nachdem auch die anliegenden Häuser abgerissen worden waren, lag der Platz zwischen den beiden Gebäuden frei. Er wurde jedoch erst 1849 fertiggestellt. 1853 reichte der Carrer Ferran schließlich bis zum Carrer Princesa.

„Die Plätze Sant Jaume und Pla de Palau umfassten die gesamte Geschichte der Stadt", sollte der Dichter der katalanischen Renaissance, Víctor Balaguer (der 1863 von der Stadt mit der Namensgebung der Straßen des von Cerdà entworfenen Stadtviertels Eixample beauftragt wurde), später erklären. Tatsächlich standen an diesen beiden Plätzen die Gebäude, in denen die Schaltzentralen der bürokratischen Macht untergebracht waren. Und beide Plätze waren Szenarien von Revolten. So war der Pla de Palau 1835 nach dem Sturm auf die Militärkommandantur Zeuge, wie der Leichnam von General Bassa an Maultiere gebunden über das Pflaster geschleift

wurde. Und in den Revolten von 1868 war Sant Jaume Schauplatz der Plünderungen der beiden Amtsgebäude und eines riesigen Scheiterhaufens, auf dem die Porträts der Bourbonen verbrannt wurden.

Bei zahlreichen Gelegenheiten versammelten und versammeln sich Menschenmassen auf der Plaça de Sant Jaume, um ihren Protest oder auch ihre Freude zu bekunden. So geschehen bei der Ausrufung der I. Republik 1873, danach bei der Ausrufung der II. Republik im Oktober und der Verkündung des Autonomiestatus im Jahr 1934. Wie auch bei den Wahlen im Februar 1936 und im Juli desselben Jahres, als die auf dem Platz versammelte Menschenmenge unmittelbar vor Ausbruch des Militärputschs die Aushändigung von Waffen verlangte. Es liegt jedoch auf der Hand, dass die Volksmassen, die sich darauf beschränken, ihre Wut herauszuschreien oder ihre Freude auszudrücken, eine kollektive Verzichtserklärung abgeben, denn die letztendliche Bedeutung dieser Art von Veranstaltungen ist die Ratifizierung der Macht. Während der sogenannten demokratischen *Transición* zwischen 1975 und 1982 kam es auf diesem Platz zu vielen derartigen Veranstaltungen.

Die wichtigste und unwiderruflichste dieser Verzichtserklärungen erfolgte jedoch am Nachmittag des 20. Juli 1936, wenige Stunden nachdem die mehrheitlich anarchistische Arbeiterschaft Barcelonas die Putschistenarmee besiegt hatte:

„Dieser 20. Juli war ein sehr langer Tag. Er hatte am 18. Juli begonnen. Er war der Tag des großen Siegs. Und er war der Tag, an dem die große Niederlage begann. Die Niederlage begann just in dem Augenblick, als Companys das Sekretariat des Regionalkomitees der CNT anrief und die CNT um eine Unterredung bat [...] In den letzten dreißig Stunden waren knapp 400 anarchosyndikalistische Genossen in den Straßen Barcelonas gefallen."

So kompromisslos drückte sich das führende CNT-Mitglied Juan García Oliver in seinen Memoiren *El eco de los pasos* (Das Echo der Schritte) aus. Allerdings trieben später er, Federica Montseny und andere führende Anarchisten die Infamie so weit, dass sie sich zu Ministern des Staates ernennen ließen.

Alle gesitteten Demonstrationen der Bürger enden auch heute noch mit einer großen Verzichtskatharsis, mit einer Bittprozession, auf dem Platz vor den beiden Gebäuden, die einen Teil der Macht repräsentieren. Und wie jede Macht ist auch die Regional- und Kommunalmacht taub und blind, denn sie hört nur auf ihre eigene Stimme und sieht nur sich selbst.

ABEL REBOLLO

VON DER WEHRDIENSTVERWEIGERUNG ZUR TOTALVERWEIGERUNG

Carrer de Cervantes

Barcelona besitzt eine lange antimilitaristische Tradition, die im Lauf der Geschichte zu mehreren Aufständen geführt hat. Zur größten Zahl von Aktionen des zivilen Ungehorsams gegen die Armee ist es jedoch möglicherweise in den letzten drei Jahrzehnten des 20. Jahrhunderts gekommen. Diese Aktionen haben letztendlich bewirkt, dass die seit zweihundert Jahren bestehende Wehrpflicht abgeschafft wurde. Der Schlüssel für diesen Erfolg waren die Bewegung für die Kriegsdienstverweigerung (Movimiento de Objeción de Conciencia – MOC) und ihre innovativen Formen kollektiver Organisation. Das *Casal de la Pau* (Haus des Friedens), das sich zunächst in den Straßen Llúria, Bruc und zwischen 1984 und 1995 im Carrer Cervantes befand, war der Dreh- und Angelpunkt dieser landesweiten Bewegung in Barcelona.

Der MOC wurde als Zusammenschluss der ersten versprengten Kriegsdienstverweigerer 1977 mit dem Ziel gegründet, eine staatlich garantierte Regelung der Wehrdienstverweigerung durchzusetzen. Der MOC wandte jedoch erst 1984 anlässlich der unmittelbar bevorstehenden Verabschiedung des Gesetzcs zur Wehrdienstverweigerung (Ley de Objeción de Conciencia – LOC) die ersten Strategien einer kollektiven Verweigerung an. Die am 28. Dezember 1984 verabschiedete Wehrpflichtreform sah die Einrichtung eines nach militärischen Kriterien strukturierten und organisierten Zivildienstes vor, der zwischen 22 und 30 Monaten dauern sollte – also sehr viel länger als der 12-monatige Wehrdienst war – und die unentgeltliche Beschäftigung der Zivildienstleistenden im sozialen Bereich (mit dem entsprechenden Abbau von qualifizierten Arbeitsplätzen) vorsah. Das Gesetz sah außerdem die Schaffung eines Gerichts vor, das über die Aufrichtigkeit der Gewissensgründe zu entscheiden hatte. Vor allem aber ließ die Reform die Ausübung dieses Grundrechts nur bei bestimmten Gründen und Voraussetzungen zu.

Es war also nicht verwunderlich, dass der MOC sich diesem Gesetz fundamental widersetzte. Nachdem eine Verfassungsklage abgelehnt worden war, setzten die im MOC organisierten Wehrdienstverweigerer einen einheitlichen Verweigerungsantrag auf, in dem sie ihre Ablehnung der LOC formulierten. Von Mai bis Juli 1985 wurden 1700 dieser *kollektiven* Verweigerungsanträge vor dem für die Gewissensprüfung zuständigen Gericht vorgelegt und von diesem anerkannt, obwohl sie im offenen Widerspruch zu den Vorgaben der LOC standen.

Im Januar 1988 verabschiedete der PSOE mit einer dreijährigen Verspätung das Statut zur Regulierung des Zivildienstes. Die Zahl der anerkannten Kollektivanträge war bis zum 1. April 1988 auf 9368 angestiegen. Ab diesem Datum wurde kein Kollektivantrag mehr anerkannt. Als Abschreckungsmaßnahme wurden alle neuen Antragsteller aufgefordert, innerhalb von zehn Tagen die Gründe für ihre Verweigerung ausführlich darzustellen (politische Gründe waren laut der LOC nicht zulässig), im anderen Fall würde ihre Zwangsrekrutierung verfügt werden. Gleichzeitig wurden alle, die ihren Verweigerungsantrag vor diesem Stichtag gestellt hatten, geschlossen in die Reserve überführt, was als eine verdeckte Amnestie begriffen wurde.

Als Protest gegen diese „Aufschiebungsmaßnahme“ lancierten die im MOC zusammengeschlossenen Verweigerer eine Kampagne gegen den Reservistenstatus, mit der sie ein neues Verweigerungsverfahren provozieren wollten. Der Erfolg dieser Kampagne war zwar beschränkt, mittlerweile war jedoch eine neue Generation von Verweigerern herangewachsen, die sowohl den Wehrdienst als auch den Zivildienst frontal ablehnten.

Am 20. Februar 1989, dem Datum des ersten allgemeinen Einberufungsbefehls des Jahres, erschienen in einer kollektiven Aktion in ganz Spanien 57 per Haftbefehl gesuchte Totalverweigerer vor den zuständigen Militärgerichten. In Barcelona erschienen acht Totalverweigerer, begleitet von einer großen Gruppe von Unterstützern und Unterstützerinnen sowie von Presse und Fernsehen, vor der Delegation der Militärregierung. Der Justizapparat reagierte auf die Totalverweigerungsinitiative mit willkürlichen und maßlos übertriebenen Repressionsmaßnahmen. In den ersten beiden Jahren der Totalverweigerungskampagne wurden 13 Kriegsgerichtsverfahren abgehalten, während die Zahl der Totalverweigerer nach Ende des Golfkriegs 1991 schon fast 1200 betrug. 1999 war die Zahl der Totalverweigerer dann auf 50.000 angewachsen. Unterdessen war auch die Zahl der Wehrdienstverweigerer so stark angestiegen, dass die Zivildienstplätze nicht ausreichten. Daten des Innenministeriums zufolge verweigerten allein 1998 mehr als 150.000 Wehrpflichtige den Wehrdienst. Gleichzeitig stand für rund 80.000 Wehrdienstverweigerer der vorangegangenen Jahre noch kein Zivildienstplatz zur Verfügung. Der Mangel an Zivildienstplätzen war nicht zuletzt eine Folge der Boykottkampagnen, die von den Totalverweigerern gegen die Anbieter von Zivildienststellen durchgeführt worden waren.

Vor den Militärbehörden zu erscheinen, beinhaltete ein starkes Risiko der Freiheitsberaubung. Die ersten Verfahren waren deshalb von einer intensiven Öffentlichkeitsarbeit und Pressekampagnen begleitet. Den angeklagten Totalverweigerern gelang es auf diese Weise, die Gerichte in eine Bühne ihrer politischen Forderungen zu verwandeln. Aufgrund des sozialen Drucks und der Unbeliebtheit der Militärgerichte wurde die Totalverweigerung durch eine neue Gesetzesreform im Dezember 1991 der zivilen Gerichtsbarkeit unterstellt. Diese Reform bedeutete *a priori* eine Erhöhung des Strafmaßes von einer Mindeststrafe von einem Jahr auf eine Mindeststrafe von zwei Jahren und vier Monaten. Das Fehlen einheitlicher Kriterien unter den Richtern und ihre Widersprüche zum repressiven Gesetz führten in der Folge zu Haftstrafen von unter einem Jahr (die nicht angetreten werden mussten) und sogar zu dem ein oder anderen Freispruch.

Trotzdem wurden auch zahlreiche Gefängnisstrafen erlassen. Da jedoch die Totalverweigerung weiterhin anwuchs, schusterte das Justizministerium eine neue Gesetzesreform zurecht: Ab Mitte 1993 erhielten alle Totalverweigerer automatisch einen Freigängerstatus und mussten nur die Nächte im Gefängnis verbringen. Als Antwort darauf weigerten sich mehrere Totalverweigerer in kollektiven Aktionen, ins Gefängnis zurückzukehren. Gleichzeitig wurde die Öffentlichkeitswirkung der antimilitaristischen Bewegung dazu genutzt, um die infame Lage in den Gefängnissen öffentlich zu machen und die Diskriminierung zu verurteilen, die diese neue Reform gegenüber den anderen Gefangenen bedeutete. Der Staat reagierte darauf mit einer Aufhebung des Freigängerstatus der betroffenen Totalverweigerer und neuen Gerichtsverfahren.

Das 1995 verabschiedete neue Strafgesetzbuch sah den sogenannten „zivilbürgerlichen Tod“ der Totalverweigerer vor, wie es der damalige Justizminister ausdrückte. Mit diesem neuen Repressionsmanöver sollte auf subtile Weise versucht werden, die öffentliche Wirkung der Kampagne für die Totalverweigerung zu untergraben. Die Totalverweigerung wurde nun mit einem acht- bis vierzehnjährigen Verbot der Bekleidung eines öffentlichen Amts, der Streichung von Stipendien und anderen öffentlichen Beihilfen sowie mit Geldstrafen bis umgerechnet 21.000 Euro und ersatzweise mit Gefängnisstrafen bestraft. Um diesem „zivilbürgerlichen Tod“ entgegenzuwirken, wurde ein neuer Weg des zivilen Ungehorsams erprobt: die Totalverweigerung in den Kasernen. 1997 präsentierte sich eine neue Gruppe von Totalverweigerern direkt in der Kaserne, in der sie ihren Wehrdienst antreten sollten, um sie einige Tage wieder zu verlassen und sich in weit beachteten gemeinsamen öffentlichen Aktionen als Fahnenflüchtige zu präsentieren.

Nachdem all diese Repressionsmaßnahmen nichts gefruchtet hatten und die gesellschaftliche Akzeptanz der Wehrpflicht und der Armee auf den Tiefpunkt gefallen war, sah sich der Staat schließlich 2001

gezwungen, die allgemeine Wehrpflicht abzuschaffen. Trotz aller Rekrutierungskampagnen hat auch das an ihrer Stelle geschaffene Berufsheer bis heute bei Weitem nicht alle freien Stellen besetzt.

ÒSCAR P. ESPUÑA

GEORGE ORWELL (1903–1950): „ICH BIN ZEUGE IN BARCELONA GEWESEN …"

Plaça d'Orwell

Vor Beginn der Verhandlungen schrieb Orwell folgenden Artikel im *Boletín de Información sobre el Proceso Político contra el POUM* (Informationsbulletin über den politischen Prozess gegen den POUM) Nr. 6, vom 15. Dezember 1937.

„Es wurde bereits viel über die Mai-Tage in Barcelona geschrieben, und Fenner Brockway hat in der Broschüre *Die Wahrheit über die Mai-Tage in Barcelona* einen minutiösen Überblick über die wichtigsten Ereignisse geliefert. Soweit ich beurteilen kann, ist seine Darstellung vollkommen exakt. Ich möchte deshalb an dieser Stelle nur einige Randbemerkungen über einige besonders strittige Punkte von meiner Warte als Augenzeuge hinzufügen.

Die kommunistische Presse hat behauptet, dass die Vorfälle im Mai 1937 ein sorgfältig vorbereiteter Versuch gewesen seien, um die Regierung zu stürzen, eine ausländische Intervention auszulösen und Katalonien in die Hände der Faschisten zu bringen. Diese letzte Unterstellung ist so lächerlich, dass sie nicht eigens widerlegt werden muss. Wenn es wahr wäre, dass der POUM und der linke Flügel der Anarchisten sich mit den Faschisten verbündet hätten, warum haben dann nicht ihre Milizen die Front verlassen und den Faschisten auf diese Weise eine Bresche geöffnet? Und warum haben die Angestellten der Transportunternehmen aus den Reihen der CNT trotz des Streiks die Front weiterhin mit Nahrungsmitteln beliefert? Ich kann nicht mit Sicherheit abstreiten, dass die kleine Gruppe von leninistischen Bolschewiken, die ihre Manifeste an den Barrikaden verteilten, nicht von einem revolutionären Wunsch beseelt gewesen wären. Ich kann aber versichern, dass die Menschen an den Barrikaden sich zu keinem Zeitpunkt als Teilnehmer einer Revolution begriffen. Wir alle hatten das Gefühl, uns gegen einen Putschversuch der Ordnungskräfte zu verteidigen, die ge-

waltsam die Zentrale der Telefongesellschaft besetzt hatten. Meine Deutung der Lage basiert auf dem, was die Menschen als Reaktion auf diesen Vorfall gesagt und getan haben, und sie lautet wie folgt:

Die Arbeiter besetzten die Straßen in einer spontanen Verteidigungsbewegung, die nur zwei politische Ziele hatte: die Rückgabe der Telefongesellschaft und die Entwaffnung der Ordnungskräfte. In diesem Zusammenhang muss auch die zunehmende Unzufriedenheit über das wachsende Elend in Barcelona und den luxuriösen Lebensstil der Bourgeoisie berücksichtigt werden.

Andererseits hätte die Regierung möglicherweise gestürzt werden können, wenn es eine Führung gegeben hätte, die in diesem Sinne agiert hätte. Es scheint Einigkeit darüber zu herrschen, dass die Arbeiter am dritten Tag in der Lage waren, die Macht in der Stadt zu übernehmen. Die Ordnungskräfte waren stark demoralisiert und ergaben sich in großer Zahl. Zwar konnte die Regierung in Valencia frische Truppen schicken, um die Arbeiter niederzuschlagen – tatsächlich ordnete sie 6000 Sturmgardisten ab –, aber sie hätte diese Truppen nicht in Barcelona verpflegen können, wenn die Arbeiter der Transportgesellschaften sich geweigert hätten, sie zu beliefern. Tatsächlich gab es jedoch keine entschlossene revolutionäre Führung. Die anarchistischen Führer riefen die Arbeiter zur Einstellung der Kämpfe und zur Rückkehr an die Arbeit auf. Und die Parteiführung des POUM war unentschlossen. Die Befehle, die wir an den Barrikaden erhielten, die von POUM-Mitgliedern verteidigt wurden – Befehle, die direkt aus der Parteizentrale kamen –, lauteten, wir sollten die CNT unterstützen, aber nur dann schießen, wenn auf uns geschossen würde oder wenn unsere Parteibüros angegriffen würden. Als dann die Versorgungslage an den Barrikaden immer schlechter wurde, kehrten die Arbeiter nach und nach an ihre Arbeitsplätze zurück. Die Arbeiter wurden zunächst nicht daran gehindert, sich zu zerstreuen, danach begannen jedoch die Repressalien.

Ob man die revolutionäre Lage genutzt haben *sollte*, ist eine andere Frage. Meiner Meinung nach *nein*. Es ist selbstverständlich nicht anzuzweifeln, dass die Arbeiter die Macht einige Wochen lang hätten halten können; dies hätte jedoch die Niederlage im Krieg gegen Franco bedeuten können. Andererseits war die wesentlich defensive Haltung der Arbeiter vollständig legitim: Sie hatten das Recht, die Errungenschaften des Juli 1936 zu verteidigen. Man kann sagen, dass die Revolution in den Mai-Tagen endgültig verloren wurde.

Der zweite umstrittene Punkt bezieht sich auf die Teilnehmer an der Revolte. Die kommunistische Presse behauptete von Anfang an, dass der POUM ausschließlich, oder fast ausschließlich, für den ‚Aufstand' verantwortlich gewesen sei (und dabei nur von einigen verantwortungslosen Ganoven unterstützt worden sei, wenn man dem *Daily Worker* aus New York Glauben schenken will). Wer in diesen Tagen in Barcelona gewesen ist, weiß, dass diese Behauptung absurd ist. Die große Mehrheit derer, die die Barrikaden verteidigten, waren Mitglieder der CNT. Das ist ein wichtiger Punkt, denn der POUM wurde wegen der Mai-Tage verboten. Die 400 oder mehr Mitglieder des POUM, die zur Zeit in den schmutzigen und elenden Gefängnissen Barcelonas schmachten, sind offiziell wegen ihrer Beteiligung an den Mai-Ereignissen eingesperrt worden. Deshalb muss unbedingt bewiesen werden, dass der POUM – aus zwei Gründen – die Revolte nicht organisiert haben konnte. Der erste Grund: Der POUM war eine kleine Partei; die Zahl ihrer Mitglieder und Sympathisanten an den Barrikaden belief sich im Höchstfall auf knapp zehntausend; die Gesamtzahl der Teilnehmer an den Ereignissen betrug mehrere Zwanzigtausende. Der zweite Grund: Es kam im Verlauf der Ereignisse zu einem mehrtägigen Generalstreik. Der POUM war bei Weitem nicht stark genug, um einen Streik auszurufen, und der Streik hätte schlichtweg nicht stattgefunden,

wenn die Mitglieder der CNT ihn nicht gewollt hätten.

Der dritte strittige Punkt bezieht sich auf die vorgeblichen Waffenlager, die der POUM in Barcelona angelegt haben soll.

Diese Mär ist so stark verbreitet worden, dass sogar ein Beobachter wie H. N. Brailsford sie unbesehen übernahm und von ‚Panzern und Artillerie' redete, die der POUM aus den ‚Waffenlagern der Regierung gestohlen hat' (*New Statesman*, 22. Mai). Tatsächlich besaß der POUM leider nur sehr wenige Waffen, sowohl an der Front als auch in der Nachhut. Im Verlauf der Straßenkämpfe bin ich in den drei Schlüsselzentren des POUM gewesen, in den Geschäftsräumen des Exekutivkomitees, in den Räumen des Ortsverbands sowie im Hotel Falcón. Es ist notwendig, die in diesen drei Gebäuden vorhandenen Waffen etwas detaillierter aufzulisten. Es gab mehr oder weniger 80 Gewehre, von denen sich einige in schlechtem Zustand befanden und andere alte Waffen unterschiedlicher Modelle waren, die nicht mehr in Umlauf waren und für die es keine geeigneten Kugeln gab. Als Munition gab es circa 50 Patronen pro Gewehr; kein einziges Maschinengewehr; keine Pistolen und keine Pistolenmunition. Die wenigen Kisten mit Handgranaten waren nach Beginn der Kämpfe von der CNT geschickt worden. Ein führender Offizier der Milizen, mit dem ich später gesprochen habe, schätzte, dass der POUM in Barcelona insgesamt rund 150 Gewehre und ein einziges Maschinengewehr besaß. Wie man sieht, handelte es sich also um das absolut Notwendige, um die Wächter zu bewaffnen, die zu dieser Zeit in den wichtigsten Geschäftsräumen aller Parteien postiert waren.

Tatsächlich war die Regierung selbst der Hauptverantwortliche für die Einbehaltung von Waffen, die an der Front benötigt wurden. Die Infanterie an der Front von Aragonien war schlechter bewaffnet als ein englisches Priesterseminar. Im Unterschied dazu waren die in der Nachhut stationierten Ordnungskräfte (Guardia Civil, Guardia de Asalto und Carabineros), deren Aufgabe die ‚Aufrechterhaltung der Ordnung' (in Wirklichkeit die Einschüchterung der Arbeiter) war, bis an die Zähne bewaffnet. Die Truppen an der Front von Aragonien hatten stark abgenutzte Mauser-Gewehre, die normalerweise bei jedem fünften Schuss Ladehemmung hatten, ein Maschinengewehr für 50 Mann und eine Pistole oder Revolver für 30. Und die in den Schützengräben an der Feuerlinie so wichtigen Pistolen wurden nicht von der Regierung verteilt, sie konnten nur unter erheblichen Schwierigkeiten illegal beschafft werden. Die Guardias de Asalto waren dagegen mit vollständig neuen russischen Gewehren ausgerüstet, und jede Gruppe von zehn oder zwölf Mann besaß ein Maschinengewehr. Diese Tatsachen sprechen für sich. Eine Regierung, die Fünfzehnjährige mit vierzig Jahre alten Gewehren an die Front schickt und ihre stärksten Männer und ihre modernsten Waffen in der Nachhut zurückbehält, hat ohne Zweifel mehr Angst vor der Revolution als vor den Faschisten. Dies erklärt die Schwächen der Kriegspolitik in den letzten sechs Monaten und den Kompromiss, mit dem der Krieg wahrscheinlich enden wird."

GEORGE ORWELL

CONTRABANDA FM: EIN VERSUCH DER BEFREIUNG VON RÄUMEN DER KOMMUNIKATION

Plaça Real

1978 entstand mit Ona Lliure das erste Freie Radio im spanischen Staat. Obwohl der Sender 1981 von der Zentralregierung verboten wurde und seine Senderäume am Arc del Triomf in Barcelona geschlossen werden mussten, hatte die Erfahrung Schule gemacht und im Laufe der Jahre zur Entstehung zahlreicher freier Radios in ganz Spanien geführt.

Ende der 1980er Jahre konstituierte sich in Barcelona eine Gruppe von rund dreißig Personen unterschiedlicher politischer Tendenzen mit der Absicht, einen alternativen Radiosender in der Stadt zu schaffen. Das Radio erschien uns als geeignetes Gegeninformationsmittel, nicht nur weil es ein billiges und allen zugängliches Medium ist, sondern weil es sich dazu eignet, einen „Raum" zu befreien, in dem auf horizontale, offene und kollektive Weise neue Formen der Kommunikation, des Austauschs von Informationen sowie neue Erfahrungen und Ideen experimentiert werden können.

Nach einer zweijährigen Vorbereitungsphase wurden im Januar 1991 die regelmäßigen Sendungen aufgenommen, die in Barcelona und in einigen Nachbarstädten sehr gut empfangen wurden.

Contrabanda FM entstand als ein Radio, das die kommerziellen, institutionellen oder an die Interessen von bestimmten gesellschaftlichen Machtgruppen gebundenen Sendermodelle ablehnte. Alle Aspekte des Radiobetriebs wurden in kollektiven Debatten in der Vollversammlung entschieden, während das Radio auf horizontale und transparente Weise über die Mitgliedsbeiträge der rund 200 Mitglieder finanziert wurde.

Von Anfang an zeichneten sich zwei Tendenzen unter den Radiomachern und -macherinnen ab: Während die einen auf die Schaffung eines eigenen Mediums setzten, dessen Programme von den jeweiligen Moderatoren bestimmt werden sollten, wollten die anderen ein Radio schaffen, das darauf ausgerichtet war, die Beiträge der Menschen, der Zivilgesellschaft und der sozialen Bewegungen auszustrahlen und zu fördern.

Dieser Ansatz, der vom Gründungskollektiv getragen wurde, hatte seine Höhepunkte während des Generalstreiks 1994 sowie im Verlauf verschiedener Kampagnen und konkreter Auseinandersetzungen in der Stadt. Bei diesen Gelegenheiten wurde deutlich, dass die sozialen Bewegungen – wenn sie über eigene Kommunikationsmedien verfügen – in der Lage sind, eine vielseitige, ausgewogene und konstruktive Information zu schaffen, die sich stark von der warenförmigen Information unterscheidet, die in den herkömmlichen Medien geliefert wird. Bei all diesen Gelegenheiten beschränkten sich die Betreiber von Contrabanda FM auf die technische Unterstützung, die Inhalte kamen von den Leuten, die in den jeweiligen Bewegungen aktiv waren.

Dieser Partizipationsansatz stieß jedoch auf erhebliche Schwierigkeiten. Einerseits nahm nur ein kleiner Teil der sozialen Organisationen der Stadt die Möglichkeit wahr, über ein eigenes Funkmedium zu verfügen, und andererseits wurde diese Chance durch den Kampf gegen die ständigen Verbotsdrohungen so aufgerieben, dass das Radio zunehmend als Eigentum der Radiomacher begriffen wurde.

14

Von Franck Magerine kreierte Comicfigur

1996 gründete die von der Sozialistischen Partei beherrschte Stadtverwaltung von Barcelona einen eigenen Radiosender – COM Radio –, um dem Einfluss der Radiokette Catalunya Radio entgegenzusteuern, die von der Generalitat kontrolliert wurde. Als Sendefrequenz wurde ganz bewusst die UKW-Frequenz 91.0 gewählt, die Contrabanda besetzt hielt.

Die durch diese „Usurpation" der Wellen ausgelöste interne Debatte verschärfte die Widersprüche zwischen den einen, die die befreite Frequenz nicht aufgeben wollten und auf eine breite soziale Kampagne zu ihrer Wiederaneignung setzten, und den anderen, die eine neue Sendefrequenz suchen wollten, von der aus man ungestört Radio machen konnte, auch wenn die Reichweite sehr viel geringer sein würde.

Nachdem die zweite Option innerhalb des Radioplenums die Oberhand gewann und sich auch die sozialen Bewegungen der Stadt nur halbherzig in die Kampagne zur Wiedereroberung der Frequenz einbrachten, erklärte das Gründerkollektiv seine Teilnahme an der ersten Erfahrung von Contrabanda FM für beendet.

Die Nachfolgergruppe sendet heute von der UKW-Frequenz 91.3 aus, während Radio Pica und Radio Bronca, die anderen beiden freien Radios der Stadt, auf den Frequenzen 96.5 und 100.4 senden.

ALEX ROCA

15

DER UNDERGROUND, DER GÖTTLICHE PIRANHA UND DIE VORZENSUR

Plaça del Teatre (La Rambla)

Bis in den späten Franquismus hinein existierte ein Unding, das Vorzensur genannt wurde. Das Ganze funktionierte wie folgt: Der Autor oder Verleger eines Buchs, einer Zeitschrift, eines Theaterstücks, eines Films oder irgendeiner anderen Publikation begab sich mit dem betreffenden Werk unter dem Arm zur Zensurbehörde, in der das, was nicht nach dem Geschmack des jeweiligen Zensors war, gestrichen, gekürzt, bedeckt oder verändert wurde. Wenn das Werk ganz und gar nicht nach seinem Geschmack war, wurde es mit der Empfehlung zurückgegeben, es vollständig zu verändern. Falls das Erzeugnis der Zensurbehörde gefiel, dann gab sie grünes Licht zu seiner Herausgabe. Dieses System hatte dazu geführt, dass die Verleger selbst zu Vorzensuren der Vorzensur wurden und die Autoren häufig beiden die Arbeit erleichterten, indem sie sich gleich selbst zensierten. Trotz all dieser *Vor-sicht* konnte es durchaus passieren, dass das Werk auf der Stelle wieder beschlagnahmt und Autor und/oder Verleger mit einer Strafe belegt wurden, wenn sich jemand durch einen bestimmten Passus oder ein bestimmtes Bild in seinem Empfinden verletzt gefühlt und dies bei der zuständigen Stelle angezeigt hatte.

Die wirkliche Wirklichkeit durfte nur dann gezeigt werden, wenn die Geschichte mit der richtigen Moral, den richtigen Strafen und den richtigen Verlierern endete. Nur Schönfärbereien, Verherrlichungen ewiger Werte, patriotisches Gesülze, Opfermären, reine Abenteuergeschichten oder seichter Humor gingen ohne Vorbehalte durch. Auf dem Comicmarkt der damaligen Zeit triumphierten Horrorgestalten wie Dracula und nationale Machwerke, die international bekannte Figuren wie den Hulk imitierten.

Gegen 1970 fing ich selbst an, Comics zu entwerfen. Der spanischen Erzeugnisse und ihrer Sciencefictionhelden, Ritter oder *Kleinen Strolche* überdrüssig, wandte ich mich der Porträtierung der Missgeschicke, Frustrationen, Abhängigkeiten und Erniedrigungen zu, unter denen meine Freundinnen im Einzelnen und die Frauen im Allgemeinen zu leiden hatten. Es waren Spottgeschichten gegen unterdrückerische Väter, Ehemänner, Bräutigame oder Liebhaber.

Nachdem ich in einem anderen Werk meinen Kindheitshelden, den spanischen Ritter mit dem Namen *Der Krieger mit der Maske,* verballhornt hatte, porträtierte ich zunächst schüchtern, später recht unverschämt die Unterdrückung der Homosexuellen. Die Probleme der Frauen waren mir bis zu einem gewissen Punkt fremd gewesen, die Probleme der Homosexuellen konnte ich dagegen gründlich darstellen und bekämpfen, da ich selbst zu ihnen gehöre.

Die familiären, sozialen und religiösen Unterdrückungsmechanismen wurden in diesen Strips ganz offen beschrieben, da ich die Möglichkeit der Veröffentlichung in einer der spanischen Comiczeitschriften von vorneherein vollkommen ausschloss.

Als ich, die Mappen mit meinen schwulen Helden und Heldinnen unterm Arm, in Barcelona ankam, trieb mich der Wunsch um, Gleichgesinnte mit ähnlichen Mappen zu finden. Ich musste sie mir schließlich halb selbst fabrizieren, und so entstand die Gruppe *El rrollo*. 1974 gründeten wir eine Art Kommune und machten uns daran, eine eigene Comiczeitschrift herauszugeben.

Selbstporträt des Autors als Macho aus dem Comicstrip „Grüne Augen"

Obwohl die Zeitschrift die Vorzensur ohne Probleme überwand, wurde sie aufgrund einer Anzeige noch vor ihrer Auslieferung beschlagnahmt. Später wurde sie wieder freigegeben und wir stattdessen mit einer Geldbuße bestraft.

Meine schlüpfrigsten Geschichten schlummerten weiter in den Mappen und wurden nur in der Pariser Zeitschrift *Zinc* veröffentlicht. Ich wollte sie jedoch für den spanischen Leser zugänglich machen, der die Probleme, die ich darstellte und bekämpfen wollte, sehr viel besser nachvollziehen konnte. Meine letzte Hoffnung war die Herausgabe eines Undergroundcomics, der außerhalb der offiziellen Kanäle vertrieben werden konnte. 1975 bot mir dann ein befreundeter Student der Ingenieurswissenschaften an, den Comic auf der Abzugsmaschine seiner Fakultät zu drucken. Er hatte mit einer Gruppe gesprochen, die sie nachts zum Druck von Flugblättern benutzte und sich bereit erklärt hatte, auch meine nicht zu veröffentlichenden Werke zu drucken. Mehrere Nächte lang wurden so die zwei- bis dreitausend beidseitig bedruckten Seiten des einzigen Undergroundcomics der damaligen Zeit hergestellt. Wir brachten die bedruckten Seiten in den Carrer de Comerç und hefteten sie dort zusammen. Auf das grüne Titelblatt sprühten wir mit einer Schablone ihren Titel in dunkelvioletter Farbe: *La Piraña* (Der Piranha). Danach vertrieben wir die fertiggestellten Exemplare in den Nachtlokalen, in denen wir verkehrten. Außerdem wurden sie in einigen Buchhandlungen in Madrid und Barcelona unter dem Ladentisch verkauft und machten auf einigen Musikfestivals die Runde.

Kurze Zeit später steckte uns jemand die Nachricht, dass der Polizei ein Exemplar der *Piranha* in die Hände gefallen sei, weshalb sie auf der Suche nach dem Autor oder den Autoren „dieses Machwerks" seien. Bald sahen wir Zivilpolizisten auf dem gegenüberliegenden Bürgersteig und jedes Klingeln an der Tür wurde zu einer Bedrohung. Die Paranoia wurde schließlich so groß, dass die Gruppe, und mit ihr die Kommune, auseinanderfiel. Ich versteckte mich eine Woche lang bei Freunden in Gràcia. Danach setzte ich mich nach Sevilla ab. Die anderen verschwanden nach Ibiza.

Der Underground war damit verblüht, die Saat sollte jedoch bald aufgehen.

NAZARIO

KOLUMBUS-DENKMAL

16

Hafen – La Rambla

J. A. SANCHO

Wir stehen hier vor einem Denkmal der Schande, einem Denkmal zu Ehren des Wegbereiters des größten Genozids in der Geschichte der Menschheit. Ein Genozid, der in der ersten Hälfte des 16. Jahrhunderts die Einwohnerzahl Amerikas von rund achtzig Millionen Menschen auf circa zehn Millionen dezimierte. Sechzig Meter über uns erhebt sich das Standbild des Mannes, der die Versklavung Amerikas durch Europa in die Wege leitete und sich davon ernährte. Kolumbus war ein Kannibale, wenn man die Definition von Jack Forbes anlegt: „Der Kannibalismus besteht darin, das Leben eines anderen nach Maßgabe von privaten Zielen und Gewinninteressen zu verzehren." Nachdem Kolumbus sich seine seemännischen Sporen mit dem Sklaventransport entlang der afrikanischen Westküste verdient hatte, brach er 1492 zur Reise nach Amerika auf. Nicht, wie gemeinhin erklärt wird, um den neuen Kontinent zu entdecken, denn es ist mittlerweile bekannt, dass vor ihm Wikinger und chinesische Seefahrer den Kontinent entdeckt und grob kartografiert hatten, sondern um Gold zu finden. Sein Verhältnis zum Gold legte er 1503 in einem Brief aus Jamaika dar: „Gold ist einfach wunderbar! Wer es besitzt, kann alles haben, was er will. Mit Hilfe des Goldes ist einem ein ewiger Platz im Himmel sicher."

Von diesem Kontinent, auf den die Statue mit dem Finger weist, kehrten Ende des 19. Jahrhunderts unsere *Indianos* zurück: die katalanischen Großbourgeois (Marquis von Comillas, Güell ...), die durch die Ausplünderung der amerikanischen Ureinwohner steinreich geworden waren. Es ist also kein Wunder, dass diese Katalanen 1888 ein Denkmal zu Ehren des Mannes errichten ließen, der die Adern zum einheimischen Goldrausch geöffnet hatte.

Aber selbst unter einem Wahrzeichen der Schande kann Leben erblühen. Dieser Ort, am Ende der Rambla von Barcelona und fast direkt am Meer, ist Zeuge der vielfältigsten Formen von Leben, Schöpfung, Freiheit, Spiel und Liebe gewesen. Hier haben sich zahllose Liebespaare geküsst. Zahllose Demonstrationen gegen die Ungerechtigkeit, gegen die Militärgewalt und in Solidarität mit Kämpfen zur Befreiung der Menschen sind an dem Denkmalssockel vorbeigezogen. Und zahllose Kugeln haben sich hier gekreuzt: so-

wohl die von den Barrikaden im Juli 1936, als auch die, die aus der ganz in der Nähe gelegenen Atarazanas-Kaserne das Leben von Francisco Ascaso auslöschten, der mit seiner Gruppe *Nosotros* am Vormittag des 20. Juli 1936 versucht hatte, das letzte Nest der putschenden Militärs auszuheben.

Am Fuß des Denkmals gab sich auch die Freiheit gegen die blutigste europäische Diktatur des 20. Jahrhunderts ein Stelldichein. Hier wurde im Mai 1947 versucht, Franco in die Luft zu jagen. Der Anschlag war vom Anarchisten Domingo Ibars in Zusammenarbeit mit der libertären Stadtguerillagruppe *Los anónimos* vorbereitet worden. Am 17. Mai legte Franco an Bord des Kreuzfahrtschiffes Miguel de Cervantes am Dock San Beltrán an. Um 11 Uhr verließ der Diktator das Schiff, um eine Parade anzuführen, die ihn über den Passeig Colom und Via Laietana bis zur Kathedrale führen sollte. Zahlreiche Schaulustige waren auf die Löwenstandbilder des Denkmals geklettert, so auch zwei „Anonyme" mit zwei Aktentaschen, in denen sich die beiden Bomben befanden, die Ibars gebaut hatte. Just als der Wagen des Caudillos vorbeifuhr, drängte sich jedoch eine Schulgruppe von Kindern zwischen die Schaulustigen und den Paradezug: Die beiden Handbomben verschwanden wieder in den Ledertaschen und Franco war noch einmal seiner mehr als gerechten Strafe entgangen.

QUIM SIRERA

17

DIE AMERIKA-HEIMKEHRER BARCELONAS

Plaça Antonio López

Ein erheblicher Teil des katalanischen Bürgertums war direkter Nutznießer der Kolonialbeziehungen Spaniens mit Amerika. Der kolossale Aufschwung der Bourgeoisie, die sich bevorzugt auf den Antillen niederließ, setzte im letzten Drittel des 18. Jahrhunderts mit dem Erlass des Freihandelsabkommens ein. Die Wahl der Antillen war keineswegs zufällig, denn sie fiel mit einer außergewöhnlichen Expansion der europäischen und nordamerikanischen Märkte für tropische Erzeugnisse wie Zuckerrohr, Schnaps, Baumwolle, Kaffee oder Tabak zusammen. Es war eine Epoche, die sich durch die Schaffung großer Handelsnetze auszeichnete, die die Kontinente näher zusammenrückten und die Kapital- und Arbeitsorganisation nachhaltig veränderten. Der Kolonialstatus dieser Überseeregionen bildete eine institutionelle Garantie, die den außerordentlichen Zuwachs der Gewinnraten dieser Unternehmer erklärt, die in vielen Fällen in nur einer Generation gewaltige Reichtümer anhäuften. Bei den Lobreden auf diese Aufsehen erregenden Geschäftserfolge wird in der Regel eine grundlegende Tatsache übersehen: ihre Verbindung mit der Sklaverei als in all diesen Gesellschaften herrschendes System der Ausbeutung der Arbeitskraft.

Und selbstverständlich wird auch die mehr oder weniger offene Teilnahme dieser Familienclans an diesem Ausbeutungssystem verschwiegen. Sei es als Reeder von Sklavenschiffen, wie Francesc Martí i Torrens, Salvador Samá oder Josep Baró i Blanchart neben vielen anderen, oder schlichtweg als Sklavenbesitzer. Die Bedeutung des kubanisch-katalanischen Handels als Paradebeispiel für den traditionellen Dreieckshandel ist dokumentarisch belegt. Dieser Dreieckshandel spielte sich wie folgt ab: Die mit kubanischem Zucker beladenen Schiffe steuerten als Erstes den Hafen von Barcelona an, wo die Ladung gelöscht und Schnaps und Waffen geladen wurden. Danach fuhr das Schiff die afrikanische Küste ab und tauschte seine Fracht gegen afrikanische Sklaven, die danach auf den Marktplätzen von Havanna, in anderen Städten der Karibik oder im Süden der USA verkauft wurden.

Die katalanische Präsenz stach in allen zentralen Bereichen der Ökonomie der Antillen hervor, und die angehäuften Reichtümer schlugen sich später in der Dynamisierung der mediterranen Ökonomie nieder. Einige Nachfahren dieser Amerikaheimkehrer spielen auch heute noch eine zentrale Rolle im katalanischen Wirtschaftsleben.

Gegenüber dem idyllischen Bild des arbeitsamen Emigranten, der sein Glück in Amerika versucht – und manchmal auch findet –, muss der perverse Charakter der damaligen Organisation des Kapitals hervorgehoben werden, der diesen Emigranten alles andere als fremd war. Ganz im Gegenteil: Die Herkunft dieser Reichtümer war unlöslich mit der Teilnahme und der Nutznießung der Sklaverei in all ihren Formen verbunden. Ein System, das in der damaligen Zeit als „notwendiges Übel" für die Kapitalbildung galt.

Das Gleiche gilt für ihre mehr oder weniger herausragende Mitwirkung bei der Ausübung oder Unterstützung von repressiven politischen Maßnahmen zur Sicherstellung des Status quo und zur Aufrechterhaltung des Kolonialzustands dieser Gebiete. Ein Beispiel dafür war Gener i Batet, der das Erschießungskommando

leitete, das in einem Akt politischer Barbarei eine Gruppe von Universitätsstudenten füsilierte, um auf diese Weise die Unabhängigkeitsbestrebungen zu unterdrücken, die von weiten Kreisen der Bevölkerung Kubas getragen wurden. Andere katalanische Unternehmer waren führende Mitglieder der Freiwilligenkorps, eine Art von paramilitärischer Organisation der konservativsten Kolonialzirkel, die sogar in Militärkreisen wegen der Gewalttätigkeit und Willkür ihrer Taten gefürchtet war.

Gleichzeitig wuchs in Barcelona die Opposition zunächst gegen die Sklaverei und später auch gegen die Kolonialherrschaft. So fand Presseberichten zufolge am 23. Dezember 1872 eine Demonstration von rund 15.000 Menschen statt, die von der Plaça de Catalunya bis zum Pla de Palau zogen und die Aufhebung der Sklaverei forderten. In den folgenden Jahren kam es zu zahlreichen weiteren Protestkundgebungen dieser Art. Es soll in diesem Zusammenhang darauf hingewiesen werden, dass sich *La Federación*, das spanische Organ der I. Internationale, sehr kritisch gegenüber dieser Bewegung äußerte, da sie als eine Kampagne angesehen wurde, die sich darauf beschränkte, die Abschaffung dieser Art der Sklaverei zu fordern, um danach „unsere schwarzen Brüder der neuen Lohnsklaverei“ zu unterwerfen.

Wenn wir also an den wunderschönen Strandpromenaden der im Norden Barcelonas gelegenen Region Maresme entlanggehen oder durch die noblen Viertel Barcelonas mit ihren Prachtbauten aus dem 19. oder frühen 20. Jahrhunderts schlendern, sollten wir nicht vergessen, auf welche Weise das Kapital in den Antillen angehäuft wurde. Es ist eine nützliche Übung, um das kollektive Gedächtnis zurückzugewinnen.

DORIA GONZÁLEZ

18

DER GEBÄRSTREIK UND DER NEOMALTHUSIANISMUS: EINE TOTGESCHWIEGENE BEVÖLKERUNGSPOLITISCHE EPISODE

Plaça Comercial 8 (Sitz der Spanischen Neomalthusianischen Liga 1905)

Die ganzheitliche Erziehung und die neomalthusianische Bewegung der menschlichen Erneuerung auf Grundlage der bevölkerungspolitischen Erziehung der Armen waren die Säulen der anarchistischen pädagogischen Bewegung, die 1901 über Paul Robin, Sebastián Faure oder Charles Albert von Frankreich nach Barcelona gelangt war. Dank des regen Interesses von Francesc Ferrer i Guàrdia, Anselmo Lorenzo und anderer Aktivisten mit einer außerordentlichen menschlichen und sozialen Sensibilität hielten diese und andere moderne progressive pädagogische Strömungen Europas Einzug in ein Barcelona, das von einem außergewöhnlichen Engagement der Volksklassen geprägt war.

Die Escuela Moderna und die internationale neomalthusianische Bewegung der menschlichen Erneuerung verfolgten revolutionäre erzieherische Ziele und leisteten einen entscheidenden Beitrag zur moralischen und kulturellen Erneuerung der Volksmassen. Die auf die Emanzipation der Arbeiterklasse abzielenden pädagogischen Bemühungen, die ab 1901 von der Escuela Moderna ausgingen und auf der Schaffung einer autonomen Arbeiterkultur zur Überwindung der von Vorurteilen bestimmten herrschenden religiösen und bürgerlichen Kultur basierten, umfassten auch die Sexualerziehung und die Fortpflanzungsfrage.

Antipatriotismus, Antimilitarismus und Antikapitalismus waren die zentralen Erziehungsziele des Neomalthusianismus und der ganzheitlichen Pädagogik. Beide Bewegungen förderten zu diesem Zweck ein Schulungsprogramm, das die Aufhebung der Geschlechtertrennung, die Verankerung eines neuen moralischen Matriarchats sowie eine bewusste Gebärpolitik der Armen umfasste und von der permanenten Erprobung neuer Erziehungsmethoden und einer neuen sozialen Organisation zur Verbesserung der zukünftigem Generationen getragen wurde.

Die neomalthusianische Bewegung der Geburtenkontrolle der Arbeiterinnen war die proletarische Antwort auf die Lebensbedingungen, die der Arbeiterklasse durch den Industrialisierungs- und Verstädterungsprozess aufgezwungen worden war. Die ganzheitliche Erziehung und der Neomalthusianismus waren mithin Widerstandsbewegungen der Volksklassen, die unlöslich mit dem Kampf um die soziale Emanzipation verbunden waren.

Der aus Bilbao stammende Anarchist Luis Bulffi de Quintana war die Zentralfigur des spanischen Neomalthusianismus. Seit 1903 stand Bulffi in Beziehung mit der in Frankreich ansässigen Föderation der Weltweiten Liga der menschlichen Erneuerung und gründete in der Folge die spanische Sektion dieser Liga, als deren Sekretär er fungierte. Gleichzeitig war Bulffi Mitbegründer des Ateneu Enciclopèdic Popular Barcelonas und dessen erster Präsident. Die spanische neomalthusianische Liga brachte ab 1904 mit *Salud y Fuerza* (Gesundheit und Kraft) eine eigene Zeitung heraus, deren Untertitel „Bewusste und beschränkte Fortpflanzung“ lautete. Die unter der redaktionellen

18

Leitung von Bulffi stehende Zeitschrift leistete einen entscheidenden Beitrag zur Verbreitung des Neomalthusianismus im übrigen Spanien und in Lateinamerika.

Im Februar 1905 besaß die spanische Liga, deren Geschäftsräume sich an der Plaça Comercial 8 im volkstümlichen Altstadtviertel La Ribera befanden, bereits mehr als dreißig Sektionen in Arbeiterzentren in Katalonien, im Baskenland und in Andalusien. Die Publikation wurde in fast ganz Spanien und Lateinamerika vertrieben, wo sie über eigene Anhänger und Komitees verfügte.

Über diese und andere neomalthusianische Publikationen sowie durch zahlreiche öffentliche Vorträge wurden in diesen Jahren erstmals Verhütungsmittel in breiten Bevölkerungskreisen bekannt gemacht und eine intensive sexuelle Aufklärungsarbeit betrieben. Es handelte sich dabei um ein absolutes Novum in einem Bildungssystem, das vom religiösen Obskurantismus beherrscht wurde.

Bald stellten sich am Sitz der Liga in Barcelona auch Ärzte und Hebammen ein, die ihr berufliches Wissen den Menschen zur Verfügung stellten, die selbst bestimmen wollten, wann und wie viele Kinder sie haben wollten. Dies war die Antwort der Liga auf die nationalistische Bevölkerungspolitik, die von der katholischen Kirche unterstützt wurde und ein reges Interesse daran hatte, dass die Armen möglichst viele Kinder in die Welt setzten.

Der Neomalthusianismus konnte die Fortpflanzungsmentalität des Proletariats beeinflussen, da er an ihren extrem prekären Lebensbedingungen ansetzte. Das Klima der Verzweiflung, das Anfang des 20. Jahrhunderts in den Arbeiterkreisen herrschte, veranlasste 1906 die Neomalthusianer Barcelonas dazu, einen landesweiten Gebärstreik auszurufen und die Mittel publik zu machen, wie dieser durchgeführt werden konnte.

Auf diese Weise hob eine lange Periode der bewussten Geburtenkontrolle an, die 1937 in den sogenannten iberischen demografischen Übergang münden sollte, bei dem der Neomalthusianismus eine zentrale Rolle spielte. Der von den iberischen Anarchisten trotz aller Verfolgungsmaßnahmen propagierte Neomalthusianismus hatte wie kein anderer Sektor zur bevölkerungspolitischen Reflexion beigetragen und in der Arbeiterschaft ein klares Bewusstsein von der Notwendigkeit einer Geburtenkontrolle geschaffen, wenn sie nicht länger „Kanonenfutter“ sein wollte.

EDUARD MASJUAN

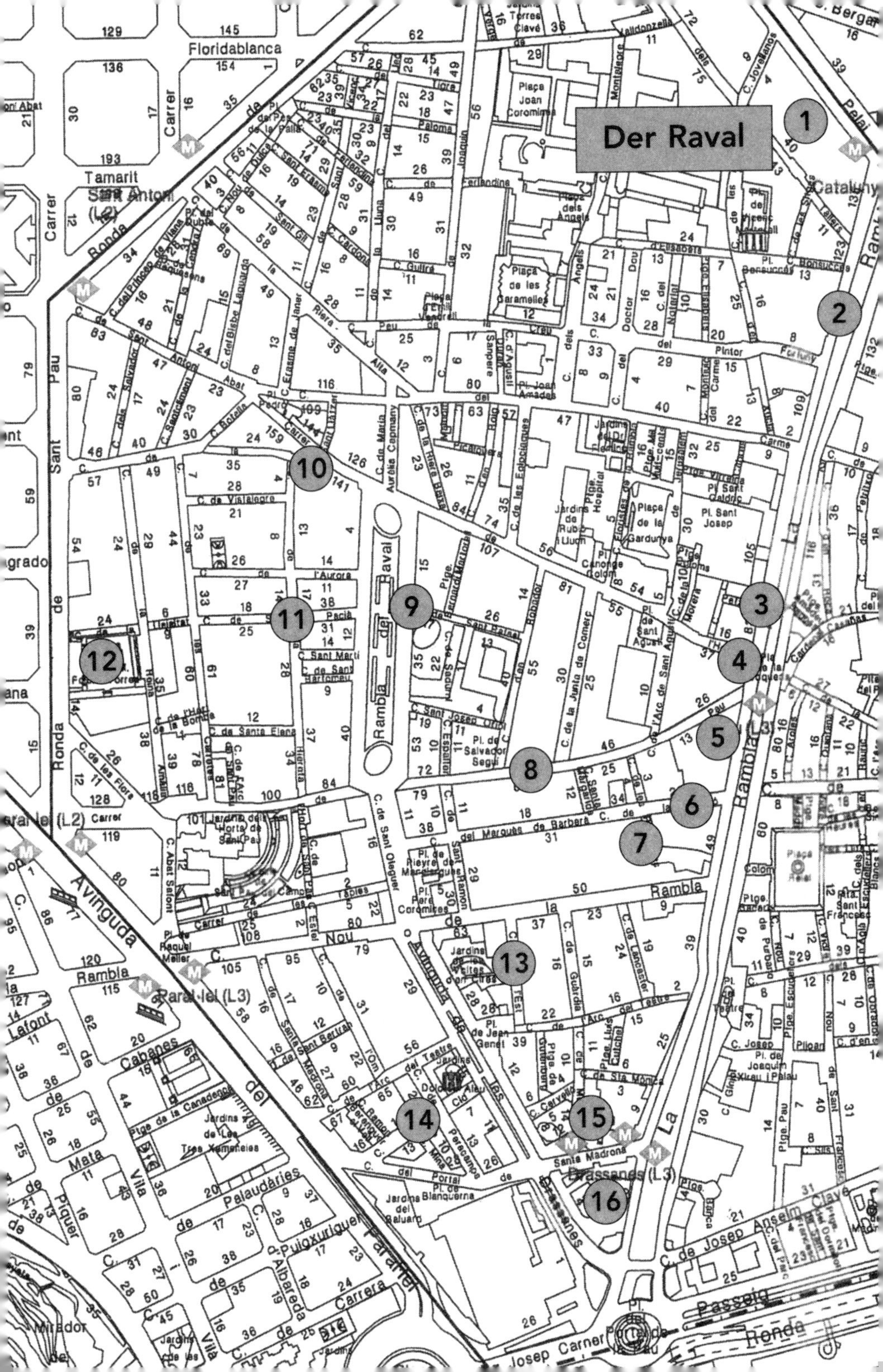

Der Raval
Floridablanca
Ronda de Sant Antoni
Ronda de Sant Pau
Plaça Joan Coromines
Plaça dels Àngels
Plaça de les Caramelles
Riera Alta
Rambla del Raval
Pl. Sant Josep
Plaça de la Gardunya
Jardins de Rubió i Lluch
Pl. de Sant Agustí
Pl. de Salvador Seguí
Carrer de Sant Pau
Jardins dels Horts de Sant Pau
Carrer Nou de la Rambla
Pl. de Pieyre de Mandiargues
Pl. Pere Coromines
Avinguda del Paral·lel
Paral·lel (L2)
Paral·lel (L3)
Sant Antoni (L2)
Jardins de les Tres Xemeneies
Pl. de Jean Genet
Jardins del Baluard
Pl. de Blanquerna
Drassanes (L3)
Santa Madrona
La Rambla
Plaça Reial
Pl. de Joaquim Xirau i Palau
C. de Josep Anselm Clavé
Passeig de Colom
Ronda Litoral
Josep Carner
Pl. Portal de la Pau
Mirador
Catalunya
Pelai

Der Raval

Der Raval, oder Rawal, wie auf einigen Ladenschildern der zahlreichen pakistanischen Selbstbedienungsläden zu lesen ist, war in den letzten hundert Jahren im Volksmund unter dem Namen Barrio Chino (Rotlichtviertel) bekannt. In Polizeikreisen und unter Krimiliebhabern wurde er dagegen meistens Fünfter Bezirk genannt.

Mit seinem ursprünglichen – und in den letzten Jahren über städtische Marketingkampagnen wieder popularisierten – Namen wurde im Mittelalter der Sektor bezeichnet, der sich außerhalb des zweiten Stadtmauerrings befand und aus Gärten und kleinen Äckern bestand. Er umfasste die heutige Rambla (ein alter Torrente, ein „breiter" Regenbach, der ins Meer mündete) sowie die Straßen Pelai, Ronda Sant Antoni und Sant Pau, den Paral.lel und Drassanes.

Der traditionelle Treffpunkt von Geächteten, Bettlern, Vogelfreien und allen anderen Menschen, denen der Zutritt zur Stadt verwehrt war, wurde im späten Mittelalter durch den Bau des dritten Stadtmauerrings in das eigentliche Stadtgebiet integriert. Die ersten nennenswerten Bauwerke des neuen Stadtteils waren Klöster und Hospize. Bald kamen auch Manufakturen hinzu. Ende des 19. Jahrhunderts wurden dann in zahlreichen Gebieten außerhalb des historischen Stadtkerns die ersten Fabriken errichtet, so auch im Raval. In diesem Teil der Stadt wurden vor allem Gewebefertigwaren für den Export nach Amerika über den nahe gelegenen Hafen hergestellt. Daneben gab es im Viertel mehrere Wein- und Schnapsbrennereien, zahlreiche mit Dampfmaschinen betriebene Webereien sowie Metall verarbeitende Betriebe.

Die engen, von hohen Gebäuden gesäumten Gassen des Fünften Bezirks waren bis in die 30er Jahre des 20. Jahrhunderts hinein ein Herd von Keimen und Infektionskrankheiten. Der Stadtteil war jedoch auch der Ort der härtesten Zusammenstöße in der konfliktreichen Sozialgeschichte der Stadt.

Während des Bürgerkriegs dienten zahlreiche Fabriken und Büroräume des Viertels den Milizionären als Unterkunft. Die Kollektivisten schlossen die Bordelle und eröffneten an ihrer Stelle Werkstätten, in denen die Prostituierten einen Beruf erlernen konnten. Die Nachtbars, Kneipen, Theater, Pensionen und ärmlichen Hotels blieben dagegen geöffnet und wurden auch nach der Niederlage weiter betrieben. Unter dem Franquismus wurde das Viertel wieder zu einem schwarzen Fleck auf der Landkarte und zu einem heruntergekommenen Vergnügungsviertel für das Proletariat.

Der Raval ist auch heute noch ein lärmender, dunkler und aktiver Stadtteil. In den Häusern wohnen Einheimische neben exotikhungrigen Studenten und Menschen, die auf der Suche nach besseren Lebens- und Arbeitsbedingungen in die Stadt gekommen sind und keine andere Unterkunft gefunden haben. Die Straßen sind voller Menschen mit den unterschiedlichsten Hautfarben und Heimatsprachen, aus den offenen Fenstern schallt Musik aus allen Ländern, und überall sind Spuren von einem regen politischen, sozialen und kulturellen Leben zu finden.

1

DAS ÖFFENTLICHE SCHULWESEN IM 19. JAHRHUNDERT

Carrer Tallers: 1841, die erste unentgeltliche Schule. *El Sitjar.*

Wie war es möglich, dass Barcelona in den ersten Jahrzehnten des 19. Jahrhunderts eine Analphabetenrate von mehr als 80% aufwies?

Die wenigen spanischen Bildungseinrichtungen des 19. Jahrhunderts waren in kirchlicher Hand. Allmählich fand die französische Revolution jedoch auch in Spanien ein Echo: Das Niederbrennen von Klöstern, die Gesetze zur Säkularisierung der Kirchengüter sowie die Abschaffung von Vorrechten wie dem kirchlichen Monopol über die Schulbildung leiteten einen vorübergehenden Niedergang der Rolle einer Kirche ein, die ein Viertel der Ländereien Kataloniens besessen hatte.

Trotzdem war das 19. Jahrhundert weiterhin vom Obskurantismus geprägt. Die Inquisition wurde erst 1830 abgeschafft und der nur von kurzlebigen liberalen oder revolutionären Intervallen unterbrochene Fortbestand der von konservativen Militärs gestützten absolutistischen Monarchie bremste unter anderem auch den längst überfälligen Ausbau des Schulwesens.

Ein Grund dafür war die traditionelle Überzeugung, dass eine unwissende und ungebildete Masse ein Garant für die Aufrechterhaltung der bestehenden Ordnung war. Denn Massen, die weder lesen noch schreiben konnten, konnten auch keine Gesetze, Verordnungen oder öffentliche Bekanntmachungen anfechten. Andererseits mussten die Herrschenden die Leidenschaften, Instinkte, Ausschreitungen und Tumulte unterdrücken und in den Griff bekommen, zu denen sich dieser unwissende „Pöbel“ so leicht und bei so vielen Gelegenheiten hinreißen ließ.

1851 unterzeichnete der spanische Staat ein Konkordat mit dem Vatikan, in dem die Oberaufsicht der Kirche über das Bildungswesen ratifiziert wurde. 1857 wurde dann die allgemeine Schulpflicht eingeführt. Obwohl die Bekämpfung des Analphabetismus und die öffentliche Schulbildung sich dadurch zu Themen der institutionellen Debatte verwandelten, wurden keine öffentlichen Mittel zu ihrer Finanzierung bereit gestellt. Der Staat wollte nur seine Rechte gegenüber der Kirche behaupten, ohne seine Pflichten gegenüber der Gesellschaft zu erfüllen. Das Ergebnis war einer der größten Misserfolge der modernen spanischen Geschichte.

Dieses miserable Bildungssystem war jedoch gleichzeitig ein wesentlicher Faktor, um den Fortbestand der obskurantistischen und reaktionären Doktrinen der Kirche zu garantieren. Es handelte sich schließlich um eine Ideologie, die dafür sorgte, dass die Autorität des Staates gegenüber Gesellschaft und Familie, der Kleriker gegenüber Laien, des Ehemanns gegenüber der Ehefrau, des Vaters und Lehrers gegenüber den Kindern und nicht zuletzt des Chefs gegenüber den Arbeitern gewahrt blieb.

Bei Ausbruch der Revolution von 1868 besaß Spanien sechzehn Millionen Einwohner, von denen zwölf Millionen Analphabeten waren. Nach dem Scheitern der Revolution, und zeitgleich mit dem wirtschaftlichen Aufschwung unter der bourbonischen Restauration und dem „Goldrausch“ in den Überseekolonien, gewann die Kirche ihre Macht zurück und baute die religiösen Orden aus, die sich Bildungsaufgaben widmeten. Wie es um

diese Bildung bestellt war, zeigt die Tatsache, dass die Lehrer der kirchlichen Schulen noch nicht einmal einen Berufstitel benötigten.

Wie in vielen anderen Städten wurden auch in Barcelona in der Folge prächtige Schulgebäude für die Kinder der herrschenden bürgerlichen Klasse errichtet. Aus dieser Zeit datieren die Unterrichtszentren der Jesuiten in Sarrià und im Carrer Casp im Eixample, die von den Trinitariernonnen geleitete Schule im Carrer Aragón, La Salle in Bonanova usw.

Gemeinschaftserziehung von Jungen und Mädchen, 1937

Teile des damaligen liberalen Bürgertums von Barcelona waren bereit, sich für die Einführung einer unentgeltlichen Schulpflicht für Proletarierkinder einzusetzen. Die kämpferischsten Arbeiterkreise wiesen dieses Vorhaben jedoch zurück, da sie es für einen Vorwand hielten, um ihren Kindern über diese staatlichen Schulen den bürgerlichen Geist des blinden Gehorsams, der Disziplin und der Arbeit zu oktroyieren. Die Anarchisten lehnten ganz besonders den Pflichtcharakter der Schulbildung als unzulässige Einmischung des Staates und einen Angriff auf die Freiheit des Individuums ab. Wie konnte es außerdem angehen, eine allgemeine Schulpflicht für alle zu verordnen, wenn die meisten Arbeiterfamilien den Lohn ihrer Kinder zum Überleben benötigten? Was die Arbeiter dagegen brauchten, waren die notwendigen Mittel, um ihre eigenen Schulen zu gründen.

Deshalb entstanden nach und nach mehrere von freidenkerischen und libertären Kreisen gegründete Schulen. 1882 gab es in ganz Katalonien knapp 20 dieser konfessionslosen Schulen, gegen Ende des Jahrhunderts war ihre Zahl auf über hundert angewachsen. Der Lehransatz in diesen Schulen hatte nichts mit den ansonsten üblichen Methoden des sinnlosen Auswendiglernens ebenso sinnloser Lerninhalte und der Durchsetzung der paternalistischen Disziplin zu tun. Die konfessionslosen Schulen legten stattdessen einen besonderen Wert auf die körperliche Gesundheit, auf die Naturwissenschaften, auf ein Verständnis der Natur als Allgemeingut, auf die Literatur im Allgemeinen und die Lektüre von Autoren, die die weltweite Brüderlichkeit der Menschen behandelten, im Besonderen. Diese Schulen legten den Grundstein für die rationalistischen Strömungen in der Pädagogik.

MIGUEL VALLÉS

JETZT SPRICHT DURRUTI (1896–1936)

La Rambla

Mit starkem Interesse wurde am 4. November 1936 die Radioansprache Durrutis erwartet, die im Sender der CNT-FAI unverhofft angekündigt worden war und über die Radiosender Barcelonas in ganz Spanien übertragen wurde. Am gleichen Tag hatte die Presse gemeldet, dass vier führende Anarchisten – Federica Montseny, Juan García Oliver, Juan López und Joan Peiró – Ministerämter in der Madrider Zentralregierung angetreten hatten.

Aufgrund der ausgebliebenen Waffenlieferungen war es der Kolonne Durruti nicht gelungen, Saragossa einzunehmen. Durruti hatte alles getan, was in seiner Macht stand, um Waffen zu bekommen. Er hatte sogar Anfang September ein Milizkommando zu einer Strafexpedition nach Sabadell ausgesandt, um die Aushändigung der Waffen zu erzwingen, die in dieser katalanischen Stadt zur Bildung einer eigenen Kolonne gelagert worden waren, die niemals zustande gekommen war. Als ob es damit nicht genug wäre, hatte die Regierung am 24. Oktober die Militarisierung der Milizen, also ihre Integrierung in die Armee, dekretiert. Freund und Feind wartete also gespannt darauf, was Durruti sagen würde.

Bereits vor der Ansprache hatten sich riesige Menschentrauben um die Lautsprecher an den Bäumen der Rambla gebildet, die normalerweise revolutionäre Gesänge, Musik und Nachrichten ausstrahlten. Auch an allen anderen Orten der Stadt, die mit einem Radio ausgestattet waren, wartete man ungeduldig auf die Ankündigung des Ansagers: „Jetzt spricht Durruti."

Nach leidenschaftlichen internen Diskussionen über den Militarisierungserlass hatte die Kolonne Durruti beschlossen, diesen nicht zu befolgen, da er nicht dazu diente, die Kampfbedingungen der Milizionäre zu verbessern und auch den chronischen Waffenmangel nicht beheben konnte. Die Kolonne lehnte darüber hinaus die im Erlass geforderte Kasernendisziplin ab, der sie die Überlegenheit der revolutionären Disziplin entgegensetzte: „Milizionäre, ja, Soldaten, nie."

Durruti, der Delegierte der Kolonne, drückte in seiner Ansprache die Empörung und den Protest der Milizionäre der Front von Aragonien über den eindeutig konterrevolutionären Lauf der Dinge in der Nachhut aus. Um 21 Uhr 30 wurde schließlich die Rede über den Äther gesendet:

„Arbeiter! Ich richte meine Worte an das katalanische Volk, an dieses großherzige Volk, das vor vier Monaten den Vormarsch der Soldateska, die es unter ihre Stiefel zwingen wollte, zu stoppen wußte. Ich bringe euch einen Gruß mit von den Brüdern und Genossen in Aragonien, ein paar Kilometer von Saragossa entfernt, wo sie die Türme der Pilarica schon vor sich sehen.

Trotz der Bedrohung, die sich über Madrid zusammenzieht, heißt es, nicht zu vergessen, dass ein ganzes Volk aufgestanden ist und dass nichts in der Welt es zum Zurückweichen bringen wird.

Wir an der Front von Aragonien werden den aragonesischen faschistischen Horden widerstehen, und wir wenden uns an unsere Brüder in Madrid, um ihnen zu sagen, dass auch sie widerstehen müssen, denn die Milizionäre Kataloniens werden ihre Pflicht zu erfüllen wissen wie damals, als

Ascaso, Durruti und García Oliver

sie sich auf die Straßen Barcelonas warfen, um den Faschismus niederzuschlagen.

Die Arbeiterorganisationen dürfen nicht vergessen, was in diesem Augenblick ihre höchste Pflicht ist. An der Front wie in den Schützengräben gibt es nur einen Gedanken, nur ein einziges Ziel. Mit festem Blick nach vorn, mit dem einzigen Ziel, den Faschismus niederzuwerfen.

Wir fordern das Volk von Katalonien auf, den Intrigen und den inneren Kämpfen ein Ende zu machen. Ihr müsst auf der Höhe der Zeit sein. Lasst die Streitereien und die Politik und denkt an den Krieg. Das Volk von Katalonien hat die Pflicht, die Anstrengung derer, die an der Front kämpfen, zu unterstützen. Es wird nichts anderes übrigbleiben, als alle und jeden zu mobilisieren, und es soll bloß keiner denken, es müssten immer dieselben sein, die sich mobilisieren. Wenn die Arbeiter Kataloniens die Verantwortung übernehmen müssen, an der Front zu sein, so ist die Stunde gekommen, dem katalanischen Volk auch das Opfer derer abzuverlangen, die in den Städten leben. Es ist notwendig, alle Arbeiter im Hinterland effektiv mobilzumachen, denn wir an der Front wollen wissen, wer hinter uns steht und auf wen wir zählen können.

Und dass jetzt bloß keiner an Lohnerhöhungen oder Verkürzungen der Arbeitszeit denkt! Die Pflicht aller Arbeiter — und ganz besonders der Arbeiter der CNT — ist die, sich zu opfern und zu arbeiten, so viel und so lange es nötig ist.

Ich wende mich an die Organisationen, und ich bitte sie, die Streitereien und Ränke sein zu lassen. Wir von der Front bitten um Ehrlichkeit, und damit richten wir uns vor allem an die CNT und die FAI. Wir bitten die Anführer, ehrlich zu sein. Dieser Krieg bringt alle erschwerenden Umstände eines modernen Krieges mit sich, und das fordert Katalonien einen hohen Preis ab. Die Anführer müssen wissen, dass, wenn dieser Krieg sich noch lange hinzieht, man damit anfangen muss, die katalanische Wirtschaft zu organisieren.

Wenn es wahr ist, dass wir für etwas Höheres kämpfen, dann seht ihr das an den Milizionären, die vor Scham erröten, wenn sie in den Zeitungen diese Spendenaufrufe für die Milizen sehen und die Plakate, die um Hilfe für sie bitten. Sie erröten vor Scham, denn wenn die Flugzeuge der Faschisten über sie hinwegfliegen, dann werfen sie ihre Zeitungen ab, in denen die gleichen Spendenaufrufe und die gleichen Ratschläge zu lesen sind. Wenn ihr die Gefahr besiegen wollt, dann müssen wir einen Granitblock bilden.

Wir an der Front wollen Verantwortung und Sicherheit hinter uns haben; daher verlangen wir von den Organisationen, dass sie sich unserer Frauen und unserer Kinder annehmen.

Wenn man mit der Militarisierung die Absicht verfolgt hat, uns Angst einzujagen und uns eiserne Disziplin aufzuzwingen, dann hat man sich geirrt. Wir laden diejenigen, die dieses Dekret erlassen haben, ein, an die Front zu kommen, um unsere Moral und unsere Disziplin zu sehen, und dann werden wir hingehen und sie mit der Moral und der Disziplin im Hinterland vergleichen.

Bleibt ruhig. An der Front gibt es kein Chaos und keine Disziplinlosigkeit. Wir alle sind uns unserer Verantwortung bewusst und kennen den Schatz, den ihr uns anvertraut habt. Schlaft in Ruhe. Wir aber haben euch, als wir aus Katalonien aufbrachen, die Wirtschaft des Landes anvertraut. Seid verantwortlich und diszipliniert, damit wir nicht durch unsere Inkompetenz nach diesem Krieg einen Bürgerkrieg unter uns provozieren.

Wenn jeder meint, seine Partei sei die stärkere und könne ihre eigene Politik durchsetzen, dann irrt er sich, denn wenn wir der faschistischen Tyrannei etwas entgegensetzen können, dann kann das nur eine vereinte Kraft sein. Es darf nur noch eine einzige Organisation geben, mit einer einzigen Disziplin.

Um nichts in der Welt werden die faschistischen Tyrannen hier, wo wir sind, durchkommen. Das ist die Parole der Front, und wir sagen ihnen: ‚Hier kommt ihr nicht durch!' — und zu euch: ‚Sie werden nicht durchkommen! ¡No pasarán!'"

Noch Stunden später wurde über seine energischen und aufrichtigen Ausführungen gesprochen. Durrutis harte und leidenschaftliche Worte hatten wieder einmal das ureigene Denken der Arbeiterklasse ausgedrückt. Sie waren ein Warnruf gewesen, der die Arbeiter daran erinnerte, dass sie Revolutionäre waren. Der überzeugte Atheist Durruti war nicht bereit, die Arbeiterklasse zu einem neuen Gott zu machen. Die Revolution konnte jederzeit von den Dummköpfen korrumpiert werden. Durruti war weder eitel noch dumm, was auch für die kampferprobten anarchistischen Genossen galt, die die große Mehrheit seiner Kolonne stellten. Durruti hatte klargestellt, dass die Milizionäre, die auf den Schlachtfeldern gegen den Faschismus kämpften, sich von niemandem den revolutionären und emanzipatorischen Gehalt ihres Kampfes eskamotieren lassen würden. Der Kampf hatte weder die Republik noch die bürgerliche Demokratie zum Ziel, sondern den Sieg der sozialen Revolution und die Emanzipation der Arbeiterklasse.

In seiner Rede gab es keinen einzigen demagogischen oder rhetorischen Satz. Es waren Peitschenhiebe gegen die von oben und gegen die von unten. Gegen die Arbeiter und die Hierarchen der CNT, die es sich in Hunderten von Führungsposten bequem gemacht hatten, gegen die einfachen Bürger, gegen die Minister der Generalitat sowie gegen die frisch gebackenen anarchistischen Minister des spanischen Staats. Seine Rede war eine Verteidigung gegen die bürokratischen Abweichungen der Revolution und eine Verurteilung der Regierungspolitik, mit oder ohne CNTler an der Spitze des Klüngels. In der Nachhut wurden leider immer noch Pflicht mit

2 Almosen, Verwaltungsaufgaben mit Befehlsgewalt, Amtsausübung mit Bürokratie, Verantwortung mit Disziplin sowie freie Vereinbarung mit Erlassen und eigenmächtigen Befehlen verwechselt.

Die Worte, die er an seine Klassenbrüder gerichtet hatte, besaßen den Charakter eines revolutionären Testaments. Ein Testament, und kein Aufruf, denn sein Tod war eine angekündigte Sache. Am 20. November 1936 bereitete ein – vermeintlicher – Querschläger an der Front von Madrid seinem Leben ein Ende. Aber man musste Durruti zweimal töten. Ein Jahr später hatte die allmächtige Propagandamaschine der stalinistischen Regierung Negrín anlässlich der Feierlichkeiten zu seinem ersten Todestag auf Hochtouren gearbeitet, um ihm einen Slogan anzudichten, der ursprünglich von Ilja Ehrenburg stammte und den sich später auch die Bürokraten der Führungskomitees der CNT-FAI zu eigen gemacht hatten. Dieser Slogan legte dem toten Durruti das Gegenteil dessen in den Mund, was er immer gesagt und gedacht hatte: „Wir werden auf alles verzichten, nur nicht auf den Sieg.“ Durruti soll also auf die Revolution verzichtet haben.

La Rambla, nach π

Es ist nicht einmal eine vollständige, wortgetreue Fassung seiner Rede erhalten geblieben, die an diesem 4. November übertragen worden war, denn die anarchistische Presse seiner Zeit hatte seine Rede noch zu seinen Lebzeiten abgeschwächt und zensiert.

Erst nachdem Durruti tot war, konnte er auf einen Altar gehoben werden.

AGUSTÍN GUILAMÓN

PAUL (1904–1979) UND CLARA THALMANN (1908–1987)

Barrikade La Rambla – Carrer del Hospital

3

Für die Schweizerin Clara Esner begann das spanische Abenteuer mit einer Reise per Anhalter nach Barcelona. Sie war zur Teilnahme an den Schwimmwettbewerben der Spartakiaden ausgewählt worden, die im Juli dieses Schlüsseljahres für die Zukunft des Jahrhunderts als Protest gegen die Austragung der Olympischen Spiele im faschistischen Berlin veranstaltet werden sollten. Durch den Ausbruch der Revolution am 18. Juli 1936 wurden die Spartakiaden jedoch schon am Tag ihrer Eröffnungsfeierlichkeiten beendet.

Die achtzehnjährige, schöne und stürmische Clara schloss sich der aufständischen Arbeiterschaft an und beschaffte sich eines der Gewehre, die in den gestürmten Kasernen gelagert waren. Als Paul aus der Schweiz eintraf, war „die Blonde" bereits Milizionärin und startbereit, um mit der ersten Kolonne des POUM zur Front von Aragonien aufzubrechen.

Paul und sie kehrten knapp ein Jahr später nach Barcelona zurück, um am unseligen Mai 1937 teilzunehmen. Der Strudel der Ereignisse trieb sie an die Seite der *Amigos de Durruti*. Die Nacht vom 3. auf den 4. Mai verbrachten sie hinter der großen Barrikade auf der Rambla de las Flores. Drei Tage später, nachdem die anarchistischen Minister Federica Montseny und García Oliver im Radio zur Einstellung der Barrikadenkämpfe aufgerufen hatten, wussten sie, dass alles vorbei war. „Mit Wut, Scham und Aufruhrgelüsten zerrissen zahlreiche Mitglieder der FAI und CNT ihre Ausweise und warfen sie in die Feuerstellen hinter den Barrikaden, über denen an vielen Orten noch die Suppe warm gehalten wurde", schrieben sie später in ihren Memoiren. Sie fanden vorübergehend Zuflucht in der Wohnung einer befreundeten deutschen Jüdin, Margot, die im Carrer Muntaner wohnte. Bald wurden die beiden jedoch verhaftet und sechs Wochen lang in eines der privaten Gefängnisse der Stalinisten gesperrt. Ihre neue – nun geheime – Unterkunft befand sich in dieser Zeit im Portal del' Àngel im Haus eines Grafen, das als Kerker für Revolutionäre eingerichtet worden war.

Vor ihrem Tod kehrte Clara in Begleitung des hochbetagten Agustín Souchy nach Spanien zurück, um diese denkwürdigen Orte noch einmal zu besuchen. Als Zeugnis dieser Reise ist ein sehr aufschlussreicher Film erhalten geblieben, *Die lange Hoffnung*.

Mehr als ein halbes Jahrhundert war nötig, bis die Verbrechen, die von der heiligen konterrevolutionären Allianz Hitler–Stalin in Spanien verübt worden waren, zähneknirschend zugegeben wurden. Wie viel Zeit muss noch verstreichen, bis die Verbrechen der modernen totalitären Demokratie enthüllt werden?

JAIME ABSINTIA

BARRIKADE DER AMIGOS DE DURRUTI AUF LA RAMBLA

Barrikade auf der Rambla, Ecke Hospital

Im März 1937 entschieden rund hundert in Gelsa stationierte Milizionäre der Kolonne Durruti nach monatelangen, teils extrem heftigen Debatten über den Militarisierungserlass, dass sie auf keinen Fall bereit waren, Soldaten zu werden, und verließen die Front zusammen mit ihren Waffen. Nach ihrer Ankunft in Barcelona schlossen sie sich den Anarchisten an, die für die Sozialisierung der Wirtschaft kämpften und die Zusammenarbeit der CNT-FAI mit den Institutionen des republikanischen Staats stark kritisierten. Aus dem Zusammenschluss dieser kritischen freiheitlichen Tendenzen entstand die Gruppierung *Los Amigos de Durruti*.

Barrikade im Carrer Tigre

Die Gruppe richtete ihren Sitz in einer requirierten Wohnung an der Rambla, Ecke Carrer Hospital (Rambla de les Flors 1) ein. Vor den Ereignissen im Mai 37 hatten die *Amigos de Durruti* bereits rund 5000 Mitgliederausweise ausgestellt und zwei voll besuchte öffentliche Versammlungen in den Theatern Poliorama und Goya abgehalten. Ende April hatten sie die Häuserwände und Bäume der Rambla mit einem Plakat beklebt, auf dem ihr revolutionäres Programm zu lesen war, das unter anderem die Bildung eines Revolutionsrats vorsah, der die Regierung der Generalitat ersetzen sollte.

Im Namen der Erfordernisse des Kriegs und der öffentlichen Ordnung und um eine Zuspitzung der Auseinandersetzungen zwischen den verschiedenen politischen Fraktionen zu vermeiden, hatte die Regierung der Generalitat die Feiern zum Ersten Mai verboten. „Krieg an der Front. Arbeit in der Nachhut“, lautete die Parole.

Am 3. Mai, kurz vor 15 Uhr, drang dann eine Abordnung der Guardia de Asalto in das Gebäude der Telefongesellschaft an der Plaça de Catalunya ein, um die Arbeiter der CNT zu vertreiben, die das Gebäude am 19. Juli mit Durruti an der Spitze besetzt hatten. Nach ersten Momenten der Ungewissheit belehrte das im letzten Stock angebrachte Maschinengewehr die Sturmgarden jedoch eines Besseren und zwang sie dazu, das Gebäude wieder zu verlassen. Die in der Telefongesellschaft versammelten CNTler alarmierten darauf die Verteidigungskomitees der Stadtteile, und diese fingen auf der Stelle an, Barrikaden zu errichten, ohne zuvor die Führungskomitees der CNT befragt zu haben. Kurz darauf war die Stadt in ihren Händen. Die einzige Ausnahme bildeten einige Gebäude im Stadtzentrum, das aufgrund des ständigen Schusswechsels und des spontanen Generalstreiks der Arbeiterschaft Barcelonas wie leer gefegt war.

Hinter den einen Barrikaden standen die Arbeiter, in der immensen Mehrheit CNT-Mitglieder. Hinter den anderen hatten sich die Sicherheitskräfte der Generalitat, Mitglieder der katalanistischen Parteien ERC und Estat Català sowie die Stalinisten der UGT und des PSUC verschanzt. Die Gruppe *Los Amigos de Durruti* zählte rund 400 bewaffnete Männer und Frauen, darunter die bereits erwähnten Milizionäre der Kolonne Durruti sowie eine beträchtliche Gruppe von Bergarbeitern aus Sallent und Cardona. *Los Amigos de Durruti* waren die aktivsten Kämpfer und beherrschten die Rambla und den gesamten Carrer Hospital. An der Ecke Rambla/Carrer Hospital hatten sie unter einem riesigen Porträt Durrutis, das an der Fassade des Hauses hing, in dem sie ihren Sitz hatten, eine Barrikade errichtet, die ihnen als Operationszentrum diente. Da sie den gesamten Carrer Hospital kontrollierten, hatten sie eine direkte Verbindung mit dem Verteidigungskomitee der Innenstadt im Piaristenkolleg an der Ronda Sant Pau und von dort mit der Kreuzung zur Straße Sant Pau, die rund vierzig Milizionäre der Kolonne Rojinegra besetzt hielten. Diese Milizionäre waren als „Spähtrupp" nach Barcelona weitergezogen, nachdem die nach Barcelona aufgebrochenen Kolonnen Rojinegra (CNT) und Lenin (POUM) sich den Druckmaßnahmen von oben gebeugt hatten und wieder an die Front zurückgekehrt waren.

Unterdessen verteilten die *Amigos de Durruti* ein Flugblatt an den Barrikaden, in dem sie die sofortige Konstituierung eines Revolutionsrats, die Füsilierung der politischen Verantwortlichen für den Sturm auf die Telefongesellschaft, die Auflösung der in die Provokation verwickelten politischen Parteien, die Entwaffnung der bewaffneten Korps und die vollständige Sozialisierung der Wirtschaft forderten.

Die konterrevolutionäre Bastion des Stadtzentrums hätte einem entschlossenen Angriff der Arbeiterschaft Barcelonas nicht standhalten können, wie Josep Rebull dem Exekutivkomitee des POUM mit Hilfe eines Stadtplans nachdrücklich bewies. Aber die Radioansprachen der anarchistischen Minister hatten einen gewaltigen Demobilisierungseffekt. Es gab zwar einige, die anfangs auf die Radios schossen, aus denen die Aufrufe zur Einstellung der Kampfhandlungen ertönten, nachdem jedoch García Oliver erklärt hatte, dass man die toten Polizisten küssen müsste, da sie antifaschistische Brüder seien, machte sich die Demoralisierung breit und die anarchistischen Kämpfer gaben nach und nach die Barrikaden auf.

Die Bürokraten der CNT, die Stalinisten und die katalanistische Bourgeoisie im durch Kanonen geschützten Palast der Generalitat taten darauf das Einzige, was sie tun konnten: eine Regierungsumbildung mit neuen Namen, aber gleichen Inhalten. Die Führer des POUM trafen sich mit dem Regionalkomitee der CNT und baten dieses um – Umsicht! An den Barrikaden entstanden Verteidigungskomitees der Revolution, denen es jedoch nicht gelang, die Bildung eines Revolutionsrats zu verwirklichen.

Balius, der Theoretiker der *Amigos de Durruti*, der unter einer fortschreitenden Hirnentzündung litt, die sich in der Lähmung des linken Beins sowie in einer Verkrümmung und einem unkontrollierten Zittern des linken Arms manifestierte, verlas unterdessen von der Barrikade an der Rambla/Hospital auf Krücken gestützt einen Aufruf an das europäische Proletariat – insbesondere an das französische – zur revolutionären Solidarität mit dem Kampf der spanischen Arbeiterklasse.

4 Als die Nachricht bekannt wurde, dass ein Truppenkontingent aus Valencia zur Befriedung Barcelonas im Anmarsch sei, schlug Balius die Bildung einer anarchistischen Kolonne vor, die ihm entgegenmarschieren sollte. Er ging davon aus, dass die in Barcelona gebildete Kolonne unterwegs anwachsen und sich ihr außerdem zahlreiche Milizionäre der Front von Aragonien anschließen würden. Auf diese Weise könnte man bis nach Valencia vorstoßen und danach die Regierung der Republik stürzen, die in diese Stadt umgezogen war. Es wurden zwar Kommissionen gebildet, um die Militanten in den Gewerkschaften und auf den Straßen über den Vorschlag zu befragen, die Initiative verlief jedoch im Sand. Am 7. verteilte die Gruppe ein zweites Flugblatt, in dem sie die CNT-Bürokratie, die mit ihrem Aufruf zur Feuereinstellung das Proletariat Barcelonas demobilisiert hatte, des Verrats bezichtigte.

Am Samstag, dem 8. Mai, zogen die Truppen aus Valencia über die Diagonal und den Passeig de Gràcia in die Stadt. Wenige Tage später waren nur noch die Barrikaden des PSUC zu sehen. In Barcelona herrschte wieder Ordnung. Auf den Straßen tauchten die Leichen von Camillo Berneri, Alfredo Martínez und zahlreichen anderen auf, die von den Stalinisten gefoltert und exekutiert worden waren. Die Führungskomitees der CNT-FAI verlangten den Ausschluss der *Amigos de Durruti*, die jeweiligen Gewerkschaftsversammlungen kamen der Forderung jedoch nicht nach.

Am 19. Mai erschien die erste Ausgabe der Zeitung *El Amigo del Pueblo*, die als Organ der *Amigos de Durruti* fungierte und von der Zensur um ein Drittel gekürzt worden war. Die am 26. Mai erschienene zweite Nummer wurde deshalb im Untergrund vertrieben. Am 28. Mai schlossen die republikanischen Behörden die Geschäftsräume der Gruppe an der Rambla/Carrer del Hospital und sperrten Balius ein, da er in einem Artikel die neue Regierung Negrín kritisiert hatte. Am 16. Juni wurde Nin und der Rest des Exekutivkomitees des POUM verhaftet und der POUM verboten. Nin wurde verschleppt, in einer stalinistischen Tscheka in Alcalá de Henares gefoltert, im Auftrag von Orlow und Gerö ermordet und um den 24. Juni 1937 in der Kurve einer Landstraße tot aufgefunden. Die Ordnung herrschte nun in ganz Spanien, sowohl im franquistischen als auch im republikanischen.

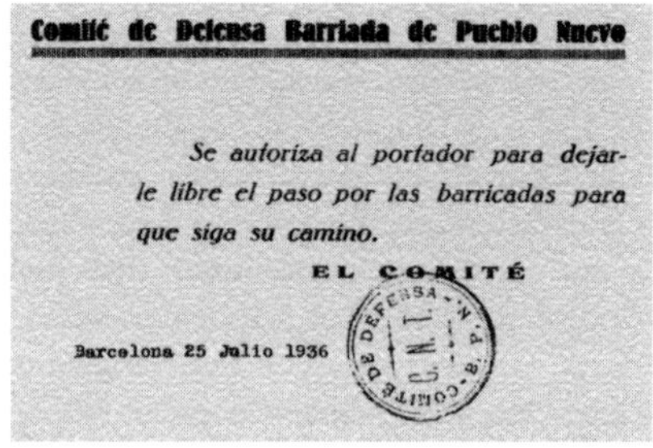

Comité de Defensa Barriada de Pueblo Nuevo

Se autoriza al portador para dejarle libre el paso por las barricadas para que siga su camino.

EL COMITÉ

Barcelona 25 Julio 1936

1938 lagen die Revolutionäre entweder unter der Erde oder saßen im Gefängnis oder waren im Untergrund. Die Nationalkomitees von CNT und der FAI lagen sich in den Haaren, da sie sich nicht einig wurden, wie man am besten weiter mit den Institutionen des republikanischen Staates zusammenarbeiten sollte. In den Gefängnissen saßen nun schon rund 15.000 antifaschistische Gefangene. Der Hunger, die Bombardierungen und die stalinistische Repression beherrschten Barcelona. Die Revolution wurde also nicht im Januar 1939 von Franco zerschlagen, das hatte bereits die Republik viele Monate zuvor erledigt.

AGUSTÍN GUILLAMÓN

DAS OPERNHAUS LICEU

La Rambla – Carrer de Sant Pau

Ein rund dreißig Jahre junger Mann in zerschlissenem Anzug und mit einer Kappe auf dem Kopf blieb gegenüber dem Opernhaus Liceu stehen. Er war nicht allein: zahlreiche Menschen hatten sich an dieser Stelle der Rambla versammelt, um dem hektischen Treiben vor dem Haupteingang des Gebäudes zuzuschauen. Zwei Uniformierte versuchten ein wenig Ordnung ins Chaos zu bringen. Nacheinander fuhren elegante Kutschen heran, vor die feurige Rösser gespannt waren. Aus den Prachtkarossen entstiegen elegant gekleidete Männer und Frauen. An diesem Abend des 7. November 1893 gab sich die vornehme Gesellschaft Barcelonas ein Stelldichein, um der Aufführung des Wilhelm Tell von Rossini beizuwohnen, mit dem die Opernsaison eröffnet wurde.

Den Anblick dieses deprimierenden Schauspiels leid, schlüpfte der junge Mann, die Hände in die außergewöhnlich aufgeblähten Hosentaschen gesteckt, zwischen den wartenden Kutschen hindurch und ging in die Seitenstraße, in der sich der Eingang zu den oberen Etagen des Theaters befand. Er hatte sein letztes Geld ausgegeben, um eine Eintrittskarte zu erwerben, und er wollte sich einen guten Stehplatz in der fünften Etage, der billigsten, sichern.

Langsam stieg er in einem Schwarm von mehrheitlich genauso armselig wie er gekleideten Menschen die steilen Treppen bis zum fünften Rang empor. Oben angekommen, waren die besten Plätze an der Balustrade über den Parkettsitzen bereits besetzt. Er suchte sich einen unscheinbaren Platz an einer Ecke und schaute zu, wie sich nach und nach das Parkett und die Logen der unteren Ränge füllten.

Zeichnung von Lluís Pellicer, aus »L'Esquella de la Tortaza«

Es fehlten nur noch wenige Minuten bis zum Beginn der Ouvertüre, und das Opernhaus war schon fast voll. Der junge Mann warf kritische Blicke auf das luxuriöse Interieur und die Eleganz, die von ihm ausging. Schließlich war das Theater bis auf den letzten seiner 3600 Plätze besetzt, wie fast immer bei Saisoneröffnung.

5 Das vielstimmige Gemurmel wurde von einem beeindruckten Schweigen abgelöst, als das Orchester die ersten Takte anstimmte. Kurz darauf hob sich der Vorhang und die Vorstellung begann. Der junge Mann schien das Geschehen auf der Bühne aufmerksam zu verfolgen. Es war von seiner Höhe aus zwar nur schwer zu erkennen, die Musik und die kräftigen Stimmen der Sänger waren dagegen deutlich zu hören. Sein Gesicht hatte sich zu einer nachdenklichen Miene verzogen, und manchmal schweifte sein Blick ziellos über das Parkett, um danach langsam zu einem unbestimmten Punkt im fünften Rang zurückzukehren.

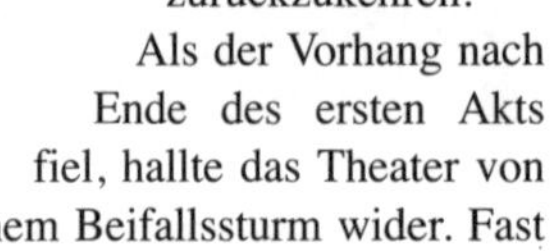

Orsini-Bombe

Als der Vorhang nach Ende des ersten Akts fiel, hallte das Theater von einem Beifallssturm wider. Fast alle Zuschauer des fünften Rangs verließen ihre Plätze, um im Gang zu rauchen und sich über das Werk zu unterhalten. Auch im Parkett und in den Logen herrschte großes Hin und Her. Der junge Mann nutzte die Gelegenheit, um einen Platz in der Mitte der Galerie zu besetzen, der ihm einen besseren Blick auf die Bühne und das Parkett bot. Wenige Minuten später kündete ein Klingelzeichen den Beginn des zweiten Akts an, und die Zuschauer kehrten zu ihren Plätzen zurück.

Kaum waren die ersten Takte des zweiten Akts erklungen, steckte der junge Mann seine Hände in die Hosentaschen und zog zwei merkwürdige Metallkugeln heraus, die er ungesehen nach unten fallen ließ. Einen Augenblick später übertönte eine heftige Explosion die Musik und das Parkett füllte sich mit einer dichten Rauchwolke, aus der zahllose Schmerzensschreie ertönten, während sich in den Sitzreihen Panik ausbreitete. Die erste Orsini-Bombe war explodiert, die zweite war dagegen auf den Körper einer durch die erste Explosion getöteten Frau gefallen, wodurch der Aufprall abgedämpft wurde und die Bombe nicht losging. Obwohl die Tragödie dadurch etwas gemildert wurde, kamen 21 Menschen um und mehr als dreißig wurden verletzt. Santiago Salvador, der Urheber des Anschlags, nutzte die Verwirrung des ersten Augenblicks, um zunächst unerkannt zu entkommen. An seiner Stelle wurden jedoch zwei bekannte Anarchisten verhaftet, die sich ebenfalls im Opernhaus aufhielten. Nach diesem Vorfall begann eine fürchterliche Jagd auf Anarchisten, die zu zahlreichen Kerkerstrafen und einigen Hinrichtungen führte, obwohl keiner der Betroffenen etwas mit dem Vorfall zu tun gehabt hatte.

PACO MADRID

6

MUJERES LIBRES

Carrer de la Unió 7

Um zu verstehen, was eine Gruppe von anarchistischen Frauen dazu gebracht hatte, eine eigene Organisation zu gründen, die von der CNT, FAI und den *Juventudes Libertarias* unabhängig war, müssen wir einen kurzen Blick auf die Gesellschaft Ende des 19., Anfang des 20. Jahrhunderts werfen.

Innerhalb des spanischen Anarchismus gab es zwei Tendenzen in Bezug auf die Rolle der Frauen: Einerseits die Anhänger der Vorstellungen Proudhons, der die Rolle der Frau als Gebärerin und als Hausfrau aufrecht erhalten wollte und ihr nur einen zweitrangigen Platz bei den politischen und sozialen Tätigkeiten einräumte. Andererseits die Verfechter der Theorie Bakunins, der erklärt hatte, dass die Frauen den Männern ebenbürtig seien und sich für ihre Emanzipation sowohl in den Produktionsprozess als auch in den Kampforganisationen gegen das Kapital integrieren müssten.

Die Vorgängerorganisationen der CNT folgten ab 1872 offiziell dem Ansatz Bakunins und propagierten die Gleichberechtigung von Mann und Frau. Obwohl die Frauen von nun an formell an den Kämpfen um diese Gleichberechtigung teilnahmen, änderte sich in der Praxis jedoch nichts an ihrer Lage: In den Gewerkschaften spielten sie weiterhin eine untergeordnete Rolle und zu Hause waren sie die „Dienerinnen" ihrer *compañeros* und kümmerten sich um die Kinder und den Haushalt.

Im ersten Drittel des 20. Jahrhunderts wurden dann einige Fortschritte für die Frauen erkämpft, aber erst in der Revolution zwischen 1936 und 1939 konnten sie sich einen annähernd gleichberechtigten Platz im öffentlichen Raum, in den Gewerkschaften, Fabriken und Betrieben erobern.

Der Kampf um die Gleichberechtigung und die Notwendigkeit, sich sowohl kulturell als auch sozial auf die Revolution und die Schaffung einer neuen freien, egalitären und gerechten Gesellschaft ohne Ausbeuter und Ausgebeutete vorzubereiten, veranlasste schließlich eine Reihe von libertären Frauen, sich in einer eigenen Gruppe zu organisieren.

Ende 1934 entstand in Barcelona zunächst die Vereinigung *Grupo Cultural Femenino* (Frauen-Kulturgruppe) der CNT mit dem Ziel, die Frauen in der libertären Bewegung dazu anzuregen, sich als bewusste Arbeiterinnen zu begreifen und als solche aktiv an den sozialen und gewerkschaftlichen Bewegungen teilzunehmen. Anfang 1936 wurde eine Kundgebung im Theater Olimpia in Barcelona veranstaltet, auf der die Standpunkte der Gruppe zur Verteidigung der Rechte der Frau vorgestellt wurden. Fast zeitgleich mit dem *Grupo Cultural Femenino* war in Madrid die Gruppe *Mujeres Libres* (Freie Frauen) gegründet worden, die ähnliche Ziele postulierte. Aus dem Zusammenschluss zwischen diesen beiden Gruppen entstand dann die *Agrupación Mujeres Libres* (Zusammenschluss Freier Frauen).

Im April 1936 erschien die erste Nummer der Zeitschrift *Mujeres Libres*, in der Lucía Sánchez Saornil, Mercedes Comaposada und Amparo Poch y Gascón besonders aktiv waren. Lucía Sánchez hatte bereits zahlreiche Artikel in *Solidaridad Obrera* veröffentlicht, in der sie die Unterdrückung der Frauen scharf kritisiert hatte. Sie war sich darüber bewusst, dass einige Probleme der proletarischen Frau in der bürgerlichen Gesellschaft ihrer Lage als Frau zuzuschreiben waren und sich von den Problemen der männlichen Proletarier unterschieden, weshalb sie besondere Lösungen erforderten, die über die reine Lösung des Klassenproblems hinausgingen. Deshalb gründeten sie und ihre Genossinnen die Gruppe *Mujeres Libres* als eine Frauenorganisation, die sich zum Ziel gesetzt hatte, gegen die dreifache Sklaverei anzukämpfen, der die Frauen ausgesetzt waren: der Sklaverei der Unwissenheit, des Frauendaseins und der Lohnarbeiterin, wie es in ihren Statuten heißt, die im September 1937 in Valencia verabschiedet wurden.

Aufgrund der doppelten Unterdrückung der Frau mussten sie einen doppelten Kampf führen: „Einerseits muss die Frau für eine libertäre Gesellschaft kämpfen, das heißt, die Abschaffung des kapitalistischen Systems erreichen. Diese Revolution muss zusammen mit dem Mann durchgeführt werden. Andererseits ist die Frau jedoch auch dazu verpflichtet, ihre innere Freiheit zu erreichen und die Anerkennung ihrer Gleichwertigkeit und Gleichberechtigung zu erkämpfen. Dieser Kampf, den die Frau allein auszutragen hat, ist besonders schwierig, da sich der Feind in ihrem eigenen Lager befindet.“ Die Frauen waren also gleichzeitig in zwei Organisationen aktiv: bei den *Mujeres Libres* und den jeweiligen Gewerkschaftssektionen der CNT.

In der Organisation waren zwischen April 1936 und Februar 1939 bis zu 20.000 Frauen aus ganz Spanien engagiert. Sie schufen Berufsschulen für Frauen und Bildungsinstitute, in denen Frauen Allgemeinbildung oder technische Fertigkeiten vermittelt wurden. Darüber hinaus wurden zahlreiche Kurse für Frauen erteilt, unter anderem über Krankenpflege und Kinderfürsorge.

Zahlreiche Frauen waren jedoch anfänglich wenig geneigt, sich einer ausschließlich aus Frauen bestehenden Gruppe anzuschließen. Dies war auch bei Sara Berenguer aus Poble Sec der Fall. In ihrem Buch *Entre el sol y la tormenta. Trenta y dos meses de guerra* (Zwischen Sonne und Sturm. Zweiunddreißig Monate Krieg) berichtet sie: „Im Lokal der *Juventudes Libertarias* hatten die *Mujeres Libres* seit einiger Zeit ein eigenes Büro. Anfangs hatte ich nicht das geringste Interesse an ihren kulturellen und agitatorischen Aktivitäten. Diese Genossinnen waren gleichzeitig Mitglieder der *Juventudes Libertarias* und des Athenäums. Am Eingang zum Lokal waren zwei Wandzeitungen angebracht, eine für die *Juventudes Libertarias,* die andere für *Mujeres Libres*. Als ich eines Morgens das Lokal betrat, lasen gerade einige Jugendliche ein Plakat, in dem zu einem Vortrag für Jugendliche aufgerufen wurde, der an diesem Vormittag von Conchita Guillén, der Delegierten der Lokalföderation der *Mujeres Libres*, gehalten werden sollte. Als sie lasen, dass die Rednerin eine Frau war, machten sie sich über die Frauen und ihre Aufgaben lustig. Ich war darüber empört. Mussten wir denn nicht zusammen kämpfen, um die Revolution zu gewinnen, die beiden Geschlechtern die Freiheit bringen sollte? Während der Diskussion nach dem Vortrag erhoben einige junge Genossen ziemlich verächtliche Einwände gegen die Argumente der Rednerin …“ Sara Berenguer verteidigte die Vortragsrednerin leidenschaftlich und schloss sich nach dieser Erfahrung den *Mujeres Libres* an.

PILAR MOLINA BENEYTO

7

KATI HORNA
(Katalina Blau, Budapest 1912 – Mexiko-Stadt 2000)

Carrer de la Unió 19, Hochparterre (Redaktionsräume von *Tierra y Libertad* und *Tiempos Nuevos*)

Die ungarische Fotografin Katalina Blau traf Ende Januar 1937 mit ihrer Kamera Rolleiflex 6x6 cm und dem Auftrag in Barcelona ein, den Krieg auf dem spanischen Territorium zu fotografieren und die Aufnahmen nach Paris zu schicken, damit sie von den internationalen Unterstützungsorganisationen der spanischen Republik verbreitet werden konnten. Sie ließ sich in einem Gebäude der Via Laietana ganz in der Nähe des CNT-Sitzes nieder und beschaffte sich den Mitgliedsausweis der CNT. Ab diesem Zeitpunkt machte sie auch Fotoreportagen für das Komitee für Auslandspropaganda sowie für anarchistische Publikationen wie *Libre Studio, Tierra y Libertad, Tiempos Nuevos, Umbral* und *Mujeres Libres*.

Die Fotografin war so tief von der eigentümlichen Architektur der katalanischen Hauptstadt beeindruckt, dass ihre ersten Aufnahmen architektonische und menschliche Aspekte der Stadt über Fotomontagen miteinander verbanden. Die neogotische Kathedrale, die Markthallen La Concepció, El Ninot und La Boquería, die einzigartigen Plätze mit ihren Brunnen und fliegenden Händlern, die pittoresken Straßen einer lebendigen Stadt in permanenter Bewegung wurden von dieser genialen Fotoreporterin auf einzigartige Weise auf Zelluloid gebannt. Diese ersten Aufnahmen Barcelonas spiegeln den Frieden und die Harmonie des republikanischen Barcelonas Anfang 1937 wider.

Treppe der Kathedrale von Barcelona, Fotomontage von Kati Horna

Von Barcelona aus fuhr sie an die Front von Aragonien und danach in andere republikanische Enklaven. Als sie im März 1938 nach Barcelona zurückkehrte, fand sie eine vollkommen veränderte Stadt vor. Die Aufnahmen von bombardierten Gebäuden, zerstörten Straßen und Plätzen sind ein deutlicher Beweis dafür. Kati Horna war eine ausgesprochen engagierte Frau, was ihre Aufnahmen von politischen Veranstaltungen, Flüchtlingsheimen, Krankenhäusern und anderen öffentlichen Gesundheitszentren belegen, die wertvolle Zeitdokumente der Revolution in Barcelona sind.

Im April 1938 fuhr Kati Horna nach Paris, um die für die Reise ins mexikanische Exil nötigen Formalitäten abzuwickeln. In Mexiko machte sie dann eine beispielhafte Karriere als Fotoreporterin und Lehrerin für Fotografie. 1940 nahm sie die mexikanische Staatsbürgerschaft an und kehrte nie mehr nach Europa zurück.

CONCHITA BADOS

8

TERESA CLARAMUNT UND DIE AUTONOME FRAUENGESELLSCHAFT BARCELONA

Carrer de Sant Pau 31

1889 bündelten drei Frauen, die Anarchistin Teresa Claramunt, die Spiritistin Amalia Domingo Soler und die Freimaurerin Ángeles López de Ayala ihre Kräfte, um die Autonome Frauengesellschaft Barcelona zu gründen. Die Organisation veröffentlichte mehrere Bücher und Broschüren und veranstaltete in ihren Geschäftsräumen, die sich zunächst im Carrer Cadena und danach im Carrer Ferlandina 20 befanden, zahlreiche Vorträge und Debatten über die Lage der Frau und die Möglichkeiten zu ihrer Befreiung. Außerdem riefen sie Projekte ins Leben, die mittellosen Frauen Fortbildungsmöglichkeiten, Arbeit und Unterkunft boten. Das vielleicht wichtigste dieser Projekte war die Gründung einer konfessionslosen Abendschule für Arbeiterfrauen, das *Fomento de la Instrucción Libre* im Carrer Sant Pau, wo Kurse durchgeführt wurden, die für alle Organisationsmitglieder umsonst waren.

Teresa Claramunt war eine zentrale Figur in der Entwicklung des katalanischen Anarchismus. Sie wurde 1862 in Sabadell geboren und musste von Kind an in Textilfabriken ihrer Heimatstadt arbeiten. 1884 gründete sie in Solidarität mit 16 Weberinnen, die sich in einem kleinen Ort des Landkreises Anoia gewerkschaftlich organisiert hatten und dafür bestraft worden waren, eine Sektion unterschiedlicher Gewerbe von anarcho-kollektivistischen Arbeiterinnen. Die Alphabetisierungskurse für Arbeiterinnen waren eine der wichtigsten unter den zahlreichen Initiativen, die von dieser Gruppierung ausgingen. Die Kurse fanden in den späten Abendstunden oder Sonntagnachmittags in den Wohnungen der Kursteilnehmerinnen statt.

Nach ihrem Umzug nach Barcelona und der Gründung der Autonomen Frauengesellschaft Barcelona schuf sie den Arbeiterinnenverband Barcelona, der am 25. April 1891 im Teatro-Circo Barcelona der Öffentlichkeit vorgestellt wurde.

Die unermüdliche Essayistin und Mitarbeiterin in zahlreichen anarchistischen Zeitschriften war nicht nur die Autorin eines in der damaligen Zeit weit beachteten Buchs über die Lage der Frauen, sondern auch die Verfasserin eines Theaterstücks, das im März 1896 in einem Zirkustheater uraufgeführt wurde. Von der Furcht besessen, dass das Stück Tumulte auslösen könnte, ließen die Behörden das Gebäude von der Guardia Civil umstellen.

Nach dem Anschlag im Liceu 1893 und nach einem Attentat auf eine Prozession im Jahr 1896 wurde Teresa Claramunt zusammen mit zahlreichen anderen Anarchisten der Stadt verhaftet. Einer der Verhafteten, Sebastiá Sunyer, erlangte im Rahmen des berüchtigten Montjuïc-Prozesses eine traurige Berühmtheit, als bekannt wurde, dass man ihm im Verlies Zero die Hoden mit einer Gitarrensaite abgeschnitten hatte. Angesichts des Skandals, den die unter Folterungen erzwungenen Geständnisse ausgelöst hatten, setzten die Behörden ein Gnadengesuch im Namen der Gefangenen auf, in dem diese ihre Mitgliedschaft in anarchistischen Gruppierungen abstreiten sollten, um aus der

8

Haft entlassen werden zu können. Rund zwanzig der Gefangenen ließen sich auf diesen Kuhhandel ein, Teresa Claramunt und andere führende Anarchisten wiesen das Anliegen dagegen empört zurück.

Nach der Blutigen Woche wurde sie erneut verhaftet und nach Saragossa verbannt. Nach dem Generalstreik 1911 wurde sie wieder festgenommen. Dieses Mal wurde sie zu einer dreijährigen Haftstrafe verurteilt. Während der Haft traten dann die ersten Symptome einer progressiven Lähmung auf, die sie in den letzten Jahren ihres Lebens begleiten sollten. Sie starb schließlich 1931 kurz vor der Ausrufung der Republik. Zu diesem Zeitpunkt war sie jedoch schon eine Legende, wie die Teilnahme von 50.000 Menschen am Beerdigungsumzug durch Barcelona bewies.

ABEL REBOLLO

9

SALVADOR SEGUÍ (1887–1923)

Rambla del Raval, Ecke Sant Rafael

Salvador Seguí Rubinar war zweifellos der populärste katalanische Anarchosyndikalist seiner Zeit und wurde noch weit über seinen Tod hinaus als Volksheld gefeiert.

Seguí wurde 1887 in Lleida geboren. Als er ein Jahr alt war, siedelten seine Eltern jedoch ins Barrio Chino um. In Barcelona verkaufte er als Kind Bonbons in Bars, Cafés und Varietétheatern, während seine Mutter in den Theatern des Paral.lel Blumen feilbot. Jahre später wurde er in einem jener Kaffeehaustische in der Bar del Centro an der Rambla oder im Café Español als der einstige Bonbonverkäufer wiedererkannt, weshalb sich nach und nach unter seinen Stammtischgenossen der Spitzname „Zuckerjunge" einbürgerte.

Als Jugendlicher fand Seguí eine Lehrstelle bei einem Malermeister im Carrer Lancaster. Ihm gefiel offenbar jedoch weder der Meister noch die Arbeit, denn er wechselte in den nächsten Jahren häufig die Stellung.

Von den Arbeitervereinen und allem, was diese umgab, war er schon seit frühester Jugend begeistert. Er verschlang alle Broschüren, die ihm in die Hände fielen, war ein reger Besucher der öffentlichen Veranstaltungen und trieb sich in den oben erwähnten Kaffeehäusern oder auch in den viel trüberen Bars im Rotlichtviertel herum, um den Debatten zuzuhören. Bald ergriff er selbst das Wort in den Diskussionen, wobei er durch die ausgesprochene Klarheit bestach, mit der er seine Argumente vortrug. Im Alter von nur 17 Jahren hielt er seine erste öffentliche Rede auf einer Protestveranstaltung gegen die Ausweisung mehrerer spanischer Anarchisten aus Argentinien. Die harten Worte des 17-Jährigen machten damals schon Furore in den politischen Kreisen der Stadt.

Seguí war so von den Stammtischen begeistert, dass er seinen eigenen gründete: *Los hijos de puta* (Die Hurensöhne). Unter den Stammtischgenossen befand sich auch Joan Rull, ein Agent provocateur, der in mehrere Bombenanschläge verwickelt war und einige Jahre später auf dem Montjuïc füsiliert wurde.

Als 1907 bei Tumulten nach einer Veranstaltung im Theater Condal ein Anhänger von Lerroux umkam, wurde Seguí zum ersten Mal verhaftet. Bei dieser ersten Verhaftung, der zahllose andere folgen sollten, verbrachte er neun Monate im Gefängnis.

Kurz nach seiner Freilassung nahm er am Gründungskongress der *Solidaridad Obrera* teil. 1911 war er auch als Delegierter beim ersten Kongress der CNT zugegen.

Wie so viele andere Anarchosyndikalisten Barcelonas war Seguí ein Autodidakt, dessen Bildungszentren das Ateneu Enciclopèdic Popular, das Café Español und das Gefängnis Modelo waren.

1915 wurde Seguí zum Generalsekretär der Bauarbeitergewerkschaft der CNT und ein Jahr später zum Sekretär des Gewerkschaftlichen Athenäums gewählt. Tatsächlich war er zu dieser Zeit bereits der bekannteste Führer der CNT und ein unersetzlicher Versammlungsredner.

Nach dem beeindruckenden Sieg der CNT beim Streik in *La Canadiense* setzte der Unternehmerverband mit der Gründung der Bürgerwehr Somatén und der Gelben Gewerkschaft auf eine Verschärfung der Gewaltspirale. Konspirationen

Ermordung von Salvador Seguí,
Zeichnung von Opisso
in »La Campana de Gràcia«

standen von nun an auf der Tagesordnung und der überzeugte Syndikalist Seguí geriet dadurch in die vorderste Schusslinie. Er wurde jedoch auch in den eigenen Kreisen angefeindet, nachdem das Gerücht entstanden war, dass er ein Spitzel sei, weshalb sein Ausschluss aus der Organisation gefordert worden war. In einer epischen, mehr als 12 Stunden langen Rede widerlegte der „Zuckerjunge" eine Anschuldigung nach der anderen, bis alle Zweifel an seiner Aufrichtigkeit ausgeräumt waren.

Die tatsächliche Gefahr drohte jedoch von der anderen Seite. Nachdem er mehreren Anschlägen entgangen war, erwischten ihn die bezahlten Killer der Gelben Gewerkschaft schließlich am 10. März 1923 an der Ecke zwischen Carrer Cadena und Sant Rafael.

Im September 1923 wurde in einem Madrider Arbeiterverlag der von Seguí geschriebene Roman *Escuela de Rebeldía* (Schule der Rebellion) veröffentlicht. Die Hauptfigur des Romans wurde nur zwei Straßenecken weiter ermordet. Es war ganz so, als ob Seguí sein Ende vorausgeahnt hätte.

MANEL AISA

10

EL LOKAL

Carrer de la Cera 1 bis

Wie schon an anderer Stelle erwähnt, verloren die freiheitlichen Athenäen Barcelonas ab der zweiten Hälfte der 1980er Jahre zunehmend an Bedeutung. In diesem Zusammenhang setzte eine Gruppe von Aktivisten des Libertären Athenäums von Poble Sec auf die Schaffung eines neuen Raums, das dem gegenkulturellen Austausch und der Förderung neuer subversiver Tendenzen dienen sollte.

Aus ökonomischen und politischen Gründen entschieden sich die Aktivisten für eine Ladenwohnung in einer heruntergekommenen Gasse des Barrio Chino, und zwar im Carrer de la Cera, der legendären Hochburg der katalanischen Zigeuner.

Unter der amtlichen Bezeichnung Kulturvereinigung El Raval öffnete El Lokal im Oktober 1987 seine Tore. Anfangs als Buchladen-Kneipe konzipiert, verwandelte sich El Lokal nach kurzer Zeit in den „Infoladen" per se der Stadt, der außerdem einigen Gruppen als Treffpunkt diente. Bald wurden die Räumlichkeiten jedoch zu klein, um das wachsende Gegeninformationsmaterial auslegen zu können, weshalb die Kneipe geschlossen und der Buchladen ausgebaut wurde. Gleichzeitig wurde in den Hinterzimmern des Lokals ein alternativer Buch-, Zeitungs- und Musikvertrieb gegründet und das linke Verlagsprojekt Virus gestartet. Beide Projekte haben sich im Laufe der Jahre konsolidiert und mittlerweile eine landesweite Bedeutung erlangt.

El Lokal war jedoch vor Ausbruch der Besetzerbewegung nicht nur die zentrale Anlaufstelle für alle, die Gegeninformationsmaterial suchten und/oder vertreiben

wollten, sondern diente lange Zeit – und zum Teil auch heute noch – bekannten antimilitaristischen, antirassistischen und antifaschistischen Gruppen der Stadt als Sitz und Postadresse. Dass El Lokal weit über die Grenzen Barcelonas hinaus bekannt ist, hat es nicht zuletzt dem Umstand zu verdanken, dass das Kollektiv zur Unterstützung der zapatistischen Rebellion hier seine Geschäftsräume hat.

Obwohl es heute mehrere alternative Buchläden und Vertriebsstellen in der Stadt gibt und manche im Lokal gegründeten Projekte so groß geworden sind, dass sie sich andere Räumlichkeiten gesucht haben (wie zum Beispiel der Verlag Virus, der zwei Straßen weiter gezogen ist), ist El Lokal weiterhin die Hauptvertriebsstelle für linke Literatur und Publikationen im Zentrum der Stadt. Und wie in den Anfängen werden Lokal und Buchladen gemeinsam von den Gruppen getragen, die sie nutzen.

ÒSCAR P. ESPUÑA

DAS HARTE LEBEN UND DER UNSICHTBARE KAMPF DER ARBEITERINNEN INNERHALB UND AUSSERHALB DER FABRIKEN

Carrer Aurora – Riereta

Die Geschichtsschreibung über die sozialen Konflikte in Barcelona oder in anderen Industriestädten hat erhebliche Schwierigkeiten, die Präsenz der Frauen in diesen Kämpfen sichtbar zu machen. Neben den fehlenden Zeugnissen aufgrund der gesellschaftlichen Erniedrigung der Protagonistinnen hat die Standardbenutzung des männlichen Plurals ihrer Anwesenheit in der Geschichte einen linguistischen Riegel vorgeschoben.

Tatsächlich spielten die Frauen aus den Volksklassen Barcelonas eine erhebliche Rolle in zahlreichen Konflikten des 19. und 20. Jahrhunderts. Bei den großen Revolten gegen die Verteuerung der Lebenshaltungskosten oder gegen die Truppenaushebungen zu Kriegszwecken wie auch bei den Kämpfen zur Verbesserung der Lohn- und Arbeitsbedingungen waren zahlreiche Frauen beteiligt. Für diese heute weitgehend unsichtbare, aber in diesen Kämpfen durchaus herausragende Beteiligung gab es genug Gründe, wie ein Blick auf das Leben der Arbeiterinnen in einem Viertel wie dem Raval enthüllt.

Wer das heutige Stadtzentrum Barcelonas mit seinen Touristenschwärmen, Geschäfts- und Vergnügungszentren sieht, kann sich nur schwer vorstellen, dass der heutige Raval mit seinen modernen Museen, Ausstellungssälen, schicken Kneipen und Moderestaurants noch vor hundert Jahren ein reines Industrieviertel war und auch so aussah.

Zwischen Industriebetrieben standen schmucklose, hohe Gebäude, in deren engen feuchten Wohnungen die Arbeiterfamilien dicht gedrängt unter prekären hygienischen Bedingungen zusammenlebten. Stadtteile wie der Raval waren zur neuen Heimat von ehemaligen Bauern geworden, die in die Stadt gezogen waren, um ihre Lebenslage durch die Arbeit in der Industrie zu verbessern, und schließlich feststellen mussten, dass die hohen Lebenshaltungskosten und die geringen Löhne die gesamte Familie in die Lohnarbeit zwangen.

Die Statistiken über die Beschäftigungslage der damaligen Zeit – die nur vom Unternehmerverband anerkannte Tätigkeiten umfassen – verweisen insgesamt auf eine geringere Erwerbsquote der Arbeiterinnen. In der Bekleidungsindustrie und in der Baumwollindustrie stellten die Frauen dagegen eine deutliche Mehrheit. Diese beiden Industriezweige wiesen nicht nur die höchsten Beschäftigungsraten der Stadt auf, sondern auch die schlechtesten Arbeits- und Lohnbedingungen. 1905 waren beispielsweise in der Baumwollindustrie Barcelonas 16.466 Frauen, 5111 Männer, 3195 Mädchen und 2197 Jungen beschäftigt; in der Bekleidungsindustrie beliefen sich die Zahlen auf 10.230 Frauen, 7465 Männer, 2140 Mädchen und 644 Jungen. Beide Industriezweige waren in der Altstadt überdurchschnittlich hoch vertreten.

Obwohl Frauen- und Kinderarbeit aufgrund des vorherrschenden bürgerlichen Prototyps der idealen Familie als Schande galt, war diese sehr weit verbreitet. Der Grund dafür waren die finanziellen Nöte der Volksmassen und die Knauserei der Fabrik- und Werkstattbesitzer, die auf nichts anderes als Maximierung ihrer Gewinne bedacht waren. Die Anstellung von Frauen und Kindern erlaubte den Unternehmern schließlich, die wenigen arbeitsrechtlichen Bestimmungen zu umgehen, die die Gewerkschaften in harten Kämpfen durchgesetzt hatten.

Tatsächlich war die Frauen- und Kinderarbeit weitaus stärker verbreitet, als die Statistiken vermuten lassen, denn die Heimarbeit – die Hauptbeschäftigungsweise von Frauen und Kindern – wurde darin nicht berücksichtigt. Einerseits reagierten die Unternehmer auf Lohnerhöhungen häufig mit der Schließung des Unternehmens und der Auslagerung der Produktion in die proletarischen Heime. Und andererseits war die Heimarbeit für viele Frauen, die durch die Versorgung der Kinder und Alten an die Wohnung gebunden waren, die einzige Möglichkeit, etwas Geld hinzuzuverdienen. Für diese Beschäftigungsweise galten keinerlei Arbeitsschutzbedingungen, und die elende Bezahlung zwang Frauen und Kinder zu endlosen Arbeitstagen.

Im Allgemeinen verdienten die Frauen 40 bis 45% weniger als die Männer, denn die Arbeit einer Frau galt als zweitrangig und auf den Zeitraum beschränkt, bis sich ein Mann ihrer annehmen würde. Tatsächlich gab es jedoch viele Frauen, die allein für ihren Unterhalt und den ihrer Kinder aufzukommen hatten.

Auch die Arbeitszeiten hatten es in sich. 1910 betrug der Arbeitstag in den Werkstätten 11 Stunden, bei der Heimarbeit waren dagegen 15 Stunden oder mehr keine Ausnahme. 1913 wurde in den großen Betrieben täglich zwischen 9 und 10 Stunden gearbeitet, 63% der Arbeit in den Nachtschichten wurden dagegen von Frauen verrichtet. Erst nach jahrelangen harten Kämpfen konnte die Regelarbeitszeit 1919 auf acht Stunden gesenkt werden.

Außerdem waren die Arbeitsbedingungen der Heimarbeiterinnen so ungesund, dass sogar von amtlicher Seite zugegeben wurde, dass sie die gesundheitlichen Schäden, die durch diese Arbeiten ausgelöst wurden, zusätzlich verschärften. Neben zahlreichen Gebärmuttererkrankungen (Menstruationsstörungen, Gebärmuttersenkungen, Fehlgeburten…), die durch stundenlange Tätigkeiten in der gleichen Körperhaltung ausgelöst wurden, waren durch fehlende Lüftung und hohe Feuchtigkeit ausgelöste Lungenerkrankungen wie chronische Bronchitis und Tuberkulose die am weitesten verbreiteten Krankheitsbilder. Dies galt auch für die Industriebetriebe und die Klitschen: Unter den 2500 Arbeiterinnen, die den Statistiken zufolge 1912 an Tuberkulose erkrankt waren, befanden sich 1600 Näherinnen.

Außer der doppelten Ausbeutung, der die Frauen bei der Arbeit und im Haushalt ausgesetzt waren, hatten sie unter einer gesellschaftlichen Ächtung und der fehlenden institutionellen und gewerkschaftlichen Rückendeckung zu leiden, die sie daran hinderte, für ihre Rechte zu kämpfen. Trotz einiger anders lautender Stimmen war die Mehrheit der Ansicht, dass die Frauenarbeit, die die ökonomische Unabhängigkeit der Frau ermöglichte, eine Gefahr darstelle, da sie zur Zerstörung der Ordnung in der Familie – das heißt der patriarchalischen Hierarchie – führen könne.

So wurden die Frauen auch von den Arbeitern, die für sich ein Vorrecht auf die Arbeitsplätze beanspruchten, als unterwürfige, sich zu jedem Preis verkaufende Eindringlinge und damit als Feindinnen angesehen. Die niedrigen Löhne der Frauen, die gleichzeitig dem männlichen Arbeiter erlaubten, sich als „richtiger Arbeiter" zu fühlen, wurden als eine Bedrohung angesehen. Dabei wurde jedoch vergessen, dass die Degradierung der arbeitenden Frauen zu einer schutzlosen und verzweifelten Reservearmee den Unternehmern erlaubte, die ihm genehmen Arbeitsbedingungen aufzuzwingen.

Den Arbeiterinnen wurde von Arbeiterseite auch „mangelndes Bewusstsein und fehlende soziale Kampfbereitschaft“ vorgeworfen. Dieser Vorwurf trifft jedoch nur sehr beschränkt zu. Es darf in diesem Zusammenhang nicht vergessen werden, dass die politische und gewerkschaftliche Tätigkeit der Frauen nicht gern gesehen war, weshalb die meisten Frauen auch nicht über ihre Aktivitäten sprachen, um nicht stigmatisiert zu werden. Selbst wenn sie in Konflikten in den Betrieben oder auf der Straße in der vordersten Reihe standen, überließen sie die Vertretung der Interessen fast immer den Männern, da diese eher an die öffentliche Diskussion gewöhnt waren und mehr Zeit für Versammlungen hatten.

Aus den Statistiken der Zeit geht dagegen klar hervor, dass die Quote der gewerkschaftlich organisierten Fabrikarbeiterinnen dem Anteil der gewerkschaftlich organisierten Männer entsprach. Und sie traten bei wichtigen Kämpfen mit der gleichen Kraft in den Streik, obwohl sie, wie die Männer, sich immer dann am stärksten engagierten, wenn der Kampf sie direkt betraf. So waren zum Beispiel beim Textilstreik 1913, an dem bis zu 26.500 Streikende teilnahmen, rund 22.000 Frauen beteiligt.

Ganz anders war es jedoch um die Widerstandskapazitäten der Heimarbeiterinnen bestellt. Sie besaßen nicht die geringste Organisationsmöglichkeit und wurden von den Gewerkschaften ignoriert – in

Número suelto: 5 céntimos

Solidaridad Obrera

DIARIO SINDICALISTA

ÓRGANO DE LA CONFEDERACIÓN REGIONAL DEL TRABAJO DE CATALUÑA Y PORTAVOZ DE LA CONFEDERACIÓN NACIONAL DEL TRABAJO

LOS CONFLICTOS DEL HAMBRE

Crimen que no debe quedar impune

Una vez más el pueblo es asesinado a mansalva - La brutalidad en acción - La incapacidad del gobernador causa numerosas víctimas - Gran número de mujeres heridas

Bella jornada

ziemlich vielen Fällen handelte es sich um Arbeiterinnen, die ihre Tätigkeit aus Scham verbargen, da sie als ein Zeichen für Armut und eine zerrüttete Familie galt. Da es für die Heimarbeit keine arbeits- und lohnrechtliche Bestimmungen gab, konnten die Löhne ständig gedrückt werden. Andererseits fanden sich immer wieder Frauen, deren Lage so verzweifelt war, dass sie jeden Hungerlohn akzeptierten. Dadurch wurde eine Spirale der Verelendung in Gang gesetzt, die zwar ab und zu eine öffentliche Verurteilung auslöste, was aber nichts an der Situation änderte.

Diese verborgene, mit gesellschaftlicher Schande befleckte Frauenarbeit zu Hause oder in illegalen Klitschen ist jedoch noch nicht Vergangenheit. Gleiche oder sehr ähnliche Arbeitsbedingungen sind auch heute wieder in zahlreichen Vierteln der Stadt zu finden, die voller geheimer gesundheitsschädlicher Klitschen sind, in denen ganze Familien, vor allem aber Frauen und Kinder, von morgens bis abends ohne Pause nähen.

TONI MARTÍNEZ

12

DAS GEFÄNGNIS AMALIA

Plaça Folch i Torres (an der Ronda de Sant Pau)

„Werter Leser: Nur zweimal habe ich das Leben gehasst, das mir in meinem endlosen Optimismus ansonsten so schön vorkommt: unter Verrückten in einer Irrenanstalt und unter Gefangenen während meines Besuchs im Innenhof des alten Gefängnisses Barcelonas ... Mitten im zivilisierten 19. Jahrhundert haben diese Gefängnishöfe, der ‚Pati de la Gardunya' (Hof der Galgenvögel) und der ‚Pati dels Micos' (Hof der Äffchen), etwas Danteskes an sich, etwas, dessen ganze Scheußlichkeit der Geist nicht vollständig erfassen kann.

Selbst der durch das Böse verhärtete, seelenlose Verbrecher empfindet ein unbestimmtes Grauen vor dem Gefängnis Barcelonas, und vor allem vor diesem Gefängnishof, der als Zentrum der ekelhaftesten und niederträchtigsten Erniedrigung berühmt geworden ist. Der ‚Hof der Äffchen' ist für unglückliche, verlumpte, schmutzige und mitten im Winter halb nackte Kreaturen bestimmt. Er ist die Vorschule der endgültigen Perversion, so wie der ‚Hof der Galgenvögel' den Ruhm einer Hochschule der Kriminalität genießt. Beide ‚Lehranstalten' haben ‚Musterschüler' hervorgebracht, von denen einige ihre Tage auf dem Schafott beendet haben." Auf diese Weise drückte sich der politisch gemäßigte Reporter Caballé i Clos aus, nachdem er dem alten Gefängnis Amalia mehrere Besuche abgestattet hatte.

Das Gefängnis, das auf dem heutigen Platz Folch i Torres stand und amtlichen Angaben zufolge 287 Gefangenen Platz bot, war ursprünglich ein Kloster gewesen. Nachdem es in der Revolte von 1835 in Brand gesetzt worden war, wurde es säkularisiert. Wie viele hätten gerne auf die Brandstiftung und die Säkularisierung verzichtet, wenn sie die infame Zukunft des Orts geahnt hätten. Nachdem das Gebäude in staatlichen Besitz übergegangen war, wurde es zu einem Gefängnis umgebaut und 1839 als solches eröffnet.

Am 2. April 1854, anlässlich des Generalstreiks in ganz Katalonien, „versuchte eine große Menschenmasse die Tore des Gefängnisses im Carrer Amalia aufzubrechen. Die Truppe schritt ein, vier Menschen starben und rund zweihundert wurden verhaftet, womit sich die Gesamtzahl der während des Streiks Verhafteten auf 800 belief."

Neben dem Gefängnis befand sich der sogenannte „Hof der Seiler", die Hinrichtungsstätte, auf der zahlreiche Gefangene garrotiert wurden, unter anderem auch Santiago Salvador, der 1894 als Urheber des Bombenanschlags im Liceu hingerichtet wurde.

Wir können ohne den leisesten Zweifel behaupten, dass das Gefängnis Modelo, das 1904 eingeweiht wurde und in das die Gefangenen des Amalia verlegt wurden, nicht etwa dazu errichtet worden war, um ihre Lebensbedingungen zu verbessern. Mit dem Neubau sollte Platz geschaffen werden, um die wachsende Zahl von Pechvögeln einsperren zu können, die durch die industrielle Entwicklung die Truppenstärke der „Elenden" erhöht hatten – so der Name, mit denen die Arbeiter bezeichnet wurden, die entweder prekäre oder überhaupt keine Arbeitsverträge hatten –, sowie derer, die es gewagt hatten, menschlichere Lebensformen einzufordern oder zu proklamieren.

Das Amalia-Gefängnis wurde danach auch nicht geschlossen, sondern in das

Abriss des Amalia-Gefängnisses 1936

Frauengefängnis Barcelonas umgewandelt. Kurioserweise gab es historisch eine enge Beziehung zwischen Klöstern und Gefängnissen. Die männlichen Gefangenen waren aus dem Kloster Sant Pere de les Puel.les (in dem bis zu 600 Menschen eingesperrt gewesen waren) nach Amalia gebracht worden, während die weiblichen Gefangenen vor ihrer Verlegung in einem Nonnenkonvent einsaßen.

Auf diese Weise vergingen die Jahre, bis das Zuchthaus Amalia eines schönes Tages sein würdiges Schicksal ereilte: Im Juli 1936 öffneten die Revolutionäre Barcelonas die Tore des Gefängnisses, das einige von ihnen bereits von innen kannten, ließen die gefangenen Frauen frei und rissen es nach dem Sieg der Revolution ab. Genau wie das Volk von Paris, das im Juli 1789 die Bastille gestürmt, die Verliese geöffnet und die Gefängnisburg zerstört hatte.

Nur knapp ein Jahr nach dem Abriss des Amalia-Gefängnisses füllte sich das Gefängnis Modelo im Namen der antifaschistischen Demokratie mit Revolutionären der Mai-Tage 1937. Die regelrechte Hexenjagd gegen alle, die auf die ein oder andere Weise am Mai-Aufstand beteiligt gewesen waren, führte dazu, dass die Zahl der Gefangenen im Juli 1937 auf 1390 und wenige Monate später auf 2000 angewachsen war. Als ob es damit noch nicht genug gewesen wäre, schuf die antifaschistische Regierung den SIM, der in kürzester Zeit über mindestens sechs eigene Gefängnisse in der Stadt verfügte: im Carrer Saragossa im ehemaligen Magdalena-Konvent, im Carrer Vallmajor, eine Villa im Carrer Ganduxer, den Salon für Neue Kunst auf dem Montjuïc, die Casa Macaia auf dem Passeig Sant Joan sowie das Priesterseminar Conciliar. Was in diesen „Sondergefängnissen" geschah, können nur diejenigen erklären, die den Aufenthalt in ihnen überlebt haben.

Einer vom Großbesitz beherrschten Stadt mag es an Schulen, Krankenhäusern, Wiedereingliederungszentren, Kulturstätten und an Lebensmitteln mangeln, niemals wird sie jedoch ohne Gefängnisse auskommen.

MIQUEL VALLÉS

MICHELE ANGIOLILLO (1871–1897)

Carrer Nou de La Rambla 45

Als Angiolillo im Januar 1896 nach einer Zwischenstation in Marseille in Barcelona eintraf, war er 25 Jahre alt. Er hatte Ita-

lien verlassen, um der Kerkerstrafe zu entgehen, zu der er wegen seines Widerstands gegen die korrupten Praktiken der örtlichen Behörden seines Heimatortes Foggia verurteilt worden war. Auf diese Weise hatte ihn ein Schicksal ereilt, das er mit zahlreichen anderen italienischen republikanischen Subversiven teilte, die von den Unterdrückungsmaßnahmen der Regierung Crispi betroffen waren.

Sein Aufenthalt in Barcelona und seine Bekanntschaft mit den örtlichen anarchistischen Kreisen sollten sein Leben radikal verändern. Die Stimmung in der Stadt war in diesen Jahren von einer politischen und sozialen Regression und einer Gewaltspirale aus Bombenanschlägen und einer brutalen Jagd auf Anarchisten bestimmt. Der Höhepunkt waren eine Bombe auf eine Fronleichnamsprozession am 6. Juni 1896 im Carrer Canvis Nous und die in der Folge ausgelöste Repressionswelle, die zum Montjuïc-Prozess führen sollte.

Angiolillo lebte bei einem militanten Bauarbeiter und arbeitete als Schriftsetzer in den Geschäftsräumen der anarchistischen Zeitschrift *Ciencia Social*. Dort lernte er auch Cayetano Oller kennen, einen der zahlreichen Anarchisten, denen auf dem Montjuïc der Prozess gemacht wurde und der schließlich nach England verbannt wurde.

Angiolillo teilte die Hass- und Rachegefühle, die sich in der Folge in den anarchistischen Kreisen breit machten und sich vor allem gegen den Führer der Konservativen Partei und Präsidenten des spanischen Ministerrats Cánovas del Castillo richteten, der als Hauptverantwortlicher für die barbarische Repression angesehen wurde. Der italienische Anarchist, der bereits mehrfach von der Polizei wegen seiner vermeintlichen Teilnahme an Bombenanschlägen belästigt worden war und dessen enge Beziehungen zu einigen der Verhafteten bekannt waren, setzte sich zunächst sicherheitshalber nach Frankreich ab. In Frankreich wurde er gleich nach Belgien ausgewiesen, und von dort aus setzte er nach London über. In London kaufte er sich dann die Pistole, die er später gegen den spanischen Politiker einsetzen sollte.

Angiolillo reiste von England über Frankreich nach Madrid. Dort hatte er eine Unterredung mit José Nakens, dem Direktor der republikanischen Zeitung *El Motín* (Der Aufstand), dem er sich als Korrespondent der Mailänder Zeitung *Il Popolo* vorgestellt hatte. Als sie sich voneinander verabschiedeten, gestand er diesem sein Vorhaben, aber Nakens nahm es nicht weiter ernst.

Von Madrid fuhr Angiolillo in das in der Nähe der baskischen Stadt Mondragón gelegene Kurhaus Santa Águeda, wo er am 4. August 1897 eintraf und sich als Emilio Rinaldini, Korrespondent von *Il Popolo,* eintragen ließ. In den nächsten Tagen beobachtete er unauffällig das Treiben des Politikers. Am Sonntag, dem 8. August, gegen 12 Uhr 30, hatte sich Cánovas zu seiner täglichen Lektüre der konservativen Tageszeitung *La Época* auf eine Bank an der Trinkhalle des Kurhauses gesetzt. Angiolillo ging auf ihn zu und gab, ohne ein Wort zu verlieren, vier Schüsse aus nächster Nähe ab.

Er leistete keinen Widerstand gegen seine Verhaftung. Zur Gattin des Politikers sagte er: „Sie verschone ich, weil sie eine ehrliche Frau sind, ich habe mir nichts vorzuwerfen, denn ich habe nur meine Pflicht getan. Ich habe meine Brüder auf dem Montjuïc gerächt."

PACO MADRID

14

JEAN GENET (1910-1968)

Carrer del Cid, Festsaal La Criolla

Jean Genet wurde am 19. Dezember 1910 in Paris in einer Entbindungsanstalt in der Rue Assas geboren. Den Namen seiner Mutter erfuhr das ehemalige Mündel der Wohlfahrt erst mit 21 Jahren, als er sich eine Geburtsurkunde beschaffte. Seine Kindheit verbrachte er bei einer Bauernfamilie in Morvan. Nach einigen Diebstählen und Unterschlagungen wurde er 1926 in die Besserungskolonie in Mettray eingewiesen. Nach einem gescheiterten Fluchtversuch meldete er sich freiwillig zur Armee, um die Anwerbungsprämie zu kassieren. Nach einem mehrjährigen Dienst in der Armee, in dessen Verlauf er Beirut, Damaskus und Marokko kennenlernte, beraubte er mehrere einfache Soldaten und zwei Offiziere und desertierte: „Durch die Tat riss ich mich gewaltsam von den ekelhaften Kameradschaftsbanden los, an die sich meine liebesbedürftige Natur geklammert hatte, und voller Erstaunen bemerkte ich, wie mir daraus ein großes Kraftgefühl erwuchs."

Mit 22 Jahren traf er zu Fuß in Barcelona ein. „In Barcelona hielten wir uns vor allem in der Calle Médioda und der Calle Carmen auf." Das Barrio Chino war also sein bevorzugter Aufenthaltsort und diente ihm als Schaubild, um „ Euch den genauen Mechanismus dieses elenden Lebens zu beschreiben". Seine Erfahrungen im Rotlichtviertel sollten später in das *Tagebuch eines Diebes* einfließen. Er war Stammgast in Spielhöllen, dunklen Kaschemmen und berühmten Festsälen wie La Criolla im Carrer del Cid zwischen der Avinguda Drassanes und dem Paral.lel. „Der Parallelo ist eine Allee in Barcelona, die parallel zu den berühmten Ramblas verläuft. Zwischen diesen beiden sehr breiten Straßen bilden eine Vielzahl schmaler, dunkler und schmutziger Gässchen den Barrio Chino." La Criolla befand sich in den Räumlichkeiten einer ehemaligen Spinnerei, die 1915 in ein Kabarett umgebaut worden war. Ein Teil des Festsaals diente als Stundenhotel, das seine Zimmer zu einem Preis von 30 Centimos vermietete, während im Obergeschoss des Gebäudes Schlafräume für Arbeitsimmigranten eingerichtet worden waren. Im Carrer del Cid befand sich auch die Flamencotaverne, in der Carmen Amaya tanzte. Das Barcelona jener Zeit besaß etliche dieser Halbweltlokale, so zum Beispiel Cal Sagristà, ein Treffpunkt von Seeleuten und Arbeitern, Schmugglern und Homosexuellen, oder La Bombilla im Carrer Sant Pau, wo tagsüber Wurst- und Fleischwaren verkauft wurden und das nachts als Taverne und Tanzsaal diente, oder auch die „düstere Pension und verrufene Taverne" La Mina.

Jean Genet lebte in Barcelona unter seinesgleichen, unter Bettlern, Schwulen, Taschendieben, billigen Huren und ihren Loddeln. Menschen, die nicht nur jederzeit bereit waren, ihr Messer zu zücken, sondern auch jeden bei der ersten Gelegenheit verrieten. „Andere Verbrechen sind erniedrigender: Diebstahl, Bettelei, Verrat, Vertrauensmißbrauch usw. Sie sind es, die zu begehen ich wählte, während gleichzeitig der Gedanke an einen Mord sich in meinem Kopf festsetzte, der mich unwiderruflich von Eurer Welt trennen würde."

Jean Genet beschränkte sich nicht darauf, die Gemeinheit in schönen Farben zu malen und die Niedertracht zu mystifizieren. Er sprach aus eigener Erfahrung über die Welt von Kleinkriminellen, in der Gesetzesübertretungen die Regel sind. Übertretungen, die nicht zwangsweise die Negierung des Verbotenen bedeuten, sondern vielmehr das Maß des Verbotenen überschreiten und es vervollständigen. Es war jedoch keine Frage der Freiheit, denn diese Übertretungen sind oft gleichermaßen Regeln unterworfen wie die Verbote, das heißt das staatliche Gesetz.

Was Genet tatsächlich in diesem Barcelona der Bettler, Schwuchteln und Langfinger porträtiert, ist, dass jeder Einzelne dieser Menschen, die von der Mehrheit der Gesellschaft als verachtungswürdige Außenseiter zurückgewiesen werden, Schönheit ausstrahlen, Held und Verräter zugleich sein sowie die niederträchtigsten Taten begehen kann, die jedoch als souveränes Handeln eine eigene Schönheit erlangen. Wie Georges Bataille in *Die Literatur und das Böse* erklärt: „Die Schönheit, die die Souveränität schafft, ist die Übertretung des Gesetzes, die Übertretung des Verbots, die zugleich die Essenz der Souveränität ist. Die Souveränität ist Gleichgültigkeit gegenüber dem Tod, sie ist die Macht, sich über die Gesetze zu erheben, die die Aufrechterhaltung des Lebens sicherstellen."

Auch Bataille fuhr häufig nach Barcelona, nachdem er 1935 zusammen mit seinem Freund, dem Maler André Masson, vorübergehend nach Tossa de Mar gezogen war. In diesem Jahr gründeten die beiden *Contre-Attaque*: „... eine antifaschistische, antinationalistische und antidemokratische Gruppe, die für die moralische und sexuelle Revolution eintritt." In dieser Zeit schrieb Bataille auch seinen Roman *Das Blau des Himmels*, in dem er die Su-

che nach Transgression und Tod auf einer Reise beschreibt, die ihn über London und Paris nach Barcelona führt. 1936, mitten in der Revolution, kehrten Bataille und Masson nach Tossa und Barcelona zurück, während sie zusammen an der Herausgabe der Zeitschrift *Acéphale – Religion, Sociologie, Philosophie* arbeiteten.

ABEL REBOLLO

Zitate von Jean Genet aus *Tagebuch eines Diebes*, Merlin Verlag Hamburg 1983, in der Übersetzung von Gerhard Hock und Helmut Voßkämper

15

HELIOS GÓMEZ (1905–1956)

Carrer de Santa Madrona

Helios Gómez war der bekannteste spanische Karikaturist der 1930er Jahre. Seine Tuschezeichnungen mit ihren pädagogischen Inhalten und ihrem außerordentlichen Realismus versetzten die Arbeiter in Staunen, vor allem die große Zahl der Analphabeten unter ihnen. Zeitzeugen zufolge waren seine Karikaturen oft wichtiger als die Artikel, die sie illustrierten.

Unter Helios' zahlreichen Zeichnungen haben wir die Abbildung der Stände mit antiquarischen Büchern in Santa Madrona gewählt (die sich heute im Carrer Diputació hinter der Universität befinden). Die Straße war in den ersten Jahrzehnten des 20. Jahrhunderts ein Treffpunkt mit der Kultur, an dem bekannte Anarchisten wie Salvador Seguí oder Joan Peiró zusammen mit vielen anderen Autodidakten die Bücherberge nach Wissens- und Bildungsstoff durchwühlten. In Zeiten der Repression und der Zensur verkauften die Buchhändler die verbotenen Werke dagegen unter dem Ladentisch. Obwohl Gómez vor allem Porträts von Politikern, Bauern und Industriearbeitern anfertigte, wollte er auch diesen Winkel der Stadt porträtieren, der sich in einem Viertel voller Straßendirnen und Spelunken befand und in dem zahllose konspirative Versammlungen zur Vorbereitung der sozialen Revolution abgehalten wurden.

In der Schwarzweißgeometrie der Zeichnungen von Helios Gómez vermischen sich Einflüsse des Kubismus, Futurismus und anderer Avantgardeströmungen. Einen Teil dieser Strömungen hatte er während seines Aufenthalts in Deutschland durch seine Verbindungen mit der Gruppe ARBKD (Assoziation Revolutionärer Bildender Künstler) kennengelernt. In Berlin entstanden auch einige Werke seiner Zeichnungsmappe *Días de ira* (Tage des Zorns), die ihn in politischen sowie in kunstinteressierten Kreisen bekannt machen sollten.

Stände mit antiquarischen Büchern in Santa Madrona. HELIOS GÓMEZ

1930 ließ er sich in Barcelona nieder, wo er 1936 die Gewerkschaft der Berufszeichner gründete. Am 19. Juli 1936 nahm er an den Straßenkämpfen gegen den Faschismus teil. Nachdem er 1937 aus der Kommunistischen Partei ausgeschlossen worden war, kehrte er zur CNT und zum Anarchismus zurück und trat der 26. Division – der ehemaligen Kolonne Durruti – bei, wo er unter anderem die Zeitung *El Frente* herausbrachte.

Nach mehreren Jahren im Exil kehrte er endgültig nach Barcelona zurück und gründete eine Widerstandsgruppe gegen die franquistische Diktatur, weshalb er mehrfach verhaftet wurde. Er starb schließlich 1956 im Gefängnis Modelo. Vor seinem Tod war es ihm jedoch noch gelungen, das beeindruckende Zellenwandgemälde, die „Zigeunerkapelle", fertig zu stellen. Sein Sohn Gabriel Gómez versucht seit Jahren, die Behörden über eine öffentliche Kampagne dazu zu bringen, das heute übertünchte Gemälde zu restaurieren und vor seiner endgültigen Zerstörung zu bewahren.

CARLES SANZ

NOSOTROS

Atarazanas-Kaserne, Straßendreieck La Rambla, Sant Madrona und Drassanes

Im Verlauf des 19. Juli 1936 brachen nacheinander alle Zentren der Putschisten in Barcelona zusammen. Die Arbeiter erbeuteten die Waffen der Kasernen, während die einfachen Soldaten desertierten und sich ihnen anschlossen. In den frühen Morgenstunden des 20. Juli leisteten nur noch die Atarazanas-Kaserne, die Militärdependancen und die ins Karmeliterkloster geflüchteten Truppen Widerstand.

In der Nähe der Drassanes kam es auch zum letzten gemeinsamen Treffen der Mitglieder der Gruppe *Nosotros*. Hier hatten sich Buenaventura Durruti, Francisco Ascaso, Juan García Oliver, Ricardo Sanz, Aurelio Fernández, Antonio Ortiz, Gregorio Jover und Rafael Torres Escartin versammelt, um die gleichnamige Kaserne zu stürmen. Um diese Festung einzunehmen, mussten sie jedoch an den Militärdependancen vorbei, was den Angriff ungemein erschwerte. Beim ersten Ansturm wurde Durruti leicht verletzt, Ascaso wurde dagegen von einer Kugel in den Kopf tödlich getroffen. Von fassungsloser Wut ergriffen, starteten seine Genossen darauf einen neuen Angriff und erreichten, was niemand für möglich gehalten hätte: die Einnahme der Festung.

Nach dieser letzten gemeinsamen Aktion teilten sich die Gruppenmitglieder in unterschiedliche Kolonnen auf, die unterschiedliche Aufgaben zu erfüllen hatten. Durruti brach an der Spitze seiner Kolonne nach Aragonien auf, García Oliver stellte sich an die Spitze der Kolonne *Los Aguiluchos* (Die Jungadler), Gregorio Jover leitete die Kolonne Francisco Ascaso, Antonio Ortiz führte die nach seinem Namen benannte Kolonne in den Süden Aragoniens, Ricardo Sanz übernahm die Organisierung der Milizen in der Pedralbes-Kaserne und Aurelio Fernández wurde zum Verantwortlichen des Zentralkomitees der Antifaschistischen Milizen bestimmt.

Die Entstehung der Gruppe *Nosotros*, eine der Protagonisten des erfolgreichen Aufstands, ging auf Anfang der 1920er Jahre zurück. In Barcelona herrschte damals eine grausame Repression unter dem Oberbefehl des Militärgouverneurs Martinez Anido und des Polizeichefs Arlegui. Polizei, Unternehmerverband und seine – aus bezahlten Killern bestehende – Freie Gewerkschaft hatten zur Jagd auf jeden aufmüpfigen Arbeiter geblasen. Die Übergriffe hatten schließlich solche Ausmaße angenommen, dass sich der Chef des Ministerrats, Sánchez Guerra, nach dem Anschlag durch Mitglieder der Metallgewerkschaft der CNT auf Eduardo Dato gezwungen sah, Anido und Arlegui abzusetzen und das Verbot der CNT aufzuheben.

Nachdem die CNT 1923 wieder in aller Öffentlichkeit agieren konnte, bildeten sich zahlreiche Affinitätsgruppen: Die Gruppe *Los Solidarios* war eine von ihnen. Alle 15 Gruppenmitglieder waren junge Arbeiter und Arbeiterinnen, die aus verschiedenen Teilen Spaniens nach Barcelona emigriert waren und in ganz unterschiedlichen Berufen arbeiteten. So waren Francisco Ascaso und Juan García Oliver Kellner, Buenaventura Durruti und Aurelio Fernández waren Mechaniker, Ricardo Sanz und Ramona Berni arbeiteten in der Textilindustrie. Außerdem befanden sich in der Gruppe ein Gießer, ein Chauffeur, ein Konditor, ein Tagelöhner, zwei Köchinnen und eine Schneiderin.

Die Gruppe entfaltete sofort nach ihrer

Ascaso trifft mit anderen Genossen in der Atarazanas-Kaserne/Drassanes ein

Gründung eine rasende Aktivität. Unter anderem versuchte sie mit Anido abzurechnen, der dem Anschlag jedoch entging, ein Glück, das dem Gouverneur Bilbaos, Sr. Regueral, und dem Kardinal Soldevilla nicht beschert war. Sie verübte Banküberfälle in Gijón, Oviedo und in anderen spanischen Städten. In zahlreichen Stadtvierteln Barcelonas legte sie Waffenlager an. In Poble Nou besaß sie außerdem einen Schmelzofen, in dem sie Granatenhülsen zu Kugeln schmolz. Derart riskante Tätigkeiten blieben selbstverständlich nicht folgenlos: 1928 waren drei Gruppenmitglieder im Kampf gefallen, sieben saßen in spanischen Gefängnissen und drei waren in Frankreich in Haft. Die Gruppe war dadurch praktisch aufgelöst.

Mit der Proklamierung der Republik im Juni 1931 begann auch für *Los Solidarios* eine neue Etappe. Als Erstes mussten sie ihren Namen in *Nosotros* ändern, da eine der neu entstandenen anarchistischen Gruppen sich ihren alten Namen angeeignet hatte. Die Mitglieder der zweiten Etappe waren: Francisco Ascaso, Buenaventura Durruti, Juan García Oliver, Rafael Torres Escartín, Aurelio Fernández, Ricardo Sanz, Gregorio Jover, Antonio Ortiz, Juliana López Maynat, Pepita Not, Ramona Berni und María Luisa Tejedor. Nachdem sie in den folgenden Jahren sowohl in gewerkschaftlichen Kämpfen aktiv waren, direkte Aktionen durchgeführt und den Aufstand im Juli 1936 vorbereitet hatten, kamen sie ein letztes Mal an La Rambla vor den Drassanes zusammen.

ABEL PAZ

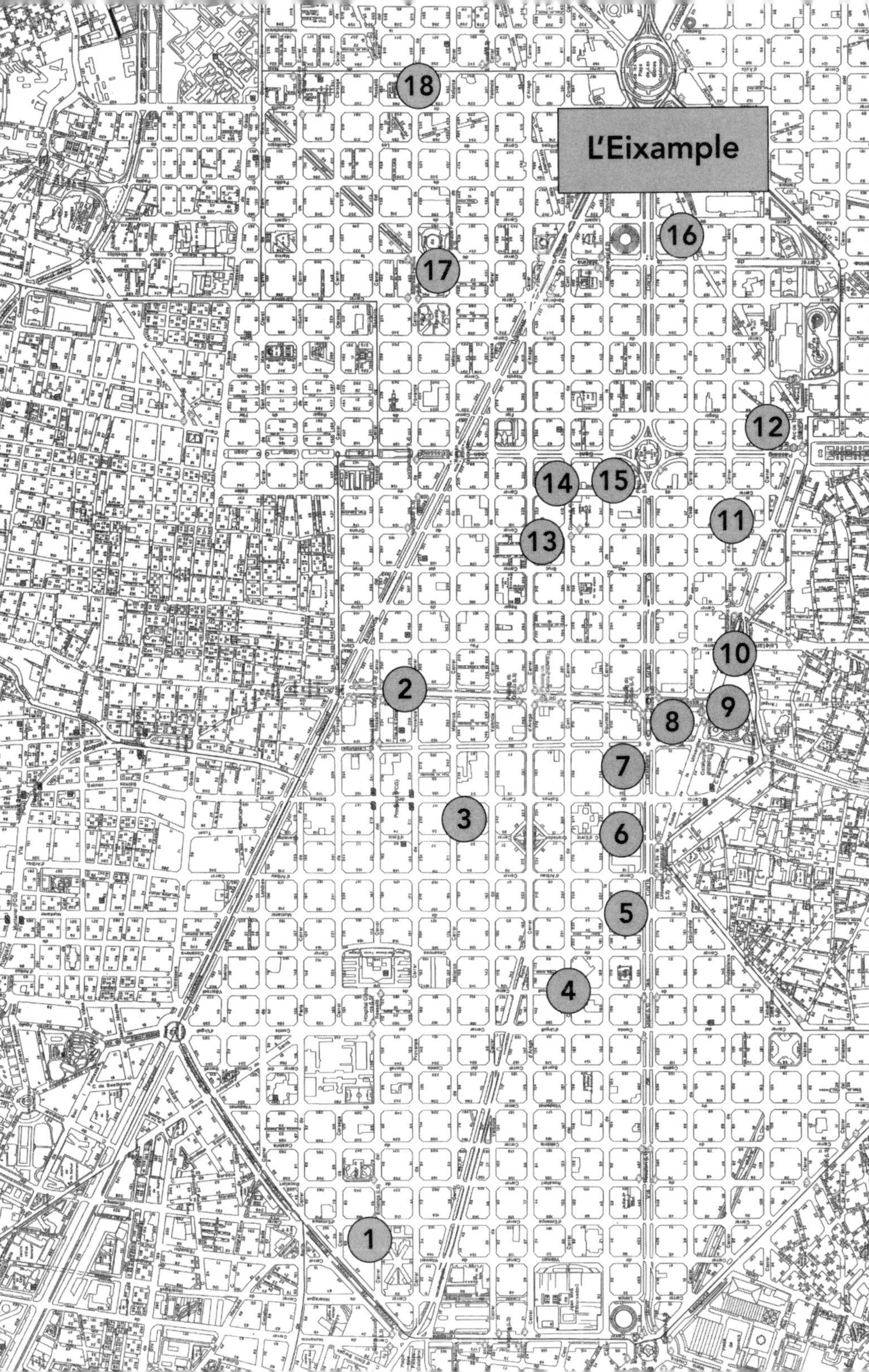
L'Eixample
1
2
3
4
5
6
7
8
9
10
11
12
13
14
15
16
17
18

L'Eixample

Der Stadtbezirk Eixample war bis in die Neuzeit hinein eine militärische Sicherheitszone, die sich von den Stadtmauern der Altstadt bis zu den damaligen Vororten Gràcia, Sants und Sant Martí de Provençals erstreckte und unter dem Namen Ebene des Barcelonés bekannt war. Da der riesige Geländestreifen nicht bebaut werden durfte, wurde er nur als Obst- und Gemüseanbaugebiet genutzt.

Als 1854 mit dem Abriss der Stadtmauern begonnen wurde, schrieb die Stadtverwaltung einen Wettbewerb zur städtebaulichen Erschließung des Geländes aus, der von dem Architekten Rovira i Trias gewonnen wurde. Zur großen Empörung des Bürgertums Barcelonas setzte die Madrider Zentralregierung jedoch den Bebauungsplan des Ingenieurs Ildefons Cerdà durch. Das Projekt Cerdàs sah ursprünglich großzügige Grünanlagen in den großen Innenhöfen der Häuserkarrees sowie den Bau von nur dreistöckigen Häusern vor. Die Wohnraumspekulation hat dieses Vorhaben jedoch im Laufe der Zeit bis zur Unkenntlichkeit entstellt.

Der Bau des immensen Stadtteils ging nur sehr langsam voran. 1900 waren erst 4000 Gebäude errichtet worden und mit der Pflasterung der Straßen wurde erst 1905 begonnen. Die Entstehung des Eixample fiel mit der Glanzzeit des katalanischen Jugendstils – des Modernisme (1885–1920) – zusammen, der dem Stadtteil seinen Stempel aufgedrückt hat. Dies gilt besonders für das „rechte Eixample", in dem die Großbourgeoisie der Stadt katalanische Jugendstilarchitekten wie Gaudí, Domènec i Montaner oder Puig i Cadafalch mit dem Bau ihrer Wohnhäuser beauftragte. Das weiter vom Stadtzentrum entfernte „linke Eixample" war dagegen eher für das Kleinbürgertum und die Arbeiterklasse bestimmt. 1904 wurde hier auch das damals noch von Feldern umgebene Gefängnis Modelo eingeweiht, das in den folgenden hundert Jahren ein zentrales Symbol der staatlichen Repression werden sollte.

Zum Stadtbezirk Eixample gehören außerdem die Stadtteile Sant Antoni, Sagrada Familia und Fort Pienc. Der Mittelpunkt des Stadtteils Sant Antoni ist die gleichnamige Markthalle. Bis 1929 befand sich hier auch der alte Trödlermarkt Els Encants Vells, der heute an der Plaça de les Glòries untergebracht ist. Der antiquarische Buch- und Sammlermarkt ist dagegen erhalten geblieben. Er ist selbst heute noch jeden Sonntagvormittag ein beliebter Treffpunkt für „Kulturmilizionäre" auf der Suche nach Raritäten.

Der Mittelpunkt des Stadtteils Sagrada de Familia ist die gleichnamige „Jugendstilkathedrale" Gaudís. Früher befanden sich in diesem Stadtteil außerdem zahlreiche Fabriken und Werkswohnungen. Der nach einer ehemaligen Militärfestung benannte Stadtteil Fort Pienc war früher ebenfalls ein Industrieviertel, in dem sich zahlreiche Textilfabriken befanden.

DAS GEFÄNGNIS MODELO

Straßendreieck Entenza – Rosseló – Provença

In diesem Gefängnis, das Anfang des 20. Jahrhunderts zur Inhaftierung von achthundert Gefangenen gebaut wurde, sind heute mehr als zweitausend Häftlinge zusammengepfercht, die von rund dreihundert Gefängnisbeamten bewacht werden. Das nach dem Panoptikum-Prinzip entworfene Gefängnis ist hierarchisch in sechs Korridore untergliedert. Die Aufteilung reicht vom ersten Korridor, in dem sich die Freigänger befinden, bis zum sechsten, in dem „hoch gefährliche Kriminelle" eingesperrt sind. Der fünfte Korridor ist der Straftrakt der Anstalt.

Die unerträglichen Haftbedingungen haben nicht nur die Gewalt innerhalb des Gefängnisses verschärft, sondern auch bewirkt, dass mehr als 80% der Gefängnisinsassen drogenabhängig sind. In den letzten Jahren sind jährlich rund zwanzig Selbstmordversuche verübt worden, die in 25% der Fälle zum Tod geführt haben. So schwerwiegend wie der Selbstmord ist jedoch auch das Trauma, das jeder Suizid unter den Mitgefangenen auslöst.

Der Konsum harter Drogen wurde zu Beginn der 1980er Jahre vorsätzlich vom Staat gefördert, um die Bewegung der sozialen Gefangenen zu zerschlagen, die sich in der Koordination Kämpfender Gefangener (COPEL) zusammengeschlossen hatten. Diese solidarische basisdemokratische Gefangenenbewegung hatte seit der zweiten Hälfte der 1970er Jahre einen mutigen Kampf zur Verbesserung der Haftbedingungen geführt und war in praktisch allen Gefängnissen Spaniens präsent. In einigen Haftanstalten war es ihr sogar gelungen, die klassische Trennung zwischen politischen Gefangenen und gewöhnlichen Kriminellen aufzuheben. Nachdem die Repression die Bewegung nicht zerstören konnte, ließ der „demokratische" Staat harte Drogen in die Gefängnisse einschleusen, um der Bewegung ein Ende zu setzen, was ihm schließlich auch gelang. 1

Mit dem Bau des Gefängnisses wurde während der Weltausstellung 1888 begonnen. Die industrielle Revolution benötigte neue Formen der Kontrolle, Klassifizierung und Internierung. Das alte System der reinen Zusammenpferchung von Häftlingen war genauso überholt und kostspielig geworden, wie die drakonischen Bestrafungsmethoden, die bis zu Beginn der Industrialisierung und Proletarisierung der Volksmassen geherrscht hatten. Das Panoptikum-Prinzip, das die Beaufsichtigung aller Insassen von einem zentralen Punkt aus ermöglicht, erfüllte dagegen die Anforderungen einer effizienteren Kontrolle der Zuchthäuser.

In den ersten Jahrzehnten des 20. Jahrhunderts – und selbst in Zeiten der Republik – verbrachten Hunderte von Anarchisten teilweise lange Haftstrafen hinter den Mauern des Modelo. Dank der Solidarität, die unter ihnen herrschte, wurde das Gefängnis für sie jedoch zu einer Bildungsanstalt, für manche sogar die erste, die sie besuchten. Für den Bildungsstoff sorgten nicht nur die Bücher der Bibliothek, sondern auch die Erfahrungen der alten Genossen.

Unter der franquistischen Diktatur herrschte dann der blanke Terror in den spanischen Zuchthäusern. Nach Ende des Krieges waren die brutalsten Faschisten Gefängniswärter geworden. Arnau, der Gefängnisdirektor des Modelo in den 40er und 50er Jahren, war einer dieser Faschisten. Während seiner Amtszeit wurde

GALLARDO

das Modelo zu dem Gefängnis der spanischen Halbinsel, in dem es zu den meisten Erschießungen und Hinrichtungen kam. Sein Nachfolger in den Jahren 1967 bis 1972, De la Morena, institutionalisierte die traurig berühmten Prügelstrafen im Gefängniskeller und ein brutales Ausbeutungs- und Bestrafungssystem in den Werkstätten.

In diesen Jahren wurde in allen spanischen Gefängnissen auch das System der „drei Strafgrade" eingeführt. Daneben gibt es noch den Strafgrad 0, der in Strafzellen besteht, in denen der Gefangene 24 Stunden am Tag vollkommen isoliert ist. Diese Strafzellen besitzen noch nicht einmal ein Bett: den Gefangenen wird um 22 Uhr eine Liegematte ausgehändigt, die sie um 7 Uhr morgens wieder abgeben müssen.

Die Gefangenen des 1. Grades sind in Trakten inhaftiert, in denen eine größere Repression und eine härtere Disziplin herrschen; die Besuchszeiten und die Korrespondenz sind stark eingeschränkt, es gibt sehr viel weniger Umschluss und die Beschäftigungsmöglichkeiten sind geringer als in den anderen beiden Strafgraden. Ein Sträfling kann nur dann den 1. Strafgrad verlassen, wenn er es „verdient" hat. Dem spanischen Strafgradsystem zufolge gelten jedoch Verhaltensweisen wie die Stärkung der menschlichen Würde, die gegenseitige Hilfe und Solidarität unter Gefangenen, die Unterstützung der verzweifeltsten Mitgefangenen und der Schutz vor dem Missbrauch durch Wachteln nicht als ein Verdienst, der eine Lockerung der Haftbedingungen rechtfertigt. Genau das Gegenteil ist der Fall: Nur der Gefangene, der sich bestechen lässt, mit den Wächtern zusammenarbeitet und Mitgefangene verrät, kommt in den Genuss des 2. oder 3. Grads.

Tatsächlich handelt es sich um ein ganz perfides System: Eine soziale Eingliederung soll ganz bewusst nur dem moralisch verkommenen Gefangenen ermöglicht werden, denn es geht darum, ihn auf seinen Platz im großen Gefängnis vorzubereiten, das die Gesellschaft ist.

Nachdem sich die Lage in den Gefängnissen ab Mitte der 1980er Jahre etwas entspannt hatte, wurde sie durch die Reform des Strafgesetzbuchs 1996 wieder erheblich verschärft: Die Beseitigung der Möglichkeiten einer vorzeitigen Freilassung, die verschärften Zugangsbedingungen zum 3. Strafgrad und der bedingten Haftentlassung, Isolationszellen und verschärfte Haftbedingungen für renitente Gefangene haben auf diese Weise erneut die Bestätigung geliefert, dass das Gefängnis nicht reformiert werden kann, sondern abgeschafft werden muss.

Die Mauern dieses panoptischen Gebäudes mitten im Eixample haben im Verlauf ihrer mehr als hundertjährigen Geschichte alles erlebt, was man sich nur denken kann. Sie waren Zeugen von zahllosen grausamen Episoden einer perversen staatlichen Repression, von engen Netzwerken der Solidarität unter den Gefangenen, von Meutereien, erfolgreichen Fluchtversuchen sowie dem Besten, was in einem Gefängnis geschehen kann, als die anarchistischen Arbeitermassen am 19. Juli 1936 die Tore des Modelo öffneten und alle Gefangenen freiließen. Wie sie auch Zeugen der Verbrechen gegen die Menschheit waren, die zwischen 1939 und 1943 an zweitausend Gefangenen verübt wurden, die in den frühen Morgenstunden unangekündigt aus ihren Zellen gerissen und füsiliert wurden.

LUIS ANDRÉS EDO

2

DIE VEREINIGUNG DER PRAKTISCHEN IDEALISTEN

Carrer Provença 271 (erster Sitz der Vereinigung)

Mit diesem etwas widersinnigen Namen schmückte sich zwischen 1927 und 1937 eine aktive Vereinigung junger Menschen. Diese eigentümlichen Idealisten hatten früh begriffen, dass Ideale, die nicht in die Tat umgesetzt werden, ein Betrug sind. Sie hatten früh den Verrat an Idealen verurteilt, den versteinerte Dogmen, Kirchen und Nationen repräsentieren. Von daher also ihre kategorische Behauptung: Wir sind praktische Idealisten.

Die Vereinigung der Praktischen Idealisten war Teil einer breiten Strömung, die sich in den 1920er und 30er Jahren rasant verbreitet und zur Gründung zahlreicher ähnlicher Gruppen und Vereinigungen in Barcelona geführt hatte. Ihr gemeinsamer Nenner war ein rationalistisches, freiheitliches und naturfreundliches Weltbild, das von einer entschiedenen Verteidigung der Gewissensfreiheit und dem Kampf gegen die Dogmen und die herrschende Moral getragen wurde.

In ihrem ersten Bulletin, das im Januar 1932 erschien, stellten sich die Praktischen Idealisten wie folgt vor:

„Die Vereinigung der Praktischen Idealisten ist eine Gruppe junger Menschen, die mit dem gegenwärtigen Stand der Dinge unzufrieden sind und sich entschlossen haben, zu allen Verbesserungen beizutragen, die der menschlichen Familie zu einer größeren Gerechtigkeit, einem besseren gegenseitigen Verständnis und einem größeren brüderlichen Geist verhelfen. [...] Wir wollen, dass die jungen Menschen lernen, eigenständig zu denken, dass sie ihre Verantwortung bei der Aufgabe der Erneuerung der Gesellschaft übernehmen, dass sie die neuen Werte beisteuern, die bereits überall zum Vorschein kommen, und dass sie ein für allemal Mythen, Vorurteile, Heuchelei, Dogmen sowie die Unwissenheit, den Hass und alles, was das menschliche Denken versklavt, zum alten Eisen werfen.“

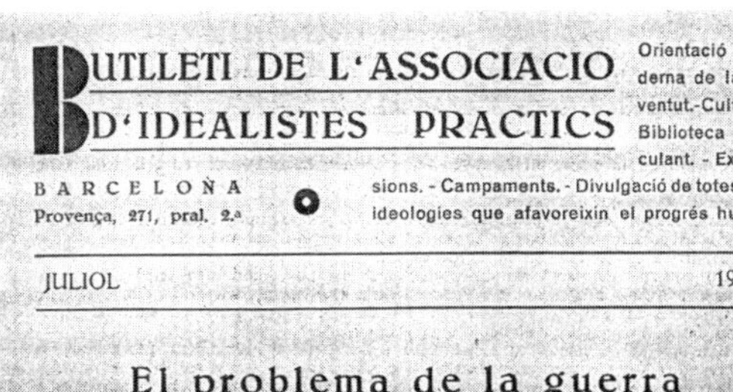

BUTLLETI DE L'ASSOCIACIO D'IDEALISTES PRACTICS

Orientació m derna de la j ventut.-Cultur Biblioteca c culant. - Excu sions. - Campaments. - Divulgació de totes le ideologies que afavoreixin el progrés hum

BARCELONA
Provença, 271, pral. 2.a

JULIOL 193

El problema de la guerra

Zur Erreichung ihrer Ziele veranstaltete die Vereinigung Treffen, Ausflüge aufs Land und Vorträge. Außerdem engagierte sie sich in Kampagnen gegen die erzreaktionäre Moral der Kirche und der etablierten Bourgeoisie, gegen die Armee und gegen den Krieg. Zu ihren Mitgliedern gehörte auch der Arzt Félix Martí Ibáñez. Martí Ibáñez war einer der Verantwortlichen der Revolution des Gesundheitswesens 1936/37 und verfasste als Abteilungsleiter des katalanischen Gesundheitsministeriums das Gesetz, das den freiwilligen Schwangerschaftsabbruch erlaubte.

Im April 1934 zog die Vereinigung in den Carrer Santa Anna 28 um, von wo aus sie ihr Bulletin weiter veröffentlichte, dessen letzte Ausgabe im Juli 1937 erschien.

QUIM SIRERA

3

RUEDO IBÉRICO

Carrer València 243

Der Franquismus verbot alle Texte, die sein Regime kritisierten oder in Frage stellten. Als Antwort auf diese unerbittliche Zensur entwickelte sich im Lauf der Zeit jedoch ein verwegener Schmuggel von Büchern. So vertrieb beispielsweise Rufino Torres über ein Lager im Carrer Valencia 243 verbotene Bücher an Privatpersonen und an bestimmte Buchläden, die diese dann unter dem Ladentisch verkauften. Die meisten dieser Bücher waren vom Verlag Ruedo Ibérico verlegt, der 1961 von Pepe Martínez (1921–1986) zusammen mit einigen Freunden in Paris gegründet worden war. 1970 mietete der Verlag dann in der Rue Latran in der französischen Hauptstadt einen Buchladen, der zu einem der am meisten besuchten Orte der antifranquistischen Flüchtlinge und der Besucher aus Spanien werden sollte.

Das Verlagsziel war die Veröffentlichung von Büchern, die die verbotenen Wahrheiten über die traumatische jüngere Geschichte Spaniens objektiv und von unterschiedlichen politischen Standpunkten aus verbreiteten. *Der spanische Bürgerkrieg* von Hugh Thomas (1962) war das erste Werk, das der Verlag publizierte. Ihm sollten dann Bücher wie *Das spanische Labyrinth* von Gerald Brenan, *Falange* von Stanley G. Payne oder *Der Tod von Federico García Lorca* von Ian Gibson folgen.

Gleichzeitig veröffentlichte Ruedo Ibérico, dessen Verleger sich als undogmatischer Anarchist verstand, zahlreiche Grundlagenwerke über die Geschichte der anarchosyndikalistischen Bewegung, so zum Beispiel *La CNT en la revolución española* (Die CNT in der spanischen Revolution) von José Peirats, *Kampfplatz Spanien* von Franz Borkenau oder die wichtige Autobiografie von Juan García Oliver: *El eco de los pasos* (Das Echo der Schritte).

Ruedo Ibérico war jedoch nicht nur um die Bewahrung des historischen Gedächtnisses bemüht, sondern wollte auch direkt in das aktuelle Geschehen in Spanien eingreifen. Dazu gründete Pepe Martínez 1965 die Zeitschrift *Cuadernos de Ruedo Ibérico*. Die Zeitschrift sollte in den nächsten zehn Jahren zu einem Forum der Creme der antifranquistischen Intellektuellen und Politiker werden, die ihre Artikel in den allermeisten Fällen unter einem Pseudonym veröffentlichten. Die *Cuadernos* waren ein pluralistisches Organ, in dem neben libertären Autoren wie Carlos Semprún-Maura, Dissidenten aus dem Umkreis der KP wie Jorge Semprún und Francesc Vicens auch später so bekannte Schriftsteller wie Juan Goytisolo schrieben. Zahlreiche Mitarbeiter sollten nach dem Tod Francos – und in den meisten Fällen nach ihrem Beitritt in den PSOE – eine steile akademische, politische oder wirtschaftliche Karriere in Spanien machen. So brachte es Jorge Semprún zum Kultusminister unter Felipe González, Joaquín Leguina zum Präsidenten der Autonomen Region Madrid und Pascual Maragall zum langjährigen sozialistischen Bürgermeister Barcelonas und kurzfristigen Präsidenten der katalanischen Landesregierung.

Cuadernos Ibéricos veröffentlichte auch einige Sondernummern. So zum Beispiel die Sondernummer über die Libertäre Bewegung aus dem Jahr 1974 und vor allem die letzte Sondernummer *CNT ser o no ser. La Crisis 1976–79.* (CNT Sein oder Nichtsein. Die Krise 1976–79). Diese Sondernummer erschien im Vorfeld des

CNT-Kongresses 1979 in Valencia, der den Beginn des Niedergangs der heutigen CNT markiert und zur Entstehung der CGT (Confederación General de Trabajadores) führte. Der Schwerpunkt der Sondernummer bildete eine scharfsichtige Analyse von Pepe Martínez. Auf die Argumente, die nicht nur den ideologischen Ballast der libertären Bewegung ausführlich kritisierten, sondern auch interessante Perspektiven für eine moderne freiheitliche Politik darlegten, wurde von Seiten der anarchistischen Intellektuellen mit Schweigen geantwortet. Die CNT boykottierte sogar den Vertrieb der Nummer.

Der Tod Francos, die Aufhebung der Zensur und die demokratische Normalisierung leiteten dann den Untergang des Exilverlags ein. Das Interesse an den Veröffentlichungen von Ruedo Ibérico ließ schlagartig nach, während die auflagenstärksten Verlagsautoren Verträge mit großen spanischen Verlagen abschlossen. 3
Auch die zu demokratischen Ehren gelangten ehemaligen Mitarbeiter wollten plötzlich nichts mehr von Pepe Martínez wissen. Der wirtschaftlich stark angeschlagene und in den Medien totgeschwiegene Verlag erhielt darüber hinaus keine öffentlichen Subventionen. Man hatte sich noch nicht einmal die Mühe gemacht, Pepe Martínez eine Stelle in einem Verlag anzubieten, die seinen Verdiensten und Kenntnissen entsprochen hätte. Er musste stattdessen ein kärgliches Dasein als Privatlehrer für Französisch fristen.

Während die im Franquismus veröffentlichten Publikationen von Ruedo Ibérico der Information dienten, sollten sie im Postfranquismus Gegeninformationsmaterial liefern. Dieses für eine funktionierende Demokratie so notwendige Projekt konnte jedoch nicht Fuß fassen. Zwischen 1979 und 1982 veröffentlichte Ruedo Ibérico noch drei Ausgaben der Zeitschrift und zwölf Buchtitel. Die finanziellen Nöte, der mangelhafte Vertrieb, der Boykott von Seiten der frisch gebackenen Politiker und der neuen Massenmedien, die nichts mehr vom Exil wissen wollten, sowie der rasante Interessenverlust der spanischen Gesellschaft an politischen Streitfragen machten diesem wichtigen Verlagsprojekt ein Ende.

Die ungerechte Verfemung, der Pepe Martínez in den letzten Jahren seines Lebens ausgesetzt war, symbolisiert den moralischen Tiefgang dieser hochgelobten Demokratie, die nicht viel mehr als ein abgestecktes Revier für opportunistische Durchschnittspolitiker ist.

ALBERTO HERNANDO

4

SOLIDARIDAD OBRERA

Carrer Consell de Cent 241

Am 15. Juni 1977 besetzten rund dreihundert Mitglieder der CNT das Erdgeschoss des Gebäudes im Carrer Consell de Cent 241. Sie forderten mit der Aktion die Rückerstattung der Druckerei und der Druckmaschinen der *Solidaridad Obrera*, die im Januar 1939 beim Einmarsch der faschistischen Truppen in Barcelona aufgegeben worden waren.

Solidaridad Obrera war 1907 als Wochenzeitung gegründet worden und wurde ab 1916 als Tageszeitung verlegt. Dass eine reine Arbeiterzeitung täglich erscheinen konnte, war ein Novum, das den entschlossenen Bemühungen der gesamten Organisation zu verdanken war. Dass ihre Bemühungen in die richtige Richtung gingen, belegte unter anderem die Tatsache, dass zahllose Ausgaben der Zeitung beschlagnahmt und zensiert wurden und die Zeitung in gewissen Zeiten vollkommen verboten war.

Solidaridad Obrera war ein revolutionäres Projekt und eine journalistische Alternative, die Teil der kulturellen Wirklichkeit Kataloniens war. Sie war Ausdruck der direkten Aktion und der revolutionären Politikfeindlichkeit, die sich nicht nur gegen Staat und Unternehmer richtete, sondern auch gegen alle politischen Parteien und die übrigen Tageszeitungen.

In den Redaktionsräumen ging die Creme der CNT ein und aus, als Herausgeber der Zeitung haben unter anderem so wichtige Persönlichkeiten wie Ángel Pestaña und Juan Peiró gezeichnet. Obwohl die Zeitung an die Arbeiter im Allgemeinen gerichtet war, enthielt sie stets Informationen und Mitteilungen, die von spezifischem Interesse für Mitglieder der CNT waren. Somit erfüllte sie auch wichtige organisatorische Aufgaben.

Nachdem die Auflage der Zeitung kontinuierlich gestiegen war, wurde die Druckerei im August 1932 in den Carrer Consell de Cent verlegt und neue Druckmaschinen erworben. In der Folge konnte die Auflage auf 30.000 Exemplare täglich gesteigert werden.

Nach Ausbruch der Revolution vom 19. Juli 1936 wurden zunächst die Druckereien der beiden Tageszeitungen *El Noticiero* und *La Vanguardia* besetzt. Danach ließ die CNT ein Kloster im Carrer Consell de Cent abreißen, das in den ersten Tagen der Revolution in Flammen aufgegangen war, um an seiner Stelle ein Gebäude zu errichten, in dem ab Anfang 1937 die Tageszeitung *Solidaridad Obrera* und die Zeitschrift *Catalunya* gedruckt wurden. Die Auflage der *Soli* stieg in der Revolution auf 200.000 Exemplare an, die in drei Ausgaben erschien.

Solidaridad Obrera war zwar schon vorher eine revolutionäre Tageszeitung, ab Juli 1936 wurde sie jedoch weit über die Grenzen Spaniens hinaus als „die Tageszeitung der Revolution“ bekannt. In Worten von Federica Montseny war sie „ein alternativer journalistischer Raum, ein Raum der Barrikade, des Kampfes, des ‚Freunds des Volks‘, des ‚Kolokol‘ und des Protests.“

Nach dem Bürgerkrieg erschien die Zeitung im Exil weiter und wurde auch teilweise im Untergrund herausgegeben. Heute erscheint die *Solidaridad Obrera* als Monatszeitschrift, die sich weiterhin als katalanische Arbeiterzeitung versteht.

CARLES SANZ

5

ZWEI GENERATIONEN: PAULÍ PALLÀS (1862–1893) UND RAMÓN ARCHS (1887–1921)

Gran Vía – Muntaner

Als sich der Capitán General von Katalonien, General Arsenio Martínez Campos, am 24. September 1893 (dem Tag der Schutzheiligen von Barcelona, die kurioserweise auch die Patronin der Gefangenen ist) anschickte, die Truppen zu besichtigen, die sich zur Militärparade formiert hatten, warf Paulí Pallàs mit dem Ruf „Viva la anarquía" zwei Bomben auf ihn. Ein Beamter der Guardia Civil wurde durch die Bomben getötet und Martínez Campos und drei weitere Generäle wurden verletzt. Im Durcheinander des Geschehens starben acht weitere Menschen, teils unter den Hufen der durch die Explosion scheu gewordenen Pferde der Militärs, teils durch die Schüsse der Guardia Civil. Pallàs blieb regungslos an der Ecke Gran Via-Muntaner stehen und leistete keinen Widerstand gegen seine Verhaftung. Er wurde eine Woche später auf dem Montjuïc füsiliert. Pallàs hatte die ganze Zeit über eine unerschütterliche Ruhe bewahrt, nur als das Erschießungskommando die Gewehre anlegte, rief er mit klarer und deutlicher Stimme: „Die Rache wird fürchterlich sein."

Obwohl Paulí Pallàs ausgesagt hatte, dass er allein gehandelt habe, wurden drei weitere Arbeiter wegen des Vorfalls verurteilt und ebenfalls hingerichtet, während Martín Borrás, der erste Herausgeber der Wochenzeitung *Tierra y Libertad*, sich im Kerker umbrachte, indem er die Schwefelköpfe von Streichhölzern verschluckte.

Paulí Pallàs i Latorre war 1862 als Sohn eines Steinbrucharbeiters in Cambrils geboren worden. Der gelernte Schriftsetzer war ein begeisterter Leser. *Die Eroberung des Brotes* von P. Kropotkin wurde zu seinem Lieblingswerk und öffnete ihm die Tore zu einem anderen Weltbild und einer anderen Lebensweise, die wenig mit dem tristen Kampf um das tägliche Überleben zu tun hatte. Von seinem Tatendrang und enormen Wissensdurst angetrieben, reiste er schon als junger Mensch über Frankreich nach Italien, um von dort aus den Atlantik nach Argentinien zu überqueren. In Argentinien lernte er den italienischen Anarchisten Errico Malatesta kennen, mit dem er zusammen bis nach Patagonien reiste. Nachdem er einige Jahre in der argentinischen Provinz Rosario verbracht hatte, siedelte er nach Brasilien um. Am 1. Mai 1891 warf er eine Bombe in das luxuriöse Theater Alcántara in Rio de Janeiro. Von der Polizei verfolgt, kehrte er nach Barcelona zurück, wo er erneut mit Malatesta zusammentraf und sich der „grupo de afinidad" Benvenuto Salut anschloss. Die Gruppe war wie alle Gruppen ihrer Art brutalen Verfolgungsmaßnahmen in einem Klima harter Re-

Pallàs beim Werfen der Bombe

5

pression gegen die gesamte Arbeiterbewegung ausgesetzt. Dieses Klima löste eine Aktions-Reaktions-Spirale aus, der neben vielen anderen auch Pallàs zum Opfer fiel.

Abschließend soll noch auf den paradoxen Umstand hingewiesen werden, dass der für seine Grausamkeit bekannte Militärgouverneur Martínez Anido die Familie von Pallàs nach dessen Exekution unter seine Fittiche nahm. Er verschaffte seiner Frau eine Stelle als Köchin in seinem eigenen Haushalt und sorgte für die Erziehung seines Sohns, der später eine führende Figur der gelben Unternehmergewerkschaft wurde.

Das Leben des Sohnes von Manuel Archs, der zusammen mit Pallàs füsiliert worden war, verlief dagegen in entgegengesetzter Richtung. Ramón Archs spielte eine wichtige Rolle bei der *Solidaridad Obrera* und in der Metallarbeitergewerkschaft der CNT. Er war ein tatkräftiger Mann, der nicht nur Gewerkschaftsaufgaben übernahm, sondern auch in den Selbstverteidigungsgruppen der CNT aktiv war. Schon 1910 musste er während eines Streiks im Metallsektor nach Frankreich fliehen, da er beschuldigt worden war, auf den Chefingenieur der Firma La Maquinista Terrestre y Marítima geschossen zu haben. Er wurde auch mit den Attentaten gegen den Chef des Unternehmerverbands Graupera und den Polizeiinspektor Espejo in Verbindung gebracht. Einige Zeit später wurde er der Teilnahme an dem gescheiterten Anschlag auf eine Feier der parapolizeilichen Bürgerwehr Somatén beschuldigt. Zur Durchführung des Anschlags war ein führerloser Wagen, der mit einem glockenähnlichen Behälter voll Sprengstoff beladen war, auf die Prominententribüne gesteuert, die an der Ecke zwischen Gran Via und Passeig de Gràcia aufgebaut worden war. Der Wagen stieß jedoch gegen einen Laternenpfahl und die Sprengladung explodierte nicht.

1921 wurde Ramón Archs dann der Anstiftung und Vorbereitung des tödlichen Anschlags auf den Madrider Regierungspräsidenten Dato beschuldigt, der im März 1921 von drei jungen Metallarbeitern verübt worden war, die Dato beim Verlassen des Kongressgebäudes von einem Motorrad mit Seitenwagen aus niedergeschossen hatten.

Ramón Archs war nach diesen Anschuldigungen zu einem Leben im Untergrund gezwungen. Er wurde jedoch schon am 21. Juni 1921 im Carrer Vila Vilà tot aufgefunden. Sein Körper wies nicht nur mehrere Einschüsse und zahlreiche Stich- und Schnittwunden auf, sondern er besaß auch keinen Penis mehr. Der für seine Grausamkeit bekannte Polizeichef Arlegui soll später damit geprahlt haben, dass er Archs' Hoden zum Zeitvertreib mit seiner Messerspitze malträtiert hatte.

ABEL REBOLLO

DIE UNIVERSITÄT BARCELONA UND ODÓN DE BUEN

Plaça de la Universitat

Die Universität sollte ursprünglich das gesamte Karree zwischen Gran Vía, Diputació, Balmes und Aribau einnehmen. Die zuständigen Behördenvertreter, allen voran der zukünftige Rektor der Universität, Casaña, sorgten jedoch gegen beträchtliche Schmiergelder dafür, dass fast 5000 Quadratmeter an private Immobilienspekulanten verkauft wurden. Als das neue Universitätsgebäude schließlich fertig gestellt war, wurde es zunächst drei Jahre lang als Kaserne genutzt, bevor es schließlich 1871 eingeweiht wurde.

Die Universitätsausbildung fristete ein kümmerliches Dasein im Spanien des ausgehenden 19. Jahrhunderts. Ein zeitgenössischer Gelehrter beschrieb die Universität Barcelona, eine der wenigen Hochschulen der damaligen Zeit, auf folgende Weise: „Graue Hörsäle, in denen graue Professoren vorsintflutliche Texte herunterleiern; regelmäßig den Unterricht schwänzende Professoren und Studenten; Streikaufrufe zur Vorverlegung des Ferienbeginns; Studienzeugnisse und Diplome, die in den meisten Fällen eine Garantiebescheinigung für Unwissen und Inkompetenz sind. Einige würdige Ausnahmen, so rar wie ein Ei mit zwei Dottern, bestätigten die Regel."

Eine dieser würdigen Ausnahmen der Universität Barcelona war Odón de Buen. Als er 1895 von seinem Lehrstuhl für Naturgeschichte aus verkündete, dass die Entwicklungslehre der logischste und rationalste Ausdruck der Evolution der Naturkräfte sei, läuteten bei den kirchlichen Würdenträgern und anderen reaktionären Kreisen der Stadt die Alarmglocken. Der Bischof von Barcelona wandte sich unverzüglich an den Vatikan, damit dieser die Lehren von De Buen verurteilte und seine Lehrwerke auf den Index verbotener Bücher setzte.

Wie üblich wurde alles versucht, um die Verbreitung von Ideen zu verhindern, welche die Unabänderlichkeit des Weltbildes und als Folge davon der sozialen Ordnung in Frage stellten. Den Naturbegriff im evolutionstheoretischen Sinn verändern zu wollen, bedeutete zugleich, die Möglichkeit von Veränderungen in der gottgewollten sozialen Struktur zuzugeben. Außerdem begriff Odón de Buen seine Lehre als eine positive Wissenschaft, womit er in einen direkten Widerspruch zu der von den herrschenden Klassen propagierten ideologischen Wissenschaft trat, die jede Kritik untersagte.

Die Kirche erreichte, dass ein Disziplinarverfahren gegen Odón de Buen eingeleitet und ihm sein Lehrstuhl entzogen wurde. Erst nach mehreren Demonstrationen und starken Protesten von Studenten und fortschrittlichen politischen Kreisen konnte er einige Monate später seine Lehrtätigkeiten wieder aufnehmen.

Odón de Buen arbeitete u.a. eng mit Ferrer i Guàrdia zusammen. Im Rahmen eines Projekts zur Gründung einer Volkshochschule hielt er an vielen Sonntagen Vorträge für Kinder und Erwachsene. Er verfasste mehrere wissenschaftliche Lehrtexte für die Schüler der Escuela Moderna, zu denen auch seine Kinder gehörten.

Obwohl die spanischen Universitäten noch viel stärker als in anderen europäischen Ländern traditionell privilegierten Bevölkerungsschichten vorbehalten gewesen sind, ist es auch in ihnen zu kreativen Protesten und rebellischen Aktionen ge-

ODÓN DE BUEN

kommen. Dies war vor allem in den 1970er Jahren der Fall, als erstmals auch verstärkt Arbeiterkinder in die Universitäten gelangten.

Im Franquismus verliefen die Kämpfe der Studenten meistens parallel zu den Arbeiterkämpfen und den Auseinandersetzungen der antifranquistischen und antikapitalistischen Bewegungen. So beteiligten sich die Universitätsangehörigen aktiv am Straßenbahnboykott 1951, weshalb die Universität während des Streiks geschlossen wurde. Auch der Generalstreik 1962 in Asturien, der eine basisdemokratische Streikbewegung in ganz Spanien einleitete, fand seinen Widerhall in der Universität. Mit dem Schlachtruf „Opus Dei, nein, Bergarbeiter, ja" und „Asturien, ja, Franco, nein" verließen die Studenten der Universität Barcelona im Mai 1962 die Hörsäle und besetzten die Plaça de la Universitat. Die Polizei trieb die Demonstranten auseinander, drang ins Universitätsgebäude ein und hielt es eine Woche lang besetzt. Zahlreiche Studenten wurden verhaftet, eingesperrt und relegiert.

Im Rahmen des wachsenden antifranquistischen Widerstands kam es an den Universitäten immer häufiger zu offenen Rebellionen gegen die ständigen Verbote der freien Meinungsäußerung. Als am 4. Februar 1965 die Vorführung des Films *Viridiana* von Buñuel im Fachbereich für Wirtschaftswissenschaften verboten wurde, der sich damals schon in Pedralbes befand, besetzten rund 2000 Studenten die Landstraße Barcelona–Madrid, während in allen anderen Fachbereichen Vollversammlungen einberufen wurden. Erst nach Einsatz der berittenen Polizei konnten die Studenten von der Straße vertrieben werden. Die Fachbereiche für Rechtswissenschaften und Wirtschaftswissenschaften wurden danach mehrere Tage lang geschlossen.

Die heißen 70er Jahre der Universität Barcelona wurden mit den Ausschreitungen eingeleitet, die durch das Verbot eines Konzerts von Pete Seeger am 13. Februar 1971 ausgelöst wurden. In den folgenden Jahren hatten die Studierenden regen Anteil an den politischen und sozialen Konflikten innerhalb und außerhalb der Universitäten und verschafften sich auf diese Weise einen kleinen Ehrenplatz im rebellischen Barcelona.

MIQUEL VALLÉS

7

LEÓN FELIPE IM KINO COLISEUM

Gran Via 595

Am 28. März 1937 steigt León Felipe auf die Bühne vor der Leinwand des Kinos Coliseum. An den Ecken des Saals stehen Gruppen anarchistischer Milizionäre, die mit gezückten Waffen aufpassen, dass der Dichter nicht einem Anschlag zum Opfer fällt.

4000 Menschen halten sich dicht gedrängt im Kinosaal auf, der Plätze für weniger als 3000 Menschen besitzt.

Der Poet wird als Wahrsager agieren, eine Rolle, die niemand von ihm verlangt hat, auf die er aber um keinen Preis verzichten will. Hier im Theater steht er unter dem Begleitschutz von hoffnungsvollen Desperados, die wie er den Krieg als verloren ansehen.

León Felipe sagt sein poetisches Plädoyer *La insignia* nicht auf, sondern er schreit es heraus. Fast zwei Stunden lang fleht er das Gewissen und den Verstand der Zuhörer in einem unerbittlichen Plädoyer gegen alles und alle an, die sich seinem Empfinden nach nicht ausreichend darüber bewusst sind, was in diesem grausamen und unerbittlichen Krieg auf dem Spiel steht.

Er verschont keine Gruppe. Alle rügt er dafür, sich in die Lage gefügt zu haben. Voller Beklemmung und schmerzhafter Verzweiflung rüttelt er am Gewissen aller organisierten Gruppen. Für England behält er sich die härtesten Kritiken vor. Der gesamte Saal hört seinem Vortrag mit einem beeindruckenden Schweigen zu, das nur am Schluss von einer ergreifenden, nicht enden wollenden Ovation zerrissen wird.

Nun gilt es, den Saal zu verlassen. Die anarchistischen Milizionäre begleiten ihn mit gezückten Waffen zu dem Ort, an dem er übernachten wird. Nach seinem Vortrag fürchten sie noch stärker als zuvor, dass jemand einen Anschlag gegen ihn verüben könnte. Ihre Furcht ist nicht unbegründet. León Felipe hatte versucht, *La insignia* in Valencia, dem neuen Sitz der republikanischen Regierung, zu veröffentlichen. Die Regierung hatte nicht nur die Veröffentlichung verhindert, sondern ihm darüber hinaus verboten, das Gedicht an einem öffentlichen Ort vorzutragen.

Der Dichter begriff sogleich, dass er nur in Barcelona die Möglichkeit haben würde, es mit all seiner Kraft vorzutragen. Und dies tat er dann auch in einer der ergreifendsten Dichterlesungen, die es je gegeben hat und geben kann.

Das Lichtspieltheater Coliseum wurde einige Monate später von der faschistischen Luftwaffe ausgebombt.

Als der Dichter und die Milizionäre das Theater verlassen, nutzt jemand das Getümmel, um das Manuskript mit den Gedichten an sich zu nehmen und es der CNT zur Veröffentlichung zu übergeben. Die CNT publiziert es, allerdings zensiert sie einige ihr nicht genehme Teile. Über diese Vorgehensweise empört, lässt León Felipe das Gedicht in der Druckerei eines Freundes in Valencia auf eigene Rechnung drucken und in Umlauf bringen. Einige Wochen später ordnet die Regierung der Republik die Beschlagnahme aller im Umlauf befindlichen Exemplare an und empfiehlt dem Dichter, das Land zu verlassen, was dieser 1938 mit dem Ziel Mexiko auch tut.

Diese Geschichte steht jedoch auf einem anderen Blatt. Hier sollte nur an diese einzigartigen Momente einer vollständigen Vereinigung zwischen Dichtung und Rebellion, zwischen den verzweifelten Rebellen und dem verzweifelt rebellischen Dichter erinnert werden.

ADOLFO CASTAÑOS GARROFÉ

8

GARCÍA LORCA (1898–1936)

Rambla de Catalunya 5, Theater Barcelona

Am 7. Oktober 1935 schrieb Federico García Lorca von Barcelona aus folgenden gerührten Brief an seine Eltern.

Liebe Eltern:
Gestern habe ich im Theater Barcelona einen Gedichtabend für alle Arbeiterathenäen Kataloniens gegeben. Das Theater war bis auf den letzten Platz besetzt und auch die Rambla de Catalunya war voller Publikum, das über Lautsprecher zuhörte, denn die Lesung wurde im Radio übertragen. Die Andacht, die Begeisterung, das Wohlwollen und die enorme Liebenswürdigkeit, die mir die Arbeiter zuteil werden ließen, waren ergreifend. Meine Verbindung mit dem authentischen Volk war so echt, dass ich anfangs kaum ein Wort über die Lippen brachte, denn ich hatte einen Knoten der Rührung im Hals. Mit einem wunderbaren Einfühlungsvermögen empfanden sie die Gedichte mit, und als ich dann die „Romanze von der Guardia Civil“ rezitierte, erhob sich der ganze Saal mit dem Ruf „Lang lebe der Dichter des Volks“. Danach musste ich mehr als eineinhalb Stunden lang eine Prozession von Menschen ertragen, die mir die Hand schütteln wollten – alte Arbeiterinnen, Mechaniker, Kinder, Studenten, Handwerker. Es war die schönste Veranstaltung, die ich in meinem Leben erlebt habe. Täglich werden mir diese teilnahmslosen Menschen unerträglicher, die weder Fisch noch Fleisch sind, und die, nachdem sie eine Vorführung des widerlichen aktuellen Theaters ungerührt erduldet haben, mit müder Nachlässigkeit die Türen der Automobile hinter sich schließen.

Ich bin zufrieden und wünschte mir, ihr hättet den gestrigen Auftritt miterlebt.

Morgen werde ich eine kommentierte Lesung des „Romanceros“ in der Universität geben. Die Veranstaltung wurde von Studenten organisiert und es ist keine einzige Einladung mehr übrig [...]

Eins ist klar: Man kann heute in Spanien nicht „neutral“ sein ...

Lorcas Lesung war von Radio Barcelona übertragen worden und aus den Lautsprechern zu hören, die an den Straßenlaternen und Bäumen der Stadt hingen. Die Rambla de Catalunya war von der Plaça de Catalunya bis zur Gran Vía voller wissens- und kunsthungriger Menschen aus dem Volk.

Selbst heute noch behaupten einige – ohne dabei rot zu werden –, die Poesie sei von jeher etwas für eine Minderheit gewesen und nur für eine kulturelle Elite interessant. Diese Behauptung ist schlichtweg falsch, e in Volk, das nach Emanzipation und Würde strebt, nährt die Kunst und lässt sich von ihr nähren, ganz so wie das Volk Barcelonas in jenen 30er Jahren.

PS.: Die Veranstaltung war vom Ateneu Enciclopèdic Popular in Zusammenarbeit mit den übrigen Arbeiterathenäen Barcelonas organisiert worden; eine erhebliche Anzahl dieser Athenäen war in dieser Zeit aufgrund richterlicher Verfügungen geschlossen.

ADOLFO CASTAÑOS GARROFÉ

DIE JOURNALISTEN DER REVOLUTION

Plaça de Catalunya

Die Berichterstattung über einzigartige Ereignisse ist von jeher ein dringendes gesellschaftliches Bedürfnis gewesen, das für die Berichterstatter nicht selten mit erheblichen Gefahren verbunden war und ist.

Die Septemberrevolution von 1868 (die sogenannte Glorreiche Revolution) und die Revolution zwischen 1936 und '39 waren zweifellos zwei Schlüsselereignisse in der zeitgenössischen Geschichte Spaniens. Beide Begebenheiten lösten ein starkes internationales Interesse aus und in beiden Fällen galt Barcelona als die ideale Ausgangsbasis für die Aufnahme der journalistischen Nachforschungen.

Der revolutionäre Ausbruch im September 1868 weckte reges Interesse in den europäischen Informationsmedien. Barcelona zog in der Folge zahlreiche Journalisten und Beobachter sowie die unterschiedlichsten Abenteurer an. In einigen Gazetten besaß sogar die Ankunft gewisser Journalisten anderer Zeitungen Nachrichtenwert. So wurde die Ankunft des Redakteurs von *Le Siècle*, M. Serland, gemeldet, der in Begleitung von J. K. Trebois, dem Redakteur von *La Tribuna*, in der Stadt eingetroffen war. Eine wenige Tage darauf veröffentlichte Meldung verkündete die Ankunft von León Mechnikoff, einem russischen Emigranten und Korrespondenten einer Zeitung aus Sankt Petersburg, sowie von Lucien Combay, Korrespondent von *Le Temps* und *L'Illustration*. Das Ziel ihres Aufenthalts in der Stadt sei „die sorgfältige Untersuchung der Revolution, die sich in Spanien zugetragen hat, da sie im Ausland auf großes Interesse gestoßen ist. Beide haben vor, die wichtigsten Städte Spaniens zu bereisen."

Auch der französische Geograf und Journalist Elisée Reclus fuhr damals nach Barcelona, auch wenn seine Ankunft nicht an die große Glocke gehängt wurde. Er war auch nicht als Abgesandter von Bakunin gekommen – eine Ehre, die er höflich abgelehnt hatte und die schließlich Giuseppe Fanelli zuteil wurde –, sondern als Korrespondent der Pariser Zeitschrift *La Revue Politique et Littéraire*. Für diese Zeitschrift schrieb er ein Dutzend Artikel, in denen er die Republik leidenschaftlich verteidigte. Seine Operationsbasis in Barcelona war das Centro Republicano Federal im Carrer Canuda 31 und seine Hauptratgeber waren die Republikaner Garrido und Tutau.

Die Revolution von 1936 erregte selbstverständlich eine noch viel regere Aufmerksamkeit unter Journalisten, Beobachtern, Spionen, romantischen Abenteurern, sozialen Kämpfern und vielen anderen. Einige dieser Journalisten engagierten sich im revolutionären Geschehen und hielten ihre Erfahrungen nicht nur in Chroniken fest, sondern auch in Büchern, die entweder in der Hitze des Gefechts geschrieben wurden oder ein Ergebnis langjähriger geduldiger Nachforschungen waren. Franz Borkenau verfasste beispielsweise in *Kampfplatz Spanien* eine Studie über die Revolution, die an seinen eigenen Erfahrungen ansetzte. Der Journalist von United Press, Burnett Bolloten, war in Barcelona auf Urlaub, als es zum Staatsstreich kam. Neben seinen Zeitungschroniken strengte er mehr als zwanzig Jahre dauernde Nachforschungen an, die zu seinem Standardwerk *The Spanish Revolution: The left and the struggle for power* führte. Auch die leidenschaftliche Be-

9

Plaça de Catalunya. Rechts das Hotel Colón, das 1936 als Pressezentrum diente

schreibung der revolutionären Momente, die H. E. Kaminski in *Barcelona. Ein Tag und seine Folgen* liefert, soll nicht unerwähnt bleiben.

Einige dieser hellsichtigen Beobachter nahmen La Rambla als sozialen Barometer, um den revolutionären Druck zu messen. Auf Reclus machte sie im September 1868 folgenden Eindruck:

„La Rambla, die große Passage, die die Stadt in zwei Teile teilt, wimmelte von Menschen. Unter dem grünen Blattwerk der Bäume, das kapriziöse Schatten auf die weißen Häuserfassaden warf, gingen die Menschen hin und her. Nichts deutete darauf hin, dass sie kurz zuvor unter Beschuss gestanden hatten bzw. jederzeit Gefahr liefen, beschossen zu werden."

Franz Borkenau beschreibt seine Eindrücke, als er im August 1936 das erste Mal nach Barcelona kam: „Nur wenige Leute auf dem Paseo de Colón. Und dann, als wir um die Ecke in die Ramblas (die Hauptverkehrsader Barcelonas) einbogen, kam eine gewaltige Überraschung. Schlagartig breitete sich die Revolution vor unseren Augen aus. [...]

Der erste Eindruck: bewaffnete Arbeiter mit geschulterten Gewehren, aber in ihrer Zivilkleidung."

Mitte Januar 1937 hatte sich die Lage jedoch vollkommen verändert: „Barcelona schockierte mich, genau wie im August, nur im entgegengesetzten Sinne. Damals war ich davon überwältigt, wie schlagartig die Stadt wirklich den Charakter einer Arbeiterdiktatur offenbart hatte. Dieses Mal frappierte sie den Beobachter dadurch, daß alle Anzeichen genau dieser Diktatur fein säuberlich getilgt waren."

PACO MADRID

AUGUSTIN SOUCHY (1892–1984)

Carrer Casp 6

Zu Zeiten der Studentenrevolten in den 1960er und 70er Jahren gab es in München eine Wohnung, die häufig von jungen Anarchisten aufgesucht wurde, die mehr über andere Lebens- und Kampfformen wissen wollten. Der Mieter der Wohnung hatte den Sturz von Diktatoren und den Sieg einiger Revolutionen miterlebt und zahlreiche führende Revolutionäre des 20. Jahrhunderts persönlich gekannt. Sein Name: Augustin Souchy. Die jungen Libertären wollten vor allem von ihm wissen, was in Spanien zwischen 1936 und 1939 tatsächlich geschehen war. Denn sein damals frisch erschienenes Buch über den Bürgerkrieg *Nacht über Spanien* war das erste Werk, das jene Ereignisse von einem anarchistischen Standpunkt aus behandelte. Am stärksten waren die jungen Antiautoritären an den Erfahrungen der Kollektivierungen in Katalonien, Aragonien und den anderen spanischen Regionen interessiert.

Augustin Souchy war 1892 als Sohn eines der ersten Sozialdemokraten Schlesiens geboren worden. Nach der gescheiterten russischen Revolution von 1905 suchten viele geflüchtete Revolutionäre Unterschlupf in seinem Elternhaus, wodurch er aus erster Hand von ihren Kämpfen und Erfahrungen erfuhr. Diese Berichte stärkten sein sozialistisches und revolutionäres Bewusstsein und veranlassten ihn, nach Berlin zu ziehen, wo er führende Mitglieder der SPD kennenlernte. Durch die Lektüre von Max Stirner, Pjotr Kropotkin und Gustav Landauer näherte er sich jedoch bald dem Anarchismus und trat dem Sozialistischen Bund bei, in dem auch Erich Mühsam aktiv war. Bei Ausbruch des Ersten Weltkriegs desertierte er nach Skandinavien. 1920 reiste er als Delegierter der Freien Arbeiter Union Deutschlands nach Moskau, wo er unter anderem Lenin, Victor Serge und Volin kennenlernte. Am stärksten war er jedoch von Kropotkin beeindruckt. Voller Enttäuschung verließ er das Land der „Weltrevolution", da er festgestellt hatte, dass die zaristische Autokratie durch die Diktatur einer Partei ersetzt worden war.

1919 kam er zum ersten Mal mit spanischen Revolutionären in Berührung. Ende der 1920er Jahre erhielt er dann einen direkteren Einblick in die politische Lage Spaniens und die Kämpfe der spanischen Arbeiterbewegung, als er die aus Spanien geflohenen Anarchisten Buenaventura Durruti und Ascaso in seiner Wohnung in Berlin aufnahm. Als Sekretär der Internationalen Arbeiter-Assoziation nahm er ab 1931 an allen Kongressen der spanischen Anarchosyndikalisten teil.

Nachdem er sich 1933 seiner Verhaftung durch die Flucht nach Frankreich entzogen hatte, traf er Anfang Juli 1936 in Barcelona ein. Er war als Redner zu einer Massenveranstaltung zugunsten des Weltfriedens in der Stierkampfarena Monumental eingeladen worden. Am Vorabend des Treffens kam es jedoch zum Staatsstreich der faschistischen Generäle. Er erlebte die ersten Tage der Kämpfe und des Widerstands an den Barrikaden und konnte am dritten Tag im Radio Barcelona den Sieg der revolutionären Arbeiter verkünden. Das Regionalkomitee der CNT unterstellte ihm in der Folge die internationale Informationsstelle der CNT und überließ ihm ein Büro im Haus der CNT-FAI an der Via Laietana, wo er seine journalistische Arbeit verrichtete. Im Rahmen dieser Tätigkeiten reiste er auch durch Katalonien,

10 Aragonien und die Region Levante, um die Landkollektivierungen kennenzulernen. Kurz vor Einmarsch der franquistischen Truppen verließ er am 26. Januar 1939 das Land.

Wie die meisten Flüchtlinge wurde auch er in einem Gefangenenlager interniert. Nach der Besetzung Frankreichs durch die deutschen Truppen gelang ihm jedoch die Flucht über Marseille nach Mexiko, einer der wenigen Staaten, der den spanischen Republikanern Asyl gewährte. In den nächsten beiden Jahrzehnten lebte er in Mexiko und Kuba und unternahm immer wieder längere Vortragsreisen, die ihn in alle lateinamerikanischen Länder brachten. Im Alter von 74 Jahren kehrte er schließlich nach Deutschland zurück.

Augustin Souchy und Clara Thalmann

Auf Anregung einer Gruppe junger deutscher Filmemacher, die einen Film mit den noch lebenden Spanienkämpfern drehen wollten, machte er sich Anfang der 80er Jahre auf die Suche nach den Spuren ihrer Kämpfe und den Resten, die nach der vierzigjährigen franquistischen Diktatur übrig geblieben waren. Zum Abschluss der Nachforschungen fuhr der unermüdliche Reisende 1983 nach Spanien. Zusammen mit Clara Thalmann besuchte er noch einmal die Orte der sozialen Revolution. In Barcelona nahm er zum letzten Mal an einer 1.-Mai-Veranstaltung der CNT teil. Seine „Lange Hoffnung“ – wie der Film der Medienwerkstatt Freiburg hieß –, in einer wirklich freien und gerechten Gesellschaft zu leben, ging allerdings nicht in Erfüllung. Am 1. Januar 1984 starb er in München im Alter von 91 Jahren.

DORIS ENSINGER

DAS RECHT AUF DEN EIGENEN KÖRPER
Ein feministischer Kampf der 70er Jahre

Kollektiv DAIA, 1975–1984
(Frauen für Selbsterforschung
und Empfängnisverhütung)

Casp 78

Die Geschichte von DAIA ist beispielhaft für den Selbstorganisierungsprozess, den Kampf und den folgenden Motivationsverlust, den die Gruppen, die für die Verbesserung der Lebensbedingungen der Bevölkerung kämpften, in der sogenannten demokratischen Übergangszeit zwischen 1975 und 1982 durchlaufen haben. Während der franquistische Staat die Menschen schließlich dazu gebracht hatte, sich selbst zu organisieren, um eine Welt nach ihren Wünschen zu schaffen, überzeugte der auf ihn folgende demokratische Staat sie davon, dass es keine andere Welt geben kann als die, die er geschaffen hat.

Seit Ende der 60er Jahre waren unter dem Schutz von Pfarreien, Schulen und Universitäten die ersten freien Vereinigungen entstanden. Sie waren ein Ausdruck der gewaltigen Anstrengungen der oppositionellen Kräfte, sich einen Weg zwischen den Resten der faschistischen Mächte der Diktatur zu bahnen, die zwar reichlich versteinert waren, aber immer noch fest im Sattel saßen. Als DAIA gegründet wurde, hatte der Mangel an kulturellen, medizinischen und sozialen Dienstleistungen auch andere Gruppen zur Schaffung von Zentren angeregt, in denen die Informationen aus dem Ausland unzensiert verbreitet und verschiedene Interventionsformen diskutiert und erprobt werden konnten.

Unsere Lage in jenen Jahren ließ stark zu wünschen übrig. Der Faschismus hatte nicht nur die politischen und gewerkschaftlichen Freiheiten ausgerottet, sondern auch archaische Moralvorstellungen durchgesetzt. Die Lage der Frau war durch das starke Gewicht der jüdisch-christlichen Moraltradition, die uns als geistig Minderbemittelte behandelt, besonders unerträglich. Das gesellschaftliche Klima war von einem militanten Katholizismus und einer extrem frauen- und kulturfeindlichen Militärdiktatur bestimmt. Das Verbot von Empfängnisverhütung, außerehelichen Beziehungen, Scheidung und Abtreibung sowie die Verherrlichung der kinderreichen Familie hatte die weibliche Sexualität extrem eingeschränkt. Der Moralkodex der Diktatur entsprach zwar in keiner Weise den Wünschen der Menschen, aber nur die Frauen besser gestellter Kreise hatten Zugang zu modernen Techniken der Empfängnisverhütung und des Schwangerschaftsabbruchs. Den Frauen aus den Volksklassen – der großen Mehrheit also – blieb dagegen keine andere Wahl, als sich in die Hände brutaler Kurpfuscher zu begeben.

Andererseits konnten wir jungen Frauen aus den linken Gruppen die männlichen Gruppenmitglieder nicht davon überzeugen, den unterschiedlichen Formen der Diskriminierung der Frauen innerhalb und außerhalb unserer Organisationen die nötige Bedeutung zuzugestehen. Deshalb stellte sich für viele von uns die Notwendigkeit, eigene Gruppen und Räume zu schaffen, in denen wir uns mit unseren Problemen auseinandersetzen und die radikale Veränderung des Alltagslebens auf unsere Weise in Angriff nehmen konnten.

Im Resümee der I. Katalanischen Frauentage (Mai 1976) ist ein Vortrag der Gruppe DAIA abgedruckt, der besonderen Nachdruck darauf legt, dass die Informa-

tionen über die Existenz und die Benutzung von Verhütungsmitteln stärker verbreitet werden müssen, um eine freiere Sexualität und eine frei bestimmte Mutterschaft zu ermöglichen. Der Vortrag schloss mit dem Hinweis, dass die Trennung zwischen Sexualität und Fortpflanzung die unabdingbare Voraussetzung für die Emanzipation der Frau sei. Was heute selbstverständlich erscheint, klang damals obszön.

DAIA begann ihre Aktivität als „Familienplanungsgruppe der universitären Frauenvereinigung“. Wir eröffneten in der Folge eine kleine Beratungsstelle über Empfängnisverhütung, Sexualität und Abtreibung im Carrer Córcega. Die Arbeit war nicht leicht, denn die Aufklärung über und der Verkauf von Verhütungsmitteln waren genauso verboten wie der Abbruch einer Schwangerschaft.

In der ersten Etappe bemühten wir uns speziell darum, die Information allen Frauen, besonders aber den Frauen aus der Arbeiterklasse, zugänglich zu machen und das Tabu zu zerstören, mit dem die Fragen der Sexualität belegt waren. Zu diesem Zweck gaben wir Broschüren heraus und hielten zahlreiche Vorträge in Stadtteilzentren, Athenäen, Vereinen und Schulen. In unserer Beratungsstelle vertrieben wir Verhütungsmittel mit möglichst wenig Nebenwirkungen, die wir heimlich aus dem Ausland einführen mussten, und wiesen die Frauen in ihre Benutzung ein. Wir wollten, dass die Informationen und die geforderten Familienberatungsstellen von den Frauen selbst kontrolliert wurden, um eine übermäßige Verärztlichung eines Prozesses zu verhindern, den wir selbst bestimmen und beherrschen wollten.

Nach kurzer Zeit hatte sich die Gruppe gefestigt und war zu einem Bezugspunkt für ganz Spanien geworden. Wir waren in den Carrer Casp umgezogen. Unsere neu-

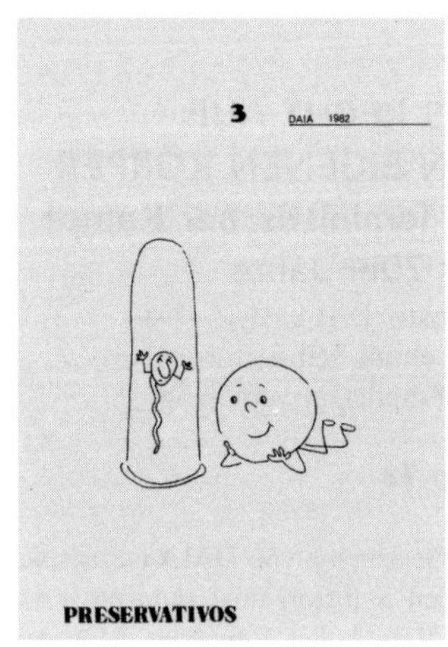

en Räumlichkeiten, die wir mit der Feministischen Koordination Barcelonas teilten, waren bald in der ganzen Stadt bekannt und wurden zu einer Anlaufstelle für Frauen, die Hilfe suchten oder mit uns zusammenarbeiten wollten. Auf diese Weise entstanden unter anderem Diskussionsgruppen über Sexual- und Gesundheitsfragen, Workshops zur Selbsterkennung des weiblichen Körpers, zur richtigen Benutzung des Diaphragmas oder über Hausgeburten. Die Problematik der Abtreibung rückte jedoch nach einiger Zeit ganz gegen unseren Willen in den Mittelpunkt unserer Tätigkeiten. Da ein vorzeitiger Schwangerschaftsabbruch weiterhin verboten war, stellten wir Listen von Abtreibungskliniken zusammen und organisierten Gruppenreisen für Frauen, die abtreiben wollten. Außerdem veranstalteten wir Diskussionsrunden, in denen die Frauen offen über ihre Zweifel und Ängste sprechen und ihre Isolierung durchbrechen konnten.

Nachdem wir zehn Jahre unseres Lebens diesen Tätigkeiten gewidmet hatten, gewann schließlich das Gefühl die Oberhand, dass wir in eine Sackgasse geraten waren. Unser Ausgangsprojekt der Schaffung von unabhängigen Frauenzentren, in denen die Mechanismen der Selbsthilfe, der Solidarität und der Kontrolle der ärztlichen Institutionen gestärkt werden konnten, wurde durch die Schaffung der ersten städtischen Familienberatungsstellen untergraben. Diese (heute nicht mehr bestehenden) Zentren, die auch einige unserer Genossinnen unter Vertrag nahmen, hatten sich einen Teil unserer Forderungen angeeignet und in die entsprechenden institutionellen Bahnen gelenkt. Unsere Tätigkeit wurde dadurch praktisch auf die Abtreibungsberatung reduziert.

Mitte der 80er Jahre waren wir alle ziemlich ausgelaugt, vor allem waren wir jedoch zutiefst über die Lage im Land enttäuscht. Unsere Enttäuschung fiel mit einer allgemeinen Demobilisierung praktisch aller Frauenbewegungen in Europa zusammen. Angesichts dieser Umstände zogen wir es vor, unsere Gruppe selbst aufzulösen, bevor sie auseinanderbröckeln konnte.

Wie andere Frauengruppen hatte auch unsere Gruppe auf dem Willen basiert, die Dinge, die uns angingen, in unsere eigenen Hände zu nehmen, ohne irgendeine Unterstützung von den Institutionen zu erwarten. Durch die Institutionalisierung der Linken, das heißt mit der Konsolidierung des PSOE an der Macht und der dadurch ausgelösten sozialen Demobilisierung, wurde ein Szenario geschaffen, in dem wir uns nicht mehr halten konnten. Ein Szenario, das gemeinhin als Ende der Übergangszeit zwischen dem Franquismus und der Festigung der Demokratie bezeichnet wird und in der Praxis den erzwungenen und in manchen Fällen auch ausgehandelten, oft auch durch Posten in den neuen Institutionen kompensierten Rückzug der autonomen Volksbewegungen zugunsten der „einzigen legitimen Vertretungen“ (Parteien und Gewerkschaften) bedeutete.

Die neuen Institutionen verwirklichten einen Teil der von den sozialen Bewegungen und Stadtteilbewegungen geforderten Dienstleistungen, die jedoch nun von den Stadtverwaltungen, den Ministerien der Landesregierung und den „ausgebildeten Experten“ kontrolliert wurden. In der Folge wurden Stellen für Sozialarbeiter, Koordinatoren, Gynäkologen, Psychologen, Wirtschaftswissenschaftler – kurz und gut: für ordnungsstiftende Personen – geschaffen, die die „ausgebrannten“ Aktivistinnen der Selbsthilfezentren verdrängten. Die Nachbarschaftsvereinigungen, in denen zahlreiche Frauen eine führende Rolle in den Auseinandersetzungen gespielt hatten, und die Sexualberatungsstellen hingen von nun an von den Dienststellen und Subventionen der Stadt ab, wodurch die Macht der Gruppen gefördert wurde, die den Regierungsparteien nahe standen. Die beabsichtigte langsame, verschleierte, aber unerbittliche Zerstörung der kritischen sozialen Netze der alternativen Bewegungen, die feministische eingeschlossen, hat heute das gewünschte Ergebnis gezeitigt: Die konstante Verschlechterung der Gesundheitsfürsorge und die allmähliche Demontage der wenigen sozialen Errungenschaften, die in den damaligen Jahren erkämpft worden waren, werden von der Bevölkerung widerstandslos hingenommen.

DAIA war zwar nur eine der vielen Gruppen im spätfranquistischen Staat – für uns und für viele Frauen, die unser Zentrum nutzten, war sie jedoch eine einzigartige Gelegenheit, um Zweifel zu klären, Ängste zu überwinden und persönliche Probleme miteinander zu teilen. Aber vor allem diente sie dazu, dass wir uns unserer Lage und unserer Kraft bewusst wurden.

TONI MARTÍNEZ

DAS ATENEU ENCICLOPÈDIC POPULAR

Passeig de Sant Joan 26

Die Arbeiterbewegung war nach dem gescheiterten Generalstreik von 1902 zu der Schlussfolgerung gelangt, dass es notwendig war, eigene Vereinigungen zur Förderung der Kultur unter der Arbeiterschaft zu schaffen. Zu diesem Zweck gründete eine Gruppe von anarchistischen Arbeitern im Herbst 1902 das Ateneu Enciclopèdic Popular (AEP). Die Kerngruppe wurde bald durch junge Studenten der Republikanischen Schülervereinigung erweitert, zu deren Mitgliedern auch der spätere republikanische Präsident Kataloniens Lluís Companys gehörte.

Die Geschichte der AEP besteht aus zwei Etappen, die durch den Bürgerkrieg und Franquismus voneinander getrennt sind. Die erste fiel mit dem goldenen Zeitalter der katalanischen Arbeiterbewegung zusammen, die zweite begann nach dem Tod Francos. Die erste Etappe des AEP war eng mit dem Raval verknüpft. Der erste Sitz der AEP befand sich in den Geschäftsräumen eines Arbeitergesangvereins im Carrer Sant Pau, in den nächsten vier Jahren zog das AEP mehrfach in andere Räumlichkeiten im Viertel um, bis es sich schließlich in Carme 30–32 niederließ, wo es zu seiner vollen Größe anwuchs. Am 26. Januar 1939 wurden die Geschäftsräume der AEP dann von den franquistischen Truppen besetzt, geplündert und geschlossen.

Die Philosophie des Athenäums basierte vor allem auf den Werten der Freiheit und der Toleranz. Sein unmittelbares Ziel war die Unterrichtung der bildungsbedürftigsten Menschen der Gesellschaft. Mittelfristig war die Schaffung einer Volkshochschule beabsichtigt. In einem der ersten Manifeste (1906) stellte sich das Athenäum wie folgt vor:

„Das Ateneu Enciclopèdic Popular ist keine Stiftung, sondern ein freier Zusammenschluss von Bürgern zur Schaffung eines gegenseitigen Kulturaustauschs. Das Ateneu Enciclopèdic Popular wird weder durch Spenden noch durch Beiträge von Wohlhabenden finanziert, und es ist auch kein Machwerk einer Gruppe von Intellektuellen, die über die Kultur ihr eigenes Glaubensbekenntnis durchsetzen wollen. Das Ateneu Enciclopèdic Popular ist eine demokratische und liberale Vereinigung, die alles, was sie tut und ist, den Initiativen ihrer Mitglieder zu verdanken hat. Der kleine Mitgliedsbeitrag von einer Pesete dient dazu, den Unterricht und die Miete zu bestreiten. Im Athenäum ist jeder zugleich Eigentümer und Kunde, Sponsor und Beschützer, Mitglied und Gründer."

Das Kulturprojekt des AEP setzte sich aus rund zwanzig Sektionen zusammen. Obwohl sie gewissermaßen die Äste eines gemeinsamen Stamms bildeten, funktionierten sie unabhängig voneinander. Sie formten das Athenäum, das gleichzeitig eine Bibliothek, eine freie Tribüne, ein Raum zur Artikulierung von Forderungen und ein Freizeitzentrum war.

Die Bibliothek war von 9 Uhr morgens bis 11 Uhr nachts für den allgemeinen Publikumsverkehr geöffnet. Sie enthielt rund 7000 Bücher und hatte die wichtigsten Zeitungen und Zeitschriften abonniert.

Schon 1903 wurden im AEP Sprachkurse gegeben. Bald danach begannen auch die Alphabetisierungskurse. Die Zielgruppe der Bildungsabteilung des AEP waren Jugendliche und Erwachsene, die vorzeitig die Schule verlassen hatten, um zu arbeiten. Im Unterschied zu den früheren

Schulen der Arbeiterzentren, in denen Fachunterricht erteilt wurde, stand im AEP immer die humanistische Allgemeinbildung im Vordergrund. Die Unterrichtsfächer reichten von Alphabetisierungskursen über Naturwissenschaften, Literatur, Geschichte, Kunstunterricht bis zur Philosophie. Die pädagogische Abteilung kümmerte sich um die Lehrstoffe, die Auswahl der Lehrkräfte und die pädagogische Ausrichtung des Unterrichts.

Die Tribüne des AEP stand allen philosophischen Strömungen und wissenschaftlichen Disziplinen offen. Unter den Vortragsrednern befanden sich die führenden Intellektuellen der damaligen Zeit. Gleichzeitig organisierte das AEP zahlreiche soziologische, politische, wissenschaftliche und literarische Vortragsreihen, die teilweise in den Theatersälen Barcelonas veranstaltet wurden.

Das AEP war auch ein Forum zur Artikulation von politischen, sozialen und kulturellen Forderungen und Ausgangsort von zahlreichen zivilbürgerlichen Kampagnen. Fast alle diese Kampagnen wurden von den Vereinigungen der katalanischen Zivilgesellschaft und den republikanischen und linken politischen Gruppen unterstützt. Die in diesem Zusammenhang ergriffenen Initiativen waren ein wichtiges Werkzeug für die Beteiligung und die Bewusstseinsbildung der Bürger.

Die Ausflugs-, Turn- und Sportabteilungen hatten die höchsten Mitgliederzahlen. Eine wichtige Rolle spielte auch die Abteilung für Literatur und schöne Künste. Neben ihren zahllosen Aktivitäten zur Förderung der katalanischen und spanischen Literatur veranstaltete sie im Theater Barcelona eine Veranstaltung zu Ehren von Federico García Lorca. Und nicht zuletzt war das AEP eine Talentschmiede des politischen und sozialen Lebens Kataloniens.

Nach dem Sieg des Franquismus vergingen vierzig Jahre, bis das Ateneu Enciclopèdic Popular zu neuem Leben erweckt werden konnte. Ende 1977 gründete eine Gruppe von Personen das Centro de Documentación Histórico-Social (Sozialgeschichtliches Dokumentationszentrum), das den Grundstein dafür legte, dass das Ateneu Enciclopèdic Popular drei Jahre später in der Casa de la Caritat neu eröffnet werden konnte.

Da sich die sozialen, politischen und kulturellen Ausgangsbedingungen in den letzten vierzig Jahren grundlegend verändert hatten, legte das neue Athenäum seinen Schwerpunkt auf die Archivarbeit. Durch Schenkungen und den Ankauf von dokumentarischen Beständen ist es in den letzten Jahren gelungen, ein bedeutendes Archiv über die sozialen Bewegungen des 20. Jahrhunderts aufzubauen. Außerdem hat das AEP seit den 1980er Jahren zahllose Konferenzen, Kolloquien, Gesprächsrunden, Gedicht- und Liederabende und vor allem Ausstellungen veranstaltet, die wichtige Persönlichkeiten und Sachverhalte der libertären Bewegung des 20. Jahrhunderts zum Gegenstand hatten.

Auf diese Weise konnte das AEP 2002 sein hundertjähriges Bestehen feiern. Die Veranstaltungen und Aktivitäten sind auch nach der Jahrhundertfeier weitergegangen. Gegenwärtig gibt das Athenäum die Publikation *Enciclopèdic* heraus, in der aktuelle kulturelle Themen behandelt und über Geschichte, Literatur und Poesie gesprochen wird. Das Archiv im neuen Sitz im Passeig de Sant Joan steht allen offen, die sich mit den sozialen Bewegungen des 20. Jahrhunderts befassen.

FERRAN AISA

13

BAR FUNICULAR UND DER MIL

Carrer Girona, Ecke Consell de Cent

Es ist der Nachmittag des 25. Septembers 1973. In der Umgebung der Bar Funicular lauern Dutzende Polizisten in Zivil, Santí Soler ist als Geisel dabei. Santi war am Vortag nach seiner Rückkehr aus Toulouse festgenommen worden, wo er an einem Kongress des MIL (Movimiento Ibérico de Liberación – Iberische Befreiungsbewegung) teilgenommen hatte, auf dem die Auflösung der Gruppe beschlossen wurde. Im Rahmen der Hausdurchsuchung nach seiner Verhaftung hatte die Polizei entdeckt, dass er mit Garriga i Paituvi in der Bar verabredet war. Als Garriga und Puig Antich sich der Bar nähern, warnt sie Santi mit dem Ruf „Polizei". Die beiden suchen Deckung in einem Hauseingang, zwei Polizisten stürzen ihnen hinterher, es kommt zu einem Schusswechsel: Puig Antich wird verletzt, der Polizeiunterinspektor Barragán tödlich getroffen.

Puig Antich wird ohne Beweise zum Tod verurteilt und angesichts der Passivität der meisten antifranquistischen Gruppen am 2. März 1974 im Gefängnis Modelo mit der Garrotte hingerichtet. Zwei Jahre später wird das MIL-Mitglied Oriol Soler nach einer spektakulären Flucht aus dem Gefängnis von Segovia von der Guardia Civil kurz vor der spanisch-französischen Grenze entdeckt und erschossen.

Die 60er und 70er Jahre in Barcelona sind ausgesprochen kreative und rebellische Jahre. Angespornt von einem gewaltigen Aufschwung der Arbeiterbewegung und der sozialen Bewegungen hat sich in den Stadtteilen, Schulen und Fabriken ein undurchsichtiges Geflecht von Gruppen gebildet, die sich in einer aktiven Opposition gegen die stalinistischen Gruppierungen und Parteien befinden. Aus dem Zusammenschluss von einigen dieser Gruppen entsteht dann der MIL. Ab 1968 nimmt diese in ein Theorieteam, Auslandsteam und Arbeiterteam aufgegliederte Gruppe ihre Tätigkeiten auf.

In ihren Anfängen konzentriert sich die Gruppe auf eine Kritik und Aktion, die in Anlehnung an die Tradition der Rätebewegung und an die anarchistischen Arbeiter während der Maitage 1937 über den leninistischen Kommunismus hinausgeht und gegen den militanten Kadavergehorsam gerichtet ist. Die Gruppe verlegt und vertreibt in dieser Zeit Broschüren wie *El movimiento obrero en Barcelona* (Die Arbeiterbewegung in Barcelona), in der die bürokratisierten Arbeiterkommissionen kritisiert werden, oder den *Diccionario del militante obrero* (Wörterbuch des Arbeiteraktivisten), einen Text in der situationistischen Tradition. Im Verlauf des autonomen Arbeiterstreiks bei Harry Walker verteilt sie ein wichtiges neuartiges Manifest mit dem Titel: „Was verkaufen wir? Nichts! Was wollen wir? Alles!"

Ab 1972 tritt der MIL dann mit den ersten Enteignungsaktionen als eigentliche Stadtguerillagruppe in Erscheinung. Die Aktionen dienen zur Finanzierung neuer Bücher und Broschüren sowie zur Unterstützung von anderen Kämpfen der Basisbewegungen in diesen rebellischen Jahren in Barcelona. Nach mehreren Banküberfällen und der Herausgabe von Büchern im Eigenverlag *Ediciones Mayo 37* setzt ein interner Reflexionsprozess über die Eigendynamiken der gewählten Kampfformen ein, die zu einer Spezialisierung geführt haben, die von der Gruppe explizit abgelehnt wird. 1973 kommt es dann zu dem oben erwähnten Kongress, auf dem die Auflösung der politisch-militärischen Organisation MIL beschlossen wird. Die Selbstauflösung wird als Beitrag zur Vertiefung der kommunistischen Perspektiven der sozialen Bewegung verstanden. Kurz danach werden die meisten Mitglieder der MIL verhaftet und zu Gefängnisstrafen verurteilt.

QUIMI SIRERA

14

DIE ESCUELA MODERNA

Carrer Bailén 70

Wenn man den Carrer Bailén hinter der Plaça de Tetuan hinaufgeht, stößt man auf der rechten Seite auf die Nummer 70. Hier befand sich der Sitz der *Escuela Moderna*, die 1901 von Ferrer i Guàrdia gegründet wurde. Fassade und Hauseingang sind praktisch unverändert. Wenn man durch die Fenster im ersten Stock blickt, kann man sich mit ein wenig Fantasie den Klassenraum vorstellen. Jungen und Mädchen zusammen zu unterrichten, war eine der zahlreichen „skandalösen" Neuerungen, die Ferrer eingeführt hatte. Das Geschrei, das man heute zu bestimmten Uhrzeiten hört, kommt jedoch aus dem Kolleg zwei Häuser weiter, dessen Innenhof fast den ganzen Häuserblock einnimmt. Die Schule nennt sich Colegio del Sagrado Corazón (Herz-Jesu-Kolleg) und gehört den Jesuiten. In diesem Teil der Stadt – der Dreta del Eixample – befinden sich nicht nur zahlreiche prächtige Gebäude des „Modernisme", sondern er ist auch einer der Bereiche der Stadt mit den meisten kirchlichen Schulen.

Ferrer i Guàrdia und seine Schule wurden von Regierungsanhängern, Reaktionären und vor allem von den Klerikern erbittert bekämpft. Tatsächlich fanden sie keine Ruhe, bis sie ihn 1909 im Gefolge der Blutigen Woche ermordet hatten. Die *Escuela Moderna* besaß bei ihrer Gründung 1901 rund dreißig Schüler; 1906 verfügte sie bereits über 50 Schulen in der gesamten Provinz, darunter zehn in Barcelona. 1908 gab es dann auch *Escuelas Modernas* in anderen Teilen Spaniens. Die Escuelas Modernas benötigten keine großen Unterrichtszentren, denn ein beträchtlicher Teil ihrer Lehrtätigkeiten erfolgte im Freien, in direkter Berührung mit der Natur.

Ferrer i Guàrdia hatte eine ganze Reihe von pädagogischen Neuerungen eingeführt. Er hatte Belohnungen und Bestrafungen abgeschafft, ein ganzheitliches Bildungskonzept entwickelt, das nicht nur die Steigerung des körperlichen Wohlbefindens mit einbezog, sondern auch großen Wert auf manuelle Fertigkeiten und die Berücksichtigung der spezifischen Begabungen eines jeden Schülers legte. Ferrer bezweckte seinen eigenen Worten zufolge die „Entwicklung lebendiger Gehirne, die fähig sind, auf äußere Eindrücke zu reagieren, die immer Feinde aller Vorurteile sein werden; das Erwecken von freien, festbegründeten Geistern, die sich über alle Dinge und Erscheinungen des Lebens ihre eigene Meinung bilden können." Sein pädagogisches Ziel war also die Schaffung einer kritischen, freiheitlichen, antistaatlichen, antiautoritären, weltlichen, rationalen und wissenschaftlichen Erziehung. Für diese Aufgabe konnte er auf die Unterstützung von Menschen wie dem Universitätslehrer Odón de Buen oder dem altgedienten Internationalisten Anselmo Lorenzo zählen, die nicht nur Lehrtexte für die Schule schrieben, sondern auch selbst in ihr unterrichteten.

Die *Escuela Moderna* besaß auch einen eigenen Verlag, in dem sie rund 40 Lehr- und Schulbücher verlegte. Dieses Unterrichtsmaterial wurde in den anderen Lehranstalten der *Escuela Moderna* eingesetzt und auch von sympathisierenden Lehrkräften an normalen Schulen verwendet, was zu zahlreichen Eklats führte. Daneben brachte die Schule ein eigenes Bulletin heraus, mit dem sie versuchte, den Verleumdungen und der Gräuelpropaganda der offiziellen Presse entgegenzuwirken.

CARLES SANZ

15

MATEO MORRAL ROCA (1880–1906)

Carrer Bailén 70

Der Urheber des Anschlags auf König Alfons XIII. im Mai 1906 in Madrid wirft alle Gemeinplätze, die über den Anarchismus im Umlauf sind, über den Haufen. Der in Sabadell geborene hochgewachsene, dunkelhaarige und elegant gekleidete Sohn eines Textilunternehmers hatte wie viele Kinder aus gutbürgerlichen Familien der damaligen Zeit nach Abschluss der Oberschule seine Ausbildung in Deutschland fortgesetzt. Dort hatte er Maschinenbau studiert und war zu einem begeisterten Anhänger Nietzsches und des anarchistischen Gedankenguts geworden. Nach seiner Rückkehr aus Deutschland war es bald zum Bruch mit der Familie gekommen, da der Juniorchef seine Hauptaufgabe darin gesehen hatte, den Arbeitern zu zeigen, was Solidarität, Organisation der Arbeiter und Kampfmethoden wie der Streik waren.

Als überzeugter Anarchist lehnte er eine finanzielle Unterstützung durch seine Eltern ab und gab seinen bequemen Lebensstil auf, um sich vollständig der revolutionären Sache zu verschreiben. Nachdem er Ferrer i Guàrdia kennengelernt hatte, arbeitete er seit 1905 als Bibliothekar in der *Escuela Moderna* im Carrer Bailén, wo er auch den hauseigenen Buchladen betreute. Er las alles, was ihm in die Hände fiel, und war immer stärker davon überzeugt, dass die gesellschaftlichen Veränderungen unmittelbar bevorstünden.

Der mehrsprachige Unternehmersohn übersetzte zahlreiche Texte und Broschüren und wurde zu einem begeisterten Anhänger Ibsens. Zusammen mit seinem Freund, dem Pädagogen Albano Rosell, gründete er die *Agrupación Ibsen*, um das Werk des norwegischen Schriftstellers zu verbreiten. Als Vertreter der Propaganda durch die Tat war er davon überzeugt, dass die notwendigen Veränderungen durch bestimmte Aktionen beschleunigt werden mussten. Zum Propagandaobjekt erkor er sich niemand Geringeren als den spanischen König. Als Zeitpunkt des Attentats hatte er dessen Hochzeit gewählt.

Im Mai 1906 reiste er nach Madrid und ließ sich in einer Pension in der Calle Mayor nieder, die an der vorgesehenen Route des Festzugs lag. Als die königliche Karosse unter seinem Balkon vorbeizog, warf er die in einem Blumenstrauß versteckte Bombe hinunter. Die Bombe wurde jedoch durch die Stromkabel der Straßenbahn umgeleitet und tötete insgesamt 24 Schaulustige, während das Monarchenpaar unverletzt blieb. Dem tief erschütterten Morral gelang zunächst die Flucht, zwei Tage später wurde er jedoch in einer Taverne wiedererkannt und entzog sich seiner unmittelbar bevorstehenden Verhaftung durch Selbstmord.

Aufgrund der engen Beziehungen zwischen Mateo Morral und Ferrer i Guardia wurde dieser der Mittäterschaft beschuldigt und mehrere Monate lang inhaftiert. Gleichzeitig wurde der Vorfall zum Anlass genommen, um die *Escuela Moderna* endgültig zu schließen.

CARLES SANZ

DIE STIERKAMPFARENEN TORÍN, LAS ARENAS UND LA MONUMENTAL

La Monumental, Gran Vía 747

Jetzt auch noch Stierkämpfe? Möglicherweise gibt es unter den geneigten Lesern und Leserinnen Anhänger dieses Schaukampfs, den einige als genuinen Ausdruck der spanischen Seele definiert haben. So zum Beispiel auch Georges Bataille, der die Tauromachie als Ausdruck einer Kultur begriff, deren Ängste aus dem hartnäckigen Wunsch nach dem Unmöglichen erwachsen und die deshalb der technischen Entwicklung, die das Sakrale zerstört, radikal entgegengesetzt ist. Ganz sicher gibt es jedoch auch Leser, die der Ansicht sind, dass sich in dem Stier keine wie auch immer geartete Seele ausdrückt, sondern dass das Leben vielmehr von einer Vielfalt von Gefühlen und Sinngebungen bestimmt wird. Wir wollen uns hier jedoch nicht darüber auslassen, ob die Stierkämpfe als etwas Ergreifendes oder als Hohn, als Poesie oder als Verherrlichung der niedrigsten Instinkte anzusehen sind. Wir möchten stattdessen an andere kulturelle, festliche, soziale und politische Ereignisse erinnern, die sich ebenfalls in den Stierkampfarenen Barcelonas zugetragen haben. Tatsächlich waren die drei Stierkampfarenen im Verlauf ihrer Geschichte mehrfach Austragungsorte von rebellischen Volksversammlungen und politischen Veranstaltungen sowie Schauplatz von Musik-, Tanz- und Zirkusdarbietungen.

Das Backsteingebäude von La Monumental, das byzantinische und maurische Stilelemente enthält, wurde im April 1914 eingeweiht. Von Anfang an wurden in der Arena neben Stierkämpfen auch Konzerte oder Boxkämpfe veranstaltet, wie zum Beispiel der Schaukampf zwischen dem ehemaligen Schwergewichtsweltmeister Jack Johnson und Arthur Cravan. Darüber hinaus war La Monumental die Bühne von zahlreichen politischen und sozialen Massenkundgebungen.

So veranstaltete die CNT am Sonntag, dem 5. November 1933, eine Großveranstaltung in La Monumental, in der sie in einem politischen Klima, das sich durch den Aufstieg der Rechten zugespitzt hatte, zur Wahlenthaltung aufrief. Die Stierkampfarena war bis auf den letzten Platz besetzt und auch vor den Toren wimmelte es von Menschen. *Solidaridad Obrera* zufolge waren rund 100.000 zu der Veranstaltung gekommen. Die Redner, unter denen sich auch Buenaventura Durruti befand, riefen das Publikum zur Wahlenthaltung und zur Aktion auf, um die drohende Vernichtung ihrer Freiheiten zu verteidigen. „Gegen den Faschismus: Revolution" lautete die gemeinsame Parole.

Am Sonntag, dem 11. April 1937, fand eine andere denkwürdige Veranstaltung in La Monumental statt. Es handelte sich um die Abschlusskundgebung der Blutspendekampagne, die die Lokalföderation der CNT in Barcelona durchgeführt hatte. Die Stimmung in der voll besetzten Arena war von starker Unruhe geprägt, denn die republikanische Regierung und die Stalinisten waren in der letzten Zeit immer offener gegen die revolutionären Errungenschaften vom Juli 1936 vorgegangen. Die Versammlungsteilnehmer waren besonders über die wenige Tage zuvor erfolgte Verhaftung des bekannten anarchistischen Führers Francisco Maroto empört, der mit seiner Milizenkolonne entscheidend zur Befreiung von Córdoba und Granada beigetragen hatte. Die *Amigos de Durruti* hatten aus Protest gegen seine Verhaftung ein riesiges Plakat entfaltet. Als Redner waren unter anderem Félix Martí Ibáñez, der Mitbegründer der Vereinigung der Praktischen Idealisten, Joaquín Cortés vom Regionalkomitee der FAI und Federica Montseny geladen, die bereits als Gesundheitsministerin der republikanischen Regierung fungierte. Ihre Ansprache, die in einer Aneinanderreihung von leeren Schlagworten wie Menschenrechte, Arbeitereinheit und Solidarität bestand, wurde plötzlich von Pfiffen und Buhrufen unterbrochen. Die Parolen „Freiheit für Maroto!", „Weg mit der Politikerin! Weg mit der Regierung!" wurden von so breiten Kreisen des Publikums mitskandiert, dass die deutlich verärgerte Rednerin Mühe hatte, ihre Ansprache zu beenden. Wenige Tage später drohte sie dann auf einer Vollversammlung der Regionalkomitees, dass sie erst dann nach Katalonien zurückkehren werde, wenn die Schuldigen für die ständige Kritik an den Genossen bestraft worden seien, die verantwortliche Ämter übernommen hätten. Die Lokalföderation Barcelona verwarnte darauf die *Amigos de Durruti*, die als Hauptanstifter der Missfallenskundgebungen angesehen worden waren.

Die Stierkampfarena Las Arenas wurde im Jahr 1900 eingeweiht. Sie besaß einen Durchmesser von 52 Metern und bot knapp 20.000 Zuschauern Platz. Nach ihrer Fertigstellung wurde die alte Stierkampfarena El Torín in Barceloneta abgerissen, die unter anderem der Ausgangspunkt der Sommerrevolte 1835 gewesen war.

In Las Arenas fand 1906 die historische Protestkundgebung für die Amnestie der politischen Gefangenen und gegen einen Gesetzentwurf statt, der alle Delikte vor Militärgerichten aburteilen wollte. Auf dieser Veranstaltung wurden zum ersten Mal Taschentücher zum Zeichen des Protests geschwenkt.

Diese Arena war auch der Ort einer der größten politischen Veranstaltungen der 1920er Jahre. Im März 1919 wurde ein 45-tägiger Streik in dem Unternehmen La Canadiense mit einem Abkommen zwischen der Firma und der CNT beendet. Im Abkommen wurden die Streikforderungen der Arbeiter erfüllt: Lohnerhöhung, die Einführung des Achtstundentags, keine Entlassungen und die Entlohnung der Streiktage. Die Vereinbarung musste jedoch noch von der Streikversammlung ratifiziert werden. Nach einer Vorbereitungsversammlung am 18. März im Theater Bosque wurde für den nächsten Tag zu einer Massenveranstaltung in Las Arenas aufgerufen. In den Nachmittagsstunden des 19. März kamen dann in und vor der Arena rund 30.000 Arbeiter zusammen. Viele Arbeiter waren aufgebracht, da noch mehrere Streikende inhaftiert waren. Die Verhandlungsführer verteidigten mit leidenschaftlichen Worten das erkämpfte Abkommen, ihre Ansprachen wurden jedoch ständig von Protestrufen unterbrochen. Erst als der Sekretär des Regionalkomitees Salvador Segui das Wort ergriff und die Fortschritte des Abkommens im Hinblick auf die allgemeine Lage der Arbeiterklasse in Katalonien rechtfertigte und der Regierung eine dreitägige Frist zur Entlassung aller Gefangenen stellte, kehrte Ruhe in der Stierkampfarena ein. Das Abkommen wurde schließlich von einer großen Mehrheit der Anwesenden ratifiziert.

QUIM SIRERA

17

DER SÜHNETEMPEL SAGRADA FAMILIA

Carrer Mallorca – Sardenya

Es ist nicht unbedingt einsichtig, was ein Sühnetempel in einem Reiseführer zu suchen hat, der ein anderes Barcelona als das der Herrschenden zeigen will. Ein anderes, freies und aufständisches Barcelona, das existiert hat und das keine Utopie – kein Nirgendort – ist, sondern hier und heute wieder entstehen kann. Alle, die ein kritisches Denken pflegen, dürfte die Annäherung an einen menschenverachtenden Sühnetempel, einen Ort der Resignation und Täuschung, schwer fallen. Eine Täuschung, die von allen Religionen geweckt wird, damit wir uns unterwürfig verhalten und uns schuldig fühlen, denn die Liebe zu Gott setzt die Verachtung seiner selbst voraus. Ein illusorischer Glaube an ein Jenseits, der dazu dient, die Gegenwart so zu belassen wie sie ist. Manchmal ist es jedoch auch nützlich, die Zeichen der Barbarei zu betrachten und sich für das Farbenspiel der Gemeinheit zu interessieren.

Das Bauwerk, an dem Gaudí bis zum Zeitpunkt seines Todes 1926 gearbeitet hatte, ist bis heute noch nicht fertig gestellt. Die Arbeiten zum Bau einer Kirche zu Ehren der Heiligen Familie hatten 1882 begonnen. 1891 wurde Gaudí angeboten, das begonnene Bauwerk fertig zu stellen. Gaudí nahm den Auftrag an und begann mit der ihm eigenen Bravour und architektonischen Freiheit den neogotischen Rohbau nach seinen Vorstellungen zu verändern. Der „modernistische" Architekt brach die polyedrischen geometrischen Formen auf, die ihm zufolge selten in der Natur vorkommen, und ersetzte sie durch parabolische und schraubenförmige Formgebungen, die sehr viel geläufiger in unserer natürlichen Umwelt sind. Die parabolischen schraubenförmigen Gewölbe bieten darüber hinaus eine bessere Akustik und einen besseren Lichteinfall.

Bei Gaudís Tod war nur die Fassade zu Ehren der Geburt Christi (Nacimiento) fertig gestellt, von den beiden anderen vorgesehenen Fassaden lagen nur grobe Rohentwürfe der vier Türme vor. Gegen jegliche bürgerliche, ästhetische, architektonische und gaudianische Vernunft (denn Gaudí improvisierte ständig) wurden die Arbeiten dann 1952 wieder aufgenommen und schleppen sich seitdem pathetisch dahin.

Das Monument ist im Lauf seiner Geschichte von ganz unterschiedlichen Warten aus betrachtet worden. Die Surrealisten der 1930er Jahre waren die ersten Anhänger des Bauwerks, die nicht zu den reaktionären katholischen Kreisen gehörten. Sie feierten den Tempel als ein Sammelsurium fantastischer Projektionen des Unterbewusstseins. Auch der Linksrepublikaner Josep Lluís Sert, der katalanische Pionier der rationalistischen Architektur, der unter anderem das Gebäude der Miró-Stiftung auf dem Montjuïc entworfen hat, war ein begeisterter Verteidiger des Werks.

Ganz im Unterschied dazu bedauerte George Orwell in *Mein Katalonien*, dass die Sagrada Familia, die er für „eines der schrecklichsten Gebäude der Welt" hielt, 1936 nicht von den Anarchisten in die Luft gejagt worden war. Auch Kenneth White war nicht besonders von dem Bauwerk angetan. Seiner Meinung nach habe sich Gaudí die Übergroteskisierung des Grotesken, die Überbarockisierung des Barocken, die Übersurrealisierung des Surrealen in den Kopf gesetzt und sein irrationales Weltbild in Stein gehauen. Das Ganze sei zur Verherrlichung einer Heiligen Familie erfolgt, die zwar zu einem gewissen Zeitpunkt

Die Sagrada Familia auf einer Spazierfahrt. GUY GIRARD

Wohnungsprobleme gehabt habe, der aber selbst in ihren wirrsten Träumen nichts Vergleichbares eingefallen wäre. Auch Brenan fällt in seinem Werk *Das spanische Labyrinth* ein ziemlich vernichtendes Urteil: „Die Sagrada Familia ist mit Friesen und Gesims dekoriert, die die Fauna und Flora, die Bauchfüßler und Schuppenflügler Kataloniens wiedergeben, die naturgerecht abgepaust wurden, um eine vollständig exakte Wiedergabe zu ermöglichen. Nicht einmal in der europäischen Architektur seiner Zeit ist etwas so Vulgäres und Prätentiöses zu finden."

Welchen Gesichtspunkt auch immer man sich zu eigen macht – was das Gebäude infam macht, sind sein Sühnecharakter, die Verwandlung des Architekten in einen Heiligen und die unglaubliche Vermarktung seines Werks.

QUIM SIRERA

18

DIE KOLLEKTIVIERTE BIERBRAUEREI DAMM

Carrer Rosselló 515

Die Brauerei Damm wurde 1876 gegründet und 1910 in eine Aktiengesellschaft umgewandelt. Die größte Bierbrauerei Kataloniens befand sich im Häuserkarree zwischen den Carrers Rosselló, Cartagena, Còrsega und Dos de Maig. Der Haupteingang lag in Rosselló 515. Heute sind hier Büroräume und das Brauereimuseum untergebracht.

1936 belief sich das Gesellschaftskapital auf 21 Millionen Peseten. In der Fabrik waren insgesamt 682 Arbeiter beschäftigt. Das Werk war in 17 Brauereiabteilungen und 12 Wartungs- und Zuliefererwerkstätten aufgeteilt.

Nach der Niederlage der Militärs am 19. Juli 1936 übernahmen die Arbeiter der Damm die Fabrik. Sie organisierten die Arbeit und bildeten ein Aufsichts- und Kontrollkomitee. Anfangs hatten sie die früheren Manager auf ihren Posten belassen. Diese missbrauchten jedoch das Vertrauen und entwendeten 1.334.000 Peseten aus der Firmenkasse. An Stelle des Geldes ließen sie einen Zettel zurück, auf dem der handschriftliche Vermerk stand: „Boykottverluste November 1933, 600.000 Peseten“, dem sie Quittungen über frühere Verwaltungskosten beigelegt hatten. Die Vollversammlung der Damm-Arbeiter beschloss daraufhin, die Geschäftsführer zu entlassen und die Fabrik zu beschlagnahmen und vollständig zu kollektivieren.

Mit der Kollektivierung wurde die Vollversammlung aller in der Firma angestellten Fabrikarbeiter, Büroangestellten, Vertreter und Techniker zum obersten Entscheidungsorgan des Unternehmens. Die Vollversammlung diskutierte und definierte die allgemeinen betrieblichen Handlungsrichtlinien, wählte die Mitglieder des Betriebsausschusses und kontrollierte seine Arbeit. Der Betriebsausschuss war mit der täglichen technischen und wirtschaftlichen Leitung des Unternehmens beauftragt und musste der Vollversammlung regelmäßig bzw. auf Antrag Rechenschaft über seine Betriebsführung ablegen.

Bald machten sich die ersten positiven Wirkungen der Kollektivierung bemerkbar: Der Brauereibetrieb wurde technisch verbessert, das Betriebsklima wurde solidarischer und die materielle Lage der Arbeiter besser. Die Produktion war seit dem 19. Juli monatlich um rund 1000 Hektoliter gestiegen und erreichte im September eine Jahresproduktion von 400.000 Hektolitern. In der Brauerei wurden das Hellbier „Estrella Dorada“ und das Dunkelbier „Bock“ hergestellt.

Kurz nach der Kollektivierung beschlossen die Arbeiter der Damm zusammen mit den Arbeitern der Bierbrauerei Moritz und der Malzbrauerei Moravia, die ebenfalls kollektiviert worden waren, sich zur Industría Maltería y Cervercera Socializada (Sozialisierte Malz- und Bierbrauerei) zusammenzuschließen. Auf diese Weise wurden die drei Unternehmen zu einer einzigen großen Wirtschaftseinheit vereint, die sich im Kollektivbesitz befand und von den Arbeitern geleitet und verwaltet wurde. Die gesamten Aktiva und Passiva der drei Firmen sowie alle Arbeiter gehörten nun zu dieser neuen Produktionseinheit.

Das neue Unternehmen wurde auf ähnliche Weise wie die kollektivierte Brauerei Damm strukturiert und betrieben, wenn auch in einem größeren Maßstab. Das oberste Entscheidungsorgan der Industría Maltería y Cervercera Socializada war die Vollversammlung aller Arbeiter. Mit der

18

technischen und wirtschaftlichen Betriebsführung war der Zentralrat beauftragt, der aus jeweils drei Arbeitern der drei Unternehmen und einem Delegierten der Generalitat bestand. Das Gesellschaftskapital belief sich auf insgesamt 38 Millionen Peseten.

Für alle Arbeiter der Industría Maltería y Cervercera Socializada galten dieselben Arbeitsbedingungen und Sozialleistungen. Die Vollversammlung der Arbeiter beschloss unter anderem folgende Verbesserungen:

Man vereinbarte die Einführung der 40-Stunden-Woche und einen Einheitslohn für alle Arbeiter und Arbeiterinnen. Die einzigen Lohnabstufungen galten für bestimmte Altersklassen, so betrug der Wochenlohn für 16- bis 18-Jährige 75 Peseten, für 18- bis 20-Jährige 95 Peseten und für alle über 20 Jahre 125 Peseten. Außerdem wurde ein Zuschlag von 8 Peseten wöchentlich für alle Arbeiter und Arbeiterinnen mit einem minderjährigen Kind – bis zu einer Höchstzahl von drei Kindern – sowie für jeden Flüchtling bezahlt, der bei einem Firmenangestellten untergebracht war. Den Arbeitern, die an der Front waren, wurde die Differenz zwischen dem Lohn ausgezahlt, den sie als Brauereiarbeiter verdient hätten, und dem Sold, den sie als Milizionäre bezogen.

Kranken Arbeitern wurde nicht nur der vollständige Lohn weitergezahlt, sondern sie erhielten auch eine unentgeltliche medizinische Betreuung und Versorgung. Außerdem wurde eine betriebliche Invaliden- und Witwenrente eingeführt.

Das Rentenalter wurde auf 60 Jahre herabgesetzt und die Rentner erhielten eine Wochenrente von 115 Peseten und einen Anzug im Jahr.

Die Arbeiter aus gesundheitsschädlichen Abteilungen wurden mit der notwendigen Schutzkleidung ausgestattet und mussten nur 36 Stunden in der Woche arbeiten.

Außerdem wurde eine Schule für die Arbeiterkinder gebaut, die unter anderem über ein Schwimmbad, Duschen, Kantinen, einen Sportplatz und eine Turnhalle verfügte.

ANTONI CASTELLS DURAN

GLOSSAR

Diego **Abad de Santillán** (Reyero, 1897 – Barcelona,1983): Wichtiges Mitglied der anarchosyndikalistischen Bewegungen Spaniens und Argentiniens. Spielt eine entscheidende Rolle beim Aufbau des Komitees der antifaschistischen Milizen Kataloniens und war zwischen Dezember 1936 und April 1937 Wirtschaftsminister der Generalitat. Autor zahlreicher Bücher zur libertären Bewegung.

Juan **Andrade** (1898–1981): Mitglied des Zentralkomitees der POUM und bedeutender antistalinistischer Kommunist Spaniens.

Francisco **Ascaso Abadía** (Huesca, 1901 – Barcelona, 1936): Der Bäcker und Kellner traf 1922 in Barcelona ein und war der engste Weg- und Kampfgefährte von Buenaventura Durruti. Mitglied der Gruppen „Nosotros" und „Solidarios", Teilnehmer an zahlreichen anarchistischen Aufstandsbewegungen der 1930er Jahre und Generalsekretär des Regionalkomitees der CNT Katalonien 1934. Starb beim Sturm auf die Atarazanas-Kaserne (Drassanes) im Juli 1936.

Blutige Woche (Semana Trágica): Bezeichnung für die Unruhen, die sich zwischen dem 26. Juli und dem 2. August 1909 in Barcelona und anderen Städten Kataloniens ereigneten. Der Auslöser für die Unruhen war die Zwangsrekrutierung von Reservisten für den spanischen Kolonialkrieg in Marokko. (siehe S. 28)

BOC (Bloc Obrer i Camperol — Arbeiter- und Bauernblock): entstand 1930 in Barcelona aus dem Zusammenschluss mehrerer kommunistischer Oppositionsgruppen Kataloniens. Der BOC war in den frühen 30er Jahren die stärkste Arbeiterpartei Kataloniens; schloss sich im September 1935 mit der dem Trotzkismus nahe stehenden „Kommunistischen Linken" Andrés Nins zur Arbeiterpartei der Marxistischen Vereinigung (POUM) zusammen.

Largo **Caballero** (Madrid, 1869 – Paris, 1946): Führer der UGT und PSOE, von 1931–1933 spanischer Arbeitsminister und von 1936–1937 Präsident der spanischen Regierung.

Capitán General (Generalkapitän): Mit militärischer Befehlsgewalt ausgestatteter oberster Verwaltungsbeamter einer Region, der direkt dem Regierungspräsident der Zentralregierung unterstellt ist.

CCOO (Comisiones Obreras – Arbeiterkommissionen): Im Spätfranquismus und in den ersten Jahren nach dem Tod Francos von den damaligen Eurokommunisten beherrschte Gewerkschaft. Die CCOO sind heute mit rund 175.000 Mitgliedern die größte Gewerkschaft Kataloniens.

CGT (Confederación General de Trabajo – Allgemeine Konföderation der Arbeit): Die CGT entstand 1977 als Abspaltung der CNT. Im Unterschied zur CNT setzt die CGT auf die Mitwirkung in Betriebsräten. Sie besitzt heute in einigen Großbetrieben Barcelonas – Post, U-Bahn, Seat u.a. – einen relativ großen Einfluss.

CIU (Convergència i Unió – Konvergenz und Union): Das sich selbst als „christdemokratisch, liberal und nationalistisch" bezeichnende Bündnis der beiden größten katalanischen Regionalparteien stellte von 1980 bis 2004 die Landesregierung Kataloniens.

CNT (Confederación Nacional de Trabajo – Nationale Konföderation der Arbeit): anarchosyndikalistischer Gewerkschaftsverband Spaniens. Die CNT entstand auf dem Kongress von Barcelona im Oktober/November 1911 aus dem Zusammenschluss zahlreicher lokaler Gewerkschaften, unter starker Beteiligung der Anarchisten; sie bekannte sich von Anfang an zu den Prinzipien und Methoden des revolutionären Syndikalismus: Sabotage, aufständischer Generalstreik, Ablehnung der Chefs, der politischen Parteien usw. Damit setzte sie im Wesentlichen die Tradition der früheren spanischen Arbeiterorganisationen fort. Als die CNT, kaum ein Jahr nach ihrer Gründung, im September 1911 zum ersten Mal verboten wurde, zählte sie über 30.000 Mitglieder, 1919 bereits 756.000 und Ende 1920 über eine Million.

Lluis **Companys** (1883–1940): katalanischer Anwalt und Politiker, unterhielt enge Beziehungen zur CNT, deren Mitglieder er in zahlreichen Prozessen verteidigte. Gründete 1931 die linksgerichtete Partei »Esquerra Republicana de Catalunya« (Republikanische Linke Kataloniens); nach dem Aufstandsversuch vom Oktober 1934 abgesetzt; 1936–39 erneut Präsident der Generalitat.

Buenaventura **Durruti**: geb. 1896 in Léon, überzeugter Anarchist und leidenschaftlicher Revolutionär, war immer an der vordersten Kampffront, bei bewaffneten Straßenkämpfen ebenso wie in den Schlachten des »Bürgerkriegs«. Die Umstände seines Todes am 20. November 1936 sind bis heute ungeklärt.

ERC (**Esquerra Republicana de Catalunya** – Republikanische Linke Kataloniens): Die 1931 als Zusammenschluss mehrerer katalanistischer Parteien in Barcelona gegründete Partei tritt für die Unabhängigkeit Kataloniens ein. Ihr Parteiführer, Lluis Companys, war während des Bürgerkriegs 1936–39 Präsident der katalanischen Landesregierung. Als erklärte Gegnerin der Monarchie und Verfechterin der Unabhängigkeit Kataloniens wurde die ERC erst 1978 wieder legalisiert. Heute ist sie die drittstärkste Partei Kataloniens und Teil der Mitte-Links-Koalition, die seit 2004 die katalanische Landesregierung stellt.

Estat Català (Katalanischer Staat): Nationalistische Bewegung, die für die Unabhängigkeit Kataloniens eintrat. Gegründet 1922, trat 1931 der „Esquerra Republicana" bei. Nach der Abspaltung des linken Flügels (Estat Catalá – Proletarische Partei, 1932) entwickelte der Rest der Organisation eine zunehmend rechtsextremistische, dem italienischen Faschismus nahe stehende Orientierung.

ETA (**Euskadi Ta Askatasuna** – Baskisches Vaterland und Freiheit): Baskische Untergrundgruppe, die für „Sozialismus und Unabhängigkeit" kämpft. 1963 gegründet, besaß die Gruppe bis in die 1980er Jahre hinein eine relativ breite Unterstützung im Baskenland und auch in weiten Kreisen der linken Öffentlichkeit – vor allem auch der katalanischen –, unter anderem durch das erfolgreiche Attentat auf den designierten Franco-Nachfolger Carreo Blanco im Dezember 1973. Diese Sympathien sind nach mehreren Anschlägen, denen zahlreiche Unbeteiligte zum Opfer fielen, heute verschwunden und auch die Unterstützung im Baskenland hat erheblich nachgelassen. Seit 1988 ist es zu mehreren „Feuereinstellungen" und zu Verhandlungsversuchen mit dem spanischen Staat gekommen.

FAI (**Federación Anarquista Ibérica** – Iberische Anarchistische Föderation): Organisation der spanischen und portugiesischen Anarchisten, gegründet 1927 in Valencia. 30.000 Mitglieder bei Anfang des Bürgerkriegs, ein Jahr später (1937) 150.000.

Falangisten/Falange: Die spanische Falange wurde 1933 von José Primo de Rivera, dem Sohn des gleichnamigen Diktators, gegründet; ihre Ideologie war eine Mischung zwischen Nationalkatholizismus und mussolinischem Faschismus. Nach dem Sieg Francos wurde sie zu einem wesentlichen Stützpfeiler des Regimes und ihr 1936 in einem republikanischen Gefängnis füsilierter Gründer zum Nationalhelden.

FRAP (**Frente Revolucionario Antifascista y Patriota** – Antifaschistische und Patriotische Revolutionäre Front): Zusammenschluss mehrerer marxistisch-leninistischer/stalinistischer Splittergruppen, die 1973 gegründet wurde und auf den bewaffneten Kampf gegen den franquistischen Staat und dessen Ordnungshüter setzte. Die Ermordung eines Leutnants der Guardia Civil im Sommer 1975 löste eine Repressionskampagne gegen die Gruppe aus. Als Folge davon wurden drei ihrer Mitglieder am 27. September nach einem Kriegsgerichtsverfahren füsiliert. Ihre Hinrichtung löste eine breite internationale Protestkampagne aus. 1978 löste sich die Gruppe auf.

Generalitat (katalanische Landesregierung): Die Gründung der Generalitat geht auf Zeiten von Jakob I. zurück. Sie wurde nach Ende des spanischen Erbfolgekriegs 1714 aufgelöst und erst 1931, mit der Proklamation der Republik, wieder eingerichtet. Nach dem Sieg Francos wurde sie erneut aufgelöst und führte danach ein Schattendasein im Exil. Am 29. September 1977 wurde sie wieder zugelassen.

Julián **Gorkin** (Valencia, 1901 – Paris, 1987): war neben Maurín und Nin der bekannteste Führer des Bloc Obrer i Camperol und des POUM. Er wurde nach den Ereignissen im Mai 1937 verhaftet und konnte kurz vor Ankunft der Franquisten aus dem Gefängnis fliehen. Im Exil veröffentlichte er zahlreiche kritische Bücher über den Stalinismus und deckte unter anderem die Identität des katalanischen Stalinisten und Mörders von Trotzki, Ramón Mercader, auf.

Guardia Civil (Zivilgarde): 1844 als weitgehend militärisch organisierte Landpolizei gegründet, die insbesondere gegen die Aufstände der Bauern und Arbeiter vorging. Das Polizeicorps ist auch noch heute für seine Brutalität berüchtigt.

Guardias de Asalto (Sturmgarden): Ein paramilitärisches Polizeicorps, das 1931 nach Ausrufung der II. Republik gegründet wurde.

Lola **Iturbe** (1902–1990): Bedeutende Aktivistin der CNT, FAI und Mujeres Libres

JCI (Juventud Comunista Ibérica – Iberische Kommunistische Jugend): Jugendorganisation des POUM.

Juventudes Libertarias (Libertäre Jugendgruppen): 1932 gegründete autonome Jugendorganisation der CNT; 1937 besaßen die Juventudes Libertarias allein in Katalonien mehr als 34.000 Mitglieder.

Karlisten: streng klerikal und absolutistisch gesinnte Anhänger des Thronanwärters Carlos und seiner Nachkommen, die zwischen 1833 und 1872 drei Kriege anzettelten, um Carlos anstelle seiner Nichte Isabella zum König zu krönen. In den 1930er Jahren unterstützten die Karlisten aktiv Franco.

Kolokol (russ.: Glocke): Titel einer von Alexander Herzen herausgegebenen Zeitschrift.

Kolonne Durruti – Columna Durruti: Am 24. Juli brechen 3.000 Kämpfer nach Aragón auf, mit dem Ziel, Zaragoza zu befreien, Kommandant der Kolonne ist Buenaventura Durrutti. Im November 1936 wird die Kolonne nach Madrid verlegt, wo Durrutti am 19. November tödlich verwundet wird.

La Canadiense: Ehemalige Stromversorgungsgesellschaft in Barcelona, in der am 5. Februar 1919 ein Streik ausgerufen wurde, der insgesamt 44 Tage anhielt und sich zu einem Generalstreik ausdehnte. (siehe S. 53)

La Jamancia: Bezeichnung für einen Aufstand gegen die konservative Zentralregierung in Madrid, der im August 1843 ausbrach und von den Volksklassen Barcelonas getragen wurde. Der Aufstand wurde von General Prim blutig unterdrückt. (siehe S. 20)

Kurt **Landau** (1903–1937): Das ehemalige Mitglied der österreichischen KP war einer der führenden Trotzkisten seiner Zeit. Er kam im November 1936 nach Spanien und schrieb in *La Batalla*. Am 23. September 1937 wurde er in Spanien von Agenten der GPU verhaftet und ermordet.

Alexandro **Lerroux** (1864–1949): Chef der Radikal-Republikanischen Partei, klassischer Typ des prinzipienlosen politischen Opportunisten. Nachdem sich seine Partei in ihren Anfangsjahren in linkem Wortradikalismus geübt hatte und daher bis 1909 sogar starke Sympathien unter der katalanischen Arbeiterklasse genoss, vollzog sie 1933 einen radikalen Schwenk nach rechts, und es war schließlich Lerroux, der während seiner kurzen Amtszeit als Ministerpräsident der Republik (1934–35) Gil Robles' Faschistenpartei CEDA in die Regierung aufnahm, kurz bevor die Aufdeckung eines Korruptionsskandals größten Stils seine Karriere und die der gesamten Partei beendete.

Ley de fugas (Fluchtgesetz): Eine Praxis, die darin bestand, Verhaftete zu exekutieren und danach zu erklären, sie seien „bei einem Fluchtversuch erschossen worden". Der *Ley de fugas* fielen in den 1920er Jahren viele Anarchisten zum Opfer.

Liceu (Gran Teatre del Liceu): Das größte Opernhaus Kataloniens wurde 1847 eröffnet. 1994 wurde es durch einen mysteriösen Brand zerstört und nach erheblichen Umbau- und Vergrößerungsarbeiten 1999 wieder eröffnet.

Linkskarlisten: Die im Partido Carlista (Karlistische Partei) zusammengeschlossenen Linkskarlisten sind eine 1969 gegründete – und 1977 legalisierte – linke Abspaltung der Karlisten. Die für einen „Sozialismus der Selbstverwaltung“ kämpfende Formation besaß Ende der 1970er Jahre einen gewissen Einfluss im Baskenland und Navarra. Heute ist sie praktisch bedeutungslos.

Anselmo **Lorenzo** (Toledo, 1841 – Barcelona, 1914): Der „Großvater des spanischen Anarchismus“ nahm 1871 als Vertreter der spanischen Sektion am Kongress der I. Internationale (IAA) teil. Nachdem er im Montjuïc-Prozess angeklagt wurde, ging er nach Frankreich ins Exil. Nach seiner Rückkehr aus dem Exil arbeitete er mit Ferrer i Guàrdia zusammen und war maßgeblich an der Gründung der CNT 1911 beteiligt.

Los amigos der Durruti – Die Freunde Durrutis: aus Protest gegen die Militarisierung der Milizen entstandene radikal-anarchistische Gruppierung, die außerhalb der CNT-FAI operierte. Auf dem Höhepunkt ihres Einflusses (Frühjahr 1937) zählte sie bis zu 5.000 Mitglieder. Obwohl antimarxistisch gesinnt, teilten die Freunde Durrutis die marxistische Thesen des POUM. Organ: *El amigo del pueblo* (Der Freund des Volkes).

Ludditen: Die nach ihrem Anführer Ned Ludd benannte Bewegung setzte sich aus englischen Textilarbeitern zusammen, die Anfang des 19. Jahrhunderts gegen die Verschlechterung ihrer Lebens- und Arbeitsbedingungen durch die Mechanisierung der Arbeit kämpften und gezielt Maschinen zerstörten. Die Bewegung nahm in England so große Ausmaße an, dass sie nur militärisch niedergeschlagen werden konnte.

Maristen: Ein 1817 in Südfrankreich gegründeter katholischer Orden, dessen erklärtes Ziel darin bestand, die durch die Französische Revolution „bedrohte“ christliche Schulbildung zu retten. Auch heute noch treiben rund 4700 Ordensmitglieder in 78 Ländern ihr Unwesen.

Märtyrer von Chicago: Justizopfer im Prozess um den Bombenanschlag am 4. Mai 1886 auf dem Haymarket in Chicago. Die Verhängung der Todesstrafe gegen die sieben eindeutig unschuldigen Arbeiter löste eine große internationale Protestkampagne aus. Im Gedenken an die zum Tod Verurteilten rief die II. Internationale zwei Jahre später den 1. Mai zum Kampftag der Arbeiter aus. In Barcelona und in anderen Städten Spaniens wurde bis zur Ausrufung der II. Republik jedes Jahr am 11. November (dem Tag der Hinrichtung der Angeklagten) eine große Gedenkfeier veranstaltet.

Joaquín **Maurín** (Huesca, 1896 – New York, 1973): war 1921/22 Generalsekretär der CNT, gründete die Zeitschrift *La Batalla* und war einer der führenden Vertreter der „bolschewistischen“ Strömungen innerhalb der CNT. 1924 trat er der frisch gegründeten Kommunistischen Partei Spaniens (PCE) bei, die er 1930 aus Protest gegen die stalinistische Parteilinie wieder verließ. Gründete mit Gesinnungsgenossen den Bloc Obrer i Camperol, der sich 1935 mit der trotzkistischen Izquierda Comunista zum POUM zusammenschloss. Maurín wurde in Galicien vom franquistischen Staatsstreich überrascht, zu 30 Jahren Gefängnis verurteilt und 1946 begnadigt.

MIL (**Movimiento Ibérico de Liberación** – Iberische Befreiungsbewegung): Libertäre Stadtguerillagruppe, die Anfang der 1970er Jahre aktiv war. (siehe Artikel „Bar Funicular“)

Moncloa-Pakte: 1977 unterzeichneter Pakt zwischen Parteien, Gewerkschaften und Unternehmerverbänden, der die ökonomischen und sozialpolitischen Grundlagen des aktuellen Herrschaftsmodells bildet und direkt gegen autonome und basisdemokratische Bewegungen gerichtet war.

Montjuïc-Prozess (Dezember 1896 – April 1897): Name des Militärgerichtsverfahrens, das nach einem Bombenanschlag auf eine Fronleichnamsprozession 1896 eingeleitet wurde, bei dem zwölf Menschen umkamen und 35 verletzt wurden. Im Rahmen des Verfahrens wurden mehr als 400 katalanische Anarchisten verhaftet, Aussagen der Verhafteten durch alle

Arten von Folter erzwungen. 87 Personen wurde der Prozess gemacht, von denen fünf zum Tode verurteilt und hingerichtet wurden, während 20 langjährige Gefängnisstrafen erhielten. Die skandalösen Ermittlungsmethoden führten dazu, dass die zu Haftstrafen Verurteilten 1901 begnadigt wurden.

Narcís **Monturiol** (Figueras, 1819 – Barcelona, 1885): Der Ingenieur, Künstler und führende katalanische Frühsozialist ist heute vor allem als Erfinder der ersten beiden spanischen U-Boote bekannt. Im Hafen von Barcelona und im Meeresmuseum sind Nachbauten der beiden Unterseeboote zu sehen, die Monturiol 1858 und 1864 entworfen hatte, um die Arbeit der Korallenfischer ungefährlicher zu gestalten. Da er keine Subventionen erhielt, musste der Bau der U-Boote mit Spenden aus dem Volk finanziert werden.

Mossos d'Esquadra (katalanische Landespolizei): 1719 als Polizei der Generalitat de Catalunya gegründet und damit, eigenen Angaben zufolge, älteste Zivilpolizei Europas. Die Polizeitruppe spielte bis in die 1990er Jahre eine untergeordnete Rolle. Seit 1994 ersetzt sie zunehmend die Guardia Civil und Policia Nacional (Nationalpolizei) in Katalonien und soll diese bis 2008 vollkommen abgelöst haben.

Movimiento Libertario (ML – Libertäre Bewegung): Durch das zeitweise Verbot der CNT im französischen Exil entstandene Sammelbezeichnung der verschiedenen anarchistischen Strömungen im Exil.

Andrés **Nin** (Tarragona, 1892 – Madrid, 1937): eine der wichtigsten Persönlichkeiten des spanischen revolutionären Marxismus. Er zog kurz vor Ausbruch des 1. Weltkriegs nach Barcelona, wo er der CNT beitrat. Er fungierte kurzzeitig als Generalsekretär der CNT und wurde 1921 von ihr als Delegierter zur Teilnahme am 3. Kongress der Kommunistischen Internationale gewählt. Er hielt sich in der Folgezeit länger in Moskau auf und schloss sich dort der trotzkistischen Opposition an. Nach seiner Rückkehr nach Spanien hatte er entscheidenden Anteil an der Gründung der Kommunistischen Linken Spaniens. Er brach 1935 mit Trotzki, da er dessen Unterwanderungspolitik der sozialistischen Parteien ablehnte. 1935 kam es zum Zusammenschluss zwischen seiner Partei und dem BOC, der zur Gründung des POUM führte. Nach Ausbruch der Revolution im Juli 1936 nahm Nin bis Dezember 1936 Schlüsselpositionen in der Generalitat ein, bevor er aufgrund des Drucks der Stalinisten entfernt und ermordet wurde.

Nosotros („Wir"): Die Gruppe entstand in den ersten Monaten von 1933 in Barcelona als Neugründung bzw. Fortsetzung der Gruppe »Los Solidarios«, die seit den zwanziger Jahren in wie außerhalb Spaniens spektakuläre Aktionen durchführten. Wie vorher auch bei den »Solidarios« bestand die Affinitäts- und Aktionsgruppe *Nosotros* aus wenigen Mitgliedern, darunter Durrutti, Francisco Ascaso, García Oliver, Aurelio Fernández, Ricardo Sanz, Antonio Ortiz und Marcos Alcón, entschlossene Anarchosyndikalisten, die kompromisslose Positionen in den Reihen der CNT-FAI vertraten.

Juan García **Oliver** (Reus, 1901 – Guadalajara, Mexiko, 1980): war zusammen mit Buenaventura Durruti und Francisco Ascaso eine der herausragendsten Persönlichkeiten der anarchistischen Bewegung Barcelonas in den 20er und 30er Jahren des 20. Jahrhunderts. Er war zusammen mit Federica Montseny und Joan Peiró einer der drei anarchistischen Minister im Kabinett von Largo Caballero. Eine Kollaboration, die ihm – im Unterschied zu Federica Montseny – in Kreisen der CNT nie verziehen wurde.

Partido Popular (PP): Rechtskonservative spanische „Volkspartei", Sammelbecken „geläuterter" Franquisten. Der PP stellte von 1996 bis 2004 die spanische Regierung.

PCE (**Partido Comunista de España** – Kommunistische Partei Spaniens): Die 1920 als Abspaltung des PSOE gegründete Partei zählte zu Beginn der II. Republik 800 Mitglieder. Dank des Einflusses Moskaus stieg die Mitgliederzahl während des Bürgerkriegs auf 300.000 Personen an. Bei den ersten Wahlen nach dem Tod Francos erhielten die zu Eurokommunisten gewandelten Stalinisten des PCE rund 10% der abgegebenen Stimmen. 1986 integrierte sich der PCE in das Parteienbündnis Izquierda Unida (IU). Bei den Parlamentswahlen 2004 brachte es dieses Bündnis zusammen mit seinen regionalen Ablegern in Katalonien und Galicien auf 4,6% der Stimmen.

POUM (Partido Obrero de Unificación Marxista – Vereinigte Marxistische Arbeiterpartei): Der POUM entstand im September 1935 in Barcelona aus dem Zusammenschluss zwischen der ursprünglich trotzkistischen Kommunistischen Linken (Izquierda Comunista de España - ICE), die von Andreu Nin und Juan Andrade gegründet worden war, und der marxistischen katalanischen Partei Bloc Obrer i Camperol (BOC), die von Joaquín Maurín angeführt wurde. Der POUM besaß rund 6000 Mitglieder (davon allein 5000 des BOC) und war vor allem in Katalonien präsent. Er erlitt blutige Verfolgungen von Seiten der Stalinisten und war am Maiaufstand von 1937 in Barcelona beteiligt.

PSOE (Partido Socialista Obrero Español – Spanische Sozialistische Arbeiterpartei): gegründet 1879 von den aus der spanischen Regionalföderation der IAA ausgeschlossenen marxistischen Gruppen. Im antifranquistischen Widerstand bedeutungslos, wurden die jungen Kader des PSOE ab Anfang der 1970er Jahre gezielt auf die Anforderungen des sich abzeichnenden „demokratischen Übergangs" Spaniens vorbereitet. Die von Felipe González angeführte Partei schaffte es, sich als parlamentarischer Hoffnungsträger für eine friedliche grundlegende Veränderung der spanischen Gesellschaft zu profilieren. Nach ihrem Wahlsieg 1982 legten der PSOE und sein katalanischer Ableger, der PSC, den Grundstein dafür, dass Spanien zu einem zuverlässigen Juniorpartner von EU und Nato wurde.

PSUC (Partit Socialista Unificat de Catalunya – Vereinigte Sozialistische Partei Kataloniens): Am 23. Juli 1936 gegründeter Zusammenschluss katalanischer moskauhöriger Kommunisten und der katalanischen Föderation der Spanischen Sozialistischen Arbeiterpartei (PSOE). Während des Bürgerkriegs gehörte der PSUC der katalanischen Landesregierung an und zeichnete sich durch die unerbittliche Verfolgung der CNT und des POUM aus. 1977 wurde der PSUC wieder legalisiert und 1987 integrierte sich die Parteiführung und die Mehrheit der Mitglieder in die Formation Iniciativa per Catalunya (IC). Seit 1998 nennt sich das Parteienbündnis Iniciativa per Catalunya-Verds (Grüne) und seit 2004 gehört es zur Mitte-Links-Koalition, die die aktuelle katalanische Landesregierung stellt.

Salvador **Puig Antich** (Barcelona, 1948-1974), Mitglied des MIL, der 1974 als vermeintlicher Mörder eines Polizeiinspektors mit dem Würgeeisen hingerichtet wurde. Im September wurde die Geschichte Puig Antichs unter dem Titel „Salvador" verfilmt.

Quintas: Zwangsrekrutierungen (siehe Seite 93)

Daniel **Rebull** (David Rey; 1896–1958): war in den 1920er Jahren ein wichtiger Führer der CNT.

Requetés: paramilitärische Gruppen der ultrarechten Partei der Karlisten, die für eine Rückkehr zur absoluten Monarchie kämpften. In den 20er und 30er Jahren bildeten sie – in engem Zusammenwirken mit den „Freien Gewerkschaften", dem „Somarén" und den „Pistoleros" – eine der Schlägertruppen im Dienst der Unternehmerschaft und stellten im Bürgerkrieg einen Großteil der Freiwilligen in den Truppen Francos.

SIM (Servicio de Investigación Militar –Militärischer Aufklärungsdienst): Der SIM wurde am 9. August 1937 als legale Tarnorganisation des stalinistischen Geheimdienstes gegründet und diente als Schaltzentrale des stalinistischen Terrors in Spanien.

Solidaridad Obrera (Soli) – Arbeitersolidarität: anarchosyndikalische Wochenzeitschrift aus Barcelona, gegr. 1907 als Organ des gleichnamigen lokalen (seit 1908 regionalen) Gewerkschaftsverbandes, der Keimzelle des späteren CNT. *Solidaridad Obrera* erschien seit 1910 als Organ der Katalanischen Regionalföderation der CNT, wurde in den 20er Jahren unter der Diktatur Primo des Riveras verboten, 1930 neugegründet und war während der Republik und des Bürgerkriegs (als Tageszeitung) eines der wichtigsten Presseorgane der CNT; nahm ihre Publikation nach dem Ende des Bürgerkriegs seit 1944 im Exil in Paris, Algier und Mexiko und – wenn auch notgedrungen sporadisch – im spanischen Untergrund (bis 1953) wieder auf; wurde 1961 auch in Frankreich verboten und erscheint seit 1977 wieder legal in Barcelona.

Transición: Übergangszeit zwischen dem Tod Francos 1975 und dem Machtantritt der Sozialisten 1982.

Tscheka: Bolschewistische Geheimpolizei und Vorläuferorganisation der 1922 gegründeten GPU. Der russische Geheimdienst war im Ausland auch nach der Gründung der GPU als Tscheka bekannt. Seine Mitglieder unterhielten während des spanischen Bürgerkriegs zahlreiche Geheimgefängnisse, in denen sehr viele linke Aktivisten gefoltert und ermordet wurden.

UGT (**Unión General de Trabajadores** – Allgemeine Arbeiterunion): Die der PSOE nahe stehende sozialistische Gewerkschaft war vor dem spanischen Bürgerkrieg die zweitgrößte Gewerkschaft Spaniens. Nachdem sie im antifranquistischen Widerstand weitgehend durch Abwesenheit geglänzt hatte, wurde sie nach dem Tod Francos vom internationalen sozialdemokratischen Gewerkschaftsbund mit Geldern und Schulungsmaßnahmen gefördert und zusammen mit den vom PCE beherrschten CCOO (Comisiones Obreras) zu den beiden Mehrheitsgewerkschaften Spaniens hochgepäppelt. In den *Moncloa-Pakten* wurden unter anderem erhebliche Subventionen für die UGT und die CCOO vereinbart, da ihre Mitgliederzahlen zu klein waren – und sind –, um sich selbst zu finanzieren.

Register